경찰조직관리론

임 창 호

法 文 社

머리말

오늘날 경찰조직을 둘러싼 다양한 환경이 경찰조직에 강한 영향을 미치고 있는 상황에서 효과적인 경찰조직관리의 중요성이 더욱 강조되고 있다. 1833년에 미국 필라델피아에서는 24명의 주간 경찰대와 120명의 야경제를 창설하는 조례가 통과되었고, 1838년에 보스턴은 야경제도를 보완하기 위해 주간 경찰대를 창설하였다. 결국 주간 경찰대는 현대적인 주·야간 경찰조직을 만들기 위해서 야경제도와 통합하였다. 이 시기 이후로 경찰조직을 더욱 효과적이고 능률적으로 관리하기 위한 노력이 강조되었다.

민주적이고 합법적일 뿐만 아니라 효과적이고 능률적인 경찰조직관리가 가능하기 위해서는 경찰조직이 사명, 비전, 목표를 명확하게 정립한 후 조직구성원이 한 방향으로 노력하고 시민을 경찰조직관리에 참여시켜야 할 것이다. 경찰조직이 효과적으로 관리될 때 비로소 경찰조직의 사명, 비전, 목표를 달성할 수 있고 시민과 사회를 더욱 안전하게 유지할 수 있게 되는 것이다.

이 교재의 목적은 경찰학을 전공하고 있는 학부생 또는 대학원생으로 하여금 경찰조직관리의 주요 이론을 효과적으로 학습하도록 하는 것이다. 우리나라에 경찰행정학이 소개된 지 거의 50여 년이 되어가고 있지만 경찰조직관리의 주요 이론을 체계적으로 소개하고 있는 교과서는 거의 없다. 따라서, 이 교과서가 주로 미국에서 발달한 경찰조직관리 이론과 주요 사례를 소개하고 있지만 앞으로 한국 경찰조직관리를 한 단계 발전시키는 데 기여할 수 있다고 여겨진다.

이 교과서는 수업 교과서로서 적절한 분량을 위해서 방대한 경찰조직관리 이론 중에서 우선적으로 알아야 할 내용만을 포함하였다. 앞으로도 경찰조직의 환경 변화에 따라 경찰조직 및 구성원이 관심을 가져야 할 새로운 영역을 지속적으로 보완할 계획이다. 이 교재를 통해서 경찰조직관리의 주요 내용을 효과적으로 학습하고 복잡하고 변화하는 경찰조직을 이해하길 바란다. 마지막으로 제가 현재 학생들과 함께 공부하고 연구할 수 있도록 학부 및 대학원 과정 동안 사랑으로 지도해 주신 이황우 교수님께 진심으로 감사드린다

2023년 9월 5일

대전대학교 인문사회관 연구실에서

차례

CHAPTER

01

경찰조직관리의 개념 및 특성

학습목표

1. 조직의 개념을 설명할 수 있다.
2. 조직의 세 가지 요소를 설명할 수 있다.
3. 기계적 조직과 유기적 조직의 차이를 설명할 수 있다.
4. 관리의 개념 및 요소(POSDCoRB)를 설명할 수 있다.
5. 경찰조직의 공통 요소를 설명할 수 있다.
6. 경찰관리의 네 가지 단계를 설명할 수 있다.
7. 경찰행정의 10가지 지도원리 중 주요 원리를 설명할 수 있다.

제 1 장 경찰조직관리의 개념 및 특성

공식적 조직(formal organization)은 최근에 형성된 것이 아니다. 알렉산더 대왕과 율리우스 카이사르는 정복하기 위해 조직을 활용하였고, 파라오는 피라미드를 건축하기 위해 조직을 활용하였으며, 중국 황제는 대규모 관개시설을 건축하기 위해 조직을 활용하였고, 초창기 교황은 종교를 전 세계에 전파하기 위해 조직을 만들었다(Etzioni, 1964). 조직이 존재하는 기본적인 이유는 사람이 혼자서는 하지 않으려 하거나 할 수 없는 일을 한다는 점이다. 제1장에서는 경찰조직관리의 기초로서 조직과 관리의 개념을 살펴보고 경찰조직관리의 개념 및 지도원리를 설명하고자 한다.

제 1 절 조직과 관리의 개념 및 요소

Ⅰ. 조직의 개념 및 요소

1. 조직의 개념

조직(organization)은 오랜 기간 동안 여러 형태로 존재해 왔으며, 최고의 조직은 효과적이면서 능률적인 조직이라고 할 수 있다. 효과적인 조직은 조직 목표를 달성하는 데 중점을 두지만, 능률적인 조직은 자원을 최적으로 사용하는 데 중점을 둔다. 여러 학자는 조직에 대해서 적합한 정의를 하고자 다음과 같이 다양한 시도를 하였다.

- 파슨스(Parsons)(1960)는 조직은 대체로 특정 목표를 성취하기 위해 형성되고 재형성된다는 점에서 다른 인간 집단이나 사회적 단위와 구분된다고 하였다. 회사, 군대, 병원, 경찰조직은 이러한 의미의 조직 개념에 포함되지만, 가족과

친교집단은 그렇지 못하다.

- 샤인(Schein)(1965)은 조직이란 직무 및 기능 구분과 권한 및 책임의 계층을 통해서 명확한 공통 목표나 목적을 달성하기 위해 많은 사람의 활동을 합리적으로 조정하는 것이라고 정의하였다.
- 로빈스(Robbins)(1987)는 조직이란 공통 목표를 성취하기 위해서 비교적 지속적인 기초 위에서 기능하고 비교적 확인 가능한 경계를 갖고 있으며 의식적으로 조정되는 사회적 실체라고 정의하였다.
- 단츠커(Dantzker)(1999)는 조직이란 일련의 특정 목표에 중점을 두고 구성된 사회적 실체라고 정의하였다.
- 이안노네(Iannone)와 이안노네(Iannone)(2001)는 조직이란 사람이 집단으로 활동하는 구조라고 정의하였다.
- 스토이코비치(Stojkovic) 등(2012)은 조직에 대해서 확인 가능한 경계 및 내적 구조를 갖고 있고, 복합적인 목표와 관련된 활동에 참여하는 집합체라고 정의하였다.

위의 조직에 대한 로빈스(1987)의 정의에서 '의식적으로 조정된다'(consciously coordinated)는 것은 감독을 의미하고, '사회적 실체'(social entity)는 조직은 조직 내에 있는 사람과 상호작용하는 사람으로 구성되어 있다는 것을 의미하고, '비교적 확인 가능한 경계'(relatively identifiable boundary)는 조직 목표와 봉사 대상이 되는 시민을 의미한다.

위에서 제시된 다양한 조직 개념을 종합해보면 조직 개념은 [그림 1-1]에서 보는 것과 같이 (1) 특정 목표(specific goals), (2) 합리적인 책임 구분(rational division of responsibilities), (3) 규칙 및 규정(rules and norms), (4) 확인 가능한 권력 중심(identifiable authority center)의 네 가지 요소를 갖고 있다(Dantzker, 1999: 35-42). 이러한 네 가지 요소를 활용해서 조직의 개념을 인식하는 것은 경찰조직관리를 이해하기 위한 중요한 출발점이 된다.

그림 1-1 조직 개념의 네 가지 요소

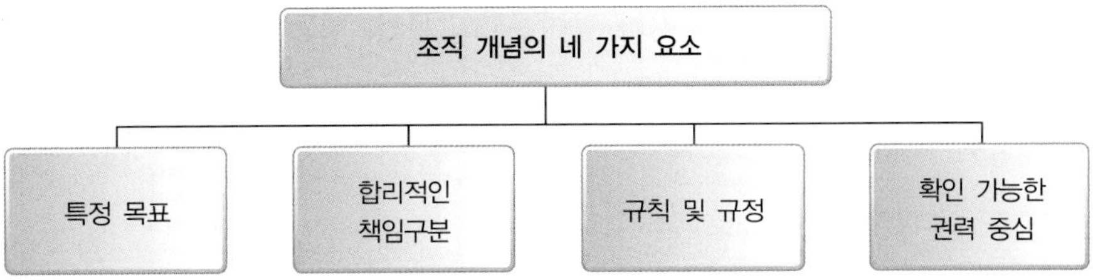

1) 특정 목표

모든 조직은 성취하고자 하는 일련의 목표를 갖고 있다. 경제적 산출을 생산하려는 사적 조직처럼 경찰조직의 목표는 서비스 지향적인 것으로 보여진다. 특히, 경찰조직은 법집행, 범죄예방, 질서유지, 사회서비스 등을 제공한다. 이러한 경찰조직의 목표는 경찰조직의 존재 이유를 알려준다.

2) 합리적인 책임 구분

경찰조직은 논리적이고 합리적인 책임 구분을 유지해야 한다. 임무, 권한, 권력, 의사소통 라인이 형성되는 방법은 경찰조직에 대해 중요한 암시를 제공해 준다. 누가 특정 활동, 기능, 서비스 등에 책임을 갖고 있는지는 종종 경찰조직의 성공 및 능률성의 초석이 되며, 이러한 책임 구분은 경찰조직의 계층구조를 통해서 명확해진다.

3) 규칙 및 규정

모든 조직은 조직 및 그 구성원이 활동하는 데 필요한 어떤 지침(guideline)을 필요로 한다. 경찰조직은 헌법상 권한 부여, 법원 결정, 법령 내에서 기능하고, 각 구성원이 활동하고 지켜야 하는 정책 및 절차를 수립한다. 경찰관은 자신의 파트너를 지지하고 도와주어야 한다는 문서화되지 않은 규칙이 오랜 기간 동안 존재해 왔다. 그러나 문서화된 규칙이 더욱 쉽게 집행될 수 있기 때문에 경찰조직은 문서화된 형태로 수용 가능한 규칙 및 규정을 제시하고 있다.

4) 확인 가능한 권력 중심

모든 공식적 조직은 '확인 가능한 권력 중심'을 갖고 있어서 누가 경찰조직을 책임지는지가 쉽게 인식될 수 있다. 예를 들면, 경찰조직의 경우 경찰서장이나 경찰서 과장이 주요 권력 중심인 것으로 인식될 수 있다.

2. 조직의 세 가지 구성요소

조직은 [그림 1-2]에서 보는 것과 같이 구조, 목적, 행동이라는 세 가지 주요 요소에 따라서 구성된다.

그림 1-2 조직의 세 가지 구성요소

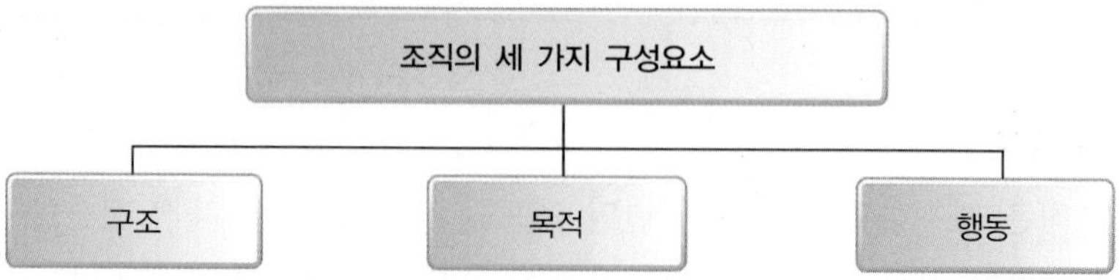

먼저, '구조'(structure)에 대한 이슈는 협동적 집단(corporate group)과 다른 사회적 조직을 처음으로 구분한 베버(Weber)(1974)에 의해서 제기되었다. 협동적 집단에 대한 베버의 생각은 특별한 공식적 구조를 갖고 있는 관료주의에 대해 생각하도록 만든다. 베버의 관료적 모델에서 구조는 지위의 엄격한 계층, 업무의 명확한 구분, 행동을 지배하는 공식적 규칙 등을 포함한다. 그러나 많은 조직은 관료적 구조를 갖고 있지 않은 경향이 있다.

둘째, 바나드(Barnard)(1938)는 조직에 대해서 두 명 이상의 사람 사이에 의도적으로 조정되는 활동 또는 힘의 체계라고 정의하였다. 바나드의 조직에 대한 정의는 '목적'(purpose)에 대한 이슈를 제시한다. 또한, 에치오니(Etzioni)(1964)는 조직이란 특정 목표를 성취하기 위해서 의도적으로 구성되고 재구성되는 사회적 단위라고 정의하였다. 경찰은 범죄를 예방하고 해결하면서도 적법절차를 유지하고, 지역사회 갈등을 감소시키고, 경찰관에게 좋은 직무환경을 제공하려는 목적을 갖고 있다.

셋째, 조직에 대한 세 번째 이슈는 조직은 '스스로 행동'하는지 또는 행동하는 '개인의 단순한 집합'인지에 대한 것이다. 스토이코비치(Stojkovic) 등(2012)은 「형사사법조직: 행정 및 관리」(Criminal Justice Organizations: Administration and Management)에서 "조직은 스스로 행동한다."는 관점의 주요 내용을 제시하였다. 조직 내 리더십은 각 구성원 개인의 리더십을 합친 것보다 더 많고, 조직 내 사회화는 개인이 가진 태도 및 가치뿐만 아니라 조직의 특성과도 관련이 있다.

위에서 설명한 조직의 세 가지 구성요소에 따르면, 조직은 어떤 '구조'를 요구하지만 엄격하게 관료적인 형태에 제한된 것은 아니고, 조직은 '목적'을 추구하지만 그러한 목적은 복잡하고, 복합적이고, 종종 갈등적이기도 하며, 조직의 영향력은 구성원 개인의 영향력을 넘어선다는 점에서 조직은 스스로 '행동'한다고 볼 수 있다.

3. 공식적 조직과 비공식적 조직

조직은 공식적 조직 또는 비공식적 조직으로 구분할 수 있다. 경찰조직은 주로 공식적 조직일지라도 경찰조직 내에는 중요한 기능을 수행할 수 있는 비공식적 조직이 존재할 수 있다.

1) 공식적 조직

공식적 조직(formal organization)의 특성을 살펴보면 다음과 같다.

(1) 복잡한 조직 구조

공식적 또는 관료적 조직은 복잡한 조직 구조(complex organizational structure)를 갖고 있다. 경찰조직에는 일반적으로 ① 계선 구조, ② 참모 구조, ③ 기능적 구조, ④ 매트릭스 구조의 네 가지 조직 구조가 있다. 전통적으로 경찰조직은 기능적 구조 또는 매트릭스 구조를 채택했지만 이러한 조직 구조는 비능률적이고 혼란스런 방법으로 조직의 다양한 기능, 활동, 권한 계통 등을 구분한다.

(2) 전문화

경찰조직이 제공하는 다양한 활동을 고려해 보면, 경찰조직의 관리체계는 일반행정가가 접근하기에 매우 어려우므로 전문화(specialization)가 요구된다. 전문화 유형은 여러 수준에서 형성될 수 있는데 예를 들면, 순찰 영역은 순찰차를 타고 있는 제복 순찰경찰관, 일반차를 타고 있는 사복 순찰경찰관, 경찰견 경찰관, 교통경찰관, 다른 유형의 순찰경찰관을 포함할 수 있다.

(3) 정책 및 절차

정책 및 절차는 다루기 어렵지만 정책 및 절차를 명확하게 설명하는 것만큼 경찰조직에게 중요한 것은 거의 없다. 특히, 경찰조직은 표준운용절차(standard operating procedures: SOP)라고 불리는 일련의 가이드라인를 갖고 있는데 이러한 가이드라인은 경찰조직의 가장 중요한 규정 및 제재에 대해 정의한다. 경찰조직은 이러한 가이드라인을 설정하지 못하면 혼란스러운 상황을 만들 수 있다.

(4) 계층적 구조

군대처럼 경찰조직은 엄격하고 분명하게 정립된 명령계통(chain of command)을 갖고 있다. 그러나 지역사회 경찰활동 시대 이후에 관료적인 경찰조직은 계층적 구조(hierarchical structure)에 대해서 많은 비난을 받아왔다. 계층적 구조는 기능 조정, 정책 및 절차 실행, 조직 목표 및 목적 달성을 이룰 수 있도록 하지만 문제를 해결하기 위한 더 빠르고 더 합리적인 시도를 방해할 수도 있다.

(5) 경력 이동

경찰조직은 구성원에게 경력 성장을 위한 기회를 제공할 수 있다. 경찰조직 규모에 따라 다를 수 있지만 많은 경찰조직은 순찰부서에 남아 있는 것, 수사부서 또는 전문화된 부서로 이동하는 것, 그리고 승진을 포함한 다양한 경력 경로를 제공한다.

2) 비공식적 조직

(1) 비공식적 조직의 개념

비공식적 조직(informal organization)은 공식적 조직표에 나타나지 않지만 모든 조직 내에 존재한다. 비공식적 조직은 우정 및 공통 욕구 위에 형성되는데 공식적 조직과 일치하거나 일치하지 않을 수 있는 목표를 갖고 있다. 비공식적 조직은 일치성을 보장하기 위한 보상 및 처벌 체계뿐만 아니라 의사소통과 행동 패턴을 갖고 있다(Kassoff, 1967: 31-38). 비공식적 조직은 공식적 조직의 권한을 침해할 수 있어서 좋게 인식되지는 않는다. 비공식적 조직은 파벌을 형성하여 그들 자신만의 목표 및 목적을 개발하고자 하는데 이것은 주로 공식적 조직 내에서 비능률, 사회적 갈등, 사기 붕괴를 가져온다.

감독경찰관 및 경찰관리자의 임무는 비공식적 조직의 존재를 인식하고 공식적 조직을 위해서 활용하는 것이다. 즉, 환류 과정을 통하여 감독경찰관 및 경찰관리자는 경찰관에게 운용활동 계획에 관하여 질문하고 그들의 의견을 들을 수 있다. 경찰관리자가 운용활동 계획이 얼마나 잘 진행되고 있는지 여부를 평가할 수 있도록 이러한 정보가 공식적 조직의 의사소통 체계에 투입될 수 있다.

(2) 비공식적 조직의 특성

비공식적 조직은 다음과 같이 여덟 가지 특성을 지니고 있다(Pfiffiner & Sherwood, 1965: 43-44).

① 자연성

비공식적 조직은 자연적(naturalness)이고 자발적이며, 더 높은 권한으로부터 나오는 명령이라는 집단 특성은 거의 갖고 있지 않다. 오히려 비공식적 집단은 조건 및 필요성에 따라서 자연적으로 발전한다.

② 상호작용

집단 구성원은 상호작용(interaction)을 하려는 자연적이고 자발적인 욕구를 갖고 서로 상호작용을 한다.

③ 공감

집단 구성원은 서로를 위해서 공감(empathy)을 갖고 더 높은 수준의 끌림 및 동정을 지니고 있다. 그들은 서로와 함께 있는 것을 좋아한다.

④ 좁은 사회적 거리

집단 구성원은 너무 먼 사회적 거리(social distance)를 느끼지 않는다. 즉, 그들은 자신과 다른 구성원 사이에 다른 유형의 장벽이 있다고 느끼지 않는다.

⑤ 민주적 경향

사회적 집단은 강한 민주적 경향(democratic orientation)을 갖고 있다. 사회적 집단 행동의 본질은 구성원이 서로에 대해서 갖고 있고 억제되지 않는 소통과 자기표현 및 끌림이다. 자연성 및 자유는 효과적인 사회적 집단의 특성이다.

⑥ 리더십

사회적 집단의 리더는 그 집단에서 자연스럽게 나타나는 경향이 있다. 그러나 이것은 리더가 외부로부터 지명된 경우에는 사회적 집단이 존재할 수 없다는 것을 의미하지는 않는다.

⑦ 집단 압력

사회적 집단의 한 측면은 집단 구성원의 생각 및 행동을 집단 표준에 일치시키기 위하여 작용하는 집단 압력(group pressures)이다. 이러한 현상은 관리자의 목표를 좌절시키거나 자신들의 성취를 촉진시키기 위하여 사용될 수 있다.

⑧ 응집성 및 통일성

사회적 집단은 지속하기 위해서 응집성(cohesiveness)과 통일성(unity)을 가져야 한다. 집단 구성원은 집단에 소속되고, 집단을 함께 유지하고, 계속된 존재 속에 있고자 하는 충분한 욕구를 가져야 한다.

4. 기계적 조직과 유기적 조직

조직은 일반적으로 기계적(mechanical) 조직 또는 유기적(organic) 조직으로 구분할 수 있다(Burns & Stalker, 1961).

1) 기계적 조직

기계적 조직은 계층제(hierarchy), 규정화(formalization), 중앙집권적 권한(centralized authority)의 특성을 갖고 있는 매우 경직된 조직이며 고전적 조직과 동의어이다. 대부분의 이론가는 전통적 경찰조직을 기계적 조직으로 여긴다.

2) 유기적 조직

유기적 조직은 의사결정에 있어서 하위계급의 경찰관에게 더 많은 참여와 책임을 허용하는 개방적인 조직이다. 유기적 조직은 시민과의 의사소통 증가 및 조직적 유연성으로 인해 지역사회 욕구에 더 반응적이며, 이것은 경찰행정의 중요한 요소이다.

5. 네 가지 조직유형

블라우(Blau)와 스코트(Scott)(1962: 43)는 누가 혜택을 받는가라는 질문을 통해서 네 가지 조직유형을 확인하였다.

1) 호혜 조직

경찰 노동조합과 같은 '호혜 조직(mutual benefit association)'의 경우 가입(membership)함으로써 주된 혜택을 받는다.

2) 사업 조직

범죄현장 장비 및 물품을 판매하는 회사와 같은 '사업 조직(business concerns)'의 경우 소유주가 주된 혜택을 받는다.

3) 서비스 조직

지역사회 정신건강센터와 같은 '서비스 조직(service organizations)'의 경우 특정 고객 집단이 주된 혜택을 받는다.

4) 공익 조직

국방부나 법집행기관과 같은 '공익 조직(commonweal organization)'의 경우 시민이 주로 혜택을 받는다.

Ⅱ. 관리의 개념 및 요소

1. 관리의 개념

관리(management)는 조직 목표를 효과적이고 능률적으로 성취하기 위하여 집단의 요소가 통합되고 조정되고 이용되는 과정이다(Carlisle, 1976). 조직은 계속해서 진행 중인 과정을 통하여 관리된다. 관리는 본질적으로 새로운 조직 목표를 수립하는 것이 아니고 이미 수립된 조직 목표의 달성을 지향한다. 우리는 주로 관리자를 조직표 상의 특정 직책과 연관시키는 경향이 있지만 관리자는 특정 직책만의 기능인 것은 아니다. 경찰서장이 관리자라고 인식될지라도 일선 경찰관 또한 어떤 관리상 책임을 행사하기도 한다. 예를 들면, 일선 경찰관은 조직계층의 밑에 있을지라도 범죄현장에서 시민에게 지시를 하기도 한다.

2. 관리와 리더십의 차이

관리와 리더십의 개념은 차이점을 갖고 있는데, 먼저 관리자는 체계를 만들고, 유지하고, 보호하고, 지속시키는 역할을 한다. 관리자는 기획 및 예산의 단기 목표를 설정하고, 목표에 이르는 절차를 개발하는 데 중점을 둔다. 또한, 관리자는 조직 구조를 개발하고, 통제를 행하고, 문제를 해결하는 데 관심이 있다.

반면에, 리더십은 조직의 미래 비전을 개발함으로써 방향을 설정하고, 공유하는 가치 및 비전을 통해서 구성원을 한 방향으로 정렬하고, 구성원에게 동기를 부여하고 영감을 불어넣어서 공유하는 비전을 향해 나아가도록 한다(Kotter, 1990). 리더는 기존 과정 및 체계에 도전을 하고, 조직의 미래에 중점을 두며, 조직 문화에 집중한다. 리더는 기본적 가정, 가치, 신념에 도전하고, 구조적 변화 또는 프로그램 변화의 기초를 만들기 위해 조직 원칙을 변경한다. 관리자와 리더의 차이점에 대해서는 [제11장 경찰 리더십]에서 학습하고자 한다.

3. 관리의 요소

귤릭(Gulick)(1937)은 조직 관리자가 실행해야 하는 POSDCoRB라는 일곱 가지 임무를 제안하였는데, 그 당시 대부분의 경찰관리자는 귤릭의 연구를 수용하였다. POSDCoRB는 다음과 같은 일곱 가지 임무를 나타내는 두문자이다.

(1) 기획(planning) - 조직 임무를 성취하기 위해 필요로 하는 것에 대한 광범위한 개요
(2) 조직화(organizing) - 조직 임무를 성취하기 위해 공식적 구조를 형성하는 것
(3) 인사(staffing) - 모집, 선발, 교육훈련을 포함한 인사 기능
(4) 지시(directing) - 규칙, 정책, 과정의 발전을 포함한 의사결정 과정
(5) 조정(coordination) - 집단이 공통 임무를 위해서 함께 활동하도록 하는 과정
(6) 보고(reporting) - 기록 관리 및 의사소통 과정
(7) 예산(budgeting) - 재정 기획 및 조직 자원 관리

경찰조직은 내적 요인(경찰관 수, 서비스 질, 경찰관 헌신)과 외적 요인(법률적, 정치적, 재정적 요인)에 의해 야기되는 끊임 없는 변화상태에 있다. 상위 계층의 관리자는 기획 및 조직화를 전형적으로 고려해야 하지만, 하위 계층의 관리자는 지시 및 조정에 더 많은 시간을 보낸다. 예를 들면, 경찰조직의 경우에 경찰서장과 직속 참모는 예산 및 정책 결정에 주로 참여하지만, 일선 감독경찰관은 경찰관에게 지시하고 통제를 하는 일상활동에 더 관심이 있다. 그렇지만 모든 계급의 경찰관은 때로는 이러한 모든 기능을 수행한다. 다만, 경사 계급과 경감 계급은 어느 정도 기획에 참여하지만 경감 계급이 전형적으로 더 많은 기획을 수행한다.

제2절 경찰조직관리의 개념 및 지도원리

Ⅰ. 경찰조직관리의 개념

1. 경찰조직의 공통 요소

민주사회에서 경찰활동을 행하는 과정은 매우 복잡하고, 이러한 복잡성 때문에

경찰조직은 효과적으로 관리하기에 매우 어려운 공적 조직 중 하나이다. 관리란 조직 목표를 능률적이고 효과적인 방법으로 달성하기 위하여 구성원에게 지시하는 것으로서 경찰관리자에 의해 수행되는 기능은 조직하고, 이끌고, 기획하고, 통제하는 것을 포함한다. 이러한 기능이 얼마나 잘 수행되는지 여부가 경찰조직이 얼마나 성공적인지를 결정한다고도 볼 수 있다.

경찰행정은 공공행정이나 경영과 관련된 많은 내용을 포함하고 있지만 단지 이러한 학문의 일부분인 것은 아니다. 왜냐하면 경찰조직이 수행하는 활동은 특별하고, 경찰행정에 관한 고유한 연구가 행해지고 있기 때문이다(Cordner & Scarborough, 2010: 24). 재량행위(discretion), 권한(authority), 다양성(variety), 모호성(ambiguity), 위험성(danger) 등과 같은 특성은 경찰조직을 다른 공적 조직과 구분해 준다. 특히, 경찰조직은 (1) 특별한 목적, (2) 의도적인 구조, (3) 목표를 성취하기 위해 함께 노력하는 사람의 집단이라는 공통 요소를 갖고 있다.

먼저, 경찰조직은 '특별한 목적(distinct purpose)'을 위해 활동한다. 경찰은 법위반자를 체포하고, 범죄를 수사하고, 안전한 교통 소통을 유지하고, 질서를 유지하고, 범죄를 예방하고, 많은 서비스 관련 요청에 대응한다. 경찰은 시민이 언제든 출동을 요청할 때 신속한 대응을 기대할 수 있는 정부 조직 중 하나이다.

둘째, 경찰조직은 조직구성원이 자신의 임무를 수행할 수 있도록 돕기 위한 '의도적인 구조'(deliberate structure)를 갖고 있다. 조직 구조는 어떤 직무가 구분되고, 그룹화되고, 조정되는 공식적 틀이다. 어떤 조직 구조는 개방적이고 유연하여 문제해결 및 자기 방향 설정이 용이할 수 있고, 또 다른 조직 구조는 전통적인 구조이어서 주의 깊게 마련된 규칙, 규제, 표준운용절차, 직무설명서를 작성해 놓을 수 있다.

셋째, 경찰조직은 공통 목표를 성취하기 위해 활동하는 사람의 집단(group of people)으로 구성된다. 미국 경찰조직의 구성원은 정규 경찰관과 비정규 경찰관으로 구성된다. 정규 경찰관(sworn officer)은 직무 선서를 한 경찰관이며 체포권을 갖고 있지만, 비정규 경찰관(nonsworn officer)은 직무 선서를 하지 않고 체포할 권한을 부여받지 못한 직원이다.

2. 경찰조직관리의 개념

경찰조직관리의 역사는 법집행 및 질서유지가 다양한 형태로 존재했던 고대시대 및 중세시대까지 거슬러 올라갈 수 있지만, 현대적인 경찰조직관리가 시작된 시기는

1829년 로버트 필 경(Sir Robert Peel)이 런던수도경찰청(London Metropolitan Police)을 창설한 때이다. 경찰조직관리는 경찰조직 목표 또는 목적을 성취하기 위해 조직 구성원이 인간적인 방식으로 협동하는 과정으로서 경찰조직관리에 대해 구체적으로 설명하면 다음과 같다.

첫째, 경찰조직관리는 '경찰조직 목표 또는 목적을 성취하기 위해' 의도된 활동이다. 경찰조직 목표(goal)는 장기적인 성격을 가지며 사회의 안전 및 질서를 유지하고 시민에게 서비스를 제공하는 것과 같이 관념적이고 추상적인 경우가 많다. 반면에, 경찰조직 목적(objective)은 경찰조직 목표보다는 좀 더 구체적이고 실현 가능성이 더 높은 경향이 있다.

둘째, 경찰조직관리는 인간적인 활동이다. 즉, 경찰조직관리에 '인간적인 방식'을 도입함으로써 경찰조직 내 경찰관의 인격이 증대될 뿐만 아니라 직무환경의 질도 개선될 수 있다.

셋째, 경찰조직관리는 경찰관리자와 일선경찰관이 '공동으로 협동하는' 활동이다. 따라서, 경찰조직에 속해 있는 모든 조직구성원이 경찰조직관리에 적극적으로 참여하고자 하는 태도를 갖고 있어야 경찰조직관리가 성공적일 수 있다.

Ⅱ. 경찰조직 구조 및 경찰관리 단계

1. 경찰조직 구조

경찰조직의 다양한 계층 수준에 있는 경찰관리자는 자신들의 기능을 서로 다르게 수행한다. [그림 1-3]은 미국의 중간 규모 경찰서 또는 대규모 경찰서에 형성되어 있는 다양한 계층 수준을 보여준다. 이러한 경찰조직 구조는 계층의 위로 갈수록 경찰관 수가 감소하기 때문에 '피라미드 구조'라고 불리며, 피라미드 구조는 명령 계통(chain of command)이라고도 한다. 명령 계통에서 지위가 위로 갈수록 권력, 권한, 영향력이 더 많아진다. 전통적인 준군대 구조를 가진 경찰조직에서 공식적 의사소통은 명령 계통을 엄격히 준수한다.

그림 1-3 미국 경찰조직의 피라미드 구조

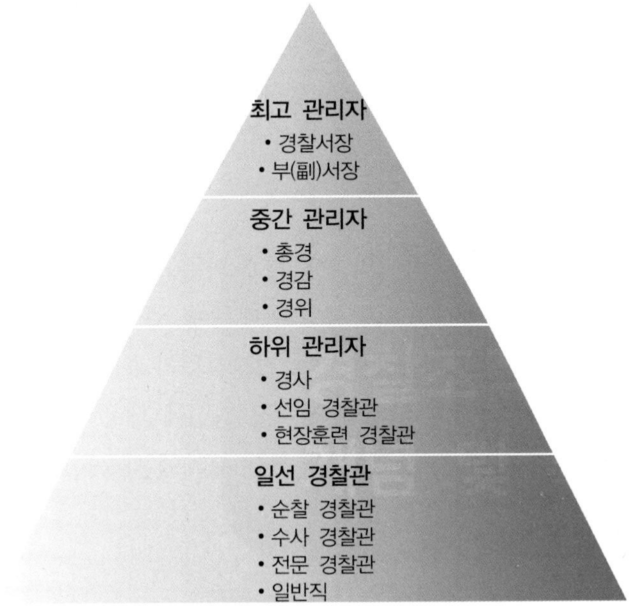

각 관리 수준에 있는 경찰관의 활동은 다음과 같다. 최고관리자(top manager)는 전반적인 목표를 설정하고 자원 분배에 관한 정책 결정을 내리고, 중간관리자(middle manager)는 최고관리자가 내린 결정을 실행하기 위한 목적 및 계획을 수립하고 부하 직원의 활동을 조정한다. 일선관리자(lower manager)는 더 상위 수준에서 내린 결정을 실행하고 일선 경찰관의 활동을 조정하고, 마지막으로 일선 경찰관(rank-and-file)은 자신의 특정 임무를 수행한다.

2. 경찰조직과 군대조직

1) 경찰조직과 군대조직의 유사점

경찰조직은 군대조직과 마찬가지로 권한 및 보고 관계의 구조에 따라 조직화되어 있다. 경찰관은 군대 스타일의 눈에 잘 띄는 제복을 착용하고 있다. 특히, 경찰조직은 군대 스타일의 계급 명칭을 사용하고, 무기를 휴대하고, 법률에 의해서 무기를 사용할 수 있는 권한을 부여받았으며, 군대조직과 마찬가지로 명령에 즉시 대응하도록 훈련받는다. 이와 같이 경찰조직은 군대조직과 유사하지만 군대조직과는 달리 시민 조직이다.

2) 경찰조직과 군대조직의 차이점

경찰조직과 군대조직의 유사점에도 불구하고, 경찰조직은 군대조직과 다르다. 경찰조직은 외국군대와 싸우기 위한 전사로 훈련되는 것이 아니라 사회질서를 유지하고, 봉사하고, 시민을 보호하고, 형법을 집행하기 위해 훈련 받는다. 매우 중요한 것으로서 경찰관의 권한은 다양한 법규에 의해서 제한을 받고 있다.

3) 준-군대모델

준-군대모델은 정치와 경찰 사이의 분리를 도와주고 경찰조직의 관리적·운용적 측면을 더욱 능률적이고 효과적으로 만들었기 때문에, 준-군대모델은 효과적인 것으로 증명되었다(Wadman & Allison, 2004: 77). 경찰활동의 준-군대 모델은 경찰활동의 신뢰성을 위협하는 널리 확산된 부패와 정치적 간섭에 대응하여 발전하였다. 특히, 경찰관리자는 정치적인 신임경찰관 선발과 경찰 부패에 대응하기 위해 권한의 계층제(authoritarian hierarchy)를 활용하였다.

3. 경찰관리 단계

[그림 1-4]는 경찰관리의 네 가지 단계인 (1) 조직화, (2) 통솔, (3) 기획, (4) 통제에 대해 보여주고 있다(Roberg *et al.*, 2012: 125). 경찰조직의 다양한 관리 수준에 있는 경찰관리자가 자신의 관리 단계를 수행할 때 관련된 시간은 관리 수준에 따라서 달라진다. 예를 들면, 경찰조직에서 높은 지위에 있는 경찰관리자는 조직화하고 기획을 하는 데 더 많은 시간을 보낸다. 반면에 낮은 지위에 있는 경찰관리자는 감독, 즉 이끌고 통제하는 데 더 많은 시간을 보낸다. 또한, 다양한 관리 기능에 소비되는 시간은 경찰조직 규모에 의해서도 영향을 받는다. 소규모 경찰조직에서 하위관리자는 대규모 경찰조직의 중간관리자와 같은 기능을 수행할 수 있다(제9장 경찰조직의 관리자 참고). 경찰관리의 네 가지 단계에 대해서 구체적으로 설명하면 다음과 같다.

그림 1-4 경찰관리의 네 가지 단계

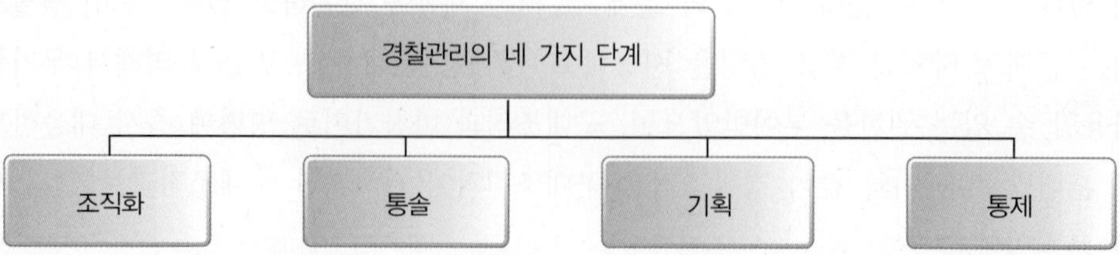

1) 조직화

조직화(organizing)는 계획을 수행하고 경찰조직의 목표 및 목적을 성취하기 위해 인적 및 물적 자원을 배치하는 과정이다. 조직 설계, 직무 설계, 집단활동 조정, 개인 직무 부여는 조직화 과정의 대상이 된다. 모든 경찰관리자가 조직화에 참여하더라도 그 정도와 범위는 경찰조직 내에서 그들의 지위에 따라서 각각 다르다. 즉, 순찰 감독경찰관은 직무 부여에 더 관심이 있지만, 경찰서장은 인적 및 물적 자원의 전반적인 배치에 더 관심이 있다.

2) 통 솔

통솔(leading)은 다른 구성원으로 하여금 경찰조직의 목표 및 목적 성취에 기여할 수 있는 다양한 임무를 수행하도록 동기부여를 하는 것이다. 다른 구성원에게 동기부여를 하는 것은 공공 서비스 조직에서 매우 어렵고 복잡한 과정이다. 공공 서비스 조직에선 관리자가 급여 및 인센티브에 대해 사적 조직보다 훨씬 더 적은 통제를 갖고 있기 때문이다. 따라서, 경찰 관리자는 구성원에게 동기부여를 하기 위해서 직무 만족 및 성취감과 같은 내적 보상에 더 의존할 필요가 있다. 경찰조직에서 최고관리자의 역할은 다른 형사사법기관뿐만 아니라 지역사회와의 관계를 관리하는 것도 포함한다.

3) 기 획

기획(planning)은 경찰조직의 목표 및 목적을 설정하고 그것을 성취하기 위한 실행과정을 개발함으로써 미래를 준비하는 과정이다. 실행과정은 사명서 및 가치 진술서를 작성하고, 연구를 행하고, 전략 및 방법을 확인하고, 정책 및 절차를 개발하고, 예산을 편성하는 것과 관련된다. 모든 경찰관리자가 기획에 참여하더라도 기획의 범위와 성격은 경찰조직 내의 지위에 따라 상당히 다르다. 예를 들면, 순찰 감독경찰관은 다음 주를 위한 업무 스케쥴과 운용활동을 개발하지만, 경찰서장은 다음 해를 위한 경찰활동 및 변화를 계획할 것이다.

4) 통 제

통제(controlling)는 경찰조직의 목표 및 목적이 성취되고 있고 운용활동이 계획과 일치하고 경찰관이 정책 및 절차를 따르도록 함으로써 치안 서비스의 양과 질을 향상시키는 방법을 결정하는 과정이다. 통제 단계에 있어서는 능률성과 효과성이 중요한 개념이다. 목표나 목적이 성취되지 않고, 계획, 정책, 절차가 준수되지 않는다면 경찰관리자는 그 원인을 확인하고 조치를 취해야 한다. 통제는 가장 어려운 관리 기능이다. 왜냐하면 성과 실패가 왜 발생했는지, 성과 실패를 개선하기 위해서 무슨 조치를 해야 하는지를 결정하는 것은 매우 어렵기 때문이다.

효과적인 경찰조직관리는 법집행 책임, 개인 권리 보호, 윤리적 행동, 지역사회 지향적 경찰활동 간의 균형을 이루고자 노력하고 있다. 경찰조직관리는 공공 안전을 확보하고, 시민 신뢰를 유지하고, 지역사회에 능률적이고 효과적인 경찰 서비스를 전달하고자 노력한다.

Ⅲ. 경찰조직관리의 10가지 지도원리

어떤 한 주제를 연구할 때 세부 사항에 몰입하다 보면 세부 사항 간의 관계를 제대로 인식하지 못할 수 있다. 따라서, 우리는 경찰조직관리의 연구 및 실행을 위한 견고한 틀을 제공해 주는 '경찰조직관리의 10가지 지도원리'를 주기적으로 검토하여야 한다. 앞으로 오랫 동안 우리가 지역사회 경찰활동, 전문적 경찰활동, 또는 민주적 사회를 위해서 좋은 경찰활동을 수행하고 있더라도 이러한 10가지 지도원리는 여전히 사용될 수 있다(Cordner & Scarborough, 2010: 18-19).

(1) 경찰은 법집행과 범죄통제를 포함해서 다양한 서비스를 지역사회에 제공하는 다목적 정부기관이다.

(2) 경찰은 법률, 지역사회, 정치적 감독자, 경찰 전문성으로부터 권한을 부여받으며, 궁극적으로는 이러한 권한의 근원에 대하여 책임을 진다.

(3) 경찰의 모든 조치 또는 결정에 있어서 최우선 목표는 생명과 재산을 보호하고 질서를 유지하는 것이다.

(4) 생명 보호는 항상 경찰활동의 주된 목표이다. 또한, 재산을 보호하고 질서를 유지하는 경찰활동의 상대적인 중요성은 지역마다, 시간마다 변화할 수 있다.

(5) 법집행은 경찰활동의 목표는 아니다. 오히려 법집행은 생명과 재산을 보호하고, 질서를 유지하기 위한 노력에서 때때로 사용되는 한 방법이다.

(6) 경찰은 목표를 추구할 때 사용할 수 있는 방법에 있어서 매우 제한된다. 즉, 경찰은 불법 수단을 사용하려는 유혹에 저항해야 한다.

(7) 경찰은 직면해 있는 특별한 상황에 따라서 각각의 사람과 상황을 다루어야 한다. 그러나 개별화된 처우는 인종, 종교, 성, 사회적 계급, 다른 부적절한

기준에 근거하여 차별해서는 안된다.

(8) 합법적인 목표를 성취하기 위해 정당화될 때 경찰은 기꺼이 무력을 사용할 수 있어야 한다. 그러나 무력 사용은 항상 마지막 수단이어야 하고, 경찰은 협력을 획득하기 위한 비폭력적인 방법을 개발하고자 노력해야 한다.

(9) 경찰은 궁극적으로 윤리적이고 합법적인 표준을 따라야 한다. 그러한 표준은 때로는 조직화된 지역사회 및 동료의 압력과 갈등을 일으킬 수 있다.

(10) 경찰은 불가피하게 권력이 있는 사람과 연관되어 있다. 그러나 경찰은 권력으로부터 먼 사람과 민주적인 정치과정을 보호할 특별한 책임을 갖고 있다.

참고문헌

Barnard, C. (1938). *The Functions of the Executive*. Cambridge, MA: Harvard Univeristy Press.

Bittner, E. (1970). *The Function of the Police in Modern Society*. Washington, DC: U.S. Government Printing Office.

Blau, P. W. & Scott, W. R. (1962). *Formal Organizations*. Scranton, Pa.: Chandler.

Burns, T. & Stalker, G. (1961). *The Management of Innovation*. London: Travistock.

Carlisle, H. M. (1976). *Management: Concepts and Situations*. Chicago, IL: Science Research Associations(SRA).

Cordner, G. W. & Scarborough, K. E. (2010). *Police Administration* (7th ed.). New Providence, NJ: Matthew Bender & Company, Inc.

Dantzker, M. L. (1999). *Police Organization and Management: Yesterday, Today, and Tomorrow*. MA: Butterworth-Heinemann.

Etzioni, A. (1964). *Modern Organizations*. Englewood Cliffs, NJ: Prentice Hall.

Gerth, H. H. & Mills, C. W. (1946). *From Max Weber: Essays in Sociology*. New York: Oxford University Press.

Goldstein, H. (1977). *Policing a Free Society*. MA: Ballinger.

Gulick, L. (1937). "Notes on the theory of organizations". in L. Gulick & L. Urwick (eds.). *Papers on the science of administration*. New York: Institute of Public Administration.

Iannone, N. F. & Iannone, M. P. (2001). *Supervision of Police Personnel* (6th ed.). NJ: Prentice Hall.

Kassoff, N. C. (1967). *Organizational Concepts*. Washington, D.C.: International Association of Chiefs of Police.

Kotter, J. (1990). *A Force for Change*. New York: Macmillan.

Parsons, T. (1960). *Structure and Process in Modern Society*. Glencoe, Ill.: Free Press.

Pfiffiner, J. M. & Sherwood, F. P. (1965). *Administrative Organization*. Englewood Cliffs, N.J.: Prentice-Hall.

Roberg, R. R. (1979). *Police Management and Organizational Behavior: A Contingency Approach*. MN: West.

Roberg, R., Novak, K., Cordner, G., & Smith, B. (2012). *Police & Society*. New York: Oxford University Press, Inc.

Robbins, S. P. (1987). *Organizational Theory: Structure, Design, and Applications*. NJ:

Prentice Hall.

Schein, E. H. (1965). *Organizational Psychology*. Englewood Cliffs, NJ: Prentice Hall.

Smith, B. (1940). *Police Systems in the United States*. New York: Harper & Row.

Stojkovic, S., Kalinich, D., & Klofas, J. (2012). *Criminal Justice Organizations: Administration and Management* (5th ed.). Wadsworth: Cengage Learning.

Wadman, R. C. & Allison, W. T. (2004). *To protect and to serve: a history of police in America*. Upper Saddle River, N.J.: Pearson Prentice Hall, 2004.

Weber, M. (1974). *The Theory of Social and Economic Organization*. New York: Free Press.

Wilson, O. W. (1950). *Police Administration*. New York: McGraw-Hill.

Wilson, O. W. & McLaren, R. C. (1977). *Police Administration* (4th ed.). New York: McGraw-Hill.

CHAPTER

02

경찰조직과 환경

학습목표

1. 경찰조직의 일곱 가지 환경을 설명할 수 있다.
2. 환경에의 반응 관련 두 가지 이론을 설명할 수 있다.
3. 폐쇄체계 모델의 개념 및 문제점을 설명할 수 있다.
4. 개방체계 모델의 개념 및 9가지 특성을 설명할 수 있다.

제 2 장 경찰조직과 환경

조직을 둘러싼 환경은 외부의 현상, 사건, 집단, 개인, 또는 체계 등이라고 볼 수 있으며, 조직의 환경은 기술적, 법적, 정치적, 경제적, 인구통계적, 생태학적, 문화적 영향력 등으로 구성되어 있다. 이러한 환경의 영향력은 경찰조직을 만들고, 유지하고, 변화시킴에 있어서 중요한 역할을 한다. 다른 모든 조직과 같이 경찰조직은 다양한 특성으로 구성된 복잡한 환경 속에서 존재하고 있고, 경찰조직을 둘러싼 환경 조건은 지역마다 다르지만 모든 경찰조직에 매우 중요한 영향을 미치고 있다. 제2장에서는 경찰조직의 일곱 가지 환경을 살펴보고 경찰조직과 환경 간의 상호관계에 대하여 학습하고자 한다.

제 1 절 경찰조직의 환경

Ⅰ. 경찰조직의 일곱 가지 환경

많은 연구자가 정부에 대한 환경의 영향을 조사하였는데(Rainey, 1991; Schermerhorn, 2008), 환경은 정부 운영에 있어서 중요한 역할을 하고 있었다. 이러한 여러 연구에 기초해서 경찰활동의 구조 및 성격에 영향을 미치는 일곱 가지 환경적 조건을 살펴보면 다음과 같다(Gaines & Worrall, 2012: 32-35).

그림 2-1 경찰조직의 일곱 가지 환경

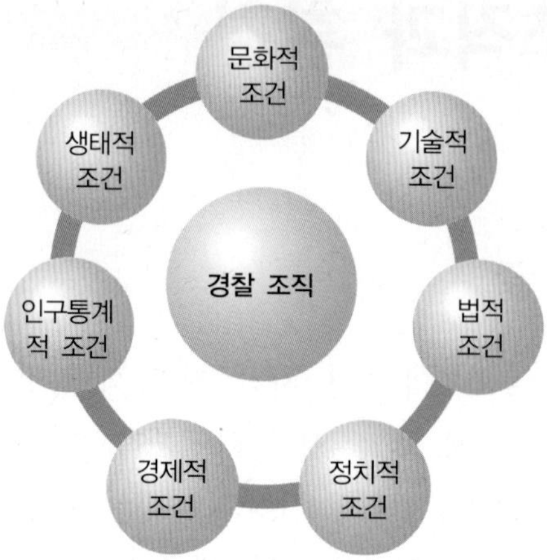

1. 기술적 조건

기술적으로 더 진보한 지역사회는 일반적으로 더 많은 치안 수요를 만들며, 경찰이 성취할 수 있는 것에 대해서도 더 많은 책임을 지도록 하는 경향이 있다. 예를 들면, 인터넷은 경찰로 하여금 시민에게 더 많은 책임을 지도록 만들어서 경찰조직은 범죄정보 및 범죄지도를 웹 사이트에 게시하고, 시민으로 하여금 인터넷을 통하여 경찰활동에 대한 민원을 제기할 수 있도록 한다.

2. 법적 조건

법적 조건은 경찰의 법집행 관련 법령과 경찰의 법집행에 관한 국회 · 법원 · 지방정부 등의 태도를 의미한다. 그동안 법집행에 대한 법적 제한 및 기대에 실질적인 변화가 있었다. 우리 사회가 경찰관 및 시민의 행동을 통제하는 법령을 심사숙고해서 제정한다면 사회는 더욱 안전해지고 질서 있게 될 것이다.

3. 정치적 조건

자유주의 또는 보수주의 정도, 지역사회 동질성, 정치적 안정성, 전반적인 정부 효과성은 경찰이 치안 서비스를 얼마나 잘 제공하는지에 영향을 미친다. 정치가와 시민은 경찰이 법집행을 하는 시기 및 방법이나 치안 서비스 제공 방법에 영향을 미칠 수 있다.

4. 경제적 조건

강력한 경제체제를 갖고 있는 경찰조직은 약한 경제체제를 갖고 있는 경찰조직보다 더 나은 장비 및 급여를 지급받고, 더 많은 프로그램을 수행하고, 발생할 수 있는 다양한 문제에 대처하기 위한 더 많은 자원을 갖고 있다. 관할구역 내 인구의 증가 및 감소는 조세수입에 영향을 주므로 경찰관리자는 경제적 조건도 고려해서 경찰활동 기획을 수립할 필요가 있다.

5. 인구통계적 조건

지역사회의 연령, 성별, 종교적 특성은 법집행에 상당한 영향을 미친다. 다양한 집단은 경찰에 대해 다양한 요구를 하며, 경찰은 지역사회의 다양한 요구를 만족시킬 수 있어야 한다. 특히, 더 많은 비율의 청소년 인구를 갖고 있는 지역사회는 청소년 및 청년이 범죄활동에 참여한 이후 더 높은 수준의 범죄율을 경험하기도 한다.

6. 생태적 조건

생태적 조건은 경찰관서의 위치, 자연 자원, 기후, 다른 지리적 특성과 관련이 있으며 경찰관서의 기술적·경제적 조건에 직접적인 영향을 미친다. 따뜻한 기후 및 해변을 갖고 있는 도시는 계절에 따라 경찰 서비스 수요에 영향을 미칠 수 있다. 몇몇 지역사회는 강, 산, 또는 다른 물리적 장벽에 의해 지리적으로 제한을 받고, 그 결과 더 높은 인구밀도를 갖게 되어 종종 범죄 및 무질서 문제가 증가한다.

7. 문화적 조건

가치, 신념, 사회적 관습은 범죄를 범하려는 개인의 경향에 영향을 미치고, 경찰활동을 지지하는 생산적인 사회의 형성에도 기여한다. 문화적 다양성이 증가함에 따라 법집행 임무는 더욱 복잡해지고 지역사회 내에서 갈등과 무질서가 종종 발생하지만, 경찰은 다양한 집단 사이에서 문화적 차이점을 중재해야 한다.

Ⅱ. 환경에의 반응

조직이 환경에 반응하는 방법을 설명하기 위해서 불확실성 · 의존이론(theory of uncertainty and dependence)과 자연적 선택이론(theory of natural selection)이 활용된다. 이러한 이론은 경찰조직이 환경과 연결되어 있다는 것을 증명한다. 조건의 다양성 및 계속된 변화는 경찰조직이 환경과 평형상태를 유지하도록 만든다. 평형상태가 유지되면 경찰조직 또한 계속 유지될 수 있고 환경적 도전을 충족시킬 수 있게 된다 (Gaines & Worrall, 2012).

1. 불확실성 · 의존이론

경찰조직은 환경에 관한 정보가 부족할 때 불확실성에 직면한다. 위에서 언급된 경찰조직의 일곱 가지 환경 조건은 항상 변화하고 있으며, 이러한 환경조건은 경찰조직으로 하여금 환경의 기대와 경찰조직의 결과 사이에서 균형을 유지하기 위해 계속해서 반응하도록 만든다. 불확실성이 증가함에 따라 환경과 경찰조직 사이의 한 방향 설정은 더욱 어려워진다.

의존이란 경찰조직이 자원, 정보, 지지를 위하여 환경에 의존하는 것을 의미한다. 시민은 경찰조직의 성과에 만족할 때 경찰을 지지하고, 시민의 경찰 지지는 정치적 과정을 통하여 더 큰 자원이 된다. 따라서, 불확실성과 의존은 경찰조직으로 하여금 지역사회에 매어 있도록 하며 다양한 환경적 조건을 다루도록 만든다(Boyne & Meier, 2009).

2. 자연적 선택이론

자연적 선택이론은 경찰조직은 자연적 선택과정을 통하여 환경에 반응한다고 주장한다(Child, Chung, & Davies, 2003). 이 이론은 생물학에 뿌리를 두고 있으며, 기본적으로 경찰조직은 환경에 반응하지만 몇몇 경찰조직은 다른 경찰조직보다도 더 능률적으로 반응한다고 설명한다. 환경의 요구를 잘 충족시키지 못하는 경찰조직은 소멸하거나 변화하도록 강요된다.

제 2 절 경찰조직과 환경의 상호작용

초창기 관리이론가 중 한 명인 굴드너(Gouldner)(1959)는 조직은 두 가지 모델 중 한 가지를 따른다고 주장하였다. 폐쇄체계 모델(또는 합리적 모델)은 조직이 환경으로부터 고립되어 있다고 생각하지만, 개방체계 모델(또는 자연적 모델)은 조직이 막을 수 없는 복잡한 환경 내에 존재한다는 관점을 취한다. 폐쇄체계 및 개방체계 모델은 경찰조직이 환경과 얼마나 관련되어 있는지를 이해하도록 돕는다. 〈표 2-1〉은 개방체계 모델 및 폐쇄체계 모델의 비교를 보여준다.

표 2-1 폐쇄체계 모델과 개방체계 모델의 비교

구 분	폐쇄체계 모델	개방체계 모델
의사결정	• 의사결정은 상관에 의해 내려지고 의사결정에 대한 부하의 참여는 거의 없음	• 부하와 협의하고 부하의 참여를 소중하게 여기는 참여적 의사결정을 함
권 한	• 권한은 계급에 부합함	• 권한은 계급, 직무 지식, 조직 내 지위에 기초함
지 위	• 경찰조직 내 경찰관의 지위는 계급 및 임무에 달려있음	• 경찰관의 지위는 계급, 임무, 직무 숙달도, 지식에 의해 결정됨
책 임	• 상사는 부하로 하여금 체포 건수, 범칙금 발부 건수 등에 책임을 지도록 함	• 상사는 부하로 하여금 책임을 지도록 하지만 평가는 문제해결 등 성과에 기초함
규칙 및 규제	• 규칙 및 규제는 경찰관 행동을 엄격하게 규제하기 위한 것임	• 규칙은 경찰관에게 조언하고 안내하기 위한 것이지만 위반시에는 비타협적임
징 계	• 징계는 부하 행동을 통제하기 위한 주요 수단임	• 징계체계가 마련되어 있더라도 행동은 전문성, 헌신, 충성을 통해서 통제됨
우선순위	• 관리자와 감독자는 임무에 중점을 둠	• 관리자와 감독자는 문제를 해결하고 중요한 서비스를 전달하는 데 중점을 둠
조직 구조	• 경찰조직은 계층적인 명령계통을 유지함	• 경찰조직은 명령계통을 갖고 있지만 상호작용 및 의사소통이 더욱 다양하게 이루어짐
시민과의 관계	• 최고관리자는 시민이나 부하 경찰관을 참여시키지 않고 우선순위를 결정함	• 우선순위는 시민과 소통하고 시민의 욕구에 대응하여 결정됨

자료: Gouldner, 1959.

Ⅰ. 폐쇄체계 모델

1. 폐쇄체계 모델의 개념

폐쇄체계(closed system) 모델은 환경에 관계 없이 기획, 의사결정, 일상적 운용이 행해지는 관리상 철학을 의미한다. 폐쇄체계가 중심일 때 경찰조직 내에 있는 구성원 및 최고관리자에 의해서 주장되는 가치, 우선순위, 의견은 경찰행정의 지침을 제공한다. 미국에서 1950년대에 널리 확산되었던 경찰활동의 전문화 모델(professional model)은 정치적 영향 및 부패로부터 경찰조직 및 경찰관을 유지시키기 위해서 폐쇄체계 모델을 지지하였으며, 1960년대와 1970년대에 경찰과 시민 사이의 갈등 상황을 형성하는 데 영향을 미쳤다.

이와 같은 폐쇄체계 모델은 관료주의, 계층제, 형식적 모델, 합리적 모델, 기계적 모델 등 많은 명칭을 갖고 있는데, 폐쇄체계 모델의 특징을 소개하면 다음과 같다 (Henry, 2004: 59-60).

⑴ 일상적 직무는 안정된 조건에서 형성된다.
⑵ 직무 전문화 또는 직무 구분이 중심이 된다.
⑶ 직무를 수행하는 적절한 방법이 강조된다.
⑷ 조직 내 갈등은 상부로부터 조정된다.
⑸ 공식적인 직무설명이 강조된다.
⑹ 책임 및 충성은 배치된 부서를 대상으로 이루어진다.
⑺ 구조는 피라미드와 같이 계층적이다.
⑻ 조직구성원은 위로부터 명령을 받고 그 명령을 아래로 보내지만, 수평으로 보내지는 않는다.
⑼ 상호작용은 복종, 명령, 명확한 상관-부하 관계를 지향하여 행해진다.
⑽ 상관 및 조직에 대한 충성과 복종이 강조된다.

[그림 2-2]의 폐쇄체계 모델은 환경과의 상호작용을 가로막는 체계 경계(system boundary)를 형성하는데, 이러한 체계 경계는 경찰조직이 지역사회의 일부분이 되기보다는 지역사회로부터 분리되도록 만든다. 폐쇄체계 모델의 한 사례는 교통부서가 교통사고가 발생하거나 많은 시민 민원이 있는 곳보다는 오히려 단속하기 쉬운 곳에서 범칙금을 발부하려는 경우이다. 폐쇄체계 모델에 기초한 경찰조직은 시민이 인식

그림 2-2 폐쇄체계 모델

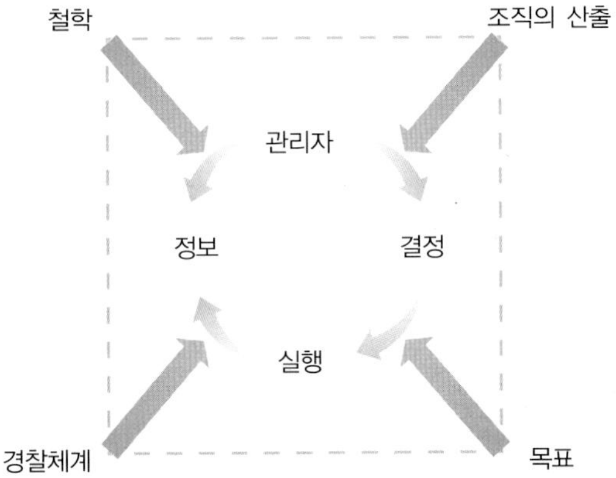

하는 문제에 관심을 갖지 않으므로 오늘날 경찰조직관리에 부적절한 것으로 여겨지고 있다.

2. 폐쇄체계 모델의 문제점

먼로(Munro)(1971)는 형사사법기관의 관리에 폐쇄체계 모델을 적용하는 데 있어서 두 가지 문제점을 확인하였다.

1) 역기능적 정보 및 인풋

시민, 다른 형사사법기관, 정부, 또는 사회적 조직이 경찰조직에 여러 요청을 할 때 폐쇄체계 모델의 경찰관리자는 이러한 요청이 경찰활동 영역에서 벗어나 있는 것으로 여길 수 있다. 그런 요청은 최고관리자의 관리상 특권(managerial prerogative)에 대한 침해로 보여질 수 있다. 경찰조직은 최고관리자가 경찰조직의 주요 안건을 설정해야 한다고 생각하는데, 이러한 관점은 경찰조직의 입장에서 고립 및 비효과성을 가져오고 어떤 경우에는 실패를 야기할 수 있다.

2) 경찰관리자의 능력 제한

폐쇄체계 모델은 전통주의(traditionalism)에 따른 업무수행 방법에 중점을 둠으로써 경찰관리자의 능력을 제한한다. 폐쇄체계 접근법은 경찰관리자로 하여금 희망하는 목적의 달성을 소홀히 하고 오히려 생산 수단만을 강조하도록 만들어서, 결국에는 경찰조직의 침체를 가져온다. 즉, 폐쇄체계 모델 아래에 있는 경찰조직은 창의적이고, 혁신하고, 변화를 행하거나 사회에서 그 기능을 효과적으로 수행할 능력을 상실하게 된다.

Ⅱ. 개방체계 모델

1. 개방체계 모델의 개념

개방체계 모델을 유지하는 경찰관리자는 경찰조직이 환경과 역동적인 상호작용을 하는 것으로 바라본다. 개방체계 모델은 환경이 경찰조직에 영향을 주고, 환경 내에서 경찰조직은 다른 경찰조직에 영향을 준다는 관점에 기초를 두고 있다. 개방체계 모델 아래의 경찰관리자는 환경 내에서 변화에 대응하고, 경찰조직과 환경 간의 균형을 이룰 수 있도록 한다.

폐쇄체계 모델의 경찰조직에서 모든 의사결정은 [그림 2-2]에서 보는 것과 같이 내부에 기초하여 이루어지고, 경찰조직은 지역사회 및 경찰관리자 사이에 영향력을

그림 2-3 개방체계 모델

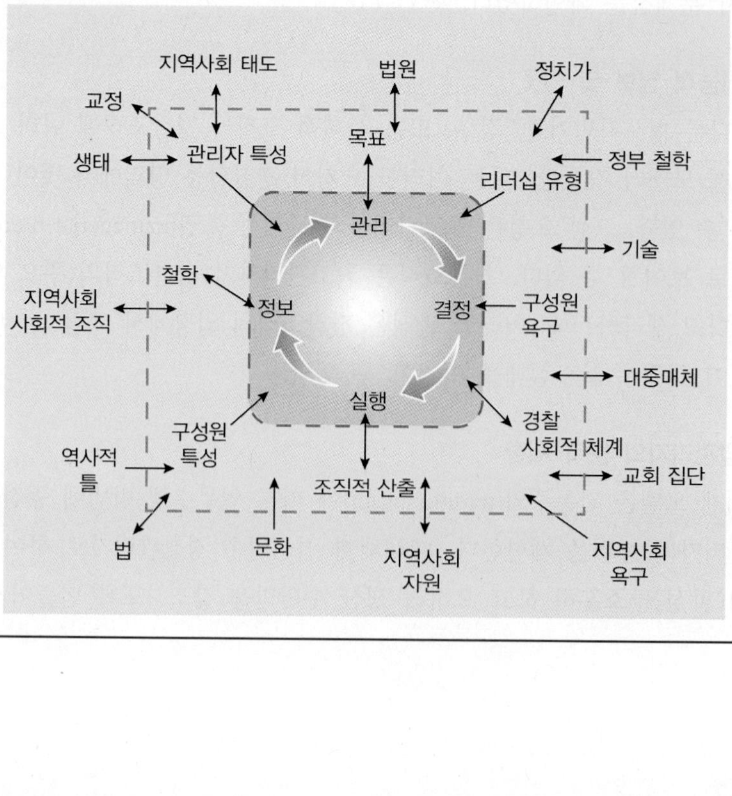

공유함이 없이 지역사회보다 위에서 활동한다. 반면에, 개방체계 모델의 경찰조직은 [그림 2-3]에서 보는 것과 같이 환경과 적극적으로 상호작용하고 환경에 역동적으로 대응하며 끊임 없이 변화한다.

2. 개방체계 모델의 9가지 특성

개방체계 모델은 [그림 2-4]에서 보는 것과 같은 9가지의 특성을 갖고 있다(Katz & Kahn, 1966; Scott & Davis, 2007).

그림 2-4 개방체계 모델의 특징

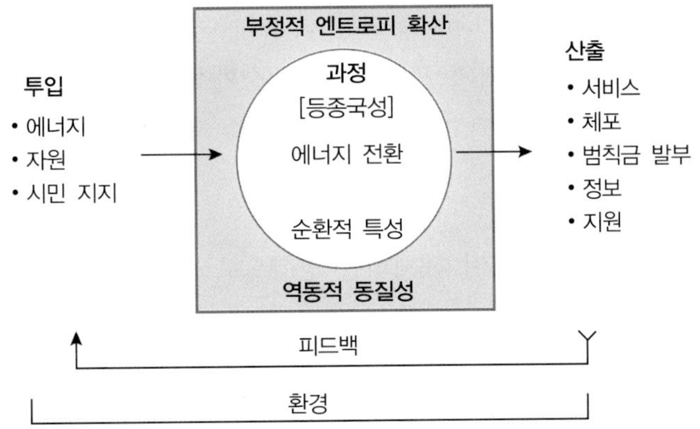

자료: Gaines & Worral, 2012: 135.

1) 환경의 인식과 에너지 · 자원의 중요성

'환경의 인식과 에너지 · 자원의 중요성'(environmental awareness and importance of energy and resource)은 경찰조직이 전체 환경의 일부분이 되는 것을 말한다. 효과적인 경찰조직은 지역사회에 대응할 수 있고 정치적 체계를 통해서 지역사회로부터 에너지 및 자원을 확보한다. 반면에, 경찰조직이 지역사회에 의해서 부정적인 것으로 인식되면 에너지 및 자원을 획득하는 데 많은 어려움을 겪게 될 것이다.

2) 에너지의 상품 및 서비스 전환

'에너지를 상품 및 서비스로 전환'(conversion of energy into goods and services)하는 것은 에너지 또는 자원을 받아들여서 어떤 형태로 전환하는 과정을 의미한다. 경찰조직이 자원을 받게 되면 자원의 배정 방법에 관한 결정이 내려진다. 이러한 결정 과정은 경찰조직에게 우선순위를 설정하도록 한다. 이러한 전환과정은 능률성 및 효과성에 중점을 두는데 효과적인 경찰조직은 더 낮은 비용으로 더 높은 수준의 서비스를 제공한다.

3) 산 출

산출(output)은 경찰조직이 지역사회에 제공하는 다양한 서비스를 의미한다. 서비스의 범위는 범죄자 체포, 순찰, 평화 유지, 범죄 예방, 범죄 수사, 어려움에 처한 사람 지원 등을 포함한다. 경찰은 양과 질의 관점에서 지역사회 및 정치적 체계가 수용할 수 있는 서비스 또는 산출을 제공해야 한다.

4) 과정의 순환적 특성

'과정의 순환적 특성'(cyclical character of process)은 경찰조직 내에서 업무 및 활동의 순환적 성격을 의미한다. 거의 모든 활동은 순환적으로 행해지고 본질적으로 반복적이다. 업무 사이클은 향상되고 더 잘 통제될 수 있다.

5) 부정적 엔트로피

엔트로피(entropy)는 경찰조직이 해체되는 방향으로 움직일 때 자연스럽게 발생하고, '부정적 엔트로피'(negative entropy)는 경찰조직이 에너지 및 자원을 보충하거나 저장하는 과정이다. 경찰조직이 지역사회 욕구에 반응하고 최신 기술을 갖추지 못한다면 뒤쳐지게 되고 제대로 기능하지 못할 것이다. 그렇지만 경찰조직이 지역사회 내에 호의를 형성할 수 있다면 여러 위기상황에서도 견디어 낼 수 있게 될 것이다.

6) 피드백

'피드백'(feedback)은 환경상 욕구 및 조직성과에 관한 정보를 수집하기 위하여 경찰조직이 환경을 관찰하는 과정을 의미한다. 경찰조직이 조직성과를 확인하기 위해 지역사회를 관찰하는 데 실패하거나 매우 부적절하게 행동한다면 문제를 인식하지 못하고 지역사회에 대응하는 데 실패할 수 있다.

7) 기능상 지속상태 또는 역동적 동질성

'기능상 지속상태'(functional steady state) 또는 '역동적 동질성'(dynamic homeostasis)은 본질적으로 경찰조직은 일정한 행동 범위 내에서 기능한다는 것을 의미한다. 경찰조직 내 활동은 일련의 사이클로 구성되는데 경찰조직은 이러한 사이클의 추가, 제거, 또는 변화에 저항한다. 어떤 사건이 발생할 때 경찰조직은 일반적으로 검증된 접근법이나 절차를 사용하면서 반응하고, 다른 사건이 발생할 때 업무 사이클 중 일부를 변경하고 새로운 사이클을 추가한다.

8) 성장 및 확산으로의 이동

'성장 및 확산으로의 이동'(movement toward growth and expansion)은 경찰조직은 규모 및 경계 범위와 관련하여 항상 확산하고 있다는 사실을 의미한다. 킹(King)(2009)은 성장이 경찰조직의 발전 사이클의 자연적 부분이라고 조언한다. 지역사회의 성장으로 인해 전문화된 부서가 경찰조직에 추가되면, 그 부서의 관리자는 업무 범위를 확산시키고자 노력하는 경향이 있다. 업무 범위가 확산될 때 그 부서는 추가적인 자원을 받는다.

9) 등종국성

'등종국성'(equifinality)은 다양한 경로를 통해서 최종상태에 도달하는 능력을 의미하며 능률성 및 효과성과 관련되어 있다. 등종국성은 동일한 업무를 행하는 다양한 방법이 있으며, 경찰조직은 순찰구역 내에서 어떤 문제를 다룰 때에도 최선의 실행방안을 결정해야 한다.

참고문헌

Berkeley. G. E. (1969). *The Democratic Policeman*. Boston, MA: Beacon Press.

Boyne, G. & Meier, K. (2009). "Environmental Turbulence, Organizational Stability, and Public Service Performance". *Administration and Society*, 40(8): 799-824.

Child, J., Chung, L., & Davies, H. (2003). "The Performance of Cross-Border Units in China: A Test of Natural Selection, Strategic Choice, and Contingency Theories". *Journal of International Business Studies*, 34(3): 242-254.

Cordner, G. & Scarborough, K. E. (2002). "Operationalizing Community Policing in Rural America: Sense and Nonsense". in Q. C. Thurman & E. F. McGarrell (eds), *Community Policing in a Rural Setting* (2nd ed.). Cincinnati, OH: Anderson.

Cordner, G. W. & Scarborough, K. E. (2010). *Police Administration* (7th ed.). New Providence, NJ: Matthew Bender & Company, Inc.

Cordner, G. (2010). "Community Policing: Elements and Effects". in R. G. Dunham & G. P. Alpert (eds.), *Critical Issues in Policing: Contemporary Readings* (6th ed.). Long Grove, IL.: Waveland.

Foster, C. & Cordner, G. (2005). *The Impact of Terrorism on State Law Enforcement: Adjusting to New Roles and Changing Conditions*. Lexington, KY: Council of State Governments.

Gaines, L. K. & Worrall, J. L. (2012). *Police Administration*. Clifton Park, NY: McGraw-Hill Companies.

Gilbert, C. W. (1967). "Some Trends in Community Politics: A Secondary Analysis of Power Structure Data from 166 Communities". *Social Science Quarterly*, 48: 373-381.

Gleick, R. H. (1991). "Public Information Officers: Trained to Deal with the Media". *Law and Order*, May.

Gouldner, A. (1959). "Organizational Analysis". in R. K. Merton, L. Broom, & L. S. Cottrell (eds.). *Sociology Today*. New York: Basic Books.

Guffey, J. E. (1992). "The Police and the Media: Proposals for Managing Conflict Productivity". *American Journal of Police*, 11(1): 33-51.

Guyot, D. (1991). *Policing as though Other People Matter*. Philadelphia: Temple University Press.

Henry, N. (2004). *Public Administration and Public Affairs* (9th ed.). Uppersaddle River, N.J.: Pearson Education, Inc.

Hickman, M. J. & Reaves, B. A. (2006). *Local Police Departments*, 2003. Washington, DC: Bureau of Justice Statistics.

Kappeler, V. E. (2006). *Critical Issues in Police Civil Liability* (4th ed.). Prospect Heights, IL: Waveland.

Katz, D. & Kahn, R. L. (1966). *The Social Psychology of Organization*. New York: Wiley.

King, W. (2009). "Toward a Life-Course Perspective of Police Organization". *Journal of Research in Crime and Delinquency*, 46(2): 213-244.

Munro, J. (1971). "Towards a Theory of Criminal Justice Administration: A General Systems Perspective". *Public Administration Review*, 31(6): 621-631.

Murphy, P. (1985). "The Prospective Chief's Negotiation of Authority with the Mayor". in W. Geller (ed.). *Police Leadership in America*. New York: Praeger.

Rainey, H. G. (1991). *Understanding and Managing Public Organizations*. San Francisco: Jossey-Bass.

Schermerhorn, J. (2008). *Management*. New York: Wiley.

Scott, W. & Davis, G. (2007). *Organizations and Organizing*. Upper Saddle River, NJ: Prentice-Hall.

Skogan, W. G. (2006). *Police and Community in Chicago: A Tale of Three Cities*. New York: Oxford University Press.

Strecher, V. G. (1971). *The Environment of Law Enforcement: A Community Relations Guide*. Englewood Cliffs, NJ: Prentice-Hall.

Tunnell, K. D. & Gaines, L. K. (1996). "Political Pressures and Influences on Police Executives: A Descriptive Analysis". in G. W. Cordner & D. J. Kenney (eds). *Managing Police Organizations*. Cincinnati, OH: Anderson.

Wilson, J. Q. (1968). "Dilemmas of Police Administration". *Public Administration Review*. 28(5): 407-417.

Wilson, J. Q. (1972). *Varieties of Police Behavior: Management of Law Enforcement in Eight Communities*. New York: Atheneum.

Wilson, O. W. & McLaren, B. (1977). *Police Administration* (4th ed.). New York: McGraw-Hill.

CHAPTER

03

경찰조직의 목표·목적 및 역할

학습목표

1. 경찰조직의 목적 구성을 설명할 수 있다.
2. 경찰조직의 사명서 및 사명서 형식을 설명할 수 있다.
3. 경찰조직의 목표와 목적을 설명할 수 있다.
4. 경찰조직의 가치를 설명할 수 있다.
5. 경찰조직의 네 가지 주요 역할을 설명할 수 있다.
6. 경찰조직의 세 가지 유형을 설명할 수 있다.

제 3 장 경찰조직의 목표 · 목적 및 역할

조직체계는 자신의 목적을 성취하고자 하는 이유 때문에 만들어지고 계속 유지된다. 경찰조직의 목적은 관리업무를 수행하는 최고관리자뿐만 아니라 일선에서 경찰활동을 수행하는 경찰관의 방향을 이끌어야 한다. 자유 민주사회에서 경찰조직이 능률적이고, 합법적이고, 공정하고, 책임성을 유지하면서 주요 목표 및 목적의 성취에 효과적이고자 노력하는 것은 오늘날 주된 도전이 되고 있다. 제3장에서는 경찰조직의 목표 및 목적을 살펴보고 경찰조직의 역할 및 유형에 대하여 학습하고자 한다.

제 1 절 경찰조직의 목표 및 목적

Ⅰ. 경찰조직의 목적 구성 및 유형

1. 경찰조직의 목적 구성

경찰조직을 포함한 모든 조직은 그 성질상 어떤 목적(purpose)을 위해 존재한다. 학교의 목적은 학생 교육이고, 병원의 목적은 환자 치료이며, 자본주의적 경제체계에서 기업의 목적은 소유자를 위해서 이익을 내는 것이다. 반면에, 사회주의적 경제체계에서 동일한 기업의 목적은 고용, 상품, 또는 서비스를 제공하는 것이다.

조직은 여러 목적을 갖고 있는데 조직의 목적에 관한 가장 일반적인 설명은 사명(mission)이라고 불린다. 사명보다 더 특정된 것은 목표(goal)라고 불리며, 더 구체적인 것은 목적(objective)이라고 불린다. 이러한 여러 개념은 전략, 전술, 프로그램, 직무, 정책, 절차, 규칙을 개발하는 데 지침 역할을 하며, 조직구성원의 행동을 이끈다.

[그림 3-1]에서 왼쪽에서 오른쪽으로 진행된다면 경찰관리자는 합리적이고 사전적인 경향이 있지만, 오른쪽에서 왼쪽으로 진행된다면 관리자는 위기 지향적이고 사후 반응적인 경향이 있다. 어떤 조직이든 경찰관리자가 조직 목적에 계속해서 관심을 집중하고 목적을 성취할 전략 및 임무를 설계하는 것이 매우 중요하다.

그림 3-1 조직 목적과 조직행동의 관계

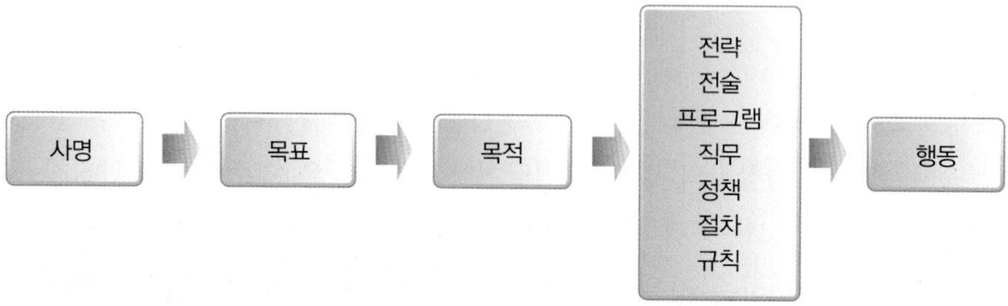

2. 공식적 목적과 비공식적 목적

경찰활동의 사명, 목표, 목적은 경찰의 공식적 목적이며, 경찰조직 및 경찰관이 성취하고자 노력하는 것이다. 예를 들면, 경찰의 공식적 목적은 주로 "경찰이 위해로부터 개인 및 사회를 보호하고 모두를 위한 정의를 성취하도록 돕는다"는 것이다. 비공식적 목적 또한 경찰조직에서 필수적이다. 공식적 목적이 가장 중요하지만 많은 경찰기관 및 경찰관은 비공식적 목적에 의해서 이끌려진다. 그러나 비공식적 목적은 힘든 일을 피하는 것과 같은 세속적인 것일 수 있고, 부정 이익과 부패를 획득하는 것과 같이 일탈적이고 위험할 것일 수도 있다(Kappeler & Alpert, 1998).

병원 또한 공식적으로는 환자를 치료하기 위한 목적으로 존재하지만, 사실상은 주로 외과의사와 다른 의료전문가에게 유익한 직장을 제공하는 데 기여하는 것일 수 있다. 따라서, 공식적 목적과 비공식적 목적 사이에는 차이가 있을 수 있고, 비공식적 목적이 경찰조직의 사명, 목표, 목적에서 벗어나지 못하도록 하는 것은 경찰관리자의 책임이다.

Ⅱ. 경찰조직의 사명

1. 사명서의 개념

경찰조직의 목적에 대한 가장 일반적 표현은 주로 사명(mission)이다(DeLone, 2007). 사명서(mission statement)는 경찰조직을 이끄는 가장 중요한 가치를 표현하고, 경찰조직의 전체적인 철학을 표현한다. 사명서의 역할은 경찰조직의 목적에 중점을 두고, 중요한 사항에 주의를 기울이며, 가치와 실행을 한 방향으로 정렬하기 위해 조직 목적을 설정하는 것이다(Couper & Lobitz, 1991: 24).

2. 사명서의 형식

몇몇 경찰조직은 "봉사하고 보호하는 것"과 같은 간결한 사명서를 갖고 있지만, 다른 경찰조직은 더 정성을 들인 사명서를 선호한다. 대부분의 경찰조직은 경찰관이 기억하고 따를 수 있도록 하기 위해서 사명서를 간결하게 유지하고자 시도한다. 미국 오리건(Oregon)주 포틀랜드(Portland) 경찰국의 사명은 "생명을 보존하고, 인권을 유지하며, 재산을 보호하고, 개인의 책임 및 지역사회 헌신을 증진하기 위해서 모든 시민과 함께 협력하여 범죄 및 범죄 두려움을 감소하는 것"이다. 경찰조직은 경찰관 및 시민의 이익을 위한 고유한 역할을 설명해주는 자신만의 사명서를 주의 깊게 제정해야 한다.

Ⅲ. 경찰조직의 목표 및 목적

1. 경찰조직의 목표

경찰조직의 특정 목표는 경찰조직의 사명과 일치하고 경찰조직 전체 목표의 성취에 기여해야 한다. 경찰조직이 채택할 수 있는 목표의 수 및 다양성은 제한이 없다. 경찰조직이 주로 추구하는 세 가지 주요 목표(goal)는 다음과 같다.

(1) 생명을 보호하는 것

(2) 재산을 보호하는 것

(3) 질서를 유지하는 것

경찰조직은 사회 내 질서를 유지하고, 시민의 생명과 재산을 법률에 의해 보호하기 위해 존재한다. 또한, 시민은 자신의 생명과 재산이 보호되고, 지역사회가 평화로울 것이라고 기대할 권리를 갖고 있다. 이것은 경찰조직이 주된 목표를 성취하기 위해 에너지 및 노력을 투입해야 한다는 것을 의미한다.

2. 경찰조직의 목적

경찰조직의 주요 의무를 충족시키기 위하여 경찰조직이 추구해야 하는 여덟 가지 주요 목적(objective)은 다음과 같다. 경찰조직의 목적을 제시하고자 하는 많은 시도가 있었지만 골드스타인(Goldstein)(1977)은 〈표 3-1〉에서 보는 것과 같은 적용 가능한 목적을 확인하였다.

표 3-1 경찰조직의 여덟 목적

1. 위협적 행동을 예방 · 통제하기
2. 신체 위해의 위험에 처해있는 사람을 돕기
3. 헌법상 보장된 권리를 보호하기
4. 사람 및 차량의 이동을 촉진하기
5. 스스로를 돌볼 수 없는 사람을 돕기
6. 갈등을 해결하기
7. 잠재적으로 심각한 문제를 확인하기
8. 지역사회 내에 안전감을 형성하고 유지하기

자료: Goldstein, 1977: 35.

1) 위협적 행동을 예방 · 통제하기

경찰조직의 첫 번째 주요 목적은 '심각한 범죄'와 생명 및 재산에 위협이 되는 '행동'을 예방 · 통제하는 것이다. 이러한 목적의 기본적인 요소는 범죄에 제한된 것은 아니므로, 경찰이 위험한 운전행위 등에 관심을 갖는 것은 정당한 것이다. 왜냐하면 이러한 문제는 본질적으로 심각한 범죄는 아닐지라도 생명 및 재산의 위협과 관련되어 있기 때문이다. 범죄 및 위협적 행위를 예방하고자 하는 노력은 그 사실이 발생한 후에 통제하려는 노력만큼 중요하다.

2) 신체 위해의 위험에 처해있는 사람을 돕기

경찰조직의 두 번째 주요 목적은 범죄피해자나 신체 위해의 위험에 처해있는 사람을 돕는 것이다. 그 동안 경찰은 범죄피해자의 욕구를 간과하고, 그 대신 범죄를 수사하고 범죄자를 체포하는 데 중점을 두었다. 그러나 생명과 재산을 보호하는 것은 피해당한 후에 그들의 삶을 회복할 수 있도록 돕는 것을 포함한다. 게다가, 경찰이 시민의 생명 및 신체를 보호하는 것은 위협을 받는 사람, 방임이나 학대를 당하기 쉬운 아이, 배우자 폭행의 피해자, 자신의 안전을 두려워하는 사람과 같이 경찰이 위험에 처해있는 사람을 사전에 돕는 것을 요구한다.

3) 헌법상 보장된 권리를 보호하기

경찰조직의 주요 목적 중 하나는 정부의 기능과 개인의 자유를 보호하는 것이다. 그래서, 경찰조직은 종종 공무원에게 보호를 제공하고, 입법부 및 사법부에 안전을 제공한다. 특히, 경찰조직은 집회·시위의 자유 및 언론의 자유 등과 같이 헌법상 권리를 행사하는 시민을 보호해야 한다.

4) 사람 및 차량의 이동을 촉진하기

사람 및 차량의 이동을 촉진하는 것은 경찰조직의 주요 목적으로서 경찰이 '안전'의 관점뿐만 아니라 자유롭고 질서 있는 '이동'의 관점에서 사람 및 차량의 교통에 주의를 기울일 것을 요구한다. 이러한 목적이 충족될 때 시민은 안전하고 원활하게 일상적 이동을 할 수 있다. 따라서, 경찰은 많은 차량에 의해서 야기된 교통정체뿐만 아니라 보도 및 도로의 다양한 교통방해에도 주의를 기울어야 한다.

5) 스스로를 돌볼 수 없는 사람을 돕기

경찰조직의 목표는 생명 및 재산을 보호하고 질서를 유지하는 것이며, 경찰은 1일 24시간 개방되어 있기 때문에 경찰은 스스로를 적절하게 돌볼 수 없는 사람을 도와야 한다. 이것은 어린아이, 노인, 정신병자, 노숙자, 술에 취해 있는 사람을 포함한다. 경제가 어렵고, 사회 프로그램 기금이 부족하고, 많은 시민이 관심을 갖지 않을 때에도 경찰은 자신을 스스로 적절하게 돌볼 수 없는 사람에게 종종 유일한 선택이 된다.

6) 갈등을 해결하기

경찰조직의 또 다른 주요 목적은 다양한 종류의 갈등을 해결하는 것이다. 이러한 갈등은 경쟁적인 폭력조직이나 지역 간의 갈등뿐만 아니라 가정 분쟁, 이웃 사람 간 다툼과 같은 개인 사이의 갈등을 포함한다. 갈등은 때때로 범죄 및 폭력으로 나아갈 수 있기 때문에 경찰조직은 주로 중재 및 협상을 통하여 갈등을 해결하고자 시도한다. 경찰조직이 중립적인 중재 역할을 행하고 갈등 해결에 필요한 시간을 투입하면 심각한 위해를 예방할 수 있다.

7) 잠재적으로 심각한 문제를 확인하기

경찰조직은 심각하게 되면 생명 · 재산 · 질서를 위험하게 할 수 있는 잠재적인 문제 및 조건을 확인해야 한다. 경찰조직이 잠재적으로 심각한 문제 및 조건을 확인할 때 그것을 관찰하고, 가능하다면 개선하고, 또는 개선할 수 있는 공무원에게 그 업무를 인계할 책임을 갖고 있다. 때때로 경찰조직은 문제를 해결하고 시민의 지원을 얻기 위해서 이러한 문제를 발표하는 것이 필요하기도 하다.

8) 지역사회 내 안전감을 형성하고 유지하기

경찰조직은 시민이 지역사회 내에서 안전하게 느끼도록 만드는 목적을 갖고 있다. 많은 연구는 범죄 두려움 때문에 시민이 종종 집에 머물고, 시내 지역을 피하고, 자녀 활동을 매우 제한한다는 것을 보여주었다. 안전하다고 느끼지 못하는 사람의 삶의 질은 상당히 영향을 받는다(Moore & Trojanowicz, 1988). 따라서, 경찰은 앞에서 설명한 것 이외에도 지역사회 내에서 정보에 기초하여 안전감을 형성하고 유지하기 위한 조치를 취해야 한다. 주민이 지역사회의 보도, 거리, 공원, 다른 공공영역의 이용을 늘리고 감시를 증대시킨다면 안전감 형성은 더 많은 부가 이익을 제공할 수 있다.

Ⅳ. 경찰조직의 가치

모든 조직은 가치(value)를 갖고 있고, 사람은 조직의 행동을 통하여 이러한 가치가 표현되는 것을 볼 수 있다. 경찰조직 또한 가치에 의해서 많은 영향을 받는다. 문제는 다른 조직처럼 경찰조직이 '명시적 가치'와 종종 일치하지 않는 '암묵적 가치'에 의해 관리된다는 점이다. 암묵적 가치는 명료성, 헌신, 높은 사기보다는 오히려 혼란, 불신, 냉소주의를 야기한다(Wasseman & Moore, 1988: 1).

경찰활동을 안내하는 가장 중요한 가치는 경찰조직의 사명, 목표, 목적에서 명시적 또는 암묵적으로 표현된다. 오늘날 경찰조직은 임무수행시 경찰관의 행동 지침이 되는 중요한 가치를 제시하고 있다. 예를 들면, 미국 포틀랜드(Portland) 경찰국은 성실성(integrity), 공감(compassion), 책임(accountability), 존경(respect), 탁월함(excellence), 그리고 봉사(serve)를 강조한다. 경찰조직이 사명, 목표, 목적과 관련되어 특별하게 중점을 둘 필요가 있는 네 가지 가치는 능률성(efficiency), 합법성(legality), 형평성(equity), 책임성(accountability)이다.

1) 능률성

경찰조직은 주요 목표 및 목적을 달성하기 위해 자원을 현명하게 활용해서 능률성(efficiency)을 달성하고자 노력해야 한다. 우리는 경찰조직이 가능한 한 능률적으로 시민의 생명과 재산을 보호하고 질서를 유지하기를 원한다.

2) 합법성

경찰관과 경찰관리자는 자신들의 행동의 합법성(legality)을 확신시키는 데 많은 관심을 두어야 한다. 목적을 더욱 빠르거나 편리하게 성취하기 위해 법률을 무시하는 일부 정치가 및 시민의 잦은 압력뿐만 아니라 형법 및 민법의 복잡성을 고려한다면, 합법성을 유지하는 것은 어려울 수 있다. 경찰조직은 법률 내에서 주의 깊게 경찰활동을 행할 필요가 있고 특히, 법률을 집행하는 경찰관이 법률을 성실하게 준수하는 것으로 여겨질 필요가 있다.

3) 형평성

경찰 조치는 공정하고, 경찰 서비스는 공정하게 분배되는 것이 매우 중요하다. 형평성(equity)은 증명하기 어렵고 어느 정도 주관적이다. 그렇지만 모든 사람 또는 지역이 반드시 공정하게 다루어져야 한다는 것을 의미하는 것은 아니다. 예를 들면, 형평성은 경찰관이 무장한 중범죄자와 길을 잃어버린 아이를 똑같이 다루어야 한다거나, 경찰조직이 범죄다발 지역과 범죄 없는 지역에 대하여 동일한 관심을 두어야 한다고 요구하는 것이 아니다. 그 대신 형평성은 모든 조치가 공정성 원칙에 의해서 이끌려지고, 어떤 경우에 취해진 조치가 다른 경우에 취해진 조치와 비교하여 합리적일 것을 요구한다.

4) 책임성

경찰관은 특정 기능을 수행하기 위해서 임명된 정부 관료이며 사법부나 시민이 갖고 있는 최종적인 권한을 갖고 있지는 않다. 경찰관은 자신의 행동 및 결정에 대해서 책임을 져야 하고, 시민은 임명된 경찰관과 경찰관리자에게 상당한 권한을 위임할 수 있다. 경찰관은 또한 범죄 및 경찰 이슈에 관하여 시민에게 정확하게 알리고, 시민의 합리성 및 분별성에 대하여 신뢰하고 존중할 필요가 있다.

제2절 경찰조직의 역할 및 유형

Ⅰ. 경찰조직의 역할

1. 경찰조직 역할의 개념

연구자는 다양한 경찰활동에 대해 논의할 때 역할(role)과 기능(function) 간의 차이를 설명한다. 역할은 어떤 기대를 수행하는 기본적이거나 표준화된 사회적 지위를 의미하고, 이러한 기대는 매우 특정적이거나 다양할 수 있고 종종 사회적 제도와 관련이 있다. 반면에, 기능은 역할과 관련된 임무 및 활동이다. 경찰은 다양한 사회적 역할을 수행하도록 기대될 뿐만 아니라 다양한 기능에 참여하도록 기대된다.

몇몇 경찰관은 자신의 유일한 역할을 법집행으로 보고 다른 경찰상 의무 및 책임을 더 낮은 수준으로 분류한다. 이것은 경찰직 지원자가 경찰업무에 관한 비현실적 기대를 갖고 경찰관이 될 때 때때로 문제가 된다. 왜냐하면 시민은 경찰이 단순한 법집행 및 범죄진압 이외에 다른 역할도 수행하여야 한다고 여기기 때문이다.

즉, 상인 및 사업가는 경찰관의 주요 역할은 절도범죄로부터 자신을 보호하는 것이라고 인식한다. 또한, 주택지역에 거주하는 주민은 경찰관이 질서를 유지하고 그 지역 내에 있는 범죄자 및 마약 판매상으로부터 자신을 보호해 줄 것을 기대한다. 그러므로, 경찰이 사실상 수행하는 것은 복잡한 정치적 · 사회적 과정의 결과인 것이다. 정부, 시 위원회, 시장, 그리고 시 관리자는 경찰조직에게 자신들이 기대하고 있는 서비스를 제공하도록 압력을 가함으로써 시민을 달래고자 시도할 것이다.

2. 경찰조직의 네 가지 주요 역할

경찰조직은 광범위한 임무 및 활동을 수행하고 있다. 경찰조직의 기능이 시민을 보호(protect)하고 봉사(serve)하는 것일지라도, 몇몇 지역의 경찰관은 비(非) 법집행

활동에 대해서도 책임을 갖고 있다. 일부 시민은 경찰이 잠긴 문을 열 수 있도록 도와주고, 운전자에게 지원을 제공하고, 또는 지역사회 문제 및 이슈에 관한 정보를 배포하는 것과 같은 공공 서비스를 제공해 줄 것을 기대한다. 〈표 3-2〉는 일반적으로 경찰조직이 책임을 맡고 있는 네 가지 주요 역할과 각 역할에 대한 구체적인 기능을 보여 준다.

표 3-2 경찰조직의 역할 및 기능

경찰조직의 역할	구체적인 기능
법집행 (law enforcement)	• 범죄활동 수사 • 범죄자 체포 • 진행 중인 범죄자 조사 • 영장 집행 • 피의자 신문
질서유지 (order maintenance)	• 부랑자 또는 음주자로 하여금 어떤 지역을 떠나도록 강제하는 것 • 의심스런 사람이나 차량 조사 • 가정소란 조사 • 술집 싸움의 해산 • 폭동이나 무질서의 진압 • 소란스런 파티나 모임에 개입
다양한 서비스 제공 (provision of miscellaneous service)	• 길을 잃은 운전자의 지원 • 긴급의료사건 지원 • 잃어버린 아이 찾기 • 자동차 안에 열쇠를 둔 채 잠근 운전자 지원 • 시민에게 정보 제공
편의규범 집행 (convenience norm enforcement)	• 교통사고 조사 • 교통 범칙금 발부 • 주차위반 과태료 발부 • 교통 관리 • 교통흐름을 촉진하기 위한 시설 변경 제안

이러한 경찰조직의 역할과 관련하여 중요한 사항을 설명하면 다음과 같다(Cordner & Scarborough, 2010: 33).

(1) 경찰활동은 본래 범죄수사보다는 질서유지에서 해야 할 더 많은 것을 갖고 있다.

(2) 경찰활동은 범죄척결(crime fighting)과 더욱 관련되어 있으며, 오늘날 범죄 관

련 문제는 경찰활동의 실질적인 부분을 구성한다.

(3) 경찰관은 범죄척결(crime fighting), 법집행(law enforcement), 질서유지(order maintenance) 의무를 수행하는 데 상당한 재량을 갖고 있다.

(4) 법집행은 그 자체가 목적이기보다는 문제를 해결하기 위하여 경찰관에 의해서 사용되는 한 수단이다.

또한, 클로커스(Klockars)(1983: 227-231)는 사회에서 경찰조직의 역할에 관하여 다음과 같이 설명하고 있다.

(1) 경찰 역할의 핵심은 법집행 및 강제적인 무력 사용과 관련이 있다.

(2) 경찰활동의 주요한 기술은 무력 사용을 회피하면서 문제상황을 효과적으로 다루는 것이다.

(3) 능숙한 경찰관은 주로 효과적이고 창의적인 의사소통을 통하여 무력 사용을 회피한다.

3. 경찰조직의 역할 갈등

1) 경찰조직 역할에 대한 상이한 기대

경찰조직은 자신들이 수행하도록 요청받는 서비스에 관심이 있지만 요청받는 서비스의 변화에 대해서는 지지하거나 저항할지 모른다. 이러한 경찰조직의 역할에 대해 몇몇 학자는 (1) 규정된 역할, (2) 선호하는 역할, (3) 시행하는 역할을 구별한다.

본질적으로 규정된 역할(prescribed role)은 법률상 경찰에 의해서 요구되는 임무 및 활동이고, 선호하는 역할(preferred role)은 시민이 경찰로 하여금 수행하도록 요청하는 임무 및 활동이며, 시행하는 역할(enacted role)은 경찰의 법률상 권한이자 경찰에 의해 수행되는 사실상 활동 및 임무이지만 시민의 욕구와 일치하거나 일치하지 않을 수 있다. 정치적 과정에서 경찰의 갈등적인 역할 기대를 해결하는 것은 경찰의 운용정책 및 경찰관에 의해서 제공되는 서비스를 형성하도록 돕는다(Burton *et al.*, 1993).

2) 경찰직무수행에 관한 갈등

경찰이 수행하는 직무와 경찰이 직무를 수행하는 방법에 관하여 종종 갈등이 생긴다. 본질적으로 경찰은 많은 법률상 · 헌법상 제한 내에서 때때로 만족스럽지 않은 직무를 효과적으로 수행하도록 기대된다. 즉, 경찰관은 범죄자를 체포하도록 기대되지만 법률상 · 헌법상 명령을 따라야 하는 것이다. 결국, 경찰은 시민에게 차별적 효과를 야기하는 다양한 치안 서비스를 제공하는 데 계속 관련된다. 치안 서비스의 상대적 중요성과 그것이 수행되는 방법은 정치적 경향에 따라 변화하고, 사회가 새로운 문제를 확인할 때 경찰조직은 새로운 우선순위를 설정하게 된다.

4. 경찰조직에 대한 시민 인식

1) 시민 인식의 중요성

경찰조직에 관한 시민 인식(citizen perception)은 범죄 및 사회적 정의에 관한 전반적인 태도, 정부기관에 대한 과거 경험, 사회적 지위에 기초를 두고 있다. 시민 인식은 시민이 경찰관과 상호작용하는 방법에 영향을 미치고, 경찰관이 다양한 시민에게 대응하는 방법에도 영향을 미친다(Kappeler & Alpert, 1998; Van Maanen, 2006). 경찰에 관한 시민 인식은 많은 근원으로부터 오는데, 종종 경찰에 대한 왜곡되거나 불완전한 모습을 보여준다.

2) 부정적인 태도와 긍정적인 태도

시민이 경찰관에 대해 부정적인 태도를 보인다면, 경찰관은 많은 존경을 받지 못하고, 시민이 경찰관에게 많은 도움을 주지 못하고, 경찰관이 권한을 남용할 가능성이 높아질 수 있다. 반면에, 시민이 경찰관에 대한 긍정적인 태도를 갖고 있다면, 경찰관은 시민에게 친절하게 대응할 것이다. 또한, 시민에 대한 경찰 인식은 시민과 경찰 간의 상호작용에 영향을 줄 수 있는데 시민을 호의적이지 않은 것으로 바라보는 경찰은 시민과 부정적인 접촉을 더 많이 할 것 같다. 따라서, 시민과 경찰 간의 인식 및 태도는 경찰-지역사회 관계와 경찰과 시민의 상호작용에 영향을 준다는 점에서 매우 중요하다.

Ⅱ. 경찰조직의 유형

1. 경찰조직의 세 가지 유형

윌슨(Wilson)(1968)은 경찰조직의 운용 및 지역사회 욕구에의 대응이라는 관점에서 경찰조직의 차이점을 조사한 최초의 학자 중 한 명이었는데, 지역사회의 차이점이 경찰조직 유형에 영향을 미치는지 여부를 확인하기 위해서 비교 · 분석을 하였다.

재량행위를 사용하는 방법은 경찰활동 대상이 되는 지역사회 유형에 어느 정도 의존한다. 윌슨은 연구 결과를 통해 경찰조직을 (1) 감시자 유형, (2) 합법적 유형, (3) 서비스 유형의 세 가지으로 분류하였다.

1) 감시자 유형

(1) 질서유지 및 범죄통제의 강조

감시자 유형(watchman style)의 경찰조직은 질서유지 및 범죄통제를 강조하고 일반적으로 대규모의 산업화된 도시에서 발견될 수 있다. 감시자 유형의 경찰관은 공공질서와 중대한 범죄에 관심이 있고, 감시자 유형을 고수하는 경찰조직은 사소한 법률 위반에 대해서는 많은 관심을 갖고 있지 않다. 이 유형의 경찰관은 경범죄, 교통위반, 사소한 법률위반이 발생할 때 형사사법절차를 더 적게 적용할 것이다. 감시자 유형은 구두 경고를 하여 시민으로 하여금 어떤 지역을 떠나도록 하거나 공식적인 범죄자 처리와는 반대로 밀수품의 현장 파괴와 같은 법률 외적 방법을 더 사용할 것 같다.

(2) 환경의 고려

감시자 유형은 경찰관이 어떤 행동을 취할 것인지를 결정할 때 완화시키는 환경을 고려한다. 예를 들면, 청소년은 멋대로 행동하는 것으로 여겨지는데, 감시자 유형의 경찰관은 전형적으로 청소년에 대해서 가족의 관점을 갖고 있으며, 법원 송치를 마지막 수단으로 사용한다. 또한, 시민 간 분쟁은 평온을 방해하지 않는다면 사적인 문제로 여겨진다. 결국, 감시자 유형의 경찰관은 법률을 집행함에 있어서 두 가지 기준을 갖고 있는데, 중대한 범죄에 대해서 조치를 취하는 것과 가정의 평화가 유지되도록 하는 것이다.

2) 합법적 유형

(1) 동일한 표준의 집행 및 재량 사용의 억제

합법적 유형(legalistic style)의 경찰조직은 권한이 매우 집중되어 있거나 관료적인 유형이고, 경찰관으로 하여금 시민에 대해서 동일한 표준을 집행하도록 요구한다. 합법적 유형에서 재량행위 사용은 억제되므로 다른 환경에도 불구하고 모든 시민은 동일하게 다루어져야 한다. 법집행의 동일성은 공정성과 같은 것이고, 재량행위는 경찰부패로 나아가는 첫 번째 단계로 여겨진다.

(2) 형사사법절차에의 의존

합법적 유형의 경찰조직은 형사사법절차를 자주 진행하며, 범죄자는 자신의 환경이나 범죄의 중대성에 관계 없이 공식적 처벌을 거의 피하지 못한다. 합법적 유형의 경찰조직은 많은 교통단속을 하고, 사소한 법률 위반을 한 시민을 체포하고 구금하기도 한다.

3) 서비스 유형

(1) 서비스 제공의 강조

서비스 유형(service style)의 경찰조직은 일반적으로 대도시 지역을 둘러싸고 있는 동질적인 중류계층 및 상류계층의 지역에 존재하며, 시민에게 서비스를 제공하는 것을 강조한다. 서비스 유형의 경찰관은 시민 요청을 받은 경우에 그 성격에 관계 없이 진지하게 대응하지만, 필요한 경우에만 형사사법절차를 진행한다. 그들은 경찰의 주된 기능에 대해서 법률을 위반하는 10대나 외부의 범죄자로부터 지역사회를 보호하는 것이라고 본다.

(2) 공공관계와 지역사회 관계에의 중점

서비스 유형의 경찰조직은 일반적으로 부유한 지역사회에서 발견되며, 공공관계(PR)와 지역사회관계(CR)에 중점을 둔다. 안전의 관점에서 경찰관은 시민의 재산을 관찰하고, 이웃에서 보이는 낯선 차량을 조사하고, 낯선 사람이 관할구역 내에 있기 위해선 합법적인 목적을 지니고 있도록 한다. 또한, 시민은 경찰관에 의해서 존경을 받으며, 경찰조직은 경찰활동에 관한 시민의 생각을 반영하기 위해서 노력한다.

(3) 좋은 급여와 최신 경찰장비

서비스 유형의 경찰조직을 갖고 있는 지역은 일반적으로 풍부한 세금 및 자원을 갖고 있기 때문에, 이러한 지역을 순찰하는 경찰관은 좋은 급여와 최신 경찰장비를 제공받는다. 이러한 요소는 경찰관이 서비스 유형의 경찰조직에서 기꺼이 근무하고 싶어 하도록 만든다.

2. 경찰조직 유형의 변화

윌슨이 1968년에 경찰조직의 세 가지 유형에 대해 연구한 이후에 미국 경찰활동은 많이 변화하였는데 특히, 경찰조직의 세 가지 유형 사이의 구별이 점차 희미해졌다. 자오(Zhao)와 하셀(Hassell)(2005)은 482개의 대규모 경찰조직을 조사하였는데 경찰조직이 세 가지 유형에서 더욱 동질적으로 되어간다는 것을 발견하였으며, 이들은 이러한 변화를 경찰조직의 전문화와 정치적 환경의 약화 때문인 것으로 인식하였다.

Ⅲ. 경찰활동의 특성

사회통제 및 서비스 기관으로서 경찰활동의 성격은 경찰관리자에게 도전과 기회를 제공한다. 미국 사회에서 경찰활동은 (1) 경찰활동, (2) 경찰권한, (3) 경찰 이용 가능성의 세 가지 측면에서 고유한 특성을 갖고 있다(Gaines *et al.*, 2003: 6-8).

1. 경찰활동이 고유하다

1) 광범위한 서비스 제공

경찰관은 광범위한 역할 및 임무를 수행한다. 범죄 대응에 대해서는 경찰이 수사 및 체포와 같은 법집행 역할을 통해서 평가될지라도 시민을 지원하고, 정보를 제공하는 것과 같은 광범위한 서비스를 제공하도록 기대된다.

2) 갈등 및 갈등적 기대 상황의 야기

시민은 경찰의 광범위한 서비스 제공을 중요한 것으로 여길 수 있는데, 이것은 경찰업무수행에 대해서 갈등 및 갈등적 기대 상황을 야기한다. 경찰관리자는 그러한 기대를 최소화하고, 경찰관이 자신의 역할 및 임무를 이해하고 기꺼이 수행할 수 있도록 지원해야 한다. 경찰관의 직무와 같이 많은 임무 및 책임을 지니고 있으며 복잡하고 어려운 직무를 수행하는 공무원은 우리 사회 내에 거의 없을 것이다.

2. 경찰 권한이 고유하다

1) 체포 및 무기사용 권한

정규 경찰관(sworn officer)은 형법 집행을 위해 필요한 경우에는 체포하고 치명적인 무기를 사용할 권한을 갖고 있다. 시민으로서 우리는 범죄 관련 갈등을 무력으로 해결할 권리를 포기하고 이러한 권한을 경찰 및 형사사법체계에 위임하였다. 그 대신에, 시민은 경찰이 일관되고 공정한 방법으로 이러한 권한을 적용해 줄 것을 기대한다.

2) 갈등 및 불만의 근원

경찰 권한이 경찰직무를 수행하기 위해 필수적인 도구일지라도 계속해서 갈등 및 불만의 근원이 되었다. 종종 그러한 갈등 및 불만은 오해나 잘못된 인식의 결과이며 쉽게 해결될 수도 있다. 왜냐하면 이것은 개인이 자신을 체포해서는 안 된다거나 경찰관의 명령을 지켜서는 안 된다고 생각할 수 있기 때문이다.

또한, 개인은 경찰관이 다른 사람을 체포하거나 다른 사람에게 명령하기를 원하지만 경찰관이 이를 행하지 않을 때 불만이 생길 수 있다. 사실상 불만의 가장 큰 유형은 경찰관에 의한 무력이나 권한의 의도적인 오용(misuse) 또는 남용(abuse)에서 생긴다. 이러한 이슈에 대해서 경계하고 해결하는 것은 경찰관리자의 중요한 임무 중 하나이다.

3. 경찰 이용 가능성이 고유하다

경찰조직은 사회에서 1년에 365일, 1주일에 7일, 1일에 24시간 동안 운용되는 것으로 기대되는 몇 안 되는 공공조직 중 하나이다. 경찰조직의 즉각적인 이용 가능성은 경찰활동 범위 밖에 있는 문제에 대해서도 경찰조직에 요청할 수 있도록 만들었고 그 결과 경찰 업무량이 증가하였다. 시민은 경찰이 능률적이고, 효과적이며, 전문적인 방법으로 서비스 요청을 다루어 줄 것을 기대한다. 특히, 몇몇 문제는 다른 공공조직에 의해서 더 적절하고 더 잘 다루어질 수 있을지라도 경찰조직은 최초의 평가 및 조치를 행하는 책임을 갖고 있다. 따라서, 경찰관리자는 경찰관이 정보를 제공하고, 적절한 조치를 취하고, 서비스 요청을 다루는 데 준비되어 있도록 해야 한다.

제 3 절 경찰조직 역할 관련 연구

Ⅰ. 순찰활동 연구

1. 순찰활동 연구의 개요

순찰활동에 대한 가장 타당성 있는 연구는 경찰 서비스 연구이다(Whitaker, 1982).

이 연구는 60개 지역에서 순찰활동을 조사했으며, 연구자는 24개 경찰서에서 모든 순찰근무조의 경찰관과 함께 동행하여 경찰과 시민 사이의 모든 접촉에 관한 정보를 수집했으며 거의 6,000개의 접촉을 열거하였다. 이 연구가 많은 다양한 경찰조직을, 그리고 시민에 의해서 시작된 접촉뿐만 아니라 경찰에 의해서 시작된 접촉을 포함하고 있다는 사실은 연구 결과를 매우 설득력 있는 것으로 만든다. 경찰활동이 범죄 진압활동에 의하여 지배되고 있지는 않지만 범죄 관련 문제가 경찰 업무량의 상당한 부분을 차지하고 있다는 것은 명백하다.

(1) 경찰 서비스 연구는 경찰-시민 접촉 중 38%는 주로 범죄 관련 문제를 다루었다는 것을 발견하였다. 이것 중 대부분은 의심스런 환경과 관련된 비폭력 범죄 또는 사건이었다.

(2) 그다음의 가장 공통적인 접촉은 무질서 문제 및 교통 관련 문제이며 전체 중에서 각각 22%를 설명하였다.

(3) 마지막으로, 경찰-시민 접촉 중 18%는 주로 서비스 성격을 지니고 있었다.

2. 경찰-시민 접촉 연구의 결과

무력 사용이 경찰 역할의 핵심일지라도 경찰은 무력을 자주 사용하고 있지 않다. 마찬가지로, 법집행을 하는 경찰 권한은 경찰이 대하는 대부분의 상황에서 중요한 요인일지라도 경찰은 법집행 여부를 결정함에 있어서 상당한 재량을 갖고 있으며, 종종 문제를 해결하기 위한 다른 수단을 찾는다. 경찰-시민 접촉의 성격과 관련된 경찰 서비스 연구는 그 접촉에서 경찰관이 취하는 특정한 행위를 조사하였다(Whitaker, 1982: 13-22). 〈표 3-3〉의 수치는 경찰관이 각각의 행동을 취하는 접촉 비율을 보여주는데, 경찰관은 한 접촉에서 한 가지 이상의 행동유형을 취하기 때문에 그 수치는 100% 이상이 된다.

경찰관은 접촉 중 14%에서 무력 또는 무력 위협을 사용하였고, 무력은 사실상 5%에서 사용되었고, 이 수치의 대부분은 단지 수갑을 채우거나 팔로 피의자를 잡는 것이었다. 무력 사용 또는 그 위협은 범죄, 무질서, 교통 접촉과 관련된 상황에서 똑같이 발생할 것 같지만, 서비스 상황에서는 거의 발생하지 않는다(Durose, Schmitt, & Langan, 2005).

표 3-3 경찰－시민 접촉 비율

57%	목격자 또는 서비스를 요구하는 사람과 대화
40%	피의자 신문
29%	수색 또는 검사 실시
28%	훈계하거나 위협을 함(무력 위협보다는 다른 것)
27%	정보 제공
23%	안심 제공
14%	무력 또는 무력 위협 사용
11%	지원 제공
19%	범칙금 발부
18%	설득을 함
15%	체포를 함
12%	의료적 원조를 제공

Ⅱ. 일상 순찰 연구

1. 비가동시간으로의 인식

경찰활동의 한 특징은 경찰관이 종종 어떤 것도 수행하고 있지 않은 것처럼 보인다는 것이다. 전통적으로 경찰관은 범죄 및 무질서를 예방하기 위해 순찰을 하고 있는데 양방향 무전의 도입 이후에 순찰은 종종 비가동시간(downtime)으로 여겨지게 되었다. 즉, 경찰관이 범죄 및 서비스 요청에 급파하기 위해서 기다리고 있는 시간으로 여겨졌다. 관련 연구는 경찰관이 순찰 스타일에서 서로 다르며, 순찰활동은 시간에 따라서도 상당히 다르다는 것을 보여주었다(Cordner, 1982). 최근에 순찰시간은 대부분의 경찰조직에서 다음과 같은 여러 요인으로 인해 축소되었다.

(1) 오랜 시간 동안 서비스 요청 증가로 인하여 경찰관이 더욱 바쁘게 됨
(2) 경찰관리자에 의해서 순찰경찰관에게 부과된 통제활동이 증가함
(3) 지역사회 경찰활동에 대한 시간 투입이 증가함

2. 순찰활동 성격의 변화

순찰활동 성격이 얼마나 많이 변화되었는가는 논쟁의 여지가 있다. 1996년~

1997년에 인디애나폴리스(Indianapolis)와 세인트 피터즈버그(St. Petersburg)에서의 연구는 정규 순찰경찰관이 신고에 대응하고 접촉하는 데 그들 시간의 25%를 사용했다는 것을 발견하였다(Parks *et al.*, 1999: 497).

1999년의 볼티모어(Baltimore)에서의 한 연구는 순찰경찰관이 급파되는 데 또는 신고를 받은 다른 경찰관을 지원하는 데 그들 시간의 25%를 소비했다는 것을 보여주었다(Famega, Frank, Mazerolle, 2005: 549). 또한 이 연구가 발견한 것은 감독경찰관이 순찰경찰관에게 추가적인 통제활동을 할 수 있지만, 볼티모어에서 그러한 통제활동은 순찰경찰관 시간의 사소한 부분을 설명한다는 것이었다. 오늘날 경찰전략 및 관리에서 실질적인 변화가 있음에도 일상 순찰(routine patrol)은 여전히 경찰활동의 많은 부분을 설명해준다.

Ⅲ. 경찰 업무량 연구

1. 경찰 업무량 연구의 개요

경찰 역할을 이해하는 가장 좋은 방법은 경찰이 수행하는 활동을 조사하는 것인데, 많은 연구는 경찰활동 및 경찰 업무량을 연구하였다. 이러한 연구 결과가 서로 불일치하더라도, 경찰 역할을 정의하고, 경찰이 수행해야 하는 것에 관한 인식과 사실상 수행하고 있는 것 사이의 차이점을 구별하는 데 기여하였다.

커밍(Cumming) 및 그의 동료들(1965)에 의한 초창기의 연구 중 하나는 어떤 경찰관서가 받은 요청 중 1/2은 문제해결을 다루었다는 것이었다. 마찬가지로, 윌슨(Wilson)(1968)은 뉴욕(New York)주 시러큐스(Syracuse) 경찰서가 받은 출동 요청을 조사하여 10%는 법집행, 30%는 질서유지, 22%는 정보수집, 38%는 서비스 요청과 관련되어 있다는 것을 발견하였다.

메이어(Meyer)와 테일러(Taylor)(1975)는 출동 요청의 대부분은 서비스 성격(64% 서비스와 36% 법집행)을 지니고 있다는 것을 발견했으나, 사전적인 경찰력 동원은 제외하고 분석할 때에는 서비스(59%)와 법집행(41%) 사이의 차이점이 크지 않았다. 개개의 경찰관은 법집행활동(서비스와 반대되는 전통적인 경찰 역할)을 시작하는 경향이 있었다.

2. 경찰 업무량 연구 관련 문제점

경찰 업무량 연구를 해석하는 데 몇몇 문제가 있다(Greene & Klockars, 1991).

(1) 경찰활동에 대한 해석은 연구자 및 시민의 인식이라는 주관성에 기초를 두고 있다. 사회 내에서 한 집단에게 서비스를 제공하는 것은 또 다른 집단에 대해서는 법집행을 하는 것과 관련될 수 있다. 게다가, 경찰조직은 시민과 더 나은 관계를 형성하고 법집행 목적을 위해 사용될 수 있는 정보수집을 더 쉽게 하고자 서비스를 제공한다.

(2) 연구자는 특정 활동이나 사건을 분류함에 있어서 일치하지 않는다.

(3) 자료는 독립된 관찰자의 설명보다는 오히려 사건 또는 문제에 관한 시민의 설명과 경찰의 설명을 포함하는 경향이 있다.

(4) 연구는 일반적으로 순찰활동만을 포함하고, 많은 업무량을 갖고 있는 범죄수사 또는 질서유지활동을 포함하지 않는다.

(5) 많은 서비스 또는 질서유지활동은 경찰관이 법집행 기술을 행사하도록 요구한다. 즉, 경찰에의 요청은 질서유지, 서비스, 또는 법집행의 관점에서 항상 명확하게 분류되는 것은 아니지만 그 대신 대응하는 경찰관 입장에서 모든 유형의 기술을 요구할 수 있다.

Ⅳ. 순찰경찰관 관찰 연구

1. 순찰경찰관 관찰 연구의 개요

최근에 많은 연구는 단지 기록을 검토하기보다는 오히려 관찰을 통하여 순찰경찰관의 근무시간 중의 활동을 확인하고자 시도하였다. 초창기 연구는 출동(dispatch) 기록을 조사하였다. 그러나 현대적인 연구는 관찰하는 경향을 갖고 있고, 참여 관찰자는 경찰관과 함께 탑승하고 경찰관의 수행 활동을 기록하였다. 이러한 관찰 연구는 경찰관 활동에 관한 세부 정보를 수집할 수 있기 때문에 더욱 정확하다.

2. 순찰경찰관 관찰 연구의 결과

프랭크(Frank)와 그의 동료들(1997)은 오하오주(Ohio)주 신시내티(Cincinnati)에서 경찰관을 연구했을 때, 경찰관은 순찰(비가동)에 시간의 1/3을 소비하고, 비범죄 요청에 약 20%를 소비하고, 범죄 관련 요청에 대응하는 데 약 17%를 사용하였다는 것을 파악하게 되었다. 약 13%는 법원 시간 또는 보고서 작성과 같은 행정적 문제에 사용하였다. 9%는 식사 또는 개인적인 일을 처리하는 것과 같은 개인적 시간인 것으로 파악되었다. 나머지 7%는 지원이나 정보를 제공하고, 문제를 해결하고, 지역사회 모임에 참여하는 것 및 관련 시민을 대하는 것에 사용하였다.

파메가(Famega)(2005)는 이러한 많은 연구를 검토하였고 경찰조직 상호 간에 어느 정도의 일치성이 있다는 것을 발견하였다. 그녀는 경찰관의 시간 중 약 75%는 출동요청에 대응하는 것과 같이 가동된 것이 아니지만, 경찰관은 이 시간 동안 실질적으로 많은 행정적 · 개인적 활동을 수행한다고 기록하였다. 경찰관은 이 시간 동안에 보고서를 작성하는 것과 같은 행정업무를 수행하고 시민과 접촉을 한다. 그러나 경찰관은 여전히 더 잘 활용될 수 있는 상당한 자유 시간을 갖고 있다.

Ⅴ. 지역사회 경찰활동과 경찰 업무량

대부분의 미국 경찰조직은 어떤 형태의 지역사회 경찰활동을 채택하였는데, 그것은 무질서 및 경범죄에 관하여 더 큰 중점을 두도록 하였다. 많은 경찰관리자는 경미한 위반행위를 줄이기 위한 경찰활동은 결국 재산 및 폭력범죄에도 영향을 미칠 것이라는 신념을 갖고 있는 윌슨(Wilson)과 켈링(Kelling)(2006)의 '깨진 유리창 접근법'을 채택하였다(McArdle & Erzen, 2001). 이러한 철학은 미국 전역에 확산되어 심지어 서비스 및 질서유지 상황에서도 법집행을 강조하게 되었으나 이것이 범죄를 감소시킨다는 경험적인 지지는 거의 없다.

지역사회 경찰활동은 또한 경찰관이 지역사회와 상호작용하는 방법을 변화시켰다. 예를 들면, 카펠러(Kappeler)와 게인즈(Gaines)(2008)는 지역사회 경찰활동이 문제해결 및 지역사회 집단과의 협력관계를 개발하는 것으로 구성되어 있다고 주장하였다. 경찰 업무량 연구는 경찰관이 이러한 활동에 많은 시간을 소비하고 있다는 것을 보여준다. 감독경찰관과 경찰관리자는 지역사회 경찰활동에 있어서 경찰관 참여를 더욱 촉진시켜야 할 것이다.

참고문헌

Broderick, J. (1987). *Police in Time of Change*. Prospect Heights, IL: Waveland Press.

Burton, V. S., Frank, F., Langworthy, R. H., & Barker, T. A. (1993). "The Prescribed Roles of Police in a Free Society: Analyzing State Legal Codes". *Justice Quarterly*, 10(4): 683-695.

Cordner, G. W. (1982). "While on Rouine Patrol…: What the Police Do When They're Not Doing Anything". *American Journal of Police*, 1(2): 94-112.

Cordner, G. W. & Scarborough, K. E. (2010). *Police Administration* (7th ed.). New Providence, NJ: Matthew Bender & Company, Inc.

Couper, D. C., & Lobitz, S. H. (1991). *Quality Policing: The Madison Experience*. Washington, DC: Police Executive Research Forum.

Cumming, E., Cumming, I., & Edell, L. (1965). "Police as Philosopher, Friend and Guide". *Social Problem*, 12(3): 276-286.

DeLone, G. L. (2007). "Law Enforcement Mission Statements Post-September 11". *Police Quarterly*, 10(2): 218-235.

Dowler, K. (2004). "Media Influence on Citizen Attitudes Toward Police Effectiveness". *Policing and Society*, 12(3): 227-238.

Durose, M. R., Schmitt, E. E., & Langan, P. A. (2005). *Contacts Between Police and the Public: Findings From the 2002 National Survey*. Washington, DC: Bureau of Justice Statistics.

Famega, C. (2005). "Variation in Officer Downtime: A Review of the Research". *Policing: An International Journal of Police Strategies and Management*, 28(3): 388-414.

Famega, C. N., Frank, J. & Mazerolle, L. (2005). "Managing Police Patrol Time: The Role of Supervisor Directives". *Justice Quarterly*, 22(4): 540-559.

Frank, J., Brandle, S., & Watkins, C. (1997). "The Content of Community Policing: A Comparison of Daily Activities of Community and "Beat" Officers". *Policing*, 20(4): 716-728.

Gaines, L. K., Worrall, J. L., Southerland, M. D., & Angell, J. E. (2003). *Police Administration* (2nd ed.). New York, NY: McGraw-Hill Companies, Inc.

Goldstein, H. (1990). *Problem-Oriented Policing*. New York, NY: McGraw-Hill.

Goldstein, H. (1977). *Policing a Free Society*. Cambridge, MA: Ballinger.

Greene, J. & Klockars, C. (1991). "What Police Do". in C. Klockars & S. Mastrofski (eds.). *Thinking about Police: Contemporary Readings*. New York: McGraw-Hill.

Kappeler, V. E., & Alpert, G. P. (1998). *Forces of Deviance: Understanding the Dark Side of Policing* (2nd ed.). Prospect Height, IL: Waveland.

Kappeler (ed.). *Police and Society: Touchstone Readings* (3rd ed.). Newark, NJ: LexisNexis Matthew Bender.

Kappeler, V. & Gaines, L. (2008). *Community Policing: A Contemporary Perspective* (5th ed.). Newark, NJ: LexisNexis Matthew Bender.

Manning, P. (2006). "The Police: Mandate, Strategies, and Appearances". in V. McArdle, A. & Erzen, T. (2001). *Zero Tolerance: Quality of Life and the New Police Brutality in New York City*. New York: New York University Press.

McArdle, A. & Erzen, T. (2001). *Zero Tolerance: Quality of Life and the New Police Brutality in New York City*. New York: New York University Press.

Meyer, J. & Taylor, W. (1975). "Analyzing the Nature of Police Involvements: A Research Note Concerning the Effects of Forms of Police Mobilizations". *Journal of Criminal Justice*, 3(2): 141-145.

Moore M. H. & Stephen, D. W. (1991). *Beyond Command and Control: The Strategic Management of Police Department*. Washington, DC: Police Executive Research Forum.

Moore, M. H. & Trojanowicz, R. C. (1988). "Policing and the Fear of Crime". *Perspectives on Policing No. 3*. Washington, DC: National Institute of Justice.

Parks, R. B., Mastrofski, S. D., Dejong, C., & Gray, M. K. (1999). "How Officer Spend Their Time with the Community". *Justice Quarterly*, 16(3): 483-518.

Van Maanen, J. (2006). "The Asshole". in V. Kappeler (ed.). *Police and Society: Touchstone Readings* (3rd ed.). Prospect Heights, IL: Waveland Press.

Wasseman, Robert, & Moore, Mark H. (1988). "Values in Policing". *Perspectives on Policing No. 8*, Washington, DC: National Institute of Justice.

Whitaker, G. P. (1982). "What Is Patrol Work?". *Journal Police Studies*, 4(4): 13-22.

Wilson, J. Q. (1968). *Varieties of Police Behavior: The Management of Law and Order in Eight Communities*. Cambridge, MA: Harvard University Press.

Wilson, J. G. & Kelling, G. (2006). "Broken Windows and Fractured History". in V. Kappeler (ed.). *The Police and Society: Touchstone Reading* (3rd ed.). Prospect Heights, IL: Waveland Press.

Zhao, S. & Hassell, K. (2005). "Policing Styles and Organizational Priorities: Retesting Wilson's Theory of Local Political Culture". *Police Quarterly*, 8(4): 411-430.

CHAPTER

04

경찰조직의 임무 변화

학습목표

1. 미국 경찰의 발전 관련 일곱 가지 시대를 나열할 수 있다.
2. 정치적 시대의 특성 및 주요 경찰 임무를 설명할 수 있다.
3. 진보적 개혁 시대의 특성 및 주요 경찰 임무를 설명할 수 있다.
4. 전문적 경찰 시대의 특성 및 주요 경찰 임무를 설명할 수 있다.
5. 지역사회 관계 시대의 특성 및 주요 경찰 임무를 설명할 수 있다.
6. 법과 질서로의 복귀 시대의 특성 및 주요 경찰 임무를 설명할 수 있다.
7. 지역사회 경찰활동 시대의 특성 및 주요 경찰 임무를 설명할 수 있다.
8. 국토안보 경찰활동 시대의 특성 및 주요 경찰 임무를 설명할 수 있다.

제 4 장 경찰조직의 임무 변화

미국 경찰의 경우 〈표 4-1〉에서 보는 것과 같이 시대가 변화함에 따라서 경찰조직의 임무가 변화하였다. 따라서, (1) 정치적 시대, (2) 진보적 개혁 시대, (3) 전문적 경찰 시대, (4) 지역사회 관계 시대, (5) 법과 질서로의 복귀시대 (6) 지역사회 경찰활동 시대, (7) 국토안보 경찰활동 시대에 따른 미국 경찰조직의 임무 변화를 논의할 필요가 있다(Gaines & Worrall, 2012: 18). 특히, 미국 경찰조직의 임무 변화에 대하여 이해한다면 우리나라 경찰조직의 임무를 더 잘 이해할 수 있고 경찰조직이 나아갈 방향을 수립하는 데 많은 도움이 될 것이다. 따라서, 제4장에서는 시대에 따른 미국 경찰조직의 임무 변화에 관하여 살펴봄으로써 우리나라 경찰조직의 임무에 대해서도 고찰해 볼 수 있도록 한다.

표 4-1 시대에 따른 미국 경찰조직의 임무 및 구조

시 대	경찰조직 임무	경찰조직 구조
정치적 시대	• 특히 어려운 사람에게 서비스를 제공 • 때때로 법집행 직무를 수행	• 지역 정치인에 의해 통제되는 분권화된 조직 • 대부분의 정치적 결정에는 거의 표준이 없음
진보적 개혁 시대	• 지역사회의 더 큰 영역에 서비스를 제공 • 더 눈에 띄는 법집행	• 경찰관 선발 기준 도입 • 중앙 권력이 지역 정치인으로부터 경찰조직 통제를 가져오기 시작함
전문적 경찰 시대	• 법집행 및 범죄와의 싸움 • 서비스 및 질서유지와 같은 이슈에는 거의 관심이 없음	• 매우 중앙집권화된 권력이 지역사회와 분리된 경찰관에게 군대 모델을 활용 • 선발, 승진, 훈련 표준의 강조
지역사회 관계 시대	• 서비스 및 질서유지를 다시 강조 • 경찰은 시민의 도움 및 지원 없이 범죄를 척결할 수 없다는 인식	• 참여적 관리가 법집행에 도입 • 집단 의사결정과 직무 재구성에 대한 제한된 강조

법과 질서로의 복귀 시대	• 범죄예방 및 법집행 기능의 강조 • 체포 및 범죄척결이 지역사회 문제를 해결하는 데 가장 효과적이라고 믿음	• 엄격한 명령계통을 가진 전통적인 경찰조직으로의 복귀 • 마약집행부서의 신설 및 확대
지역사회 경찰활동 시대	• 법집행에의 적극적 참여 강조 • 경찰은 지역 변화자 및 사회 활동가로 보여짐	• 경찰 대응은 필요 및 문제에 의해 형성되는 상황을 기획함 • 경찰은 문제를 관리하기 위해 다른 공적 및 사적 기관과 협력함
국토안보 경찰활동 시대	• 중요 기간시설의 안보 강조 • 테러리스트 공격 및 다른 재난에 대응할 수 있음 • 테러리스트 공격에 대응하기 위해 지역, 주, 연방기관 사이에 더 긴밀한 업무관계	• 정보분석 강조 • 국토안보부서 신설 • 테러리스트 위협을 다루기 위해 경찰관을 훈련시킴

제1절 정치적 시대와 진보적 개혁 시대

Ⅰ. 정치적 시대

1. 정치인의 영향력

20C 초 정치적 시대(the political era) 동안 미국 대도시의 경찰행정은 지방정치인의 정치적 수단이 되었다. 대도시에서 순찰지구대(precinct station)는 경찰서장에 의해서 운영된 것이 아니라 일반적으로 정당에 직접 보고하는 경감(captain)에 의해서 운영되었다. 정치인은 무슨 법률이 집행되고, 누가 체포되고, 누가 고용되고, 누가 경찰서 내에서 승진되는지를 지시하였다. 경찰조직에 의해서 행해진 대부분의 조치는 권력을 잡은 정당의 발전을 위한 것이었다.

2. 경찰의 역할

1) 질서유지 및 서비스 제공

정치적 시대 동안 경찰의 주요 역할은 질서를 유지하고 지역사회에 서비스를 제공하는 것이었다. 사실상 몇몇 사람은 경찰은 범죄를 통제하기 위해서가 아니라 무법과 무질서를 억제하기 위해서 창설되었다고 주장하였다(Monkkonen, 1992). 주로 지방정부는 사회 서비스를 제공하는 데 책임이 있었기 때문에 경찰이 이러한 역할을 맡게 되었다. 연방정부와 주정부는 장애인, 실업자, 노숙자를 지원하는 복지기관을 갖고 있지 않았다. 게다가, 정부와 경찰을 통제하는 정치인은 시민을 도와줌으로써 많은 표를 획득할 수 있다는 것을 깨달았다.

2) 지역사회와의 관계 형성 미흡

경찰조직과 관련하여 정치적 시대의 경찰조직에 관한 포스딕(Fosdick)(1969)의 조사는 경찰관이 담당 지역사회와 거의 관계를 형성하지 않았다고 결론 내렸다. 일상적인 경찰활동은 전통적으로 상관으로부터 오는 지시를 기다렸다. 어떤 지시도 없을 때에는 경찰활동이 임의적으로 행해졌고, 오늘날 경찰활동으로 여길 수 있는 활동이 거의 행해지지 않았다.

Ⅱ. 진보적 개혁시대

1920년대와 1930년대 동안 경찰은 진보적 개혁시대(the progressive reform era)로 이동하였다. 개혁은 경찰을 향상시키려는 경찰관리자에 의한 노력의 결과였고, 경찰조직 외부의 많은 사람 또한 같은 필요성을 인식하였다. 진보적 개혁시대는 질서유지 및 서비스 제공으로부터 법집행이나 범죄척결(crime fighting)로의 전환을 강조하였다. 이러한 전환은 주로 금주법(Volstead Act), 대공황(the Great Depression), 그리고 뒤이어 발생한 범죄율 증가 때문이었다(Douthit, 1975).

1. 금주법

1920년 1월 16일에 금주법(Volstead Act)이 통과되었다. 이 법은 모든 주류의 제조·판매·운송을 금지하였다. 역사상 어떤 시기에도 경찰은 주류의 전면 금지와 같은 인기 없는 제도를 집행하도록 요청된 적은 없었다. 경찰 및 사회에 대한 금주법의 영향은 컸는데, 금주법은 지역 수준에서 불법제조, 도박, 매춘, 다른 부도덕 및 범죄행위에 참여하는 소규모의 여러 갱이 발생하도록 만들었다. 이러한 지방 갱은 결국 전국적으로 활동하는 범죄기업(조직적 범죄 신디게이트)으로 성장하였고, 금주법은 경찰이 더욱 법집행 지향적으로 변화하도록 만들었다.

2. 대공황

1930년대 대공황(the Great Depression) 동안 많은 사람은 자신의 가정과 농장에 대한 은행 저당으로 인해 직업을 잃고 노숙자가 되었다. 사람은 수입으로 1일 50₵를 벌어서 음식을 구입했다. 악명 높은 범죄자의 탈선행위에 시민의 관심이 쏟아졌다. 악명 높은 범죄자와 갱은 지방을 마음대로 약탈하였다. 이들은 가정을 빼앗고 거리로 내몰았던 부유한 은행과 사업가를 강탈했기 때문에 많은 시민은 그들을 영웅으로 보았다. 지방경찰은 이들의 행동을 멈추도록 하기 위해 거의 어떤 것도 할 수 없었다. 지방경찰은 해체되었고, 거의 훈련을 받지 못했고, 장비가 없었으며, 준비도 안 되어 있어서 범죄 갱에게 거의 위협이 되지 않았다. 이것은 연방범죄수사국(FBI)과 같은 연방의 개입을 가져와서 많은 범죄자를 처벌할 수 있었다.

3. 위커샴 위원회

범죄율 증가와 문제대처에 대한 경찰 무능력 때문에 1929년에 후버(Herbert Hoover) 대통령은 「법준수 및 법집행에 관한 국가위원회」(National Commission on Law Observance and Law Enforcement; Wickersham 위원회로 더 잘 알려짐)를 소집하였다. 1931년에 위커샴(Wickersham) 위원회는 후버 대통령에게 보고서를 제출하였다. 위커샴 위원회는 증가하는 범죄율의 주요 원인으로 경찰 효과성의 부족을 확인하였다. 본질적으로 위커샴 위원회는 경찰 역할을 질서유지에서 법집행으로 재정의할 것을 주장하였다. 윌슨(Wilson)(1968)은 미국 경찰활동에 관한 위커샴 위원회의 영향을 다음과 같이 요약하였다.

(1) 법집행 기능은 경찰 및 시민의 입장에서 가장 중요하였다.
(2) 경찰은 범죄감소에 대하여 유일한 책임을 부여받았다.
(3) 경찰은 범죄감소에 관한 시민의 기대를 충족시키기 위하여 비윤리적 수단(즉, 범죄통계 조작)을 사용하였다.
(4) 평화유지(peacekeeping; 지역사회 서비스) 기능은 실질적인 경찰활동이 아닌 것으로 여겨졌다.
(5) 결과적으로, 경찰관은 시민과 대립 관계를 형성했다.
(6) 경찰관에 의한 체포 건수는 승진 기준이 되었다.

(7) 시민은 경찰관에 대해서 범죄척결에 주로 관여하고 평화유지활동은 거의 하지 않는 것으로 여겼다.

4. 연방 법집행

「금주법」과 범죄 증가의 결과로 연방법집행기관은 그 당시 많은 범죄문제에 개입할 책임을 부여받았다. 특히, 연방 재무부(the Treasury Department)와 연방범죄수사국(FBI)은 범죄척결에 적극적으로 참여하였다. 짧은 시기 동안 이 기관들은 지방 및 주 법집행기관이 희망하는 역할 모델이 되었다.

1) 연방 재무부

연방 재무부 요원은 금주법을 집행할 책임을 부여받았다. 이들은 수사를 수행했으며 매우 공개적인 급습을 하였다. 또한, 이들은 주류 밀수를 막고, 시민이 알코올을 증류하여 판매하지 못하도록 노력하였다. 이들의 조치는 전문가가 법집행에 관하여 수행하던 방법을 보여주었다.

2) 연방범죄수사국

같은 시기에 후버(J. Edgar Hoover)는 수사국(Bureau of Investigation)을 부패하고 무능한 법집행기관에서 탁월한 법집행기관으로 인식된 연방범죄수사국(FBI)으로 개혁하였다. 연방범죄수사국 요원은 미국 전역에서 주목할만한 범죄자를 추적하였다. 이러한 추적은 매우 공개된 체포와 때때로 요원과 체포 대상 범죄자 사이의 총격전을 야기하였다.

연방 재무부 및 연방범죄수사국 요원은 전문적인 모습을 지녔고 법집행에 전념하였다. 이들은 당시의 법집행 문제를 다룰 수 있었던 잘 훈련된 요원으로 구성된 엘리트 기관이었다. 이들의 태도와 자격은 시민으로부터 긍정적인 인식을 받았는데, 지방경찰 또한 시민 인식에 관심을 갖게 되었다.

5. 진보적 개혁 시대의 특징

범죄문제, 대공황, 연방 법집행 모델의 결과로 인해 경찰관리자와 시민은 정치가로부터 경찰조직에 대한 통제를 확보하기 시작하였다. 포겔슨(Fogelson)(1977)은 진보적 개혁 시대는 경찰조직에 많은 변화를 가져왔다고 기록하였다.

제4장

1) 새로운 계급 신설

경찰서장은 경찰조직 내에 참모 및 중간관리자 지위를 만들기 시작하였다. 즉, 초창기 경찰조직은 경찰서장과 순찰지구대 경감(precinct captain) 계급을 갖고 있었지만, 경찰 부(副)서장(assistant chief), 총경(major), 다른 중간관리 계급이 추가되었다. 이러한 새로운 계급은 경찰서장이 경찰조직에 대해서 더 나은 통제를 행할 수 있도록 지원하였다.

2) 전문화된 부서 창설

범죄수사 및 반범죄 부서와 같은 전문화된 부서가 창설되어 중앙본부에서 벗어나 활동하였다. 이것은 순찰지구대장(precinct commander) 및 경찰관이 업무를 제대로 수행하지 않을 때 부서 책임자로 하여금 해당 구역에 배치될 수 있는 경찰력을 직접적으로 통제할 수 있도록 하였다.

3) 선발 및 교육훈련의 표준 실행

경찰관리자는 선발 및 교육훈련 표준을 실행하기 시작하였다. 즉, 경찰관의 자질을 향상시키고, 정치가가 부적격자를 경찰조직에 임명하지 못하도록 막기 위하여 경찰관 선발 절차가 실행되었다. 경찰관에게 효과적인 경찰관이 될 수 있는 지식 및 기술을 제공하고, 경찰활동에 단체정신 및 몰입을 주입하기 위하여 경찰관리자는 교육훈련 프로그램을 개발하였다. 따라서, 전문적 경찰행정은 바로 '진보적 개혁 시대'의 문제로부터 발생하기 시작하였다.

제2절 전문적 경찰 시대, 지역사회 관계 시대, 법과 질서로의 복귀 시대

Ⅰ. 전문적 경찰 시대

1. 법집행의 강조

1940년대와 1950년대의 전문적 경찰 시대(the professional police era) 동안 미국

경찰의 법집행 역할은 명료하였다. 경찰관은 자신을 전문적인 법집행관으로 보게 되었고, 법집행 영역에서 벗어난 활동은 다른 기관에게 위임해야 하는 자질구레한 일로 인식하였다. 경찰관리자는 연방 법집행 모델에 따라서 전문적 지위를 얻기 위해서 노력하였다. 서비스 역할은 많은 경찰조직에서 강조되지 않았으며 몇몇 경찰조직에서는 사라졌다. 경찰관리자는 경찰과 시민을 분리하여 경찰부패라는 장기간의 문제를 다루었는데, 그것은 많은 시민과의 긍정적인 접촉 감소뿐만 아니라 경찰에 의해 제공된 서비스 감소에 영향을 주었다.

2. 군사문화의 영향

많은 남자가 제2차 세계대전에서 돌아오면서 군사조직 구조가 경찰조직에 뿌리박히게 되었다. 이들의 이전 군대 경험은 법집행 역할로 나아가려는 경찰의 움직임과 일치하였다. 군대 경험을 가진 사람이 경찰관리자 지위로 승진했을 때 범죄를 더 효과적으로 척결하기 위해서 경찰조직을 준-군대방식으로 조직하였다.

3. 기술 발전

기술적 혁신은 경찰의 범죄척결을 지원하였다. 경찰 무전은 연락용 비상전화(call box)를 대체하였다. 점차 순찰구역을 걷는 경찰관은 차량 순찰로 대체되었고, 차량순찰은 골치 아픈 요청 및 진행 중인 범죄에 대응할 수 있는 기동성을 제공하였다. 무전 및 순찰차는 경찰관리자로 하여금 경찰관을 더 잘 통제할 수 있도록 했지만 경찰과 시민의 관계를 분리시켰다. 과학적 범죄수사의 발전은 증거 수집, 지문, 실험실 기술에서 경찰 능력을 매우 향상시켰다.

4. 범죄 척결

전문화 경찰 시대 동안 경찰 전문화는 실질적으로 증가하였고, 경찰이 주요 임무인 범죄척결에서 더 유능해야 한다는 시민의 기대 또한 증가하였다. 경찰은 병원 및 다른 공공시설에 경비 및 앰블런스 서비스를 제공하는 것 등의 많은 서비스를 중단하였다. 경찰조직은 사회 서비스 역할에의 참여를 줄이고자 시도하였으며, 그러한 활동이 범죄척결 능력을 감소시킨다고 생각하였다. 이전 시대와 비교하여 이러한 조치가 이 기간 동안 범죄를 줄이는 데 효과적이었는지 여부는 의심스럽지만 범죄와 싸우는 모습이 더 강화되었다.

Ⅱ. 지역사회 관계 시대

1. 경찰의 고립

1960년대와 1970년대의 지역사회 관계 시대(the community relations era) 동안 미국은 전례 없는 파업, 폭력, 공공 무질서, 베트남 전쟁 관련 범죄, 인권운동 등을 목격하였다. 경찰과 형사사법체계는 이러한 문제의 해결을 위한 준비가 되어있지 못하였다. 행정적 능률성과 범죄척결 능력을 추구하는 경찰은 본질적으로 시민으로부터 자신들을 고립시켰다. 그 결과, 많은 경우에 경찰은 국가의 범죄 및 무질서 문제에 대응할 수 없었다.

2. 범죄 증가

이 기간 동안에 FBI의 통일범죄보고서(Uniform Crime Report)(1970)에 따르면, 전체 범죄는 대략 176%나 증가하였다. 가장 큰 증가는 244.9% 증가한 절도범죄와 224.4% 증가한 강도범죄였다. 범죄율 증가가 중요하고 공무원 및 시민의 관심을 야기했을지라도 집단폭력 및 암살을 효과적으로 다루지 못하는 경찰의 능력은 연방 및 주 정부에 훨씬 더 강력한 영향을 미쳤다.

3. 법집행 및 형사사법에 관한 대통령 위원회

사회의 불안과 폭동은 미국의 대학 캠퍼스와 대도시를 휩쓸었다. 「법집행 및 사법행정에 관한 대통령 위원회」(The President's Commission on Law Enforcement and Administration of Justice)는 비극적 상황을 연구하여 형사사법체계를 향상시킬 수 있는 전략을 권고하기 위하여 존슨(Lyndon Johnson) 대통령에 의하여 설치되었다. 이 위원회(1967)가 가정한 것은 많은 도시 범죄를 촉진시킨 것은 바로 비인도적인 생활조건에 대한 사회의 무감각한 반응이었으며, 1960년대의 슬럼가 폭동이 그 문제의 징후였다는 것이다. 주요 폭동 중 대부분은 사소한 범죄 때문에 아프리카계 미국인을 체포한 경찰에 의해서 유발되었으며, 본질적으로 경찰은 가장 큰 사회적 문제의 중심에 있었다.

4. 적법절차 혁명

폭력 증가에 대하여 경찰은 범죄척결 역할을 더 강화하였다. 경찰이 체포를 행하고, 범칙금을 부과하고, 무력을 통하여 질서를 회복하는 것이 강조되었다. 경찰은 자신들의 임무를 수행할 도구를 갖고 있지 않으면서 불가능한 명령을 받았다. 결과적으로 경찰은 질서유지를 위하여 법을 위반하도록 하는 압력을 받는 것처럼 느꼈다. 경찰은 범죄사건을 해결하는 주요 방법으로 자백에 의존하게 되었고, 강요된 자백은 기본적으로 증거 수집을 대신하였으며 범죄수사를 강화시켰다.

점차 법원은 경찰 수사에 의문을 제기하였고, 그 후 1960년대는 미국에서 '적법절차 혁명'(due process revolution)을 가져왔다. 법원은 범죄를 수사할 때 경찰활동을 제한하는 결정을 연이어 선고하였다. 이러한 판결은 법원이 경찰에게 수갑을 채운다는 경찰관의 비난을 야기하였다. 1960년대의 적법절차 혁명의 결과는 법원이 수십년 동안 경찰수사에서 신성하게 여겨졌던 많은 경찰절차를 무력화시켰다.

5. 법집행 원조청의 창설

범죄 증가, 폭동, 다른 폭력, 전통적 경찰절차에 대한 법원 비판 등의 종합적인 영향은 경찰 및 형사사법체계가 미국의 사회적 병폐에 직면할 준비가 되어있지 않다고 인식하도록 만들었다. 1968년에 의회는 「종합 범죄통제 및 안전거리법」(Omnibus Crime Control and Safe Streets Act)을 통과시켰는데, 이 법은 법집행 원조청(Law Enforcement Assistance Administration: LEAA)을 창설하였다. 법집행 원조청 창설의 목적은 지방 수준에서 법집행을 향상시키는 것이었다. 그 후 경찰은 부족한 자금 때문에 이전에는 이용할 수 없었던 프로그램을 개발하고 장비를 구입할 수 있었다. 법집행 원조청은 또한 사회에서 경찰과 그 역할에 중점을 두는 상당히 많은 연구에도 자금을 지원하였다.

6. 법집행 역할의 부정적 영향

경찰은 법집행 역할로 인하여 지역사회로부터 자신들을 고립시켰다. 이러한 고립은 두 가지 문제를 야기하였다.

(1) 소수민족의 대다수는 경찰을 불신하였고 경찰과 만났을 때 협조하지 않았다. 이러한 관계는 경찰과 소수민족 사이의 긴장을 높였으며, 특히 경찰이 갈등에

개입해서 해결해 달라는 요청을 받았을 때 그랬다.

(2) 범죄는 주로 소수민족 지역사회에서 가장 많았다. 경찰이 범죄 및 다른 문제를 수사하고자 시도할 때 불신과 비협력을 만나게 된다. 이것은 경찰과 시민 사이의 틈을 넓히도록 만들었다.

7. 경찰-지역사회 관계 부서의 설치

1) 경찰 - 지역사회 관계 부서의 설치 배경

긍정적인 경찰-지역사회 관계의 부족은 서비스 제공자로서 경찰에 대한 새로운 관심을 가져왔다. 시민은 경찰 출동을 요청했을 때 그들이 받은 서비스의 양과 질에 대하여 점차 의문을 제기하였고 더 나은 서비스를 요구하기 시작하였다. 결과적으로 경찰관리자는 경찰이 제공하는 서비스 수준을 향상시키고, 경찰조직의 이미지를 향상시키기 위한 광범위한 프로그램을 개발하였다. 시민의 협력과 지원이 없다면 경찰은 범죄율에 영향을 미칠 수 없다는 인식이 형성되어 새로운 프로그램을 위한 토대가 되었다. 경찰조직이 1957년에 '경찰-지역사회 관계 부서'를 설치(St. Louis 경찰서)했을지라도 1960년대 말과 1970년대 초에 비로소 광범위한 관심을 받았다. 부정적인 지역사회 감정과 연방자금 지원에 의해 촉진되어 경찰조직은 경찰-지역사회 관계 부서를 만들고 프로그램을 실행하였다.

2) 경찰 - 지역사회 관계 부서의 유형

경찰-지역사회 관계 프로그램은 두 가지 방향을 갖고 있었는데 공공관계(public relations: PR)와 지역사회 관계(community relations: CR)이다.

(1) 공공관계 프로그램

공공관계(PR) 프로그램은 시민 교육을 통하여 경찰조직의 이미지를 향상시키는 데 중점을 두었다. 경찰운용, 범죄, 범죄예방에 관하여 시민에게 알리고 교육하기 위하여 경찰조직은 공공 전시, 시범, 강의, TV와 라디오를 사용하였다. 이러한 프로그램의 등장은 경찰을 시민에게 알리는 것이었다. 경찰관리자는 시민이 경찰의 문제를 이해할 때 경찰을 더 잘 받아들이고 협력하게 될 것이라고 믿었다.

(2) 지역사회 관계 프로그램

지역사회 관계(CR) 프로그램은 지역사회 문제에 대한 경찰의 개입을 의미한다. 경찰관리자는 시민의 수용, 특히 소수민족의 수용은 경찰이 진심으로 지역사회 문제에 관심을 갖고 해결하고자 도울 때에 성취될 수 있다는 것을 이해하게 되었다. 경찰조직은 어려운 환경에 처한 청소년에게 여가 기회를 제공하고, 지원을 제공할 이웃 센터를 세우고, 시민을 사회 서비스 기관에 소개해주는 프로그램을 운용하고, 범죄예방에 시민을 참여시키는 지역 감시(neighborhood watch) 및 다른 프로그램을 적극적으로 실시하였다.

Ⅲ. 법과 질서로의 복귀 시대

1. 마약범죄의 심각

1980년대는 경찰 철학에 있어서 또 다른 변화를 보았다. 1982년 레이건(Ronald Reagan) 대통령의 선출은 12년간 보수적인 '법과 질서로의 복귀 시대'(the return to Law and Order)의 시작이었다. 마약 카르텔은 엄청난 양의 코카인을 미국에 수출하고 있었고 마약 문제는 국가의 가장 중요한 법집행 이슈였다. 마약 관련 살인이 꾸준히 증가했으며, 마약 판매자의 체포 건수와 경찰에 의해 압수된 마약의 양 또한 증가하였고, 정치가는 계속해서 마약 및 범죄를 강조하였다. 범죄 두려움이 증가하였으며, 그것은 경찰에게 추가적인 압력을 가져왔다.

2. 범죄예방 프로그램

1960년대와 1970년대의 지역사회 관계 프로그램이 범죄예방 프로그램으로 발전하였다. 범죄예방 프로그램은 범죄에 대처하는 방법으로 여겨졌고, 범죄예방 프로그램은 많은 지역사회에서 정치적 엘리트였던 상업 분야의 중류 계층 미국인을 대상으로 하였기 때문에 경찰에게 매력적이었다. 경찰관리자는 이러한 시민의 지원을 획득하고, 범죄척결에 있어서 도움을 받을 필요성을 인식하였다.

3. 법집행 영역과 다른 영역의 연계

아무리 많은 돈이 마약 및 범죄와의 전쟁에 투입되더라도 문제가 지속되었다. 단지 법집행 방법만으로는 문제를 개선하지 못할 것이라는 인식이 형성되었다. 법집행이 지역에서 다른 사회적 문제를 다루는 것과 연계한다면, 경찰전략이 더욱 효과적일 것이라고 여겨지기 시작하였다. 다른 사람은 경찰이 사회적 조건에 관심을 갖고 지역사회 형성(community building)에 직접 참여해야 한다고 제안하였다. 이러한 인식은 지역사회 경찰활동으로 나아 갈 수 있는 길을 만들었다(Skogan & Maxfield, 1981).

제 3 절 지역사회 경찰활동 시대와 국토안보 경찰활동 시대

Ⅰ. 지역사회 경찰활동 시대

1. 지역사회 경찰활동의 인기

1980년대 말과 1990년대의 지역사회 경찰활동 시대(the community policing era) 동안 지역사회 경찰활동은 미국 전역에서 정치인과 경찰간부에 의하여 그 가치를 인정받았다. 지역사회 경찰활동은 많은 전통에 뿌리를 두고 있을지라도 참여적 관리, 담당 지역의 고정, 지역사회 참여를 활용하였다. 그것은 또한 다양한 지역사회 문제를 다루는 효과적인 방법인 것으로 여겨졌다. 지역 수준에서 시장 및 시 관리자는 경찰관리자가 지역사회 경찰활동을 채택하도록 격려하였고, 미국의 많은 경찰조직은 지역사회 경찰활동을 수행하였다.

힉먼(Hickman)과 리브스(Reaves)(2006)는 경찰조직 중 67%가 지역사회 경찰활동을 포함하는 사명서를 갖고 있으며, 58%가 전담 지역사회 경찰활동 경찰관(community policing officer)을 배치했다는 것을 발견하였다. 지역사회 경찰활동은 법집행 영역에서 중요한 요소가 되었다.

2. 지역사회 경찰활동의 다양성

지역사회 경찰활동은 한 가지 형태만 있는 것이 아니다. 몇몇 경우에 경찰관은 지역사회 경찰활동을 수행하기 위하여 특별 부서를 추가하였다. 반면에, 다른 경찰조직은 순찰 · 교통 · 수사경찰관이 지역사회 경찰활동 프로그램에 참여하도록 시도하였다(Kappeler & Gaines, 2009). 사실상 경찰조직은 범죄 및 무질서 문제를 해결하기 위하여 많은 다양한 프로그램에 참여하고 있으며, 일정 영역의 문제를 해결하기 위하여 맞춤형 프로그램을 실시하였다.

3. 범죄와 무질서에의 효과적 대응

지역사회 경찰활동은 초기 발전단계 동안 경찰조직에 따라 다르게 적용될 수 있는 많은 경로를 갖고 있었다. 몇몇 경찰조직은 지역사회 경찰활동을 실행하는 데 실패하였다. 최근에 지역사회 문제를 다루고자 하는 다양한 전략 및 전술을 실시한 많은 경찰조직으로 인하여 지역사회 경찰활동 전략은 기하급수적으로 개발되었다. 지역사회 경찰활동은 수많은 경찰조직에서 다듬어져서 범죄 및 무질서를 더욱 효과적으로 다룰 수 있었다.

Ⅱ. 국토안보 경찰활동 시대

1. 국토안보의 중요성

2001년 9월 11일의 테러 사건은 미국을 변화시켰다. 뉴욕(New York)의 세계무역센터에 대한 공격과 국방부(Pentagon)에 대한 공격은 국가안보(national security) 또는 국토안보(homeland security)가 미국의 연방 · 주 · 지방 수준에서 중요하게 될 정도로 국가 정책을 변화시켰다. 그것은 국토안보국(U.S. Department of Homeland Security) 창설을 가져왔고, 수많은 다른 연방기관 및 주기관이 국토안보 책임을 부여받았다. 비록 테러리즘의 위협이 수십 년간 지속되었을지라도 9/11 공격은 테러리스트가 미국 영토에 중요한 공격을 행할 수 있다는 것을 보여주었다.

2. 국토안보와 지역사회 경찰활동

1) 진압정책의 채택

9/11 공격에 의하여 형성된 긴급성은 지역사회 경찰활동에서 벗어나 더욱 진압적인 정책을 채택하는 경향을 가져왔다. 이러한 관점은 경찰이 더 많은 수사를 행하고, 가능한 혐의자에 대한 현장검문을 실시하고, 기획된 테러리스트 공격에 직접적 또는 간접적으로 관련될 수 있는 지역사회 내 요소를 공격해야 한다는 것이다. 즉, 경찰은 지역사회를 통제할 수 있는 더 좋은 방안을 실행해야 했다.

2) 경찰-지역사회 관계의 붕괴 가능성

지역사회 경찰활동으로부터 더 강제적인 유형으로의 전환은 경찰-지역사회 관계를 붕괴시킬 뿐만 아니라 테러리즘과의 전쟁에서도 생산적이지 못할 것이다. 어떤 경찰기관이 테러리스트를 찾아내는 데 성공하기 위해서는 시민 및 지역사회와 긍정적인 관계를 형성해야 한다(Brown, 2007).

3. 9/11의 영향으로 인한 법집행 변화

9/11 이후에 미국 법집행에 있어서는 많은 변화가 있었다.

1) 지역사회 경찰활동의 필요성 재확인

경찰은 가능한 테러리스트 및 공격에 관한 정보를 획득하기 위하여 지역사회와 더 좋은 관계를 형성해야 한다.

2) 경찰기관 간의 긴밀한 활동

정보를 수집하고 테러리스트 위협에 대한 대응을 조정하기 위하여 지방경찰기관은 주 및 연방경찰기관과 더욱 긴밀하게 활동하고 있다. 예를 들면, 많은 도시는 지방법집행기관 및 다른 긴급대응기관으로 구성되고, FBI에 의해서 조정되는 융합센터(fusion center)를 갖고 있다. FBI는 또한 합동 테러 대책반(Joint Terrorism Task Force)을 운영하는데, 다양한 연방, 주, 지방 경찰기관에 의해서 수집된 정보를 분석한다.

3) 정보 운용의 증가

9/11은 정보 운용을 증가시키는 경찰조직의 형성을 가져왔다. 특히, 정보 기반 경찰활동(intelligence-led policing)이 많은 경찰관서에 의하여 채택되었고, 테러리즘 위협에 더욱 중점을 두기 위하여 전통적인 정보 운용의 확대를 필요로 하였다.

4) 잠재적인 목표에의 중점

9/11은 경찰조직으로 하여금 잠재적인 목표(예 정부 및 상업에 필수적인 기반시설 등)에 중점을 두도록 하였다. 많은 경찰조직은 이러한 자산을 더욱 안전하게 보호하기 위하여 민간경비와 더 좋은 업무관계를 형성하고 있다.

참고문헌

Bittner, E. (1970). *The Functions of the Police in Modern Society: A Review of Background Factors, Current Practices, and Possible Role Models*. Washington, DC: U.S. Government Printing Office.

Bittner, E. (1974). "Florence Nightingale in Pursuit of Willie Sutton: A Theory of the Police". in H. Jacob (ed.). *The Potential for Reform of Criminal Justice*. Beverly Hills, CA: Sage.

Brown, B. (2007). "Community Policing in Post-September 11 America: A Comment on the Concept of Community-Oriented Counterterrorism". *Police Practice and Research*, 8(3): 239-251.

Coleman, S. F. (1986). *Street Cops*. Salem, WI: Sheffield.

Cordner, G. W. (1982). "While on Routine Patrol…: What the Police Do When They're Not Doing Anything". *American Journal of Police*, 1(2): 94-112.

Cordner, G. W. & Scarborough, K. E. (2010). *Police Administration* (7th ed.). New Providence, NJ: Matthew Bender & Company, Inc.

Douthit, N. (1975). "Enforcement and Nonenforcement Roles in Policing: A Historical Inquiry". *Journal of Police Science and Administration*, 3(3): 336-345.

Durose, M. R., Schmitt, E. E., & Langan, P. A. (2005). *Contacts Between Police and the Public: Findings From the 2002 National Survey*. Washington, DC: Bureau of Justice Statistics.

Famega, C. N., Frank, J., & Mazerolle, L. (2005). "Managing Police Patrol Time: The Role of Supervisor Directives". *Justice Quarterly*, 22(4): 540-559.

Fogelson, R. (1977). *Big City Police*. Cambridge: Harvard University Press.

Fosdick, R. B. (1969). *American Police System*. Montclair, NJ: Patterson Smith.

Gaines, L. K. & Worrall, J. L. (2012). *Police Administration* (3rd ed.). NY: Cengage Learning.

Goldstein, H. (1977). *Policing a Free Society*. Cambridge, MA: Ballinger.

Hickman, M. J. & Reaves, B. A. (2006). *Local Police Department*. Washington, D.C.: Bureau of Justice Statistics.

Himelfarb, F. (1997). "RCMP Learning and Renewal: Building on Strengths". in Q. C. Thurman & E. F. McGrarrell (eds.), *Community Policing in a Rural Setting*. Cincinnati, OH: Anderson Publishing Co.

Kappeler, V. & Gaines, L. (2009). *Community Policing: A Contemporary Perspective* (5th ed.). Newark, NJ: LexisNexis Matthew Bender.

Kelling, G. L., Pate, T., Dieckman, D., & Brown, C. E. (1974). *The Kansas City Preventive Patrol Experiment: A Technical Report*. Washington, DC: Police Foundation.

Klockars, C. B. (1980). "The Dirty Harry Problem". *Annals of the American Academy of Political and Social Science*. 452: 33-47.

Klockars, C. B. (1983). *Thinking about Police: Contemporary Readings*. New York, NY: McGraw-Hill.

Manning, P. K. (2000). "Community-Based Policing". in G. P. Alpert & A. Piquero (eds.). *Community Policing: Contemporary Readings* (2nd ed.). Prospect Heights, IL: Waveland.

Manning, P. K. (1997). *Police Work: The Social Organization of Policing* (2nd ed.). Prospect Heights, IL: Waveland.

Monkkonen, E. H. (1992). "History of Urban Police." in M. Tonry & N. Morris (ed.). *Modern Policing*. Chicago: University of Chicago Press.

Parks, R. B., Mastrofski, S. D., Dejong, C., & Gray, M. K. (1999). "How Officers Spend Their Time with the Community". *Justice Quarterly*, 16(3): 483-518.

Sandler, G. B. & Mintz, E. (1974). "Police Organizations: Their Changing Internal and External Relationships". *Journal of Police Science and Administration*, 2(4): 458-463.

Shearing, C. D. & Leon, J. S. (1977). "Reconsidering the Police Role: A Challenge to a Challenge of a Popular Conception". *Canadian Journal of Criminology and Corrections*, 19(4): 331-345.

Skogan, W. & Maxfield, M. (1981). *Coping with Crime: Individual and Neighborhood Reactions*. Beverly Hills: Sage.

Whitaker, G. P. (1982). "What Is Patrol Work?". *Police Studies*, 4(4): 13-22.

Wilson, J. Q. (1968). "Dilemmas of Police Administration". *Public Administration Review*. 28(5): 407-417.

Wilson, J. Q. (1978). *Varieties of Police Behavior: The Management of Law and Order in Eight Communities*. Cambridge, MA: Harvard University Press.

Wilson, J. Q. (1978). *The Investigators: Managing FBI and Narcotics Agents*. New York, NY: Basic Books.

CHAPTER

05

고전적 경찰조직이론

학습목표

1. 고전적 경찰조직이론과 현대적 경찰조직이론에 속한 이론을 나열할 수 있다.
2. 고전적 경찰조직이론의 개념을 간략하게 설명할 수 있다.
3. 과학적 관리론의 개념을 간략하게 설명할 수 있다.
4. 관료제 이론의 개념을 간략하게 설명할 수 있다.
5. 관리이론의 개념을 간략하게 설명할 수 있다.
6. 고전적 경찰조직이론의 문제점을 간략하게 설명할 수 있다.

제 5 장 고전적 경찰조직이론

경찰조직관리에 관한 초창기 연구자는 엄격한 계층구조, 강한 중앙집권적 통제, 권위주의적 리더십 유형을 포함한 '고전적 경찰조직이론'을 강조하였다. 고전적 경찰조직이론의 토대가 되는 것은 베버(Weber)의 관료제(bureaucracy) 이론이다. 베버는 조직이 합리적으로 관리되는 데 필요한 특성을 확인하기 위해서 19세기 말에 관료제라는 용어를 만들었다. 관료제 이론이 소개된 이후 많은 연구자는 '고전적 경찰조직이론'을 본격적으로 발전시키기 시작하였다. 제5장에서는 고전적 경찰조직이론을 구성하고 있는 (1) 과학적 관리론, (2) 관료제 이론, (3) 관리이론 등의 개념 및 특성에 대해 학습하고자 한다.

제 1 절 경찰조직이론의 개념 및 구분

Ⅰ. 경찰조직이론의 개념

1. 경찰조직이론의 개념과 경찰조직 통제

조직이론(organizational theory)은 경찰조직의 운영 방법을 설명해 주고, 생산성 및 리더십을 이해하기 위한 배경을 제공해 준다. 특히, 경찰조직이론은 많은 학문 분야를 활용하고 있는데, (1) 경찰조직을 더 잘 이해할 수 있도록 하고, (2) 권위와 의사결정이 조직화되고 분배되는 방법을 알려주고, (3) 왜 일부 경찰조직이 변화 및 혁신에 개방적인지를 설명해 주고, (4) 구성원에 대하여 여러 방향으로 가정을 할 수 있도록 하고, (5) 경찰조직이 직면해 있는 환경에 관한 개념을 결합하고, (6) 업무처리

방법과 업무부서의 구조 및 관계를 결정함에 있어서도 경찰관리자에게 핵심적인 도구를 제공해 주고 있다.

2. 내부적 통제와 외부적 통제

경찰조직의 중요한 이슈는 외부적 통제와 내부적 통제로부터 나오는 압력을 조절하는 방법을 찾는 것이다. 시민은 선출되거나 임명된 대표자를 통해서 경찰조직에 대한 외부의 민주적 통제를 하고자 기대한다. 경찰조직에 대한 외부의 민주적 통제를 주장하는 연구자는 원칙적으로는 경찰조직의 내부적 통제가 효과적이고 능률적이지만 현실적으로는 민주적이지 않다고 여긴다. 경찰조직 구성원에 의한 내부적 통제는 경찰조직이 지역사회의 의견과 수시로 갈등상태에 있도록 만들 수 있기 때문이다.

내부적으로 경찰조직의 하위 계층에 있는 경찰관은 기계 속 부품처럼 다루어지는 것을 원치 않으며 경찰조직의 운영 방법에 대해서도 자신의 의견을 제시하기를 원한다. 따라서, 오늘날 경찰관리자에게 직면해 있는 도전 중 하나는 사회 및 시민의 욕구와 경찰관의 욕구를 모두 충족시켜 주는 경찰조직을 유지하는 것이다. 이것을 이루기 위해서는 경찰조직을 '조직화'하는 방법과 다양한 조직 형태가 가정하고 있는 '사람의 본성' 등에 대한 지식을 필요로 한다.

Ⅱ. 경찰조직이론의 구분

1. 고전적 경찰조직이론

고전적 경찰조직이론(classical organization theory)은 기계적 조직 또는 폐쇄체계라고 여겨지는 조직과 밀접하게 관련이 있으며, 그 기본적 가정은 조직을 구성하고 운영하기 위한 최선의 한 가지 방법이 있다는 것이다. 고전적 경찰조직이론은 여러 세기 동안 발전하여 1900년과 1950년 사이에 체계화되었으며, 세 가지 주요 분야는 ⑴ 과학적 관리론(scientific management), ⑵ 관료제 이론(bureaucracy), ⑶ 관리이론 또는 행정이론(management 또는 administrative theory)이다.

고전적 경찰조직이론에 가장 큰 영향을 준 두 사람은 테일러(Fredrick W. Taylor)(1856~1915)와 베버(Max Weber)(1864~1920)이다. 테일러는 업무가 수행되는 방법을 연구하였는데 이 시기에 근로자는 종종 지칠 때까지 일했고, 그들이 이해하지 못하거나 능률적으로 수행할 수 없는 업무에 종종 배정되었다. 반면에, 베버는 적합한 구조는 더 많은 능률성을 갖고 있다고 믿었고, 성공적인 조직의 관리 구조를 연구하여 그 결과 관료제 이론을 개발하게 되었다.

고전적 경찰조직이론에 대한 영향력 있는 연구는 1900년대 초기에 미국에서 등장했으며 1950년대 초까지 계속해서 영향력이 있었고, 고전적 경찰조직이론에 관한 교과서 중 일부는 1990년대 초까지 출판되었다. 특히, 경찰개혁에 많은 영향을 미친 연구는 스미스(Smith)(1940)의 「미국 경찰제도」(Police Systems in the United States)였는데, 스미스는 경찰조직이 '조직 원리'에 따라서 적절하게 설계되고 관리된다면 매우 발전할 것이라고 강조하였다.

경찰활동에 영향을 미친 또 다른 중요한 연구는 윌슨(Wilson)(1950)의 「경찰행정학」(Police Administration)이며 나중에는 맥라렌(McLaren)이 이 교과서(1977)의 공동저자로 참여하였고, 이들의 연구는 경찰조직관리의 바이블로 여겨졌다. 스미스와 같이 윌슨과 맥라렌은 효과적인 범죄통제 조직은 기초적인 조직이론, 특히 명령 계통(chain of command) 및 권한 계층(hierarchy of authority)에 따라서 설계되고 관리되어야 한다고 제안하였다.

2. 현대적 경찰조직이론

현대적 경찰조직이론은 고전적 경찰조직이론이 갖고 있지 않은 접근법을 갖고 있다. 현대적 경찰조직이론은 경찰조직에 대한 인간적 요소의 중요성을 인정하고 인간적 가치 및 욕구가 경찰조직에 의해서 충족되어야 할 것을 강조하였다. 현대적 경찰조직이론의 다섯 가지 주요 분야는 (1) 인간관계이론(human relations theory), (2) 조직적 인본주의(organizational humanism), (3) 행태체계이론(behavioral systems theory), (4) 개방체계이론(open systems theory), (5) 기타 현대적 경찰조직이론 등이 있다. 고전적 경찰조직이론은 인간적 요소를 간과하는 기계적 경향을 갖고 있었는데, 이에 대한 대응으로 인간관계이론과 조직적 인본주의 등이 등장하게 되었다.

제 2 절 과학적 관리론

Ⅰ. 과학적 관리론의 개념

테일러(Frederick W. Taylor)는 1878년부터 1890년까지 필라델피아(Philadelphia)에 있는 철강회사에서 근무했으며 6년 만에 수석 엔지니어로 승진하였다. 테일러는 '과학적 관리론의 아버지'라고 불리며 그의 목표는 업무를 행하는 최선의 한 가지 방법을 찾는 것이었다. 테일러가 기여한 것은 업무 및 업무 수행방법을 연구하여 근로자 생산성을 증가시키는 영역이었는데, 이와 같은 테일러의 연구를 과학적 관리론(scientific management)이라고 불린다. 테일러는 노동자가 최대의 업무를 성취함에 있어서 최소의 노력을 하기 위해서는 과학적 원리가 업무에 적용되어야 한다고 믿었다.

과학적 관리론의 지지자는 근로자가 더 능률적으로 일한다면 더 낮은 비용으로 더 많은 상품을 생산할 것이라고 추정하였다. 이것은 상품 비용을 낮추게 하고, 더 많은 사람이 상품을 구입할 수 있게 할 것이다. 그 결과, 근로자는 더 많은 돈을 벌 수 있고, 더 많은 소비자가 상품을 구입할 수 있고, 회사는 더 많은 수익을 얻게 될 것이다. 과학적 관리론은 '능률성 연구' 또는 '시간-동작 연구'의 형태로 상업 및 산업에서 광범위하게 활용되었다.

Ⅱ. 테일러의 연구

과학적 관리론의 토대를 형성한 테일러의 주요 이론을 살펴보면 다음과 같다.

1) 근로자 및 채석장에 대한 연구

테일러(Taylor)(1911)는 근로자에 대하여 노력을 집중했는데, 이것은 그 당시에 새로운 아이디어였다. 일반적으로 당시의 고용주는 근로자 및 그들의 어려움에 대하여 거의 관심을 갖지 않았기 때문이다. 과학적 관리론의 한 예는 채석장(rock-quarry)인데, 테일러는 근로자가 자주 피로를 느껴서 많은 시간 동안 효과적으로 일할 수 없다는 것을 발견하였다. 테일러는 많은 연구 후에 일을 하는 방법에 대하여 몇몇 변화를 가하였다. 첫째, 그는 다양한 형태 및 크기의 돌을 위해서 다양한 삽을 설계했다. 그는 다양한 형태의 돌은 다양한 무게를 갖고 있다고 생각하였다. 둘째, 그는 근로자가 지나치게 피로하게 되지 않도록 업무 휴식(work break)을 제도화하였다. 업무 휴식은 근로자로 하여금 더 오랜 시간 동안 능률적으로 일할 수 있도록 만들 것이라고 여겨졌다.

2) 자연적 게으름과 체계적 게으름

테일러는 근로자가 자연적 게으름(natural soldiering)과 체계적 게으름(systematic soldiering)을 통해서 생산성을 의도적으로 제한한다고 보았다. 자연적 게으름은 근로자가 일을 하지 않으려는 자연적 경향에서 나오지만, 체계적 게으름은 할당량이 오르기를 원하지도 않고 또한 업무에서 쫓겨날 정도의 적은 양 생산을 원하지도 않는 근로자로부터 나온다.

3) 업무에 대한 질서 있는 방법 제공

테일러 이전에 업무는 조직화되지 못하였다. 공장장은 프로젝트에 배정되어 근로자로 하여금 일을 할 수 있도록 하는 업무를 담당하였지만, 근로자는 공장장이 이해하지 못하거나 전문적 기술을 갖고 있지 못한 많은 업무에 참여하였고, 그 결과 공장장이 감독하거나 근로자 산출을 증대시키는 것은 어려웠으며 업무표준 또한 존재하지 않았다. 대부분의 근로자는 스스로 업무를 배웠으므로 몇몇 근로자는 같은 업무를 수행하면서도 각기 다른 능률성 수준에서 업무를 수행하였다.

테일러는 관리자가 업무를 분석하고 더 많은 책임을 맡는다면 업무가 향상될 수 있다고 여겼다. 관리자는 다음과 같이 행하도록 기대되었다.

⑴ 1인 업무의 각 요소에 대한 과학적 원리를 개발하여 오래된 일반 원리를 대체한다.

⑵ 근로자를 과학적으로 선발 · 훈련 · 개발한다. 반면에, 과거에 근로자는 자신의 업무를 선택하여 스스로 훈련하였다.

⑶ 모든 업무가 개발된 과학적 원리와 일치할 수 있도록 근로자와 진심으로 협력한다.

⑷ 관리자와 근로자 사이에 업무 및 책임에 대하여 거의 균등한 배분을 한다.

이러한 생각은 업무에 대하여 질서 있는 방법을 제공하려는 시도였다. 테일러는 거의 행해지지 않았던 직무기획(job planning)을 제안했으며, 관리자와 근로자가 서로에게 반대하기보다는 협력하도록 시도하였다.

4) 기능적 감독

테일러는 과학적 관리 분야에서 기능적 감독(functional supervision)이라는 아이디어를 제공하였다. 그는 한 개의 업무집단에 대해서 한 명의 공장장을 지정했고, 업무집단은 프로젝트와 다양한 임무를 성취하는 데 책임이 있었다. 테일러는 한 명의 공장장이 다양한 임무에 대한 적절한 감독을 하는 데 필요한 모든 지식을 숙달하는 것은 불가능하다고 인식하였다. 그 결과, 그는 기능적 감독 시스템이 있어야 한다고 제안하였다.

기능적 감독은 직무분야에 대한 전문적 기술을 갖고 있는 감독자에 의해서 행해진다. 각각의 감독자는 많은 업무집단 중에서 특정 분야에 대한 적합한 감독에 필요한 지식을 마스터할 것이다. 업무의 모든 측면이 관련 영역에서 전문적 기술을 갖고 있는 감독자의 검토를 받기 때문에 기능적 감독은 능률성을 증진시킬 것이다.

5) 합리적 인간

테일러의 이론에서 인간은 합리적이라는 가정은 지배적 역할을 담당하였다. 합리적 인간 이론(rational man theory)은 사람은 보상(돈)을 위해서 일하며 적절하게 보상받을 때 생산적이라고 설명한다. 상호 이익이 있다면 관리자와 근로자는 협력할 것이고, 협력이 있다면 과학적 관리론의 주요한 목표인 조직적 능률성이 향상될 것이다.

6) 예외의 원칙

예외의 원칙(exception principle)은 낮은 수준의 관리자나 감독자는 일상적 문제를 다루고, 상위 수준의 관리자는 표준 성과보다 더 높거나 더 낮은 일탈행위에 대한 보고만을 받아야 한다는 것을 의미한다(Taylor, 1911: 126).

Ⅲ. 과학적 관리론의 적용

앞에서 살펴본 과학적 관리론은 다음과 같은 분야에 적용되었다.

1) 상업 및 산업 전반

오늘날 과학적 관리론은 상업 및 산업 전반에 걸쳐서 이용된다. 예를 들면, 제조에 사용되는 조립 라인은 과학적 관리론에 기초를 두고 있다. 관리자는 근로자로 하여금 업무교대(work shift) 전체에 걸쳐 생산적일 수 있도록 직무를 설계하고자 하였다.

2) 대응시간 연구와 순찰구역의 재설계

경찰활동에 있어서 과학적 관리론의 활용은 서비스 요청에 대한 대응 시간을 연구하고, 대응 시간을 감소시키기 위해서 순찰구역을 재설계하는 형태를 띨 수 있다.

3) 구치소 건축

구치소 건축은 교도관 및 수용자의 안전과 수용자에 대한 최대의 통제를 고려한다는 점에서 과학적 관리론은 구치소 건축에도 적용되었다.

제 3 절 관료제 이론

Ⅰ. 관료제 이론의 개념

'사회학의 아버지'라고 불리는 베버(M. Weber)(1864~1920)는 조직을 능률적으로 만드는 원리를 확인하고자 노력하였는데, 능률적 조직의 원리가 확인된다면 조직이 그 원리를 채택하여 더 능률적으로 될 수 있다고 믿었다. 그 당시에 가장 능률적인 조직은 군대 및 카톨릭 교회였다. 베버는 업무과정이 더 잘 관리되도록 하기 위하여 합리적인 관리구조를 만들고자 시도하였으며, 그것은 관료적 관리(bureaucratic management)라고 불리는 접근법이었다.

베버는 그 당시 능률적 조직이 기능했던 방법을 설명한 최초의 학자였다는 점에서 '관료제의 아버지'라고도 불린다. 관료제는 수백 년 동안 존재해 왔기 때문에 베버가 관료제 그 자체를 개발한 것은 아니지만, 대규모 관료적 조직을 연구하여 이상적 관료제(ideal bureaucracy)의 특성을 확인하고자 노력하였다. 베버(1947)는 최고의 능률성을 달성할 수 있는 순수한 관료적 조직을 확립하는 데 필요한 다음과 같은 여덟 가지 사항을 제시하였다.

(1) 조직은 계층의 원칙을 따른다. 즉, 하위 직책은 상위 직책의 통제 및 감독 아래에 있다. 연속적인 더 높은 직책은 조직 내에 계층을 형성한다.

(2) 하위 직책에서 상위 직책으로 탄원 및 고충을 제기할 권리가 있다.
(3) 직무 구분을 의미하는 특정한 역량 영역이 존재한다. 이러한 전문화는 법집행 기관의 폭과 수평적 복잡성을 증가시킨다.
(4) 공식적 직무는 정책 및 절차와 같은 합리적 규칙 체계에 의해 제한을 받는다.
(5) 행정행위, 결정, 규칙은 문서로 기록되고 제도적 기록을 남긴다.
(6) 특정 직위와 관련된 권한이 직책을 보유한다. 직책을 보유한 사람이 직책 그 자체를 보유하는 것이 아니다.
(7) 조직구성원은 자격을 기초로 임명되고 전문화 훈련을 필요로 한다.
(8) 조직구성원은 생산 수단을 소유하지 않는다.

Ⅱ. 경찰조직의 관료제

베버(1969)는 이상적인 관료적 구조는 제한된 원리에 기초한다고 믿었다. 베버의 원리는 권한 계층, 전문화(업무 구분), 규정화(규칙 및 규정의 형성), 권한 및 책임(명령하고 복종을 요구할 권리), 징계(효과성을 위해 필요), 명령 통일(부하는 한 명의 상관으로부터만 명령을 받아야 함), 중앙집권화(최고관리자가 의사결정을 담당하는 정도) 등을 포함한다. 베버의 주요 원리를 경찰조직의 맥락에서 간략하게 설명하면 다음과 같다.

1) 권한 계층(hierarchy of authority)

모든 전통적 경찰조직에는 순경부터 경찰서장에 이르기까지 권한에 기초한 상관-부하의 관계가 존재한다. 더 높은 직위 또는 계급에 있는 사람은 부하보다 더 많은 권한을 갖고 있다. 이러한 방식으로 모든 사람은 직접 감독을 받고 통제된다. 이러한 권한 구조는 일반적으로 명령 계통(chain of command)이라고 불린다.

2) 전문화(specialization)

모든 구성원의 직무는 정확하고, 일상적이고, 잘 정의된 임무로 구분된다. 몇몇 업무집단 사이에 임무를 구분함으로써 조직은 더욱 능률적으로 된다. 경찰조직의 경우에 전문화는 범죄수사, 청소년, 교통, 내사업무 등을 담당하는 부서를 만들었다.

3) 규정화(formalization)

직무와 관련하여 일치성을 보장하고 재량을 줄이기 위해서 구성원의 직무를 설명하는 규칙 및 규정이 잘 형성되어 있어야 한다.

4) 관리의 비개인성(impersonality of management)

의사결정은 개인에 대한 고려 없이 조직의 목표 및 목적에 기초해서 내려져야 한다.

5) 실적에 기초한 인사 결정(personnel decision based on merit)

직위는 실적에 따라서 충원되고, 승진이 결정되어야 한다. 경찰조직은 최고의 자질을 갖춘 사람을 적합한 직위에 두고자 노력해야 한다.

경찰관리자는 다양한 이유 때문에 베버의 관료제 이론을 선택하였다. 특히, 관료제 이론이 경찰관리자에게 일상적 운용에 대한 통제를 제공하기 때문이다. 경찰활동의 중요한 성격을 고려한다면, 경찰관리자 및 시민은 경찰조직이 통제되어야 한다고 믿었다. 결과적으로 그것은 경찰관리에 중요한 영향을 미쳤으며, 관료제 이론은 오늘날 경찰조직을 관리하기 위한 중요한 수단이 된다. 관료제 이론을 경찰조직에 적용함으로 인한 결과는 다음과 같다(Reiss, 1992: 70-72).

(1) 관료제 이론은 명령 및 통제의 계층적 체계를 발달시킴으로써 경찰의 정치적 중립성과 법률적 의존성을 보장한다.
(2) 관료제 이론은 계층적인 업무 조직에서 주요 변화를 이끈다.
(3) 관계보다는 오히려 실적에 기초해서 임용 및 승진을 하도록 하는 인사 정책의 성문화를 이끈다.

베버의 원리를 경찰조직 상황에서 더 구체적으로 설명하면 다음과 같다.

Ⅲ. 권한 계층

1. 권한 계층의 개념

1) 권한의 계층적 분배

베버의 관료제 이론의 첫 번째 원리인 권한 계층(hierarchy of authority) 또는 명령 계통(chain of command)은 모든 경찰조직 내에 존재한다. 경찰조직의 각 단계에 있는 구성원의 지위를 확인하고, 경찰조직의 내·외부에 있는 사람에게 명령 계통을 분명하게 묘사하기 위해서 군대식 직함이 이용된다. 권한 계층 또는 명령 계통은 경찰조직 전체에 걸쳐 상관-부하 관계를 필요로 하고, 그 관계 속에서 개인은 상관에 의해서 감독된다. 권한 계층은 상관이 부하보다 더 많은 권한을 갖고 있지만 자신의 상관보다는 더 적은 권한을 갖고 있는 것을 의미한다. 그 결과, 권한은 조직 내에 계층적으로 분배된다. 이러한 관계의 목적은 명령이 이행되고, 모든 사람이 직접적 감독을 통해서 자신의 책임을 인식하도록 하는 것이다(Gaines & Worral1, 2012: 97).

2) 강력한 경찰조직 통제

명령 계통은 경찰관리자에게 강력한 경찰조직 통제를 제공한다. 명령 계통은 또한 개인이 경찰조직의 모든 다른 개인에게 공식적으로 정보 및 명령을 전달하기 위해서 사용하는 경로를 형성한다. 정보는 유사한 방법으로 명령 계통의 위와 아래로 진행한다. 명령 계통이 적절하게 운영되면, 경찰조직의 각 단계에 있는 경찰관은 경찰관서의 활동 및 책임에 관하여 알고 있을 것이다.

3) 권한 계층의 수

특정 경찰조직 내에 얼마나 많은 권한 계층이 존재해야 하는지를 결정하기 위한 공식은 없다. 그러나 전형적으로 경찰조직 규모가 커져 감에 따라 계층이 추가된다. 대규모 경찰조직은 보통 더 작은 경찰조직보다 더 많은 계급 계층(level of rank)을 갖고 있다. 추가적인 직원은 더 많은 감독경찰관(supervisor) 및 경찰관리자(manager)를 필요로 한다. 또한, 더 큰 경찰조직은 일반적으로 청소년 서비스, 범죄예방, 또는 자동차 절도와 같은 감독 및 관리를 필요로 하는 더 많은 부서를 갖고 있다.

4) 과도한 권한 계층의 문제

권한 계층과 관련된 일반적인 문제는 과도한 권한 계층(excessive layering)이다. 과도한 권한 계층은 경찰관리자 및 감독경찰관 측에 있어서 주도성 부족, 형식화된 의사소통, 지나친 관료적 행위를 야기한다. 결국 많은 경찰관리자의 존재는 업무수행 방법을 왜곡시킬 수 있는 책임 중복을 야기한다. 자크스(Jaques)(1990)는 계급 신설로 인해 실질적 가치(real value)가 부하 업무에 추가되도록 해야 한다고 제안한다. 계층적 단계는 그것이 성과를 향상시킬 때에 추가되어야 한다.

5) 권한 계층에 따른 상이한 기술

권한 계층 단계는 다양한 계층 단계에 있는 경찰관이 상이한 기술을 소유하고 있다는 것을 암시한다. 즉, 각 계층 단계는 특정 계층 단계의 경찰관에게 부여된 의무 및 책임에 기초해서 상이한 기술을 필요로 한다. 예를 들면, 순찰부서의 경사(sergeant)는 기획부서를 지휘하는 경감(captain)과는 다른 기술을 필요로 한다. 이것이 암시하는 것은 경찰관이 어떤 직위로 승진하거나 전보된다면, 효과적으로 기능할 수 있도록 하기 위해서 주의 깊게 선발되고 훈련되어야 한다는 것이다.

그림 5-1 권한 계층의 하위요소

2. 통솔범위

1) 통솔범위의 개념

개인의 통솔범위(span of control)는 감독의 능률성 또는 효과성에 관계 없이 한 명의 상관이 감독하는 부하의 수를 의미한다. 상관에 의한 부하 통제는 상관에게 보고하는 부하의 수와 직접적으로 관련된다. 한 명의 경사에게 보고하는 경찰관의 수는 경사의 통솔범위를 구성한다.

2) 부하와 상관의 비율

부하와 상관의 비율은 부하를 통제하는 상관의 능력에 직접적으로 영향을 미친다. 감독경찰관은 지나친 강제 없이 부하에게 시간과 관심을 제공할 수 있어야 한다. 그렇게 된다면 통솔범위 원리는 감독의 능률성 및 효과성의 균형을 이룰 수 있도록 만든다.

3) 업무의 복잡성

업무의 복잡성은 통솔범위에 영향을 미친다. 더욱 복잡한 업무는 더 많은 감독을 요구한다. 예를 들면, 보고서, 사건, 수사진행 정도를 항상 검토해야 하는 형사 감독경찰관은 많은 형사를 적절하게 감독할 수 없으므로 통솔범위가 더 작아진다. 반면에, 더 단순하고, 덜 복잡한 업무는 더 적은 감독을 필요로 하여 통솔범위가 더 커진다.

4) 물리적 업무환경

물리적 업무환경은 통솔범위에 영향을 미친다. 감독경찰관의 통솔범위는 사무직원을 감독할 때 더 커질 수 있는데, 그것은 한 집단의 순찰경찰관을 감독하는 것과 반대이다. 사무직원은 중앙부서에 집중되어 위치하고 있지만, 순찰경찰관은 넓은 지역적 범위에 걸쳐서 분산되어 있기 때문이다.

5) 명령 계통

(1) 명령 계통 위로 갈수록 통솔범위는 작아짐

명령 계통 내에서 계급이 더 높이 올라가면 갈수록 통솔범위는 그만큼 더 작아진다. 그 이유는 명령계통 위로 올라갈수록 문제는 더 어렵고 복잡해지기 때문이다. 이러한 문제는 결정을 내리는 데 더 많은 정보를 필요로 하고 해결책을 개발하는 데 더 많은 시간을 필요로 한다.

(2) 통솔범위를 줄일 때 계층이 추가됨

통솔범위는 명령 계통 내에서 계층의 수를 결정한다. 통솔범위를 줄이는 활동(상관에게 보고하는 경찰관의 수를 감소시키는 것)은 계층 추가를 야기해서 조직을 전보다 더 길고 더 좁게 만든다.

6) 팀빌딩 및 참여적 관리에의 영향

통솔범위는 또한 팀빌딩 및 참여적 관리에 영향을 미친다. 감독이 억압적으로 되지 않고 사기에 역효과를 미치지 않도록 하기 위해서 더 확대된 통솔범위(많은 부하를 감독하는 것)가 필요하다. 그러나 확대된 통솔범위는 상관과 부하 사이의 긍정적 상호작용을 감소시키므로, 경찰조직은 최적의 통솔범위를 찾아야 한다.

3. 명령 통일

1) 명령 통일의 개념

권한 계층의 두 번째 요소인 명령 통일(unity of command)은 모든 상황 및 모든 직원을 통제함에 있어서 한 명의 상관만을 두는 것을 의미한다. 경찰자원을 배치할 필요가 있을 때 한 경찰관리자가 그 상황을 책임지고 명령을 내리는 것이 필수적이다. 다수의 갈등적인 명령이 같은 경찰관에게 내려지지 않도록 하기 위해서 명령통일 원리가 실행되어야 한다. 모든 경찰관은 직속 상관의 명령을 정확하게 인식하고, 직속 상관 또한 부하가 수행하고 있는 업무를 명확하게 인식하여야 한다.

2) 명령 통일의 예외

명령 계통 밖에 있는 상관이 권한을 행사할 수 있는 몇 가지 경우가 있다. 경찰조직 내에 있는 다른 경찰관의 서비스를 요구하는 긴급사태 또는 전술적 상황이 발생할 수 있다. 예를 들면, 범죄현장은 순찰경찰관, 형사, 범죄현장 전문요원을 요구할 수 있는데, 그러한 경우에는 한 명의 상관이 책임을 지는 것이 필수적이다.

4. 권한 위임

1) 권한 위임의 개념

권한 위임(delegation of authority)은 권한 계층의 세 번째 요소이다. 권한 위임은 부하에게 임무·의무·책임을 부여하고, 동시에 통제하고, 명령하고, 결정하거나, 위임된 책임을 수행함에 있어서 행동할 권한을 부여하는 것이다. 경찰조직이 커지고 복잡해짐에 따라서 경찰서장이 경찰조직 전체에 걸쳐 통제를 행사하거나 활동을 모니터하는 것은 어렵다. 따라서, 조직목표 및 목적을 성취하기 위해서 경찰서장은 권한을 하위 계급의 경찰관에게 위임하고, 그들이 위임된 임무에 대해 책임지도록 해야 한다.

2) 권한과 책임의 동시 위임

위임은 경찰조직에서 문제를 야기할 수 있다. 경찰관리자는 명령 계통에서 밑에 있는 직원에게 직무수행에 대한 '책임'을 위임하지만 같은 양의 '권한'을 부여하지 않기 때문이다. 적절한 위임은 그 직무를 성취하는 데 필요한 권한과 함께 책임을 부여하는 것으로 구성된다. 그러나 경찰관리자는 궁극적 책임은 위임할 수 없으며 그것은 위임자에게 여전히 남아 있다.

3) 정책 형성 및 지시

권한 위임은 정책 형성(policy formulation) 및 지시(direction)라는 두 가지 방법에 의해서 성취된다. 정책 형성은 경찰조직 내 경찰관리자에 의해서 제정된 일반명령, 표준운용절차, 다른 문서화된 서류 작성을 의미한다. 이것의 목적은 특정 직무 및 활동의 성취에 대해 책임을 부여하는 것이다. 경찰관리자는 경찰조직 내 주요 활동이 문서화된 경찰정책으로 작성되도록 해야 한다. 또한, 문서화된 경찰정책은 지시에 의해서 보충된다. 지시는 경찰조직의 목적을 성취할 수 있도록 부하의 행동을 지시하기 위해서 경찰서장, 부서 책임자, 또는 감독경찰관에 의해서 제시된 명령을 의미한다.

Ⅳ. 전문화

1. 전문화의 개념

전문화(specialization)는 직무 구분 또는 직무 전문화를 의미한다. 모든 사람이 모든 임무를 수행하는 것은 비능률적이므로 경찰조직의 규모가 커짐에 따라 경찰조직을 전문화하는 것이 필요하다. 경찰관리자는 다양한 업무집단 사이에 직무를 구분해야 한다. 각기 다른 직무는 조직 효과성을 증진시키기 위해서 다른 개인이나 업무집단에 의해서 수행될 수 있다.

2. 직무 구분의 네 가지 기준

경찰관리자가 어떤 직무가 구분되어야 하는지를 결정할 때 그러한 직무 구분이 경찰조직의 효과성에 기여할 수 있도록 하여야 한다. 일반적으로 경찰직무는 네 가지 기준에 따라 구분된다.

1) 기 능

직무가 기능(function)에 따라서 분류될 때 직무 전문화가 이루어진다. 기능은 특정 직무가 수행되는 방법과 그 수행 목적을 말한다. 범죄수사는 이용 가능한 증거 및 사건의 성격에 따라서 종결하는 데 1시간에서 며칠까지 걸릴 수 있다. 만약 순찰경찰관이 이러한 수사를 행한다면, 그들은 일상적 순찰직무를 수행하기 어려울 것이다. 기능적 전문화의 주요 영역은 순찰, 교통, 범죄수사, 풍속, 비행예방, 통신, 기록, 기획 및 훈련과 같은 참모 업무이다. 각 부서의 설치 여부를 결정함에 있어서 주요 고려사항은 '업무량'이다.

2) 지 역

경찰조직은 광범위한 지역(geography)에 대해 지역적 분리(geographical differentiation)를 하는 것이 필요하다. 지역적 분리 또는 지역적 전문화에서 경찰조직은 순찰지구대(substation 또는 precinct station)를 사용하는데, 그것은 모든 경찰관이 중앙의 본부에서 근무하러 나가는 것과 반대이다. 순찰직무는 주로 지역적 분리에 따라서 조직화된다. 순찰경찰관은 순찰구역(patrol beat)에 배정되는데, 경사(sergeant)는 주로 6~10개 순찰구역을 책임진다. 경찰조직이 순찰지구(precinct 또는 district)를 만들 때, 그것은 일반적으로 경감(captain) 또는 다른 높은 계급의 지휘관에 의해서 관리된다.

3) 시 간

경찰조직은 관할구역에서 하루 24시간 동안 책임을 지고 있기 때문에 하루 모든 시간(time)을 다루기 위해서 순찰경찰관을 교대근무조(shift 또는 watch)로 구분해야 한다. 행정적 관점에서 본다면, 고정된 순찰구역(beat)에 배정된 순찰경찰관에게 고정된 교대근무조(shift)를 갖도록 하는 것이 바람직할 수 있다. 경찰관이 고정된 교대근무조에 배정될 때 더욱 빈틈 없고, 더 적은 피로를 느끼고, 더욱 생산적이며, 더 적은 사고를 야기하는 경향이 있다. 그렇지만 대부분의 경찰조직은 교대근무조를 주기적으로 순환하고 있다. 교대근무조는 어느 정도 고정성을 허용하고, 새로운 교대근무조에 적응하는 생리적 · 심리적 어려움을 감소시키기 위해서 1년에 3~4번 정도 순환해야 한다.

4) 권한 단계

권한 단계(level of authority)에 의해서 직무를 분류하는 것은 전문화와 명령계통을 직접적으로 연결하는 것이고, 경찰조직 내에 계급구조를 결정한다. 경찰관서의 각 권한 단계에서 동일한 계급의 경찰관을 배치하는 것이 중요하다. 예를 들면, 모든 과(division)의 장은 경정이거나 모든 계(section)의 장은 경감이어야 한다. 그러나 권한 단계 원리를 엄격하게 따르는 경찰조직은 과도하게 많은 상위 경찰관을 만들며 통솔범위 원리를 위반할 수 있다. 권한 단계에 의한 직무 분류 원리를 요약하면, 경찰조직 내에 계층의 수는 최소한으로 유지해야 하지만 경찰조직을 적절하게 통솔하기 위해서 충분한 상위 계층의 경찰관이 있어야 한다.

3. 전문화의 장점 및 단점

1) 전문화의 장점

경찰조직 구조를 발전시키기 위해서는 경찰조직의 전문화 정도가 결정되어야 하는데 경찰전문화의 장점은 다음과 같다.

(1) 훈련 필요성의 감소
(2) 직무 통제의 증가
(3) 직무 숙달의 향상
(4) 풍부한 경력 제공

2) 전문화의 단점

(1) 순찰경찰관 수의 감소
(2) 직무 불만족의 증대
(3) 행정적 조정의 어려움

3) 전문화 결정시 고려사항

전문화는 경찰관서를 조직함에 있어서 중요한 고려사항이다. 앞에서 제시된 장점 및 단점은 전문화를 할 것인지를 결정함에 있어서, 그리고 전문화를 한다면 얼마나 할 것인지를 결정함에 있어서 평가되어야 한다. 언제, 얼마나 많이 전문화를 할 것인지를 결정하기 위한 확고한 규칙은 없을지라도 전문화 결정을 함에 있어서 고려할 요소는 다음과 같다.

(1) **직원의 자질**: 직원의 자질이 더 높아지면 질수록 전문화의 필요성은 그만큼 더 적어진다.
(2) **직무의 효과적 수행**: 어떤 직무수행이 경찰관의 다른 직무를 효과적으로 수행할 능력을 감소시킨다면 전문화의 필요성이 있을 것이다.
(3) **경찰조직의 목표**: 지역사회는 전문가를 필요로 하는 직무가 경찰조직에 의해서 수행될 것을 기대할 수 있다. 어떤 경찰조직이든 주된 책임은 지역사회에 봉사하는 것이기 때문에 전문화는 정당화될 것이다.

V. 규정화

1. 규정화의 개념

문서화된 규칙 및 규정은 규정화(formalization)를 실행하는 방법이며, 이것은 조직구성원에게 방향 및 통제를 제공하기 때문에 전통적 경찰조직관리의 핵심이다. 경찰관 및 운용부서의 역할·기능·의무는 성문화되고 지속적인 기록으로 남겨져야 한다. 직무수행의 효과성을 향상시키고 정확하게 완료될 수 있도록 다양한 직무를 수행하는 방법이 규정화되어야 한다. 경찰의 문서화된 규칙은 경찰관 행위를 규정하거나 금지하는 설명이며, 그 규칙 위반은 종종 징계 시스템을 발동하도록 만든다.

2. 규정화의 세 가지 형태

문서화된 규칙 및 규정은 일반적으로 (1) 정책 또는 절차, (2) 특별한 명령, (3) 메모와 같은 세 가지 형태를 따른다.

1) 정책 또는 절차

정책 또는 절차는 일반적으로 특정 활동 또는 의무에 대하여 종합적인 지침을 나타낸다. 몇몇 경찰조직은 지침을 '정책'이라고 말하고, 다른 경찰조직은 지침을 '절차'라고 말한다.

(1) 목 적

목적(purpose)은 공적 위반 사건을 다루는 것과 관련된 경찰조직의 철학적 위치를 전달한다는 점에서 가치(value)를 설명한다. 예를 들면, 정책은 시민 의견을 강조한다면, 목적은 경찰관에게 시민 의견이 중요한 가치라는 것을 알려준다.

(2) 사명서

다음으로 철학적인 성격이 약한 사명서(mission statement)가 언급된다. 사명서는 경찰조직의 주요 목적은 생명 및 재산의 보호라는 점을 알려준다. 그것은 또한 경찰관에게 무기사용 사건에 있어서 지침을 제공해 주는 다른 정책을 참고하도록 함으로써 과도한 무력을 회피할 수 있도록 해준다.

(3) 지침 및 절차

정책은 여러 상황을 다루기 위한 매우 정확한 지침이나 절차를 제공한다. 지침 및 절차는 무력 사용, 경찰관 배치, 사건보고 등에 대해서 말해준다.

2) 특별한 명령

특별한 명령(special order)은 두 가지 형태를 지닐 수 있다.

(1) 임시 규정

특별한 명령은 퍼레이드, 임시 특별전술부서 형성, 노동분쟁과 관련된 상황을 다루기 위해서 주로 내려진다. 이 경우에 특별한 명령의 핵심은 임시 직무를 만들고 수행될 직무를 설명한다는 것이다. 그 의무 및 직무가 특별한 명령에 따라서 성취되면 특별한 명령은 중지되고 관련된 모든 사람은 정규임무를 다시 시작한다.

(2) 추가 지침

특별한 명령은 경찰조직 내 부서에 의해서 내려진다. 예를 들면, 경찰훈련부서는 경찰훈련 대상자에게 적용되는 특별한 명령을 내릴 수 있다. 특별한 명령은 기본 교육훈련을 받는 동안 경찰관에게 적용될 것이며, 그것은 기대된 행동나 교육훈련 절차를 규정할 것이다.

3) 메 모

명령계통의 원리는 면밀한 감독을 지시하기 때문에 모든 사람은 다른 사람의 활동을 인식하는 것이 필요하다. 메모 또는 이메일은 개인에게 직무, 명령, 다른 정보를 알려주기 위해서 사용된다. 의사소통은 명령계통을 따라야 하고 그 결과 모든 사람은 활동 및 명령을 유지하게 된다.

3. 규정화의 조절요소

다음과 같은 두 가지 요소가 규정화의 정도를 조절한다.

1) 경찰관서의 규모

경찰관서 규모가 커짐에 따라서 규정화하게 되는 자연적인 경향이 있다. 즉, 조직 규모가 더 커짐에 따라 경찰관리자가 발생하고 있는 것을 관찰하는 것이 더 어려워지고 있다. 그래서 경찰관리자는 부하를 직접 관찰하는 능력의 감소를 보완하기 위해서 규칙을 제정하여 실행한다(Wilson, 2003).

2) 일상적인 직무

단순하고 일상적인 직무는 쉽게 규정화되지만, 복잡하고 비일상적인 직무는 규정화에 적합하지 않다. 경찰관은 항상 다른 상황(가정 분쟁, 자동차 충돌, 주거침입 수사 등)에 직면하기 때문에, 경찰관 직무는 쉽게 규정화되지 않는다. 규정화를 더 어렵게 만드는 것은 경찰관이 재량을 사용해야 하고, 지역사회 문제에 대해서 상황에 따라 대응해야 한다는 점이다. 경찰관에게 직면한 각 직무의 성격은 경찰관이 각 상황에 대한 대응을 달리하도록 만드는 수많은 변수에 의해서 정해진다.

Ⅵ. 준-군대 모델

1. 준-군대 모델의 개념

초창기 경찰조직이론가는 더욱 전문화된 경찰조직을 만들려는 시도에서 고전적 경찰조직 원리에 많은 중점을 두었다. 그 결과, 경찰과 정당을 분리시키기 위해 군대에 따라 관리되고 조직되는 매우 관료적인 조직 구조가 형성되었다. 초기의 고전적 또는 전통적 경찰조직은 군대와 유사한 조직 또는 구조를 채택했기 때문에 준-군대 모델(semi-military/paramilitary model)이라고 불린다. 이러한 준-군대 모델은 법률적 접근법을 강조하고, 범죄통제를 향상시키고 부패행위를 줄이기 위해 권위주의적 경찰조직관리에 중점을 두었다.

2. 로버트 필 경의 경찰조직 원리

최초의 근대 경찰조직은 로버트 필 경(Sir Robert Peel)(1788~1850)이 1829년에 경찰조직의 기초로 준-군대 모델을 사용했던 영국 런던 수도경찰청(London Metropolitan Police)이었다. 로버트 필 경은 다음과 같은 경찰조직 원리를 런던 수도경찰청에 적용하였다(Germann, Day, & Gallati, 1978).

(1) 경찰은 안정되고, 능률적이며, 군대를 따라서 조직되어야 한다.
(2) 경찰은 정부 통제 아래에 있어야 한다.
(3) 범죄가 없는 것은 경찰의 능률성을 가장 잘 증명할 것이다.
(4) 범죄 뉴스의 전파는 필수적이다.
(5) 경찰력의 시간 및 지역에 따른 배치는 필수적이다.
(6) 기분의 완벽한 통제보다 경찰관에게 더욱 필수적인 자질은 없다. 조용하고 단호한 방식은 폭력행위보다 더 많은 효과를 갖고 있다.
(7) 좋은 외모는 존경을 야기한다.
(8) 적합한 사람의 확보 및 교육은 능률성의 기초이다.
(9) 공공의 안전은 모든 경찰관이 어떤 번호를 부여 받을 것을 요구한다.
(10) 경찰본부는 중앙에 위치해야 하고 사람에게 쉽게 접근될 수 있어야 한다.
(11) 경찰관은 시보임용을 기초로 고용되어야 한다.
(12) 경찰기록은 경찰력의 가장 좋은 분배에 필요하다.

3. 미국 경찰의 준-군대 모델

1) 윌슨의 준-군대 모델 소개

로버트 필의 경찰조직 원리 중 대부분은 미국 경찰활동 내에 깊이 뿌리 박혀있는데 오늘날에도 여전히 적용할 수 있다. 미국 경찰의 준-군대 모델은 윌슨(O. W. Wilson)의 고전적 교과서였던 「경찰행정학」(Police Administration)에 의해서 1950년에 미국 경찰관리자에게 소개되었다. 윌슨은 경찰관서가 조직되고 관리되어야 하는 방법의 기초로서 고전적 경찰조직이론을 사용하였다. 이 기간에 미국 경찰 서비스는 (정치, 스캔들, 나쁜 성과에 의해 고통을 당한) 전통적 경찰과 (비정치성, 성실, 기술적 능률성을 보여준) 전문적 또는 법률적 경찰로 이분화되어 있었다.

2) 경찰행정의 전문적 모델

(1) 전문적 경찰관리 이전

대부분의 미국 경찰조직은 전문적 경찰관리 이전에는 매우 정치적이었고 지역사회의 욕구 대응에 비효과적이었다. 일반적으로 경찰서장은 경찰활동을 지시했던 정치인에게 보고하였고, 경찰조직은 범죄에 대응하는 데 비효과적이었다. 몇몇 경찰조직은 서비스 제공에 중점을 두었는데, 정치인은 이것이 지역사회의 지지를 획득하는 방법이라고 여겼기 때문이다.

(2) 개혁시대와 전문적 모델

볼머(Vollmer), 윌슨(Wilson), 파커(Parker)에 의해서 옹호된 전문적 모델은 개혁시대부터 발전하여 고전적 경찰조직이론의 모범이 되었다. 경찰조직의 전문적 모델은 매우 구조화되고 통제를 강조하였으며, 전문적 경찰관리자는 경찰부패 및 외부 정치인의 영향력을 제거하기 위한 노력에서 전문적 모델을 실행하였다. 이 당시에는 경찰조직이 군대조직처럼 운용된다면 경찰관은 경찰관리자의 충분한 통제 아래에서 직무를 수행하게 될 것이라고 여겨졌다.

제 4 절 관리이론

Ⅰ. 관리이론의 개념

1. 관리이론의 연구자

폐쇄적 · 고전적 · 전통적 경찰조직이론 중 마지막 이론은 관리이론(management theory) 또는 행정이론(administrative theory)이다. 관리이론은 '원칙 접근법'이라고도 하는데, 보편적인 관리방법을 확인하고자 노력하였다. 앞의 두 개 이론과는 달리 관리이론의 형성과 관련하여 큰 공헌을 한 사람은 거의 없다. 사실상 관리이론은 귤릭(Gulick), 어윅(Urwick), 파욜(Fayol), 무니(Mooney), 라일리(Reiley)와 같은 연구자로부터 형성된 아이디어와 개념을 편집한 것이다.

관리이론의 표준은 귤릭(Gulick)과 어윅(Urwick)의 1937년 출판물인 「관리과학에 관한 연구」(Papers on the Science of Administration)라고 할 수 있다. 관리이론은 내용상 더욱 광범위한 원리에 중점을 두었기 때문에 과학적 관리보다는 관료제 이론과 더욱 어울릴 수 있다. 그러나 관리이론은 그 방법을 강조하여 관료제 이론과 구분되고, 관리이론의 원리는 관료제 이론의 특성을 조작화하고 강화한다. 결과적으로 관료제 이론의 충실함 때문에 관리이론의 원리는 명시적 또는 암묵적으로 경찰조직 내에서 중요한 역할을 한다.

2. 관리이론의 네 가지 주요 원리

관리이론과 관련된 네 가지 주요 원리는 다음과 같다(Shafritz & Hyde, 1978).

(1) 계층적 명령 계통을 통하여 행사되는 강한 관리자 리더십의 중요성을 강조하면서도 명령 통일을 활용한 조정

(2) 스칼라(scalar) 원칙의 적용. 즉, 다양한 조직 수준 사이에서 수직적 업무 구분

(3) 수평적 업무 구분인 기능적 원리의 활용. 즉, 조직의 다양한 기능이 그룹화될 수 있다.

(4) 계선조직과 참모조직으로 구조화. 즉, 계선 경찰관은 직접적인 명령 계통을 나타내고, 참모 경찰관은 경찰관리자에게 조언하기 위해서 이용되어야 하지만

계선 경찰관에 대하여 직접적인 권한을 행사할 수도 있다. 계선조직은 권한을, 참모조직은 아이디어와 조언을 나타낸다.

Ⅱ. 파욜의 관리이론

파욜(Fayol)의 기여는 회사에서 40년 동안 근무하면서 관리자 경험에서 나온 저술에 기초한다. 파욜의 명성은 주로 「일반 및 산업관리」(General and Industrial Management)(1916)에 의존하였는데, 이 주요 저술은 1949년에 영어로 번역되어 광범위하게 이용될 수 있었다.

1. 조직관리의 강조

과학적 관리론의 또 다른 기여자인 파욜(Henri Fayol)은 조직관리에 중점을 두었다. 그는 모든 조직에 적용될 수 있는 보편적인 관리과학(administrative science)이 있다고 생각하였다. 그는 계층적 지위가 향상됨에 따라 기술적 지식의 필요성이 감소한다고 인식하였다. 관리자는 업무를 수행하는 방법보다는 오히려 조직을 관리하는 방법에 관한 지식을 가질 필요가 있었다.

파욜은 조직이 성공하고자 한다면 필수적으로 갖추어야 하는 관리의 다섯 가지 요소를 다음과 같이 제시하였다(Dale, 1965: 148; Birzer, Bayens, & Roberson, 2012: 48).

(1) **예측 및 계획**(forecast and plan): 미래를 조사하고 행동계획을 수립함
(2) **조직**(organize): 맡은 업무의 구조, 기구, 직원을 구성함
(3) **명령**(command): 구성원 간 활동을 유지함
(4) **조화**(coordinate): 활동 및 노력을 함께 묶어주고, 통일화하고, 조화롭게 함
(5) **통제**(control): 모든 것이 정책 및 실행에서 일관성을 갖고 행해지도록 함

2. 관리의 능률적 조직화

테일러는 관리상 감독을 향상시켜서 능률성을 증가시키고자 시도한 반면에, 파욜은 관리 자체가 더욱 능률적으로 되도록 하는 시스템을 제공하고자 시도하였다. 파욜의 원리는 조직이 장기간 기획에 참여하고, 업무를 위한 시간 라인을 형성하고, 적

절하게 업무를 감독하고, 조정 회의를 통하여 모든 사람의 활동을 조정하는 데 참여해야 한다는 것을 의미하였다. 파욜(1949)의 원리를 구체적으로 설명하면 다음과 같다.

(1) 직무 구분(전문화; division of work; specialization): 구성원이 특정 직무를 부여받는다면 그것에 더욱 능률적이고 유능하게 될 것이다. 이것은 구성원이 동시에 해야 할 여러 직무를 부여받는 문화와는 반대이다.

(2) 권한(authority): 권한은 명령을 내리고 순응을 기대할 수 있는 권리이다. 관리자는 그의 지시가 구성원에 의해서 수행될 수 있도록 필요한 권한을 가질 필요가 있다. 이 권한은 책임과 함께 해야 하고, 권한과 책임 사이에 균형이 있어야 한다.

(3) 규율(discipline): 규율, 법률 준수, 정책, 절차, 명령은 경찰조직의 사명 성취를 촉진시킨다.

(4) 명령 통일(unity of command): 부하는 임무에 대해서 한 명의 상사로부터 지시를 받아야 한다.

(5) 지시 통일(unity of direction). 리더는 경찰조직의 지시를 확립해야 한다. 명령 통일은 지시 통일 없다면 의미가 없다.

(6) 개인적 이익보다는 집단적 이익이 우선이다(collective interest over individual interest)

(7) 보상(remuneration): 같은 직무, 자격, 경험을 가진 사람에게 보상은 공정하고 동일해야 한다.

(8) 집권화(centralization): 집권화는 의도된 방향으로 경찰조직의 적극적인 방향 전환을 가능하게 한다.

(9) 스칼라 계통(scalar chain): 권한 및 책임은 종종 명령 계통이라고 불리는 다양한 계층을 통해서 경찰조직의 상위에서 하위로 명확하고 중단 없이 흘러야 한다.

(10) 질서(order): 질서는 규율을 표시하는 것이고, 건물, 장비, 기록, 관련 문제는 적절하게 유지되고 설명되어야 한다.

(11) 형평성(equity): 형평성은 친절함과 공정성을 결합하는 리더십 및 과정의 질을 의미한다.

(12) 구성원 임기의 안정성(stability of tenure of personnel): 구성원의 임기의 안정성은 자신의 직무에 익숙하도록 만든다.

(13) 주도성(initiative): 조직의 모든 수준에서의 주도성은 생산성의 근원이다.

⑭ 단체정신(Esprit de Corps): 구성원의 단체정신과 조화는 방향의 통일을 촉진한다.

파욜(1949: 34)은 자신의 원칙이 신속한 행동을 방해하기 때문에 엄격하게 준수하고자 한다면 부정적인 결과를 낳을 수 있다고 인정하였고, 이 문제를 다루는 수단으로서 파욜의 '수평 다리'를 개발하였다. 정기적으로 상호작용하는 서로 다른 부서에 있는 일선 감독경찰관과 중간관리자는 계층의 위와 아래로 가는 시간 소비 과정을 없애고 '수평 다리'를 통해 조직을 가로지를 필요가 있었다. 법집행기관 내부와 법집행기관 사이에 이메일과 문자 메시지는 현대적인 '수평 다리'가 되었다. 무니(Mooney)와 라일리(Reiley)의 「전진 산업」(Onward Industry)(1931)은 일반적으로 파욜의 연구와 일치하였다.

Ⅲ. 기타 관리이론

1. 폴 릿

폴릿(Mary P. Follett)은 1918년에 두 번째 책인 「새로운 국가: 집단조직, 인기 있는 정부의 해결책」(The New State: Group Organization, the Solution of Popular Government)을 출판해서 정부에 대한 관심을 다시 활성화하였다. 그녀는 관리 연구에 있어서 그 당시의 어떤 연구자보다도 조직 내 관계의 현실에 더 많은 관심을 갖고 있었다. 그녀는 조직 내에서 기능적 관련성(functional relating) 및 조정(coordination)과 그것의 전체 역학에 대한 영향을 언급하였다. 그녀는 이러한 노력 덕분에 관리 분야에서 선구자적 지위를 얻게 되었다.

2. 귤릭과 어윅

귤릭(Gulick)(1937)은 어윅(Urwick)과 함께 행정학에 관한 논문을 수록한 「행정과학 논문집」(Papers on the Science of Administration) 내에 포함된 「조직이론에 관한 소고」(Notes on the Theory of Organization)에서 행정에 있어서 가장 유명한 두문자어인 POSDCoRB를 만들었으며 조직은 이러한 일곱 가지 요소에 기초해서 운영되어야 한다고 주장하였다. 귤릭은 POSDCoRB는 파욜의 원리에서 발췌되었다고 인정하였다. 귤릭은 능률성이 다른 가치와 갈등을 야기할 수 있지만 가장 우선순위가 되어야 한다고 주장하였다. 마찬가지로 어윅은 통솔범위에 관한 견해를 위해서 프랑스인 학자인 그라쿠나스(Graicunas)의 연구를 활용하였다. 어윅은 업무가 서로 관련되지 않은 경우 5명 또는 최대 6명의 부하를 감독해서는 안된다고 주장하였다.

3. 바나드

바나드(Chester Barnard)는 의사소통에 대한 연구로 인정을 받았는데, 그는 의사소통에 의해서 관리자는 조직 내에서 권한을 유지한다고 주장하였다. 바나드는 「경영자의 역할」(Functions of the Executive)(1968)에서 의사소통 원칙을 제시하였는데, 이것은 그의 경험과 사고를 반영한 것이었다. 이러한 의사소통 원칙은 다음과 같은 생각을 포함하였다.

⑴ 의사소통 채널이 잘 알려지고 정의되는 것이 중요하다.
⑵ 객관적인 권한은 모든 조직구성원에게 의사소통을 전달하기 위해서 리더십을 요구한다.
⑶ 의사소통 라인은 가능한 한 직접적이고 짧아야 한다.
⑷ 완전한 의사소통 라인이 사용되어야 한다.
⑸ 의사소통 과정 내에서 구성원의 역량은 적절해야 한다.
⑹ 의사소통 라인은 방해 받아서는 안된다.
⑺ 모든 의사소통은 진정한 것으로 증명되어야 한다.

제 5 절 고전적 경찰조직이론의 평가

Ⅰ. 고전적 경찰조직이론의 비판

고전적 경찰조직이론은 오늘날 경찰조직에서 어느 정도 활용되고 있지만 이 이론이 수십 년 동안 받은 비난은 경찰조직에도 여전히 적용될 수 있다.

1) 모 순

사이먼(Simon)(1954)은 모든 조직 원리에 대하여 모순되는 또 다른 조직 원리가 있다고 언급하였다. 통솔범위 원리에 따라 상관이 능률적으로 감독할 수 있는 부하의 수를 6명으로 제한하는 경우는 상관 밑에 12명이 있는 경우보다 더 많은 계층 단계를 만들 것이다. 이것은 조직계층의 수를 최소한으로 유지함으로써 행정 능률성이 강화될 수 있다는 원리와 모순된다(Subramanian, 1966).

2) 권위주의

전통적인 경찰조직의 분위기는 매우 권위적이다. 경찰조직의 목표는 상위 계급의 경찰관리자에 의해서 세워지게 되고 일반적으로 하위 계급의 경찰관은 경찰조직 목표 설정에 참여하지 못한다. 전형적으로 내부 의사소통은 명령체계를 따라 아래로 흐르고, 상관은 경찰관이 규칙이나 명령을 따르지 않을 때 처벌하고자 한다. 권위주의적 관리에 대한 개인 및 조직의 효과성 연구에 의하면, 권위주의적 관리는 근로자의 소외 · 좌절 및 낮은 생산성과 관련되어 있다(Likert, 1961; Pfeffer, 1978).

3) 혁신 부족

고전적 경찰조직은 혁신을 막는 폐쇄적 경향이 있고 그 구성원은 변화에 저항하는 경향이 있다. 고전적 경찰조직은 환경적 변화에 대처할 수 없고 시대에 뒤떨어지게 되고 비효과적으로 된다. 경찰관은 현장에서 죽느냐 사느냐의 결정을 내려야 하지만 신고를 받고 출동하는 경찰관에게 자유재량은 거의 없다. 아지리스(Argyris)(1957)는 명령체계 원리가 경찰관 개인으로 하여금 리더에 의존적 · 수동적 · 종속적으로 만드는 경향이 있다고 말했다.

4) 정보 흐름 문제

계층제와 결합된 지나친 전문화는 정보 흐름의 문제를 야기한다. 전문화는 수평적으로 추가 부서를 만들거나 부서를 차별화하는 반면에, 계층제는 조직 내에 수직적으로 추가 계층을 만든다. 그 결과, 이것은 의사소통의 이동시간을 느리게 할 뿐만 아니라 의사소통이 변형되거나 완전히 사라질 가능성을 증가시킨다.

5) 동기부여 부족

고전적 경찰조직에 속해 있는 경찰관은 심리적 박탈감 때문에 동기부여가 결여되어 있다. 경찰관은 자신의 직무에 어떤 통제력도 없으며 자신의 직무에 대해 결정할 수 있는 기회도 거의 없다. 샌들러(Sandler)와 민츠(Mintz)(1978)는 경찰의 준군대적 조직이 하위 계급 경찰관에게 사기 저하와 무력감을 느끼게 하는 경향이 있다고 말했다.

6) 의사소통 부족

고전적 경찰조직의 명령체계는 경찰관의 상향식 의사소통을 제한하는 반면에, 전문화는 수평적인 의사소통을 제한한다. 경찰부서의 수가 증가함에 따라 비공식적인 의사소통 채널을 이용하는 것은 점점 어려워진다.

7) 업무 단순화

전문화는 경찰관에 의해 수행되는 활동 범위를 감소시킨다. 순찰경찰관은 다양한 직무를 배정받지만 사건이 복잡한 경우에 형사, 교통경찰관, 경찰조직 내 다른 전문 경찰관에게 그 사건을 맡겨야 한다. 순찰경찰관은 점점 좌절하고 흥미를 잃고 소극적으로 된다.

8) 인간적 측면의 결여

고전적 경찰조직관리는 인간적 측면이 다소 결여되어 있고 전적으로 통제에 기초를 두고 있다. 모든 경찰조직은 목표를 추구하는 것이기 때문에 어느 정도의 통제는 필요하지만 통제에 대한 지나친 강조는 권위적인 직무 환경을 만든다.

9) 다섯 가지 관리 문제

구이옷(Guyot)(1979: 253-284)은 경찰조직의 관리 문제를 연구하기 위해 전국적인 조사를 활용하였다. 그녀는 경찰활동에 있어서 (1) 인사결정상 관리의 융통성 결여, (2) 경찰관 계급 내 자극 부족, (3) 군대주의, (4) 많은 계층구조에 의해 가로막힌 의사소통, (5) 고립화라는 다섯 가지 관리 문제가 있다는 것을 발견하였다. 이러한 관리 문제는 고전적 조직이론과 직접 연결될 수 있다.

위에서 제시한 것 이외에도 고전적 경찰조직이론은 (1) 사람은 성장할 수 있는 신체보다는 오히려 기계로 여겨지고, (2) 이 이론에 기초한 조직은 유연하지 못하고 혁신적이지 못하며 정체되어 있고, (3) 생산 및 능률성을 강조한다는 비판을 받고 있다.

Ⅱ. 고전적 경찰조직이론의 옹호

고전적 경찰조직이론은 여전히 경찰활동, 정부, 상업 및 산업의 일부 영역에서 폭넓게 사용되고 있는 구조적인 대안이다. 자크스(Jaques)(1990)는 고전적 경찰조직이론이 유지될 수 있는 두 가지 이유를 제시하였다.

1. 많은 수의 직원 통솔 가능

고전적 경찰조직이론은 많은 수의 직원을 통솔하는 데 있어서 유일한 합리적인 구조를 제공한다. 경찰서장은 아마 5명 또는 10명의 경찰관이 있는 경찰서 내에서는 집단의사결정 또는 자발적인 관리를 사용할 수 있겠지만, 100명, 200명 또는 1,000명의 경찰관이 있는 경찰서에서는 어떤 조직 구조를 가져야 한다. 다시 말해, 경찰관이 많을 때는 직무가 어느 정도 구조화되고 협력할 수 있어야 효과적일 수 있다. 고전적 경찰조직이론은 이러한 직무를 성취하는 유일한 방법은 아닐지라도 적절한 방법 중 하나이다.

2. 책임에의 중점

자크스(1990: 127-133)는 고전적 경찰조직이론이 책임에 중점을 두었기 때문에 살아남을 수 있다고 했다. 조직은 목표 성취를 위해 만들어졌고, 조직 내 모든 개인의 직무수행은 조직이 목표를 달성하는 데 공헌해야 한다. 전문화는 조직 목표 성취를 위해서 각 활동을 어디서 둘지, 누구에게 책임을 맡길지를 정한다. 고전적 경찰조직이론 아래에서 구성원은 자신이 어디에 서 있어야 하는지, 무엇을 해야 하는지, 맡은 일이 무엇인지를 알고 있다. 또한 구성원이 서로와 의사소통을 할 수 있는 의사소통 라인이 명확하게 존재한다. 그렇지만 고전적 경찰조직은 사전에 문제해결에 참여하기보다는 오히려 사후에 문제에 반응하는 경향이 있다.

참고문헌

Argyris, C. (1957). *Personality and Organization: the Conflict between System and the Individual*. New York: Harper & Row.

Barnard, C. I. (1968). *The Functions of the Executive*. Harvard University Press

Birzer, M. L., Bayens, G. J., & Roberson, C. (2012). *Principles of Leadership and Management in Law Enforcement*. FL: CRC Press.

Dale, E. (1965). *Readings in Management: Landmarks and New Frontiers*. New York: McGraw-Hill.

Fayol, H. (1949). *General and Industrial Management*. trans. Constance Storrs. London: Sir Isaac Pitman.

Gaines, L. K. & Worrall, J. L. (2012). *Police Administration*. Clifton Park, NY: McGraw-Hill Companies.

Germanm, A., Day, F., & Gallati, R. (1978). *Introduction to Law Enforcement and Criminal Justice*. Springfield, IL: Charles C. Thomas Publisher, Ltd.

Gulick, L. (1937). "Notes on the Theory of Organization". in Papers on the Science of Administration L. Gulick & L. Urwick (eds.). New York: August M. Kelley.

Gulick, L. & Urwick, L. (1937). *Papers on the Science of Administration*. Institute of Public Administration, New York.

Guyot, D. (1979). "Bending granite: Attempting to change the rank structure of American police department". *Journal of Police Science and Administration*, 7(3): 253-284.

Jaques, E. (1990). "In Praise of Bureaucracy". *Harvard Business Review*, 68(1): 127-133.

Likert, R. (1961). *New Patterns of Management*. New York: McGraw-Hill.

Mooney J. D. & Reiley, A. C. (1931). *Onward Industry!: The Principles of Organization and Their Significance to Modern Industry*. Harper & Brothers.

Pfeffer, J. (1978). "The micropolitics of organizations". in M. Meyer (ed.). *Environments and Organizations*. San Francisco: Jossey-Bass.

Reiss, A. J., Jr. (1992). *Police Organization in the Twentieth Century*. Crime and Justice. 15: 51-97.

Sandler, G. B. & Mintz, E. (1978). "Police organizations: Their changing internal and external relationships". in L. Gaines & T. Ricks (eds.). *Managing the Police Organization*, St. Paul: West Publishing.

Shafritz, J. M. & Hyde, A. C. (eds.). (1978). *Classics of Public Administration*. Oak Park, IL: Moore Publishing.

Simon, H. (1954). *Administrative Behavior*. New York: Free Press.

Smith, B. (1940). *Police Systems in the United States*. Harper & Brothers.

Subramanian, V. (1966). "The classical organization theory and its critics". *Public Administration Review*, 44(4): 435-446.

Taylor, F. (1911). *The Principles of Scientific Management*. New York: W. W. Norton & Co.

Weber, M. (1947). *The Theory of Social and Economic Organization*. trans. A. M. Henderson & Talcott Parsons. New York: Free Press.

Weber, M. (1969). "Bureaucracy". in J. Litterer (ed.). *Organizations*, Vol. 1. New York: Wiley.

Wilson, J. M. (2003). "Measurement and Association in the Structure of Municipal Police Organizations". *Policing: An International Journal of Police Strategies and Management*, 26(2): 276-297.

CHAPTER

06

현대적 경찰조직이론

학습목표

1. 현대적 경찰조직이론에 해당하는 이론을 간략하게 설명할 수 있다.
2. 인간관계이론의 개념을 간략하게 설명할 수 있다.
3. 호손 실험의 결론을 간략하게 설명할 수 있다.
4. 조직적 인본주의에 해당하는 이론을 나열할 수 있다.
5. 욕구계층이론의 개념을 간략하게 설명할 수 있다.
6. 미성숙-성숙이론의 개념을 간략하게 설명할 수 있다.
7. X이론-Y이론의 개념을 간략하게 설명할 수 있다.
8. Z이론의 개념을 간략하게 설명할 수 있다.
9. 동기부여-위생이론의 개념을 간략하게 설명할 수 있다.
10. 행태체계이론의 개념을 간략하게 설명할 수 있다.
11. 교량이론인 (개방)체계이론의 개념을 간략하게 설명할 수 있다.

제 6 장 현대적 경찰조직이론

토치(Toch)(1997: 1-8)는 경찰조직은 시간이 지남에 따라 발전하고 변화해 왔다고 하였다. 그는 대부분의 경찰조직이 고전적으로 조직될지라도 주위 환경과의 상호작용은 자연적인 진화를 할 것이며, 대부분의 경찰조직은 많은 조직이론을 사용하여 관리되고 있다고 강조하였다. 관리이론이 개발됨에 따라서 이론가는 조직이론 및 관리이론을 통합한 이론이 가장 효과적이라는 것을 이해하게 되었다. 제5장에서는 현대적 경찰조직이론으로서 ⑴ 인간관계이론, ⑵ 조직적 인본주의, ⑶ 행태체계이론, ⑷ (개방)체계이론: 교량이론, ⑸ 기타 현대적 경찰조직이론 등에 대해 학습하고자 한다.

제 1 절 인간관계이론

Ⅰ. 인간관계이론의 개념 및 특성

1. 인간관계이론의 개념

인간관계 철학은 고전적 조직이론에 대한 대응으로 등장하였는데 1930년대와 1940년대가 되어서야 비로소 조직에서 많은 관심을 받게 되었다. 제2차 세계대전 이후에 상업 발전과 함께 직장에서 생산성의 향상 방법을 찾기 위한 연구가 행해졌다. 이러한 연구는 인간관계 철학(조직과 구성원 양자에게 상호 이익을 제공하기 위해 기술 및 사람을 결합시키는 사회적 과정에 관한 관리)을 가져왔다.

과학적 관리론과 관료제 이론은 1940년대까지 크게 문제가 되지 않았으나 그 후

과학적 관리론의 기본적 가정과 관료제 이론의 능률성 및 생산성은 행정조직에서 인간관계이론(human relations theory)에 의해 도전을 받았다. 조직과 인간은 상호 공존관계에 있으며 조직 연구에 있어서 인간 행동에 관한 연구가 중요한 과제로 등장하였다. 인간관계이론은 근로자의 비공식적 관계, 상호작용, 사교적 작업조건, 조직의 조화를 강조하는 조직관리이론이다.

인간관계이론은 직장에서 활동하는 개인 및 집단의 행동에 초점을 둔다. 인간 요소(human element)가 행정에 통합될 때 의사결정, 의사소통, 조직 갈등, 개인 및 조직변화, 혁신, 리더십, 창의성을 연구함에 있어서 새로운 통찰력이 제공된다. 인간관계이론은 메이오(Mayo)와 로슬리스버거(Roethlisberger)의 연구에 의존한다. 호손 실험(1927~1932)은 원래 근로자의 피로에 대해 연구하기 시작해서 여러 번 연장되었고 시카고 근처의 웨스턴 일렉트릭(Western Electric Company)의 호손 공장(Hawthrone Plant)에서 수행되었다.

2. 인간관계이론의 특성

근로자에 관한 많은 가정은 인간관계 운동에서 나왔다. 이러한 가정은 인간관계 조직 내에 정책 및 목적의 개발을 이끄는 데 기여하였다. 인간관계는 구성원의 사회적 욕구 및 자부심 욕구를 충족시키고, 조직 내에서 개인 간 의사소통 문제를 해결하는 데 희망을 제공하였다. 이러한 가정은 다음과 같은 것을 포함하였다.

(1) 근로자는 전인적 개인(whole individual)으로, 즉 조직을 위해 어떤 직무를 수행하는 사람이 아니라 직무 환경을 넘어서는 감정 및 욕구를 갖고 있는 사람으로 여겨진다. 근로자는 가족 및 친구를 갖고 있으며 많은 다른 조직(교육, 종교, 사회조직)에 속해 있고 자신의 직무수행에 영향을 주는 많은 욕구를 갖고 있다.

(2) 관리자는 행동을 할 때 자신의 경험, 직관, 다양한 관점에서 나온 일반화를 활용하도록 요구된다.

(3) 더 높은 성과 및 더 많은 인간적 만족은 조직에 있어서 구성원의 참여를 요구한다.

(4) 의사소통은 조직의 신경 시스템이다. 의사소통은 행동이 발생하도록 만드는 자극 및 피드백을 제공한다.

(5) 구성원은 직장에서 수행할 두 가지 역할을 갖고 있는데, 직무 지향적 역할과

비공식 집단 지향적 역할이다. 직무 지향적 역할은 조직 임무를 수행할 때 행해지는 역할이지만, 비공식 집단 지향적 역할은 직무환경 내에서 사회적 상호작용을 설명한다.

(6) 조직이 살아남고자 한다면 팀워크 형태의 협력은 관리자의 필수적 활동이다.
(7) 구성원은 다양하게 동기부여되어 있다. 만족은 경제적 보상뿐만 아니라 직무성취, 인정, 참여에서 나온다.
(8) 직무 환경은 상호 관련 있는 요소의 복잡한 사회적 시스템이다.
(9) 관리자의 인간관계 기술은 개발될 수 있다. 인간관계 기술은 조직의 인간적 문제에 대처함에 있어서 훈련, 인식, 민감성, 역량을 통해서 향상될 수 있다.

Ⅱ. 호손 실험

1. 호손 실험의 개념

웨스턴 일렉트릭은 1927년에서 1932년까지 시카고(Chicago)에 있는 호손(Hawthorne) 공장에서 많은 과학적 관리에 관한 실험을 수행하였다. 이 실험은 가장 높은 수준의 근로자 생산성(과학적 관리)을 야기하는 조명 수준 및 휴식 유형을 결정하기 위한 시도였다. 호손 실험에서는 전화 계전기 조립(telephone relay assembly) 연구와 전화 배전반 배선(telephone switchboard wiring) 연구가 행해졌다. 호손 실험의 결과로 형성된 호손 효과(hawthorne effect)는 어떤 관심이 구성원에게 보여지고 있다는 사실에 대한 대응으로 구성원의 동기부여 및 생산성이 향상된다는 일종의 반응을 의미한다.

2. 호손 실험의 진행

1) 첫 번째 연구

연구자는 한 장소에 전화 계전기를 조립하는 다섯 명의 여직원을 격리한 후에 조명 수준, 휴식 횟수 · 기간에서 다양한 변화를 행하였다. 만약 조명 수준과 휴식 횟수 · 기간의 최적 수준이 발견될 수 있다면, 이러한 정보는 근로자를 더욱 생산적으로 만들기 위해 사용될 수 있다고 여겨졌다. 이러한 두 가지 변수가 조작되었을 때 생산성이 증가하였다. 그러나 조명 및 휴식의 변화와 비교하여, 생산성 변화에 있어

제6장

서 일관된 유형이 없었다. 예를 들면, 휴식이 증가될 때 생산성이 증가하였지만 휴식이 감소할 때에도 생산성이 증가하였다. 메이오(Mayo)와 그의 동료들은 이러한 결과에 당황하였으며, 다음과 같이 결정을 내렸다(Roethlisberger & Dickson, 1939).

(1) 이 실험은 많은 감독 기능을 인계받아서 작업조건이 엄격하지 않고 공식적이지 않았다.

(2) 여직원은 호손 효과(hawthorne effect)를 야기하는 관심을 받고 있었기 때문에 기대된 것과 다르게 행동하였다.

(3) 여직원을 전화 계전기 조립실에 함께 둠으로써 연구자는 그들이 친밀하게 형성된 집단이 될 수 있는 기회를 제공하였다.

이러한 관찰을 기초로 연구자는 생산성에의 중요한 영향은 여직원 사이에 그리고 여직원과 감독자 사이에 형성된 대인관계 및 협력정신이라고 결론 내렸다. 이러한 인간관계(human relation)의 영향은 물리적 작업조건 및 경제적 인센티브만큼 중요한 것이라고 여겨졌다(Gross, 1964: 163).

2) 두 번째 연구

전화 배전반 배선 연구에서는 14명의 남성 직원이 한 개 당 합리적인 속도 아래에 놓여졌다. 따라서, 이들은 신체적으로 긴장시키지 않고도 더 많이 생산하면 더 많이 벌 수 있었다. 남성 직원은 합리적인 경제인으로 행동하고 더 많은 것을 생산할 것이라고 가정되었다. 남성 직원을 '체계적 게으름'으로부터 분리하기 위해서 연구자는 이들을 특별실에 두었다. 실험 결과는 남성 직원의 생산은 증가하지 않았다는 것을 보여주었는데, 이것은 더 많이 벌 수 있는 기회가 있다면 근로자는 더 생산적일 것이라는 '과학적 관리론'의 견해와 반대되었다. 비공식적 집단의 가치는 경제적 향상의 매혹보다 더 강한 것으로 보였다(Roethlisberger & Dickson, 1939: 522).

3. 호손 실험의 결론

앞에서 설명한 호손 실험의 결론은 다음과 같다(Etzioni, 1964: 34-37).

(1) 생산성 수준은 생리적 역량이 아니라 사회적 규범에 의해서 설정된다.

(2) 종종 근로자는 개인이 아니라 집단 구성원으로 반응한다.

(3) 집단의 보상 및 제재는 근로자의 행동에 유의하게 영향을 주고 경제적 인센티브의 영향을 제한한다.

(4) 리더십은 집단 규범을 설정하고 집행하는 데 중요한 역할을 하고, 공식적 리더십과 비공식적 리더십 사이에는 차이점이 있다.

생산성 증가는 관리자의 관계 및 관심 증가에 대한 근로자의 직무만족 때문이었다. 본질적으로 근로자에 대한 관리자의 표현된 관심이 더 높은 사기와 생산성을 야기하였다. 근로자는 비공식적 집단의 구성원으로서 반응할 때 집단 가치의 영향을 받기 쉽다. 따라서, 비공식적 집단은 조직 내에서 강력한 힘이 될 수 있는 것이다.

Ⅲ. 인간관계이론의 평가

메이오(Mayo)의 인간관계이론은 다음과 같은 여러 이유로 비판을 받았다(Knowles, 1958: 87-105).

(1) 연구방법은 정밀하지 못했고 그러한 오류는 연구 결과를 손상시킨다.

(2) 관리자와 근로자 사이의 갈등이 인간관계의 조화에 의해서 극복될 수 있다는 관점은 적절하게 관리된 갈등이 창의성 및 혁신을 가져올 수 있는 잠재능력을 간과하고 있다.

(3) 옹호자가 인간관계의 중요성을 한결같이 주장한 것은 단지 복음 설교의 성격을 갖고 있다.

(4) 인간관계이론은 전체로서의 조직을 소홀히 하고 조직의 비공식적 측면을 지나치게 강조한다.

인간관계이론은 또한 관리자 편향성을 갖고 있는 것으로도 비난을 받고 있는데 첫째, 인간관계이론은 조합이 인간관계의 가치에 반대되는 관리자와 근로자 간의 갈등을 높인다. 둘째, 호손 실험은 근로자에 중점을 둠으로써 근로자에게 인사 관리의 더 복잡한 의미를 제공하였다. 셋째, 인간관계이론과 과학적 관리론은 더 능률적인 조직을 목적으로 한다는 점에서 인간관계이론의 목적은 과학적 관리론의 목적과 구분될 수 없다(Etzioni, 1964: 39).

제2절 조직적 인본주의

Ⅰ. 조직적 인본주의의 개념

구성원의 참여와 직무만족을 더욱 강조하는 1950년대와 1960년대의 인간 행태에 대한 과학적 연구에 따라서 경찰조직이론가는 더욱 유연하고 민주적인 조직모델을 강조하였다. 행태과학적 연구를 통해서 만족한 직원이 반드시 생산적인 직원인 것은 아니며, 생산성 증가가 반드시 직원과 관리자의 관계나 업무집단의 결속력과 관련된 것은 아니며, 오히려 직무 특성 그 자체가 중요한 요인이라는 사실이 밝혀짐으로써 인간관계이론이 부정되기도 하였다.

조직적 인본주의(organizational humanism)는 몇 가지 기본적인 측면에서 고전적 경찰조직이론 및 인간관계이론과 다르다. 조직적 인본주의 관점에서 본다면 첫째, 업무는 구성원을 만족시켜야 하고 동기를 부여하도록 도와주어야 한다. 둘째, 조직은 구성원의 업무 내·외의 욕구에 관심을 가져야 한다. 셋째, 업무는 구성원이 생계를 유지하기 위해 지속하는 단순한 것이 되어서는 안된다.

조직적 인본주의의 범위에는 (1) 매슬로의 욕구계층이론, (2) 아지리스의 미성숙-성숙이론, (3) 맥그리거의 X-Y이론, (4) 허즈버그의 동기부여-위생이론이 포함되고, 더 나아가 권위주의 업무환경부터 참여적 업무환경까지 4단계 연속성으로 구성된 리커트의 리더십 체계 또한 조직적 인본주의에 속한다(리커트의 리더십 체계는 제11장 경찰 리더십을 참고). 따라서, 조직적 인본주의 연구는 1943년(매슬로)부터 1966년(허즈버그)까지 발표되었는데, 고전적 경찰조직이론과 인간관계이론을 넘어서서 생각하도록 도와주는 중요한 연구가 되었고, 새로운 리더십 유형과 조직과정을 형성하도록 도와주었다.

Ⅱ. 매슬로의 욕구계층이론

1. 욕구계층이론의 개념

매슬로(A. Maslow)는 사람이 동기부여되는 방법을 설명하기 위해 1943년에 욕구

계층이론(needs hierarchy theory)을 개발한 심리학자이다. 그 이전에는 돈이 유일한 것이 아닐지라도 중요한 동기부여 근원이라고 가정되었지만 매슬로는 동기부여에 대해서 더 많은 근원이 있다는 것을 제시하였다.

동기부여에 관한 욕구계층이론에서 매슬로는 근로자 욕구의 다섯 단계를 확인하였다. 욕구계층은 더 낮은 욕구부터 더 높은 욕구까지 사다리의 가로 받침대처럼 형성되었는데, 가장 기본적인 것부터 가장 복잡한 것까지 나열하면, [그림 6-1]에서 보는 것과 같이 ⑴ 생리적(physiological) 욕구, ⑵ 안전(security)의 욕구, ⑶ 사회적(social) 욕구, ⑷ 자부심(esteem)의 욕구, ⑸ 자기실현(self-actualization)의 욕구이다.

그림 6-1 다섯 가지 욕구 계층

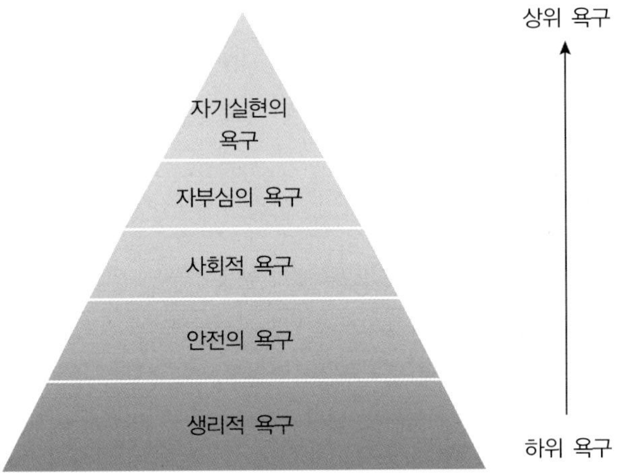

매슬로는 한 단계 욕구가 만족되었을 때 그것은 더 이상 동기부여요인이 아니므로 관리자는 근로자를 동기부여시킬 수 있는 다른 방법을 찾아야 한다고 가정하였다. 욕구계층이론을 이해하는데 있어서 중요한 것은 어떤 것이 무슨 욕구를 충족하는지를 필연적으로 결정하는 것이 아니라 그것이 무슨 용도로 사용될 수 있는지를 결정한다는 점이다. 즉, 돈은 음식을 구입하고 기본적 욕구를 만족시키기 위해 사용될 수 있고, 또는 안전 욕구를 충족시키기 위해 저축 계좌에 저축할 수도 있다. 또한, 해임되거나 장기 정직처분을 받은 경찰관은 생리적 욕구가 지배적인 상황에 놓이게 될 것이다(Swanson, Territo, & Taylor, 2012: 193).

매슬로와는 반대로, 고전적 경찰조직이론가는 동기부여를 재정적 보상 및 처벌에

제6장

기초를 두고 동기부여의 다른 형태에 대해서는 관심을 주지 않았는데, 재정적 보상 및 처벌은 매슬로의 가장 낮은 욕구인 생리적 욕구 및 안전 욕구에 해당된다. 인간 행동에 대한 매슬로의 연구 등은 더 높은 수준의 동기부여 및 생산성을 성취하기 위한 새로운 방법을 찾고자 시도하였는데, 이러한 방법은 새로운 관리활동을 통하여 근로자 참여(worker participation) 및 직무몰입(commitment to the job)에 중점을 두었다.

2. 욕구계층이론의 내용

자기실현적인 성격에 기초해서 매슬로는 보편적이고 변화하지 않고 본능적인 것으로 확인될 수 있는 많은 기본적 욕구가 인간에게 동기부여를 한다는 욕구계층이론을 만들었다. 욕구계층이론은 (1) 생리적 욕구, (2) 안전의 욕구, (3) 사회적 욕구, (4) 자부심의 욕구, (5) 자기실현의 욕구라는 다섯 가지 욕구가 충족되지 않은 경우에는 〈표 6-1〉에서 보는 것과 같은 행동을 하게 된다고 제시하였다. 다섯 가지 욕구에 대해 구체적으로 살펴보면 다음과 같다.

표 6-1 다섯 가지 욕구가 충족되지 않을 때의 행동

욕 구	행 동
1. 생리적 욕구	불안, 고통, 부상 가능성, 신경성, 병
2. 안전의 욕구	걱정, 염려, 주저함, 낙담, 놀람
3. 사회적 욕구	외롭고, 냉담하고, 버림받고, 기운 없는, 사랑받지 못한다는 느낌
4. 자부심의 욕구	불안정한, 자신의 힘에 대한 확고한 믿음의 부족, 확신의 부족
5. 자기실현의 욕구	쌀쌀한, 거친, 조심스런, 착취된, 무가치하다는 느낌

자료: Maslow, 1962.

1) 생리적 욕구

가장 강력하고 기본적인 욕구는 생리적 욕구(physiological needs)이다. 이러한 생명유지 욕구는 음식, 주거, 섹스, 공기, 물, 잠 등을 포함한다. 매슬로는 삶 전체에 걸쳐 인간은 항상 무언가를 바란다는 것을 보여주었다. 인간은 부족을 느끼는 동물이며, 안정된 만족은 단기간만 성취된다. 인간의 한 욕구가 만족되면 또 다른 욕구가 그 자리를 대신하게 된다.

거의 굶어 죽을 정도로까지 배고픈 것을 상상해 보면 이것은 신체적 불편함을 야기할 뿐만 아니라 장애나 질병을 야기할 수 있다. 감독경찰관은 경찰관이 생리적 욕구에 의해서 동기부여되는 정도를 이해할 필요가 있다. 생리적 욕구가 충족되지 않는다면 경찰관이 수행하는 직무는 어떤 의미도 갖고 있지 않다. 경찰관리자가 경찰관의 동기부여 수단으로 생리적 욕구에 집중할 때, 사람은 가장 먼저 재정적 보상을 위해서 일한다고 가정할 것이다. 생리적 욕구와 관련하여 경찰관을 동기부여하는 수단으로 임금 인상, 더 좋은 업무조건, 더 긴 휴식, 향상된 부가이익 등이 강조된다.

2) 안전의 욕구

기본적인 생리적 욕구가 충족되면 안전의 욕구(security needs; safety needs)가 나타난다. 지배적인 안전 욕구는 걱정스럽고 불안정한 것으로부터 벗어나 합리적인 질서·안정·자유를 바라는 욕구이다. 경찰관리자는 규칙과 규제를 강조하고 급여 및 부가이익과 같은 전통적인 욕구 또한 강조하여야 하지만, 안전의 욕구를 충족시키려는 경찰관리자는 개인의 주도성, 복잡한 문제해결 상황, 위험 감수를 촉진하려는 노력을 제한할 것이다. 몇몇 경찰관은 안전의 욕구를 만족시키는 수준을 결코 넘어서지 못하는데 변화를 거부하고 그들의 업무생활의 모든 측면이 안전을 향하도록 만들 것이다.

감독경찰관이 무엇보다도 안전을 추구할 때 모든 것이 안전하게 수행될 수 있다. 규칙과 절차가 지배하고, 시간 스케줄 준수가 요구된다. 그러나 안전의 욕구에 집착하는 감독경찰관은 부하 경찰관의 욕구를 무시하고 필요할 때에는 속이기도 하고 성장 느낌을 개발하려는 욕구를 거부한다. 경찰관이 자신의 삶을 스스로 통제하려는 욕구를 갖고 있지 않은 것으로 보여진다면 성공의 열쇠는 면밀한 감독인 것이다.

3) 사회적 욕구

사회적 욕구 단계는 앞에서 설명한 두 가지 기본적 욕구에서 출발한다. 생리적 욕구 및 안전의 욕구가 충족될 때 사회적 욕구(social needs; belongings needs)가 생겨난다. 매슬로는 사람은 다른 사람과의 우호적 관계를 바라고, 집단 내에서 있을 곳을 찾고, 매우 강렬하게 이러한 목표를 성취하고자 시도한다고 하였다. 사회적 욕구가 조직에 의해서 충족되지 않을 때 경찰관은 과도한 병가 사용과 부적합한 생산성으로 반응할 수 있다. 그것은 외로움, 지루함, 나쁜 자아 이미지를 가져와서 정신건강에도 부정적인 영향을 미칠 수 있다.

대부분의 경찰관은 동료 경찰관 및 감독경찰관에 의해서 수용되기를 원한다. 사실상 모든 사람은 집단과 관계를 형성하고자 하는 강한 경향을 갖고 있으며, 몇몇 사람은 집단의 소속 기준을 충족시키기 위해 자신의 행동을 수정한다. 이것의 핵심은 수용이고, 거의 모든 사람은 수용되기 위해 노력한다. 감독경찰관은 사회적 욕구가 경찰관에게 동기부여를 하고 있다고 인식할 때에는 사회적 상호작용을 향상시키기 위해 모든 노력을 해야 한다.

게다가, 감독경찰관은 언제든지 지지적인 방법으로 행동할 수 있다. 신체 조정실(physical conditioning room), 파티, 조직화된 스포츠 이벤트 등은 사회적 욕구를 충족시키기 위한 수단을 제공할 수 있다. 사회적으로 동기부여된 감독경찰관은 경찰관의 욕구를 더 강조하고 조직의 욕구를 후순위로 돌리고, 선택할 수 있다면 경찰관에게 유리한 결정을 내릴 것이다.

4) 자부심의 욕구

매슬로는 두 개 영역의 자부심 욕구(self-esteem needs)를 설명하였다. 첫 번째 영역은 독립, 자유, 자신감, 성취에 대한 욕구를 포함하고, 두 번째 영역은 다른 사람으로부터의 존경으로서 인정, 신망, 수용, 지위, 명성을 포함한다. 이러한 두 개 영역의 자부심을 충족하지 못하면서 감독경찰관의 지위에 오른 사람을 상상하는 것은 어렵다.

자부심의 욕구가 직무를 통해서 충족되고 있다는 것을 느끼지 못하는 경찰관은 낙담할 수 있다. 경찰관은 자신의 성취 때문에 인정되기를 원하는 데 이것은 칭찬, 메달, 장기근속 표식 등과 같은 것에 의해서 행해졌다. 직위의 외적 표시는 경찰관의 자부심 욕구를 충족시킬 수 있고, 가치 있고, 적절하고, 자신감 있는 느낌을 야기할 수 있다. 몇몇 경찰조직은 성과 때문에 순찰경찰관을 경장(corporal) 계급으로 승진시키고, 용기 있는 특별한 행위 또는 정치적으로 민감한 체포를 한 경우에는 수사관 직위로 승진시킬 수 있다. 중요한 것은 정상적인 의무 충족을 넘어서는 성취를 인정하는 것이다.

자부심의 중요성을 인정하는 감독경찰관은 경찰관이 자신감을 보여주고, 자기 의심을 거의 갖고 있지 않으며, 긍정적인 자아 이미지를 갖고 있다는 것을 확인하기 위해 가능한 모든 것을 할 필요가 있다. 주된 욕구가 자부심인 감독경찰관은 모든 가능성을 활용해서 성공적인 관리자가 되고, 인정을 얻기 위해서 많은 에너지를 소비할 것이다. 감독경찰관은 모든 경찰관에게 자신이 중요한 사람이고, 필수적인 업무를 수행하고 있으며, 중요한 위치를 차지하고 있다는 것을 전달하고자 노력해야 한다.

5) 자기실현의 욕구

매슬로는 자부심 욕구의 대부분이 충족될 때 사람은 그다음으로 자신이 될 수 있는 최고가 되고자 한다고 하였다. 이것은 자기실현의 단계이며, 성장 및 성숙의 감정을 개발하고, 점차 유능해지고, 상황을 지배하고자 하는 욕구 특성을 갖고 있다. 이 단계에서 개인은 모든 재능과 잠재력을 활용하는 정도에 이른다. 동기부여는 내재화되고, 외부 자극은 불필요하다. 자기 실현된 개인의 노력은 창의적 · 건설적 기술을 업무상황에 적용하는 데 집중하고, 무익 · 이간 · 빈정댐의 감정으로 인해서 결코 괴로워하지 않는다. 자기 실현된 경찰관을 관리하는 감독경찰관은 업무를 의미 있게 만들기 위해 가능한 모든 것을 해야 한다. 경찰관이 그들의 고유한 기술을 활용할 수 있기 위해서 참여가 극대화되어야 한다.

또한, 경찰관의 재능을 이용하기 위해서 가능할 때는 언제나 특별한 임무가 만들어져야 한다. 고유한 경찰 문제를 다루기 위해서 특별부서(task force)가 조직될 때 자기 실현된 경찰관이 임무를 부여받아야 한다. 자기 실현된 경찰관은 가능한 가장 높은 수준에서 책임과 참여를 맡을 능력을 보여주고 싶은 욕구를 갖고 있다.

매슬로는 매우 독립적인 일련의 단계로 욕구 계층을 바라보지는 않았다. 사실상 그 영역은 중복되고 전적으로 정확하지 않다. 그는 행동에 영향을 미치는 것은 바로 만족되지 않은 욕구이며, 한 욕구가 만족되면 그것은 동기부여에 제한된 영향을 미친다고 하였다. 매슬로는 평균적인 사람은 85% 정도가 생리적 욕구에 만족해하고, 70% 정도는 안전의 욕구에 만족해하고, 50% 정도는 사회적 욕구에, 40%는 자부심의 욕구에, 그리고 10%는 자기실현의 욕구에 만족해한다고 하였다.

6) 성장의 욕구

매슬로는 초기 연구 이후에 기본적 욕구(생리적 욕구, 안전의 욕구)와 비교되는 것으로 성장의 욕구(growth needs)(사회적 욕구, 자부심의 욕구, 자기실현의 욕구)라고 하는 새로운 욕구 목록을 개발하였다. 그는 고차원적 욕구는 그 기초로 기본적 욕구를 사용한다고 믿었다. 특히, 고차원의 성장 욕구는 〈표 6-2〉에 제시되어 있는데, 매슬로는 성장 욕구는 상호 관련성이 있으며, 한 개의 가치를 정의할 때 다른 가치를 활용하는 것이 필요하다고 지적하였다. 매슬로는 좋은 업무조건으로 인해 직원이 자기실현된 개인으로 자동적으로 변화할 것이라고 생각해서는 안된다고 하였다.

표 6-2 고차원의 성장 욕구

1. 성취(completion)	7. 독립(independence)
2. 차이(distinctiveness)	8. 생기(liveliness)
3. 활력(dynamism)	9. 공정함(righteousness)
4. 수월함(effortlessness)	10. 단순함(simplicity)
5. 흠 없음(flawlessness)	11. 진실함(truthfulness)
6. 정직(honesty)	12. 완전성(wholeness)

Ⅲ. 아지리스의 미성숙-성숙이론

1. 미성숙-성숙이론의 개념

아지리스(C. Argyris)는 더욱 개방적이고 참여적인 조직에 대한 대표적인 제안자이다. 아지리스는 「성격과 조직: 체계와 개인 간의 갈등」(Personality and Organization: The Conflict between System and the Individual)(1957)에서 미성숙-성숙이론(immaturity-maturity theory)을 제시하였다. 유아는 문화적 · 사회적 · 정신적으로 미성숙하지만 더 나이가 들어감에 따라 점점 성숙해지며, 업무환경은 성인을 위한 성숙과정을 돕거나 방해할 수 있다. 아지리스에 따르면, 직원은 성숙해질수록 더 생산적일 것이다.

2. 미성숙-성숙 변화

아지리스는 미성숙에서 성숙으로 변화하는 동안 〈표 6-3〉에서 보는 것과 같은 일곱 가지 성격의 변화가 발생한다고 하였다. 아지리스(1957: 58-66)는 공식적 조직이 성숙으로의 발전에 장애가 되는 어떤 특성을 갖고 있다고 보았다. 즉, (1) 직원은 도전적이지 않은 직무를 반복해서 수행하기 때문에 전문화는 직원의 주도성을 감소시킨다. (2) 명령체계와 좁은 통솔범위는 직원으로 하여금 순종적이고, 수동적이고, 의존적으로 되도록 만든다.

아지리스는 건강하고 성숙한 직원이 공식적 조직의 특성과 충돌할 때, 직원은 좌절해서 더 적게 생산하기로 선택하고, 심신의 질병이 발생하고, 다른 곳에서의 일 찾기를 포함해서 역기능적인 것이 발생할 수 있다고 믿었다. 아지리스는 1964년에 혼

표 6-3 미성숙-성숙 변화

유아 - 미성숙	성인 - 성숙
수동적	자기 주도적
의존적	비교적 독립적
몇 가지 방법으로 행동함	많은 방법으로 행동할 수 있음
변덕스럽고, 깊이가 없고, 빠르게 변화하는 흥미	더욱 깊이 있는 흥미
단기간의 관점	더 오랫동안 지속되는 관점
가족 내에서 종속적 지위	평등의 갈망, 동료와 비교해서 종속적 지위
자기 인식 부족	자기 인식 및 자기 통제

자료: Argyris, 1957.

합모델을 갖고 자신의 이론을 수정하여 조직은 더 생산적인 에너지를 자유롭게 사용하기 위해서 비생산적인 직원 활동 중 일부를 줄일 수 있다고 주장하였다(Argyris, 1964).

Ⅳ. 맥그리거의 X이론-Y이론

맥그리거(D. McGregor)는 많은 관리행위는 직원이 행동하는 방법에 관한 의식적 또는 무의식적인 가정 및 믿음에 의존한다고 생각하였다. 또한, 맥그리거는 직원의 태도와 행동은 직무에 대한 관리자의 인식과 인간에 대한 관리자의 기본적 마음자세에 대응하는 것으로 보았다. 맥그리거는 「기업의 인간적 측면」(The Human Side of Enterprise)(1960)에서 직원을 설명하기 위하여 두 개 이론을 가정하였는데, X이론은 고전적 조직이론에 기초를 두었지만, Y이론은 사람에 대한 더 인간적인 인식에 기초를 두었다.

X이론은 직원으로 하여금 조직 목표를 달성하도록 하기 위해서 보상과 처벌, 자극과 위협, 강제와 통제에 의존하는 접근법을 강조한다. 반면에, Y이론은 직원 자신의 목적이 달성되고, 동시에 조직 목적의 달성에 기여하는 조건을 형성함으로써 통합에 의존하는 접근법이다. Y이론의 가정은 사람은 몰입을 찾고 상상력 및 창의력을 행사하기 위한 능력을 충족시킨다는 것이다. 이러한 X이론과 Y이론에 대하여 좀 더 구체적으로 설명하면 다음과 같다.

1. X이론

1) X이론의 개념

X이론이라고 말해지는 지시 및 통제의 전통적 견해에서 가정하는 것은 〈표 6-4〉에 제시되어 있다. 이러한 인간 행동에 관한 전통적 견해는 경찰조직 내에 어느 정도 확산되어 있다.

표 6-4 X이론의 가정

⑴ 평균적인 직원은 업무에 반감을 갖고 있고, 그것을 피하기 위해 가능한 모든 것을 하고자 노력할 것이다.
⑵ 일을 싫어하기 때문에 대부분의 직원은 강요되고, 강제되고, 지시받아야 하고, 조직 목표를 성취하기 위한 적절한 노력을 하도록 시키기 위해 처벌 위협을 받는다.
⑶ 평균적인 직원은 지시받는 것을 좋아하고, 책임을 싫어하고, 비교적 거의 관심을 갖고 있지 않고, 무엇보다도 안전을 원한다. 직원의 주요 관심사는 직업 안전과 생존이며, 결과적으로 야망 부족과 책임을 피하고자 하는 욕구 때문에 직원은 계속된 감독을 필요로 한다. 즉, 그들에게 무엇을 해야 할지를 말해야 한다.

자료: McGregor, 1960.

2) X이론에 기초한 관리자

X이론에 기초한 관리자는 조직구성원을 필요악으로 여기지만 자신에 대해서는 특별한 능력을 지닌 선택된 사람으로 바라보고, 대부분의 사람에 대해서는 제한된 능력을 갖고 있는 것으로 바라본다. 그래서, 이러한 관리자 입장에서 직원은 기본적으로 게으르고, 결정이 내려지기를 더 좋아하고, 강제적인 리더십을 쉽게 수용하는 것으로서 보여진다. 감독경찰관이 X이론을 고수한다면, 그것은 감독되는 사람과의 모든 접촉에 반영되고 통제와 지시를 매우 강조하게 될 것이다. 절차는 경찰관에게 면밀한 감독(임무가 성취되었는지 여부를 결정하기)을 제공하기 위해 마련되고, 보상과 처벌을 제공하기 위한 수단을 위해서 고안된다. X이론은 관리자에 대하여 다음과 같은 것을 제안한다.

⑴ 관리자는 경제적 목적에 대한 관심에서 생산적 기업의 요소(자금, 재료, 장비, 사람)를 조직화하는 데 책임이 있다.

⑵ 직원과 관련하여 조직 욕구에 부합하도록 하기 위해서 관리자는 직원의 노력을 지시하고, 직원에게 동기부여하고, 직원의 행동을 통제하고 수정한다.

(3) 관리자에 의한 적극적 개입이 없다면, 직원은 조직 욕구에 수동적이거나 심지어 저항할 것이다. 따라서, 직원은 설득되고, 보상받고, 처벌받고, 통제되어야 한다. 즉, 직원의 활동은 지시를 받아야 한다.
(4) 평균적인 직원은 본래 나태하며, 가능한 한 거의 일하지 않는다.
(5) 직원은 야망이 부족하고, 책임을 싫어하고, 지시를 받는 것을 더 좋아한다.
(6) 직원은 본래 자기 중심적이고 조직 욕구에는 무관심하다.
(7) 직원은 본래 변화에 저항한다.
(8) 직원은 속기 쉽고, 매우 영리하지 못하고, 어리석은 허풍쟁이 및 선동가이다.

2. Y이론

1) Y이론의 개념

인간행동에 대한 맥그리거의 두 번째 이론은 조직구성원을 지원하는 관리자의

표 6-5 Y이론의 가정

(1) 직장에서 신체적 및 정신적 노력은 놀이나 휴식만큼 자연적이다. 평균적인 직원은 업무에 대하여 천부적인 싫어함을 갖고 있지 않다. 반면에, 대부분의 직원은 개인 생활의 측면에 대하여 행동하는 것처럼, 업무에 대하여 긍정적으로 반응할 것이다.
(2) 외부적 통제는 조직 목적에 대한 노력을 위한 유일한 수단이 아니다. 직원은 전념하게 되는 목적 달성을 위해서 자기통제 및 자기관리를 행할 것이다.
(3) 목적에 대한 전념은 자신의 성취와 관련된 보상의 기능이다. 개인은 발전하고, 책임을 맡고, 목적 실현에 대한 자신의 행동을 관리할 수 있는 능력을 갖고 있다.
(4) 평균적인 직원은 적절한 조건 아래에서 책임을 수용할 뿐만 아니라 책임을 찾는다. 책임 회피, 안전 강조, 그리고 제한된 충동은 무엇보다도 경험의 결과이며, 타고난 개인적 성품의 결과가 아니다.
(5) 비교적 높은 수준의 상상력 · 창의력 · 창의성을 발휘하는 능력, 조직 문제의 해결에 있어서 창의성은 구성원 내에 광범위하게 분배되어 있다. 관리자는 조직 목표를 달성하기 위해 노력하는 동안 개인 목표 달성을 허용하는 조직적 분위기를 만들어야 한다. 관리자는 기회와 개인적 성장을 촉진하는 지침을 제공해야 하고, 많은 직원은 조직 문제를 해결할 수 있다는 것을 명심해야 한다.
(6) 현대 산업사회의 조건 아래에서 평균적인 직원의 지적 잠재력은 단지 부분적으로만 활용된다.

자료: McGregor, 1960.

의무는 각 구성원의 잠재능력에 이르러야 한다는 가정에 기초한 Y이론이다. Y이론은 '아지리스의 혼합모델'을 지지하는 일련의 견해에 의해서 형성되었다. 즉, 이러한 견해는 개인 및 조직의 관심은 갈등적일 필요가 없고 상호 이익을 위해 통합될 수 있다고 주장하였다. Y이론에서 가정하는 것은 〈표 6-5〉에서 보는 것과 같다.

법집행의 전문화와 향상된 생활 수준을 점차 강조하면서 기본적 욕구(생리적 욕구, 안전의 욕구)는 관리상 이슈에서 벗어나고 있다. 따라서, 경찰관이 사회적 욕구, 자부심의 욕구, 또는 자기 실현의 욕구를 개발할 때 통제는 경찰관에게 동기부여 수단으로는 부적당하게 된다. 이것은 감독경찰관이 인적 자원 관리에 관한 새로운 일반화인 Y이론 가정을 고려해야 한다는 것을 의미한다. 경찰관리자는 계몽된 전략을 갖고 직원에게 반응해야 하고, 창의적이어야 하고, 새로운 조직 원리를 발견하며, 직원을 관리하는 새로운 수단을 개발해야 할 것이다.

2) 개인 목표와 조직 목표의 통합

맥그리거는 개인 목표와 조직 목표의 완전한 통합은 현실적이지 않다고 하였다. 우리가 노력하는 궁극적인 목표는 조직 성공을 위해서 직원의 노력을 관리함으로써 직원 자신의 목표를 달성할 수 있을 정도로 통합적이어야 한다. 직원은 조직을 성공적으로 만들기 위한 지식 및 기술을 확보함으로써 최고 역량까지 개발하도록 권고되어야 한다.

3) 자기관리와 자기통제

직원이 조직 목표에 헌신한다면 Y이론은 직원이 자기관리와 자기통제를 행할 것이라고 가정한다. 헌신이 약하거나 존재하지 않는다면 자기관리와 자기통제는 약하거나 존재하지 않을 것이다. Y이론의 적절한 적용은 외부 통제의 필요성을 감소시키고, 조직 목표에 성공적으로 도달하기 위해 다른 관리상 기술에 의존하게 된다. Y이론은 권한이 모든 상황을 위해 항상 적절한 것은 아니라고 가정하지만, 경찰조직 목적에 순수한 헌신을 획득할 수 없을 때에는 권한이 사용되어야 한다.

4) 잠재능력의 자극

감독경찰관이 Y이론에 기초한 개념을 적용할 때 각 직원은 실질적인 자산으로 여겨진다. 경찰관은 성장과 발전을 위한 명확한 역량을 갖고 있고, 매우 창의적일 수 있고, 책임을 기꺼이 수용할 것이다. 모든 경찰관의 잠재능력을 자극할 수 있도록 업무환경을 만드는 것은 감독경찰관의 책임이다. 경찰관은 주로 나태하고, 어리석고,

무책임하고, 적대적이지 않다. 감독경찰관은 일부 경찰관이 나태하고, 어리석고, 무책임하고, 적대적이겠지만 그러한 경찰관은 예외라고 인식한다.

경찰조직 목표에 헌신하도록 하기 위해 조직 분위기를 개발하려는 노력이 이루어지고, 각 경찰관은 자기 관리적이고, 혁신적이고, 성장 지향적으로 될 기회를 제공받는다. 맥그리거에 따르면, 개인이 적절하게 동기부여될 때 경찰조직이 가장 효과적일 것이다. Y이론은 관리자에 대해서 다음과 같은 것을 제안하였다.

(1) 관리자는 경제적 욕구에 대한 관심에서 생산적 기업의 요소(자금, 재료, 장비, 사람)를 조직화하는 데 책임이 있다.

(2) 직원은 조직 욕구에 대해서 본래 수동적이거나 저항적이지 않지만 조직 내에서 경험의 결과로 그렇게 되었다.

(3) 동기부여, 발전의 잠재능력, 책임 능력, 조직 목표를 향해서 행동을 통제하는 것은 모두 직원 내에 존재해 있다. 그러나 관리자는 거기서 끝나지 않는다. 직원이 자신을 위해서 이러한 인간적 특성을 인식하고 개발하도록 만드는 것은 관리자의 책임이다.

(4) 관리자의 본질적인 임무는 조직의 조건 및 운용 방법을 조정하는 것이며, 그 결과 직원은 조직 목적(objective)을 달성하기 위해 자신의 노력을 관리함으로써 자신의 목표(goal)를 성취할 수 있다.

5) 경찰조직에의 적용

(1) 행동 단계의 양 극단

인간 행동은 매우 복잡하기 때문에 X이론은 몇몇 직원의 행동을 설명할 수 있지만 대부분의 직원의 행동을 설명할 수는 없다. X이론은 상과 벌(carrot & stick)이라고 불리는 또 하나의 동기부여 이론이다. Y이론은 기꺼이 일하고자 하는 직원, 그리고 관리자가 적절한 업무환경을 제공하는 데 실패하는 경우 생산적이지 못하게 되는 직원을 설명하였다. X이론과 Y이론은 행동 단계의 양극단을 나타낸다.

X이론의 경찰조직에서 경찰관리자의 주요 직무는 통제이지만, Y이론의 경찰조직에서 경찰관리자의 주요 직무는 직원에게 직무를 수행하는 데 필요한 자원을 제공하고 직원이 조직의 사명 및 목표 내에서 스스로 통제할 수 있고, 성숙하고, 기여하고, 자기실현적인 환경을 형성할 수 있도록 지지하는 것이다(Swanson, Territo, & Taylor, 2012: 195).

(2) X이론의 고수

오늘날 경찰조직은 여전히 맥그리거의 X이론을 고수하고 있다. 경찰조직은 본래 기계적·권위적·계층적인 것으로 보여져서 계층적 구조와 높은 수준의 전문화를 지니고 있으며, 그 결과 X이론의 모습을 보여주고 있다. 그러나 문제를 다루고, 서비스 요청에 대응하고, Y이론 패러다임에 적합하게 될 때 경찰관은 일반적으로 높은 수준의 자유재량을 보여준다.

(3) 신임경찰관과 X이론

감독경찰관은 아마도 두 개 극단 사이의 어떤 지점에 있을 것이다. 한 경찰관이 시보임용 중이어서 경찰활동 직무에 처음일 때에는 경찰관이 혼자서 기능할 때까지 X이론 접근법이 더 적절할 것이다. 그러나 그 경찰관이 성장하고 발전할 때에는 통제는 감소되고, 경찰관은 자기관리 및 자기통제를 위한 더 큰 기회를 받을 수 있다. 감독경찰관이 X이론과 Y이론 중 어떤 이론을 활용할 것인가라는 가정은 각 경찰관의 능력 및 자격에 대한 상세한 평가에 의존한다. 더 많은 지식을 갖고 있는 유능한 경찰관은 근무환경에서 더 많은 자유를 받을 수 있다.

3. Z이론

맥그리거의 Y이론이 관리에 있어서 인간적인 접근법을 취하고 있다면 Z이론은 Y이론 접근법과 고도의 기술을 결합하고자 시도한다. Z이론은 관리에 대한 일본식 접근법이라고 언급되며, 구성원 간의 경쟁적인 관계보다는 팀워크를 촉진한다. X이론과 Y이론이 구성원에 대해서 선하거나 악한 것으로 바라보지만, Z이론은 구성원에 대해서 상황주의자로 바라봄으로써 구성원은 선할 수도 있고 악할 수도 있는 것이다. Z이론의 특성은 다음과 같다(Ouchi, 1981).

(1) 조직에의 평생 경력 및 고용이 보장된다.
(2) 경력이 발전함에 따라 개인은 한 분야의 전문성에 제한되기보다는 다른 직무를 부여 받는다.
(3) 의사결정은 고도의 기술로 이루어진 총괄정보체계에 기초해서 이루어진다.
(4) 관리자는 목표에 의한 관리(MBO)와 현대정보체계를 사용한다.
(5) 참여적 관리는 구성원 간 의사소통의 빈도 및 품질을 증대시키는 경향이 있다. 향상된 의사소통은 생산성을 증대시킨다.
(6) 의사결정은 합의적이고 민주적인 방식에 기초하지만, 관리자가 일단 결정을

내리면 모든 사람은 그것을 따르도록 기대된다.

V. 허즈버그의 동기부여－위생이론

1. 동기부여-위생이론의 개념

동기부여-위생이론(motivation-hygiene theory)은 피츠버그(Pittsburgh) 지역의 11개 직장에서 실시한 직무 태도에 관한 허즈버그(F. Herzberg)와 그의 동료들의 연구에서 발전하였고, 이 연구는 「업무에의 동기부여」(The Motivation to work)(1959)를 통해서 발표되었다. 또한, 초창기 연구에서 좀 더 발전한 동기부여-위생이론에 대한 주요 설명은 허즈버그의 「업무와 인간 본성」(Work and the Nature of Man)(1966)에서 찾아볼 수 있다.

허즈버그와 그의 동료들은 200명의 회계사 및 기술자에 대한 구조화된 인터뷰에 기초해서 동기부여-위생이론을 개발하였다. 직무만족과의 관계가 조사되었고, 조사의 중심 질문은 "사람은 직무로부터 무엇을 원하는가?"였다. 연구자는 이러한 중요한 질문을 다루고 있는 155개 연구를 발견하였다.

허즈버그의 연구에서, 자신의 직무에 대해서 가장 행복한 것으로 여겼던 직원은 직무수행 관련 요인, 성공적인 직무수행을 반영하는 업무, 그리고 성장으로의 요인을 확인하였다. 반면에, 동기부여-위생이론의 또 다른 측면은 불행의 감정과 관련되었는데, 그것은 전적으로 직무 성취와 관련되지 않은 것으로 발견되었다.

허즈버그는 건강관리 분야에서 위생 요인이란 용어를 가져왔는데, 위생 요인은 적절하게 다루어지지 않는다면 성과의 악화를 야기할 수 있고 건강하지 못한 조직을 만들 수 있는 요인을 의미한다. 위생 요인(hygiene factor)은 '직무 환경'과 관련이 있고, 동기부여 요인(motivator)은 '직무 그 자체'와 관련이 있다.

2. 동기부여 요인과 위생 요인

〈표 6-6〉은 동기부여 요인과 위생 요인의 구성요소를 보여준다. 동기부여 요인은 직무 그 자체와 관련되거나 승진, 책임, 인정과 같은 것을 주제로 행해지기 때문에 쉽게 확인된다. 반면에, 위생 요인은 조직에 의해서 결정되거나 공무원 단체와의 협상 결과에 의해서 발생하며, 감독, 대인관계, 물리적 업무 조건, 급여, 회사 정책,

표 6-6 동기부여 요인과 위생 요인

동기부여 요인	위생 요인
• 성취 • 성취에 대한 인정 • 책임 증가 • 도전적인 직무 • 승진 가능성 • 개인적 성장 및 발전 기회	• 감독행위 • 정책 및 행정 • 직무 조건 • 부하, 동료, 상사와의 대인관계 • 지위 • 개인 생활에 대한 직무의 효과 • 직무 안전 • 급여

행정 실행, 부가 이익, 직무 안전 등을 포함한다. 동기부여 요인은 개인을 자극하지만 위생 요인은 직무조건 및 정책에 의해 제한된다.

3. 경찰조직에의 적용

허즈버그는 한쪽 끝에 동기부여 요인이 있고 다른 쪽 끝에 위생 요인이 있는 단일 척도가 아니라 [그림 6-2]에서 보는 것과 같이 동기부여 요인과 위생 요인의 이중 연속체를 주장하였다.

그림 6-2 동기부여-위생이론

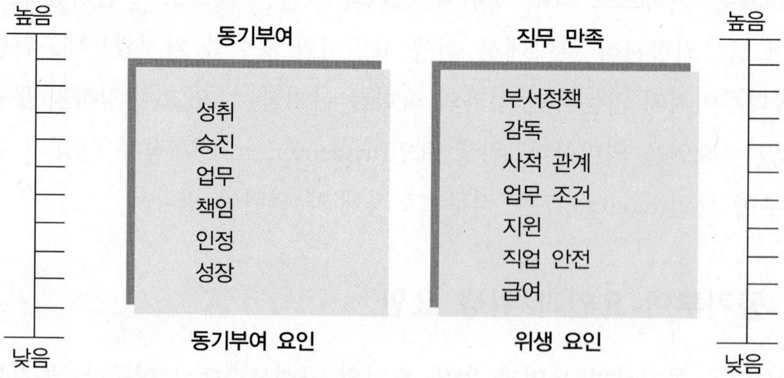

자료: Holden, 1994: 64.

동기부여 요인과 위생 요인은 서로에 대해 독립해서 작용하므로 경찰관리자는 급여에 어느 정도 불만족하더라도 부하 직원에게 동기를 부여할 수 있다. 그렇지만 불만족 수준이 크면 클수록 동기부여 요인을 성공적으로 활용하는 것은 더 어렵게 된다. 경찰관리자는 기본적인 위생 요인보다는 동기부여 요인에 대해 더 많은 통제를 갖고 있지만, 경찰관리자가 위생 요인에 대한 통제를 행사할 때 불만족을 줄이고 동기부여 요인을 촉진하는 데 많은 도움이 될 수 있다.

경찰관의 욕구를 다루고 직무만족을 야기하는 동기부여 요인은 장기간에 걸쳐 경찰관의 욕구를 만족시키는 경향이 있지만, 위생 요인은 단기간만 효과가 있다. 동기부여 요인과 위생 요인은 경찰관의 욕구를 충족시키지만 직무만족을 가져오는 것은 주로 동기부여 요인이다. 허즈버그의 연구 대상인 직원의 경우 성취는 만족 상황의 40% 이상에서 존재하고 불만족 상황의 10% 미만에서 존재하였으며, 인정은 만족 상황의 30% 이상에서 존재하고 불만족 상황의 20% 미만에서 존재하는 것으로 나타났다.

Ⅵ. 조직적 인본주의의 평가

조직적 인본주의(OH)는 서로를 존중하고 신뢰하는 구성원 사이의 개방적이고 정직한 의사소통에 의존한다. 조직적 인본주의의 기본적인 가정은 사람은 단지 일을 함으로써 얻는 돈보다는 오히려 더 많은 보상을 원한다는 것이다. 연구 부족과 몇몇 기존의 연구가 매슬로를 지지하지 않는다는 사실에도 불구하고 욕구계층이론에 대해서는 적지 않은 매력이 있다. 동기부여에 관한 매슬로의 연구는 신경증 있는 사람에 대한 소규모 임상 연구에서 나왔다. 매슬로는 맥그리거가 X이론-Y이론의 기초로 삼은 것 중 상당수는 자신의 연구에서 나왔다고 하였다.

아지리스의 미성숙-성숙이론에 대한 지지는 일반적으로 약한 편이다. 매슬로의 많은 영향을 받아서 아지리스의 연구는 반구조화된 인터뷰를 사용했으며, 이 이론은 직원의 욕구와 일치한다고 가정하였다. 800명의 응답자를 포함한 미성숙-성숙 이론에 대한 주요 검증은 이론을 지지하는 충분한 증거를 발견하지 못했다.

욕구계층이론에 대한 연구가 부족한 것과는 반대로, 허즈버그의 동기부여-위생 이론에 대해서는 상당한 연구가 있었다. 이러한 연구 결과를 검토한 후에 깁슨(Gibson)과 티즐리(Teasley)(1973)는 연구 결과의 범위는 일반적 지지에서부터 허즈버그의 방법론에 대한 엄격한 비난에까지 걸쳐 있다고 하였다.

제3절 행태체계이론

Ⅰ. 행태체계이론의 개념

1970년대 초부터 경찰조직이론가는 고전적 경찰조직이론에 대해서 관료주의, 계층적 구조, 권위주의적 관리, 경찰 역할에 대한 좁은 관점을 갖고 있다고 공격하기 시작하였다. 1950년대와 1960년대에 인간 행태를 과학적으로 연구하는 행태이론이 증가하였는데, 이 연구는 근로자 참여와 직무만족에 더욱 중점을 두었다. 행태이론가는 경찰 역할의 복잡한 성격을 인정하고 더욱 유연하고 민주적인 조직모델을 강조하였다(Roberg *et al.*, 2012: 128).

1960년대에 경찰이 실제로 실행하는 것에 관하여 상당한 행태 연구가 완성되었는데, 이러한 연구는 경찰업무의 대부분은 법집행이 아니라 오히려 질서를 유지하고 사회서비스를 제공하는 것과 직접 관련되어 있다는 것을 보여주었다. 또한, 이러한 연구는 경찰업무에 대한 법률적·기술적 접근은 효과적이지 못할 것이라고 제안함으로써 경찰업무에 대한 새로운 관점을 촉진하였다. 즉, 효과적인 경찰활동은 광범위한 복잡한 문제 및 상황을 다루기 위해 자유재량을 현명하게 사용할 수 있는 유능한 경찰관을 필요로 하였다(Roberg *et al.*, 2012: 129).

특히, 행태체계이론(behavioral systems theory)은 비교적 짧은 기간 동안 형성되었지만 행태체계이론가는 조직에 관한 기계적인 관점에서 벗어나 사람을 지향하는 태도를 유지하고, 조직에 대해 상호 관련 있는 행태로 구성되어 있으며 민주적이고 참여적인 조직과 관련있는 것으로 바라보았다.

행태체계이론의 주요 내용은 인본주의적 접근법이며, 구성원의 욕구 및 가치를 조직의 욕구 및 가치에 결합하여 목표 및 목적을 달성한다는 것이다. 따라서, 행태체계이론은 구성원의 욕구와 조직의 욕구를 결합하는 조직으로서 공식적이지 않거나 엄격하지 않은 조직을 옹호한다.

Ⅱ. 주요 행태체계이론

1. 레 빈

1) 행태체계이론의 기초 수립

조직적 인본주의 다음에 등장한 현대적 조직이론인 행태체계이론은 레빈(Kurt Lewin)에 의해서 기초가 형성되었다. 행태체계이론은 조직에 대해 개인 및 집단의 행태로 구성된 것으로 보고 조직을 더 민주적이고 참여적으로 만드는 데 관심이 있었다.

2) 장 이론

레빈은 장 이론(field theory)의 개발로 유명한데, 장 이론은 인간 행동은 개인과 환경의 기능이라고 주장하였다. 행동은 '개인적 특성' 및 개인이 발견하게 되는 '사회적 상황'과 관련이 있다. 레빈은 동기(motive)를 목표 지향적인 힘으로 생각하였다.

3) 세력장 분석

레빈은 집단 역학(group dynamics)에 흥미를 갖고 있어서 집단이 형성되는 방법과 집단 구성원이 서로 관련되어 있는 방법에 관심을 갖고 있었고, 또한 의사결정에서 종종 사용되는 도구인 세력장 분석(force-field analysis)을 개발하였다. 세력장 분석은 상황을 진단하기 위한 관리도구로서 변화의 효과성을 결정하고, 그 변화를 기획하고 실행할 때 유용할 수 있다.

레빈은 어떤 상황에서든 추진력과 억제력이 있다고 가정하였다. 추진력(driving force)은 특정한 방향으로 추진하고 있는 상황에 영향을 주는 힘으로서 변화를 시작하고 변화가 계속되도록 유지시키는 경향이 있다. 업무집단 내에서 생산성을 향상시키는 관점에서 본다면 감독관, 인센티브, 경쟁에서 오는 압력은 추진력의 사례가 될 수 있다. 반면에, 억제력(restraining force)은 추진력을 억제하거나 감소시키는 힘으로서 무관심, 적대, 부실한 장비 유지는 생산 증대의 힘을 억제한다. 즉, 세력장 분석에서 추진력은 새로운 조건을 추진하도록 하지만 억제력은 변화에 저항하도록 한다.

정확히 반대되는 추진력과 억제력이 있다면, 이러한 반대되는 힘의 화살표는 균형선에서 만난다. 이러한 균형은 추진력과 억제력 간의 관계 변화에 의해서 증가하거나 감소될 수 있다. 추진력과 억제력에 대한 모든 기재 사항이 채워지고 그 상황이 요약된 후 추진력과 억제력의 상대적 힘이 주관적으로 평가되어야 한다. 이러한 점에서 균형선은 취해야 할 행동을 제안하고 내려야 할 결정을 제안한다. 세력장에 대한 구체적인 설명은 [제7장 경찰 기획 및 의사결정]에 제시되어 있다.

2. 호만스

호만스(G. Homans)는 「인간 집단」(Human Group)(1950)에서 집단은 내적 체계와 외적 체계 모두를 갖고 있다는 아이디어를 제시하였다. 내적 체계는 한 집단의 구성원은 서로에 대해 발전하고 있다는 느낌을 갖는 것과 같이 집단 그 자체 내에서 나오는 요인으로 구성된다. 반면에, 외적 체계는 그 집단이 존재하는 더 큰 환경 내에 있는 요인으로 구성된다. 내적 및 외적 체계에 관한 호만스(Homan)의 연구는 개방체계이론의 배경을 형성하는 데 기여하였다.

3. 베니스

베니스(W. Bennis)의 많은 노력은 변화 관리 과정인 '조직 발달'(organizational development: OD)에 대한 것이었다. 조직 발달은 조직이 원하는 변화에 대해서 직원의 업무태도와 가치를 변화시키기 위해 사용되며, 구성원을 조사하고 훈련시키는 것과 종종 관련된다. 이것은 조직변화에서 나오는 혼란 및 불확실성을 다루고자 한다. 경찰조직이 지역사회 지향적 경찰활동과 정보 기반 경찰활동을 계획하고 실행할 때 조직 발달에 참여한다.

제 4 절 (개방) 체계이론: 교량이론

Ⅰ. (개방) 체계이론의 개념

앞에서 설명한 기존의 여러 이론과는 달리 교량이론(bridging theory)은 이론일 뿐만 아니라 그 주요 목적이 고전적 경찰조직이론과 현대적 경찰조직이론 사이의 갭을 연결한다. 교량이론은 조직이 얼마나 공식적이고 엄격하면서도 유연하고 혁신적일 필요가 있는지를 보여준다. 조직 목표가 우선순위를 가져야 하는 시기가 있는 반면에 인본주의적 관심사가 더 필요한 시기가 있다. 경찰조직이 경찰을 개혁하기 위해 노력할 때 에너지를 집중해야 하는 것은 바로 이러한 아이디어인 것이다.

체계이론(systems theory)은 한 체계(조직)의 모든 부분은 상호 관련되어 있고 서로에게 의존한다는 것을 의미한다. 체계이론을 경찰조직에 적용하는 것이 중요한 이유는 경찰관리자로 하여금 자신의 부서에서 행해진 변화는 다른 부서에 상응하는 영향을 준다는 것을 이해할 수 있도록 한다는 점 때문이다. 따라서, 경찰관리자는 자신의 부서 활동이 경찰조직의 전체 목표와 일치할 수 있도록 서로 계속해서 접촉해야 한다. 이러한 체계는 개방체계(closed system) 또는 폐쇄체계(open system)로 보여질 수 있다.

Ⅱ. (개방) 체계이론의 주요 내용

폐쇄체계는 조직이 완전히 합리적이고, 효과적이고, 능률적이며, 무엇이 발생할 것인지를 합리적으로 예측할 수 있다는 가정 아래에서 운영된다. 이러한 관점에서 폐쇄체계는 무엇이 최선인지를 알고 있기 때문에 더 큰 환경에서 무엇이 발생하고 있는지에 대해 관심을 가질 필요가 없다. 전통적인 조직이론과 초기 경찰 전문화 운동은 폐쇄체계 관점을 강화하였고, 조직 외부에 있는 것은 무엇이든 중요하지 않은 것으로 여겼다.

그러나 완전한 폐쇄체계 또는 완전한 개방체계인 경우는 없다. 이러한 용어는 어떤 조직이 추정되는 정도를 설명하기 위해서 사용되는 용어이다. 개방체계이론(open systems theory)의 주요 내용은 다음과 같다(Katz & Kahn, 1978: 23-30).

(1) 개방체계는 경계와 구조를 넘어선 모든 것은 환경의 일부라는 것을 인정한다.

(2) 개방체계는 환경 속에 있는 요인과 지속적으로 관계를 갖고 있다. 이것은 상호 의존적인 특성이며, 많은 요인이 경찰조직에 영향을 미친다.

(3) 개방체계는 안으로 들어오거나 밖으로 나가는 것이 가능한 침투성 있는 벽이나 경계를 갖고 있다. 너무 많은 참여는 개방체계를 압도하고 그 균형(balance; homeostasis)을 위협할 수 있다.

(4) 개방체계는 압도되는 것을 막기 위해서 코딩(coding)을 사용하는데, 이것은 우선순위 체계처럼 기능하며 중요한 인풋은 신속하게 수용된다. 즉, 경찰서장은 시 관리자의 요청사항에 대해서는 직접 받지만 시민의 요청사항에 대해서

는 다른 직원이 처리토록 할 수 있다.

(5) 개방체계는 더 복잡하고 전문화되는 경향이 있다. 전문화가 진행함에 따라 경찰조직에 대한 분열 효과는 내부 하위체계의 통합에 의해서 줄어든다.

(6) 개방체계는 쇠퇴·해체·소멸(즉, 엔트로피 과정)로 가는 전망에 직면하게 된다. 엔트로피와 싸우기 위해 경찰조직은 자신이 사용할 수 있는 것보다 더 많은 것을 받아 저장함으로써 공급이 방해 받는 경우에도 계속해서 활동할 수 있도록 한다. 완충(buffering)은 이러한 저장 과정을 설명하고 경찰조직이 부정적인 엔트로피(negative entropy; 쇠퇴 등에 저항하는 능력)를 개발하도록 만든다.

(7) 개방체계는 쇠퇴를 피하기 위해서 발전해야 한다. 적응하는 것이 중요하다.

(8) 개방체계는 적응하기 위해서 이중 순환(double-loop)의 학습조직이 된다. 단일 순환(single-loop)의 학습은 조직으로 하여금 수정을 하고 목적 성취 노력을 수행하도록 하지만, 이중 순환(double-loop)의 학습은 조직으로 하여금 올바른 목적, 프로그램, 정책을 추구하고 있는지를 판단하도록 한다.

(9) 개방체계는 등종국성(equafinality) 원리를 따른다. 즉, 목표를 성취하는 다양한 방법이 있다.

(10) 개방체계는 더 큰 환경과 다를 수 없다. 동일한 형태를 의미하는 그리스어에서 나온 '동형'(isomorphism)에 따르면, 자원 의존 기관은 환경의 복잡성 및 수요를 반영하고 환경에 의해 중요한 것으로 여겨지는 정책, 프로그램, 부서를 개발하는 경향이 있다.

그림 6-3 경찰조직의 개방체계 관점

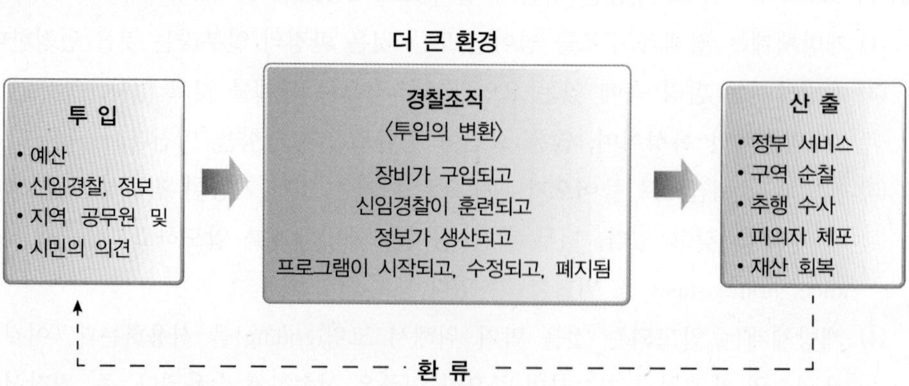

자료: Swanson, Territo, & Talor, 2012: 200.

경찰조직이 [그림 6-3]에서 보는 것과 같은 개방체계 관점에서 관리되지 않는다면 변화하는 환경의 영향에 적응하지 못하고, 효과적이지 못하게 될 것이다. 그 결과, 경찰조직은 외부적 영향에 따른 변화를 피할 수 없게 될 것이다.

제 5 절 기타 현대적 경찰조직이론

경찰조직이론에 대한 연구가 활발해지면서 환경이론이 발전하고 목표에 의한 관리, 총체적 품질관리 등 민간영역이 경찰조직관리에 영향을 미쳤다. 이러한 발전은 경찰조직관리를 더욱 향상시키고 경찰-지역사회 관계의 중요성을 인식하도록 만들었다.

Ⅰ. 환경이론

환경이론(environmental theory)은 경찰조직을 더 넓은 환경과 관련시키는데, 환경이론에는 (1) 상황이론, (2) 자원의존이론, (3) 인구 생태학, (4) 신제도이론 등이 있다(Swanson, Territo, & Taylor, 2012).

1. 상황이론

1) 상황이론의 개념

상황이론(contingency theory)은 개방체계이론에 기초를 두고 있고, 조직행동에 영향을 미치는 많은 내적 및 외적 요인이 있다는 것을 인정한다. 이러한 요인은 다른 조직에서는 서로 달라지기 때문에 다양한 유형의 경찰조직을 관리하기 위한 단 하나의 최선의 방법은 없다고 여겨진다(Roberg *et al.*, 2012: 130).

상황이론의 기본적인 주제는 최선의 방법은 특정 상황에 달려있다는 것이다. 어떤 유형의 리더십이 어떤 경찰조직에서는 효과적이었지만 다른 경찰조직에서는 효과적이지 않을 수 있다. 따라서, 경찰관리자는 어떤 상황에서, 언제, 어떤 방법 및 기술이 가장 효과적인지를 결정하고자 노력해야 한다.

상황이론은 조직이 어떤 환경 내에 적합하며, 그 환경은 조직에 대해서 요구 및 압력을 행사하여 운용 및 구조에서 변화를 가져온다고 주장한다. 로렌스(Lawrence) 및 로르슈(Lorsch)(1967)는 다른 환경은 조직에 대해서 다른 요구를 한다고 주장하였고, 킹(King)(2009)과 기블린(Giblin)·부루스(Burruss)(2009)는 경찰조직은 환경상 요구에 대응해서 경찰조직의 운용 및 구조를 변경해야 한다고 강조하였다.

2) 조직과 환경의 한방향 정렬

로렌스(Lawrence)와 로르슈(Lorsch)(1967)의 주장에 따르면, 상황이론은 조직이 두 가지 수준에서 환경과 한방향 정렬이 되어야 한다고 설명한다. 첫째, 운용부서는 환경상 요구를 충족시킬 수 있도록 적절하게 준비되어야 한다. 예를 들면, 경찰조직이 경찰관을 순찰부서에 배치하는 것은 업무량, 즉 서비스 요청 건수에 의해서 결정되어야 한다. 어떤 경찰관서가 신고에 대해 적시에 대응할 수 없다면, 그것은 비능률성뿐만 아니라 시민의 민원을 야기할 것이다. 운용부서는 업무량 수요를 합리적으로 충족시켜야 한다.

둘째, 전체 조직, 특히 행정구조는 환경 속에 통합되어야 하고, 경찰조직의 행정은 정치적 우선순위와 조화를 이루어야 한다. 일단 정치적 우선순위는 부서 책임자에게 전달되는 정책으로 표현되어야 한다. 이것은 운용부서가 시민 요구사항을 충족시키도록 해 준다.

3) 경찰조직에의 적용

1970년대 말에 로버그(Roberg)(1979)는 상황이론을 경찰조직에 적용하였는데, 그는 상황 개념과 경찰조직 행동에 영향을 미치는 내부 및 외부 변수를 확인할 필요를 강조하였다. 따라서, 경찰 역할의 복잡성, 경찰관의 교육 수준 향상, 비교적 안정되지 못한 환경과 같은 요인이 효과적인 경찰관리 방법을 결정하려는 시도에서 고려되어야 한다. 경찰이 임무를 효과적으로 수행하기 위해서는 관료적이지 않고 중앙집권화되지 않은 조직 설계가 필요하다.

경찰관리자는 능률적이고 효과적인 방법으로 치안 서비스를 제공할 목적을 갖고 있고, 이러한 목적을 성취하기 위해서 경찰관서를 변화시켜 그 운용활동이 지역사회 욕구에 합리적으로 부합하도록 해야 한다. 좋은 예는 미국 경찰조직이, 특히 공격을 당하기 쉬운 관할구역 내의 경찰조직이 9/11 이후에 국토안보부서(homeland security)를 만들었던 것이다. 상황이론은 경찰조직이 환경에 대응해서 끊임 없이 변화하고 있다는 것을 암시한다.

2. 자원의존이론

자원의존이론(resource dependency theory: RDT)의 가장 충실한 연구는 페퍼(Pfeffer)와 샐런칙(Salancik)(1978)에 의해서 행해졌다. 자원의존이론의 기초적인 주제는 모든 조직은 운용하는 데 필요한 자원을 더 큰 환경에서 얻어야 하므로 자원의존을 하게 된다는 것이다. 더 큰 환경에 의한 자원분배 통제는 조직에 있어서 권력의 근원이 되고 조직으로 하여금 의존하도록 만든다. 자원을 확보하지 못하는 것은 조직으로 하여금 더욱 피해 입기 쉽도록 만들어서 엔트로피(entropy)의 방향으로 나가도록 만든다.

자원의존이론은 조직의 리더가 자원을 위해서 경쟁하는 다른 조직의 위치를 확인하고, 누가 환경 내에서 권력을 갖고 있는지를 확인하도록 돕는다. 자원의존이론은 성공적인 조직은 자신의 권력을 최대화하는 조직이라고 본다. 조직은 다른 조직과 함께 협력적 모험을 해야 한다.

3. 인구 생태학

자원의존이론(RDT)과 인구 생태학(population ecology: PE)은 조직의 자원 의존 및 더 큰 환경의 힘에 대해 같은 견해를 갖고 있다. 그러나 이 이론들은 다른 분석 수준을 활용한다. 자원의존이론은 경찰관서에 중점을 두지만 인구 생태학은 더 큰 환경에 중점을 둔다. 1970년대 중순~말경에 시작한 인구 생태학은 왜 더 많은 조직이 같은 자원 풀 또는 생태학적 장소에서 경쟁하고, 다른 조직은 더 작고 성공적이지 못한지를 밝혀내려고 시도한다. 해넌(Hannan)과 프리먼(Freeman)의 「조직의 인구 생태학」(The Population Ecology of Organizations)(1977)은 인구 생태학의 주요 연구 결과이다.

4. 신제도이론

구제도이론(old institutional theory: OIT)은 전통적인 조직이론과 관련이 있다. 전통적인 조직이론은 조직을 설명함에 있어서 구조 및 과정에 대한 역사적인 정당화에 의존하는 경향이 있었다. 구제도이론은 공적 조직의 존재에 대한 합법적인 기초가 되었으며 조직 구조가 구성원의 행동을 알려준다고 주장하였다. 따라서, 구제도이론은 조직이 개인에게 어떻게 영향을 미치는지에 대해 비교적 관심이 없었다(Peters,

2005). 구제도이론의 연구는 설명적이고 가치에 의존하며 실질적으로 경험적 기초가 부족했지만, 전통적인 조직이론과 함께 대략 1890년부터 1920년대까지 지속한 발전적 시대/좋은 정부 운동의 일부분이 되었다.

반면에, 신제도이론(neo-instituitionalism)은 마치(March)와 올슨(Olsen)(1984)에 의해서 이름이 붙여졌고, 그 시작은 1970년대 말부터 1980년대 중순까지 거슬로 올라간다. 여섯 개 이상의 신제도이론이 있는데 이 중에서 여기에서는 정치적 제도 구조(political institutional framework: PIF)를 짧게 설명하고자 한다. 정치적 제도 구조는 조직은 더 큰 정치제도에 의해서 행동하게 되는 것이 아니며 그 대신, 압력에 저항하고 외부 정치적 상황의 일부를 형성할 수 있는 강력한 정치적 세력이 된다.

Ⅱ. 목표에 의한 관리

1. 목표에 의한 관리의 개념

목표에 의한 관리(management by objectives: MBO)는 드러커(Drucker)(1954)에 의해서 개발되었으며, Y이론과 같이 (관리자에 의한 통제보다는) 직원의 자기 통제에 더 의존한다. 드러커는 목표에 의한 관리를 더 엄격한 책임뿐만 아니라 더 높은 직무 표준 및 생산성을 획득하는 수단으로 보았다. 1960년대와 1970년대 동안 목표에 의한 관리는 모든 관리활동에서 가장 인기가 있었으며, 많은 경찰조직은 경찰관리자가 결과 또는 아웃풋에 중점을 두는 목표에 의한 관리를 채택하였다.

목표에 의한 관리는 사람은 마음속에 명확한 목표를 갖고 있고, 노력과 목표 성취 사이의 직접적인 관계를 볼 수 있을 때 더 열심히 근무한다는 것에 기초한다. 직무 그 자체는 실질적인 방향 및 통제를 제공하고, 구성원은 자신의 목적을 성취하고자 노력하며, 그들 자신이 목적 달성에 책임이 있을 것이다. 목표에 의한 관리는 효과적인 기획, 통제, 발달체계로 여겨졌으며, 아래에서 위로의, 과정 지향적, 팀 지향적 기획 체계인 것이다.

2. 목표에 의한 관리의 과정

1) 기획과 실행

목표에 의한 관리의 첫 번째 단계는 결과의 대부분을 차지하는 '주요 결과 영역'

을 확인하기 위해 기획(planning)하는 것이다. 주요 결과 영역의 몇 가지 예는 구성원 개발 및 훈련, 구성원 사기, 경쟁 기대, 고객 관계이다. 목표에 의한 관리의 두 번째 단계는 실행(execution)이다. 아래에서 위로 가는 목표에 의한 관리를 실행하기 위한 과정은 가장 작은 부서 또는 주로 팀에 있는 구성원이 글로 쓰여진 성과 목적을 제시하는 것이다. 그 팀의 목적은 과정 지향적인 것으로서 동료들과 함께 논의되고, 그 후에 모든 구성원이 몰입하게 될 수 있는 목적에 대해 합의하는 것이다. 그 후 그 목적이 어느 정도 충족되었는지를 결정하기 위해서 팀 스스로 검토한다. 〈표 6-7〉은 드러커가 제시한 목표에 의한 관리 과정의 9단계를 보여주고 있다.

표 6-7 목표에 의한 관리 과정의 단계

(1) 역할 및 사명을 설명한다: 누가 무엇을 하는가?, 목표는 함께 수립되고 사전에 합의하게 된다.
(2) 주요 결과 영역을 확인한다.
(3) 효과성의 지표를 확인한다: 무엇이 좋은 성과인가?
(4) 아래에서 위로 가는 과정을 통해 목적을 설정한다.
(5) 임무 지향적, 과정 지향적 실행 계획을 결정한다.
(6) 팀은 발전 상황을 모니터한다: 정보, 보고, 대화, 의사소통(항상, 개방적, 비공식적)
(7) 의사소통은 목표에 의한 관리를 위한 기름이다: 의사소통은 모든 사람이 부드럽게 나아가도록 한다. 팀은 모든 사람에게 목적 성취의 발전 정도에 대해 계속해서 의사소통을 해야 한다. 그리고 관리자는 그 목적을 성취하는 데 있어서 조직이 어떻게 하고 있는지에 대해 소통해야 한다. 뉴스레터, 벽보, 메모 등을 활용한다.
(8) 모든 사람(관리자, 팀)은 결과를 평가하고, 필요한 조정을 하고, 새로운 목적을 설정한다. 목표에 의한 관리는 계속된 과정이다: 목표에 의한 관리는 계속 지속되는 체계의 일부분이다.
(9) 목표 및 성과에 관한 최종 상호 검토가 행해진다. 이것은 다음 시기를 위한 목적을 결정하기 위한 단계가 된다. 목표에 의한 관리 체계에서 목적은 조직의 사명과 밀접하게 연결되어야 한다. 모든 목적은 전체 사명을 성취하도록 도와주어야 한다.

자료: Drucker, 2006.

2) 정기적인 정보 제공

드러커는 직원이 자기 통제 및 자기 방향설정을 하기 위해서는 발전 정도를 측정하기 위한 정보를 정기적으로 필요로 한다고 지적하였다. 드러커는 목표에 의한 관리에 대해서는 부드러운 것은 없다고 주장하였다. 자기 통제 및 자기 방향설정, 더 높은 표준과 더 많은 생산성 목표와 함께 목표에 의한 관리는 구성원으로부터 이전에 기대된 것보다 훨씬 더 많은 것은 요구한다.

3) 경찰조직에의 적용

맥그리거의 Y이론과 같이 드러커는 일반적으로 사람은 일하기를 좋아하고, 성취감을 원하고, 지적인 방향설정을 할 수 있다고 확신하였다. 드러커는 관리자의 직무는 동기부여를 하는 것보다는 오히려 동기부여에 대한 조직적 방해를 제거하는 것이라고 보았다. 원칙적으로 목표에 의한 관리는 다른 조직만큼 경찰조직에 대해서도 적용될 수 있다. 그러나 그 적용은 경찰관 및 경찰부서에 있어서 의미 있고 측정 가능한 목표 및 목적을 구체화하는 문제로 인해 사실상 쉽지 않다.

Ⅲ. 총체적 품질관리

1. 총체적 품질관리의 개념 및 철학적 토대

1) 총체적 품질관리의 개념

제2차 세계대전 이후에 생산품 품질에 중점을 두는 총체적 품질관리(total quality management: TQM)가 산업을 부흥시키기 위해 노력했던 일본에서 발달하였다. 총체적 품질관리는 계속된 향상을 위한 시도에서 인적 자원 및 양적 방법을 강조하는 고객 지향적 접근법이다. 총체적 품질관리는 '인적 자원'의 활용을 극대화하기 위해서 구성원 참여, 팀워크, 계속된 학습 및 향상을 강조한다. 또한, '양적 방법'은 조직 내에서 과정을 평가하고 그 과정을 결과에 연결시키기 위해서 연구 및 통계기술을 활용하는 것과 관련되어 있다(Roberg *et al.*, 2012: 130).

총체적 품질관리는 관리철학으로서 체계이론처럼 현재의 조직구조에 통합되는 것을 의미하고, 그것은 어떤 형태의 구조에서든 활용될 수 있다(Spencer, 1994). 총체적 품질관리는 조직 및 그 구성원이 계속된 향상과 고객의 욕구를 충족시키는 데 몰입하도록 하는 관리방침이다(Schermerhorn, Hunt, & Osborn, 1994).

총체적 품질관리는 민간영역에 먼저 도입된 후 경찰을 포함한 공적 영역에도 신속하게 확산되었다. 총체적 품질관리는 고객인 시민에 대한 서비스 품질을 강조하고 계속된 향상에 관심을 가졌기 때문에 지역사회 경찰활동으로 전환하고 있는 경찰조직에게 유용한 것으로 증명되었다. 품질관리를 이용한 최초의 경찰관서는 위스콘신(Wisconsin)주 매디슨(Madison) 경찰서였다.

2) 총체적 품질관리의 철학적 토대

총체적 품질관리는 본질적으로 '품질' 및 '고객지향'이라는 두 가지 철학적 토대를 갖고 있다. 어떤 조직이 최대의 효과성을 성취하고자 한다면 조직의 서비스가 높은 품질을 지닐 수 있도록 해야 한다. 이것은 관리자가 서비스 전달 시스템을 면밀하게 조사하여 전체적으로 좋은 품질을 갖고 운용되도록 해야 한다는 것을 의미한다. 품질은 조직의 모든 측면에 통합되는 계속된 과정인 것이다.

생산품이나 서비스의 소비자 입장에서 중요하다고 여겨지는 요인이 바로 품질의 중요한 결정요인이 되어야 한다. 고객은 조직에 있어서 가장 중요한 고려사항이며, 조직이 수행하는 모든 것은 고객 만족을 목표로 해야 한다. 경찰조직에 있어서 시민은 경찰조직의 소비자 또는 고객이므로 경찰 서비스에 관한 시민 의견이 매우 중요하다.

2. 총체적 품질관리의 주요 내용

1) 데밍의 14가지 관리 원칙

데밍(Deming)은 삶의 모든 측면이 향상될 수 있는 관리의 종합적 이론으로서 심오한 지식 체계(system of profound knowledge)를 개발하였다. 그는 일본인이 문제해결에 체계적 접근을 하도록 촉진하였고, 그것은 나중에 [계획-실행-평가-개선](plan-do-check-act: PDCA)이라고 알려졌다. 계획-실행-평가-개선 사이클의 반복적 실행은 조직이 품질향상을 이루도록 하였다.

데밍은 '총체적 품질관리의 아버지'로 여겨진다. 총체적 품질관리는 고객, 사람, 계속된 과정 향상과 관련된 조직적 접근법이다. 데밍(1986)은 모든 조직이 다음과 같은 14가지 관리 원칙을 실행함으로써 계속된 품질향상을 이루어야 한다고 제안하였다.

(1) 경쟁적으로 되고, 사업에 남아 있고, 업무를 제공하고자 하는 목적을 갖고 상품 및 서비스 향상에 대하여 일관성 있는 목적을 만든다.

(2) 새로운 철학을 채택한다. 우리는 새로운 경제시대에 있다. 관리자는 도전에 대해 깨닫고, 자신의 책임을 배우고, 변화를 위한 리더십을 지녀야 한다.

(3) 품질을 성취하기 위해 검사에 의존하는 것을 멈춘다. 우선 상품에 대한 품질을 형성함으로써 검사의 필요성을 제거한다.

(4) 가격을 토대로 사업을 하는 관행을 끝낸다. 그 대신에 전체 비용을 최소화한

다. 한 항목에 대해서 유일한 공급자가 되고 장기적인 충성 및 신뢰 관계를 형성하도록 한다.

(5) 품질 및 생산성을 향상시키고 비용을 낮추기 위해서 생산 및 서비스 체계를 항상 개선한다.

(6) 직무에 대한 훈련을 제도화한다.

(7) 리더십을 제도화한다. 감독의 목적은 직원 및 장비가 업무를 더 잘 수행하도록 돕는 것이어야 한다. 관리자의 감독은 생산 직원에 대한 감독뿐만 아니라 점검을 하기 위한 것이다.

(8) 두려움을 없애 버린다. 그래서 모든 직원이 조직을 위하여 효과적으로 일할 수 있다.

(9) 부서 사이의 장벽을 없앤다. 연구부서, 디자인부서, 판매부서, 생산부서에 있는 직원은 생산이나 서비스에서 발생할 수 있는 생산 및 사용 문제를 예측하기 위해 팀으로 활동해야 한다.

(10) 결함 제로 및 새로운 수준의 생산성을 달성하기 위한 업무부서의 슬로건, 권고, 목표를 없앤다. 그러한 권고는 대립적인 관계를 만들며, 낮은 품질 및 생산성의 원인 중 많은 부분은 시스템에 있는데 이것은 업무부서가 처리할 수 없는 것이다.

(11) ① 할당량 같은 업무 표준을 없애고 리더십으로 대체한다. ② 수치화된 목표에 의한 관리를 없애고 리더십으로 대체한다.

(12) ① 시간제 근로자에게서 기량에 대한 자부심을 빼앗는 장벽을 없앤다. 감독자의 책임은 단순한 수치에서 품질로 변경되어야 한다. ② 관리 및 기술업무를 담당하는 사람에게서 기량에 대한 자부심을 빼앗는 장벽을 없앤다. 이것은 매년 근무성적평정 및 목표에 의한 관리의 폐지를 의미한다.

(13) 교육 및 자기발전의 활기찬 프로그램을 제도화한다.

(14) 조직에 있는 모든 사람을 변혁을 성취하기 위한 업무에 배치한다. 변혁은 모든 사람의 직업이다.

2) 총체적 품질관리의 세 가지 영역

후버(Hoover)(1996)는 총체적 품질관리가 경찰행정에 적용될 수 있는 방법을 조사하였고, 총체적 품질관리는 문화, 고객, 계산의 세 가지 영역을 포함해야 한다고 권고하였다. '문화'(culture)는 조직의 내부적 운용철학을 의미하고, '고객'(customer)

은 조직의 생산품을 소비하거나 그 서비스를 받는 시민이고, '계산'(counting)은 조직이 운용되고 상품 및 서비스를 제공하는 방법에 대하여 구성원에게 조직 내의 책임과 이해를 증진시키는 것을 말한다. 총체적 품질관리의 세 가지 영역은 경찰 관리철학에 통합될 때 능률성, 효과성, 대응성의 관점에서 훨씬 더 강력한 경찰조직을 만들 것이다.

3. 총체적 품질관리의 적용

「품질 경찰활동: 매디슨 경험」(Quality Policing: The Madison Experience)에서 그 당시 매디슨 경찰국장과 한 동료는 이 경찰국이 매우 전통적이고 관료적인 조직에서 품질 지향적 조직으로 변화한 것을 기록하였다(Couper & Lobitz, 1991). 매디슨 경찰국을 변화시킴에 있어서 경찰국장에 의해서 사용된 '품질 관리' 또는 '품질 리더십'의 원리는 다음과 같다.

⑴ 팀워크의 가치를 믿고 촉진하고 지지한다.
⑵ 문제해결 과정에 전념하고 문제해결 과정을 사용하며, 감정이 아닌 데이터가 결정을 이끌도록 한다.
⑶ 주요 결정을 내리기 전에 구성원의 참여를 구한다.
⑷ 업무 품질 또는 서비스를 향상시키는 최선의 방법은 그 업무를 하고 있는 직원에게 물어보고 경청하는 것이다.
⑸ 구성원 사이에 상호 존중 및 신뢰를 개발하고자 노력한다.
⑹ 고객지향을 갖고 구성원 및 시민에게 중점을 둔다.
⑺ 문제를 야기하는 5% 구성원이 아니라 95% 구성원의 행동을 관리하고, 5%를 신속하고 공정하게 다룬다.
⑻ 체계를 향상시키고 사람을 비난하기 전에 그 과정을 조사한다.
⑼ 가능할 때는 언제든지 위에서 아래로 내려가는 권력 지향적 의사결정을 피한다.
⑽ 위험 감수를 통해서 창의성을 촉진하고, 정직한 실수에 대해서는 관대하게 대한다.
⑾ 퍼실리테이터와 코치가 되고, 피드백을 제공하고 수용하는 것을 촉진하는 개방적인 분위기를 개발한다.
⑿ 팀워크를 통해서 구성원이 동의한 목표를 개발하고 그 목표를 성취하기 위한 계획을 개발한다.

매디슨 경찰국이 참여와 팀워크를 강조하고 품질 지향적 조직으로 변화하는 데 있어서 경험한 과정은 많은 시간이 걸리고 상당히 힘들었다. 매디슨 경찰국이 변화 과정의 시작부터 지역사회 경찰활동과 품질 관리의 일반적 실행 단계에 도달하는 데 대략 20년이 걸렸다(Wycoff & Skogan, 1993).

후버(Hoover)(1996)는 200명의 경찰관리자를 조사하여 그들이 총체적 품질관리 원리를 잘 적용하고 있으며, 고객에게 적절하게 중점을 두고 있다는 것을 발견하였다. 그러나 후버는 경찰조직이 시민 욕구에 얼마나 잘 대응하고 있는지를 측정하는 데 거의 노력하지 않는다는 것을 발견하였다. 총체적 품질관리와 관련하여 경찰관리자가 중점을 둘 수 있는 몇 개 분야가 있다.

(1) 고객인 시민의 만족에 대한 정보를 수집하기 위한 더 좋은 도구를 개발하는 것
(2) 직무수행을 추적해서 평가 업무를 더 잘 하는 것
(3) 위기에 대응하는 것보다는 계속된 향상을 위해 노력하는 것
(4) 경찰조직 전체에 걸쳐 높은 수준의 참여적 관리를 수행하고자 노력하는 것 등이다.

후버가 지적한 것과 같이 경찰조직은 총체적 품질관리의 적정한 수준만을 활용하고 있지만 총체적 품질관리 철학은 경찰활동 수준을 향상시킬 수 있는 높은 잠재능력을 여전히 갖고 있다.

4. 총체적 품질관리 수행의 어려움

스위스(Swiss)(1992)는 경찰과 같은 정부기관은 사기업보다 총체적 품질관리를 수행하는 데 많은 어려움을 갖고 있다고 하였다. 사기업에서는 이익이라는 동기가 총체적 품질관리를 수행하고 측정하는 것을 더 쉽게 만들어 주지만, 정부기관은 다음과 같은 운용상 제한요소를 갖고 있기 때문이다.

(1) 정부는 서비스의 제공 대상인 고객을 선택하거나 거절할 수 없다.
(2) 정치적 필요성은 정부기관이 할 수 있거나 할 수 없는 것에 대하여 변수를 설정하고 있다.
(3) 공공 서비스 및 다른 인사 관련 법규는 경찰관리자에게 제한을 가하고, 그것은 구성원에게 적절하게 보상하지 못하고 권한을 충분하게 부여하지 못한다.

참고문헌

Argyris, C. (1957). *Personality and Organization: the Conflict between System and the Individual*. New York: Harper & Row.

Argyris, C. (1964). *Integrating the Individual and the Organization*. New York: John Wiley & Sons.

Couper, D. C. & Lobitz, S. H. (1991). *Quality Policing: The Madison Experience*. Washington, DC: Police Executive Research Forum.

Deming, W. E. (1986). *Out of Crisis*. Cambridge, MA: MIT.

Drucker, P. (1954). *The Practice of Management*. New York: Harper.

Drucker, P. F. (2006). *The Practice of Management*. HarperCollins Publishers.

Etzioni, A. (1964). *Modern Organization*. Englewood Cliffs, NJ: Prentice Hall.

Gaines, L. K. & Worrall, J. L. (2012). *Police Administration*. Clifton Park, NY: Cengage Learning.

Giblin, M. & Burruss, G. (2009). "Developing a Measurement Model of Institutional Processes in Policing". *Policing: An International Journal of Police Strategies and Management*, 32(2): 351-376.

Gibson, F. K. & Teasley, C. E. (1973). "The Humanistic Model of Organizational Motivation: A Review of Research Support". *Public Administration Review*. 33(1): 89-96.

Gross, B. M. (1963). The Managing of Organization, Vol. 1. New York: Free Press.

Hannan, M. T. & Freeman, J. (1977). "The Population Ecology of Organizations". *American Sociological Review*, 82(5): 929-964.

Herzberg, F., Mausner, B., & Snyderman, B. (1959). *The motivation to work* (2nd ed.). John Wiley.

Herzberg, F. I. (1966). *Work and the nature of man*. World.

Holden, R. N. *Modern Police Management* (2nd ed.). NJ: Prentice-Hall, Inc.

Homans, G. C. (1950). *The Human Group*. New York: Harcourt Brace.

Hoover, L. (1996). "Translating total quality management from the private sector to policing". in L. Hoover (ed.). *Qualitifying quality in Policing* . Washington: Police Executive Research Forum.

Katz, D. & Kahn, R. L. (1978). *The Social Psychology of Organization* (2nd ed.). New York: John Wiley & Sons.

King, W. (2003). "Bending Granite Revisited: The Command Rank Structure of American

Police Organizations". *Policing: An International Journal of Police Strategies and Management*, 26(2): 208-230.

Knowles, W. H. (1958). "Human Relations in Industry: Research and Concepts". *California Management Review*, 2(2): 87-105.

Lawrence, P. & Lorsch, J. (1967). *Organization and Environment: Managing Differentiation and Integration*. Boston: Harvard University.

March, J. M. & Olsen, J. P. (1984). "The New Institutionalism: Organizational Factors in Political Life". *American Political Science Review*, 78(3): 734-749.

Maslow, A. (1962). *Toward a psychology of being*. D Van Nostrand.

McGregor, D. (1960). *The Human Side of Enterprise*. New York: McGraw-Hill.

McGregor, D. (1966). "The Human Side of Enterprise". in W. Bennis & E. Schein (eds.). *Leadership and Motivation*. Cambridge: MIT Press.

Ouchi, W. G. (1981). *Theory Z*. New York: Avon Books.

Peters, G. (2005). *Institutional Theory in Political Science: The New Institutionalism* (2nd ed.). New York: Continnum.

Pfeffer, J. (1978). "The micropolitics of organizations". in M. Meyer (ed.), *Environments and Organizations*. San Francisco: Jossey-Bass.

Pfeffer, J. & Salancik, G. (1978). *The External Contol of Organizations*. New York: Harper & Row.

Roberg, R. R. (1979). *Police Management and Organizational Behavior: A Contingency Approach*. West Group.

Roberg, R., Novak, K., Cordner, G., & Smith, B. (2012). *Police & Society*. New York: Oxford University Press, Inc.

Roethlisberger, F. J. & Dickson, W. J. (1939). *Management and the worker*. Harvard Univ. Press.

Schermerhorn, J. R., Hunt, J. G., & Osborn, R. N. (1994). *Managing Organizational Behavior* (5th ed.). New York: Wiley.

Spencer, B. A. (1994). "Models of Organization and Total Quality Management: A Comparison and Critical Evaluation". *Academy of Management Review*, 19(3): 446-471.

Swanson, C. R., Territo, L., & Taylor, R. W. (2012). *Police Administration: Structures, Processes, and Behavior*. NJ: Pearson Education, Inc.

Swiss, J. E. (1992). "Adapting Total Quality Management(TQM) to Government". *Public Administration Review*, 52(4): 356-362.

Toch, H. (1997). "The Democratization of Policing in the United States: 1895-1973".

Police Forum, 7(2).

Wycoff, M. A. & Skogan, W. G. (1993). *Community Policing in Madison Quality from the Inside Out*. Washington, DC: National Institute of Justice.

CHAPTER

07

경찰 기획 및 의사결정

학습목표

1. 경찰 기획의 개념 및 중요성을 설명할 수 있다.
2. 경찰 기획의 여섯 가지 단계를 설명할 수 있다.
3. 계획의 유형 및 효과적인 계획을 설명할 수 있다.
4. 경찰 의사결정의 요소를 설명할 수 있다.
5. 경찰 의사결정의 유형을 설명할 수 있다.
6. 경찰 의사결정자의 유형을 설명할 수 있다.
7. 경찰 의사결정의 일곱 가지 단계를 설명할 수 있다.
8. 경찰 의사결정 방법 중 주요 방법을 간략하게 설명할 수 있다.

제 7 장 경찰 기획 및 의사결정

기획 및 의사결정은 효과적인 경찰조직관리를 위해 중요한 과정이다. 기획은 경찰조직의 효과적인 운용 및 관리를 위한 첫 번째 단계이며, 올바른 의사결정을 위한 본질적인 요소이다. 따라서, 경찰조직에서 기획은 아무리 강조해도 지나치지 않는 것이다. 의사결정은 합리적인 의사결정에 이르기 위한 절차뿐만 아니라 요구되는 지식 및 아이디어를 얻기 위한 절차를 포함한다. 제7장에서는 경찰 기획 및 의사결정 관련 주요 이론 및 방법을 학습하고자 한다.

제 1 절 경찰 기획

Ⅰ. 경찰 기획의 개념 및 중요성

1. 경찰 기획의 개념

1) 경찰 기획의 개념

기획(planning)의 개념을 명확히 정의하는 것은 기획을 실행하는 데 있어서 출발점이 될 수 있다. 화이제난드(Whisenand)와 퍼구슨(Ferguson)(1978: 125)은 기획은 효과적인 목표 성취와 관련하여 경찰조직에 지속적인 보완 및 변화를 제공하는 계획 활동 및 방법과 관련되어 있다고 하였다. 또한, 후지크(Hudzik)와 코드너(Cordner)(1983: 1)는 기획이란 미래에 관하여 생각하는 것, 미래가 어떻게 되기를 원하는지에 대해 생각하는 것, 그리고 그것을 성취하기 위해 우리가 지금 무엇을 할 필요가 있는지에 관해 생각하는 것이라고 하였다.

또한, 모텔리(Mottely)(1972: 127)는 기획에 대해서 미래 상황을 시각화시키고, 미래 상황과 관련된 추측을 하고, 이슈 · 필요성 · 잠재적 위험 정도를 확인하고, 일정표에 따라서 바람직한 목표에 도달하기 위한 대안적 방법 및 수단을 분석 · 평가하고, 그 일을 하기 위해 필요한 자본과 자원을 추정하고, 변화하는 상황과 부수적으로 발생하는 사건에 대처하는 데 필요한 것을 준비하기 위해 적절한 시기에 행동하는 관리 기능이라고 하였다.

기획은 행동을 지향하는 경향이 있는데 기획의 실제 목적은 조직이 무엇을 해야 하는지를 결정하고 그것을 실행하는 것이다. 마지막으로, 기획은 경험적 합리주의와 관련되어 있는데 기획가는 자료를 수집하고 분석한 다음에 객관적인 결론에 도달한다.

2) 경찰 기획과 경찰 의사결정의 차이점

기획(planning)은 미래지향적이며 장래 문제에 대하여 계획적인 대비책을 강구하고 일어날 수 있는 사태에 대하여 체계적으로 대처할 것을 요한다. 반면에, 의사결정(decision making)은 예견되는 상황과 정치적 또는 조직적 환경을 기초로 채택할 수 있는 여러 선택 사항 중에서 선택하는 과정이다. 특히, 의사결정은 경찰조직의 모든 수준에서 매일 이루어지고 있는데, 일상적으로 순찰경찰관은 체포를 할 것인지, 소환을 할 것인지, 수색과 압수를 할 것인지 등을 결정하여야 한다.

이와 같이 경찰 기획과 경찰 의사결정은 밀접하게 관련되어 있다. 경찰 기획은 경찰 의사결정의 효과적인 성과를 위한 핵심적인 첫 단계이다. 또한, 경찰 의사결정은 모든 경찰관리자의 책임 중 핵심적인 부분이다. 경찰 기획은 주로 현재 상황(문제)을 이해하는 것과 관련되어 있고, 경찰서장에게 이용 가능한 선택의 범위(대안 또는 행동 과정)를 확장시키는 것과 관련되어 있다. 따라서, 경찰 기획은 정보(어떤 계획)를 제공하는 것을 목적으로 하는 반면에, 경찰 의사결정은 문제를 해결하거나 선택을 하기 위해서 이러한 정보를 사용하는 것을 목적으로 한다.

2. 경찰 기획의 중요성

경찰조직은 변화하는 환경 내에서 운영되어야 하므로 변화를 경찰조직의 목표와 목적으로 받아들일 필요가 있다. 경찰 기획은 변화를 충족시킬 수 있도록 지원하고, 본질적으로 변화의 필요성을 지원해 준다. 경찰 기획은 경찰조직에 목표와 목적을 성취하기 위한 자극 및 방향을 제공해 주므로 범죄감소 효과는 주의 깊고 지속적인 기획과 밀접하게 관련되어 있다(Whisenand & Ferguson, 1978). 범죄는 많은 경찰조직에 있어서 최우선 순위이기 때문에 범죄를 다루기 위한 계획은 매우 실질적이어야 한다.

또 다른 연구자는 기획의 잠재적인 혜택은 결과의 확인, 대안의 고려, 행동 방침의 선택을 포함하고(Hudzik & Cordner, 1983), 경찰관리자가 경찰조직의 미래에 영향을 미치는 올바르고 적용 가능한 의사결정을 내리도록 돕고(Souryal, 1985), 의사결정 과정을 향상시키고 미래를 명확하게 하도록 돕는다고 조언하였다(Holden, 1994).

경찰관리자는 사건을 예상하고 사건 구조를 형상화할 필요가 있다. 경찰관리자가 사건에 대응만 하는 것이라면 경찰 관리활동은 약화될 것이다. 위기 상황을 다루는 데 많은 시간을 보내는 경찰관리자는 실제적 기획이나 의사결정 과정이 없는 경찰조직을 보여주기도 한다. 경찰조직은 때때로 위기에 의한 관리(management by crises)를 실행한다고 하는데, 그것은 사실상 관리에 의한 위기(crisis by management)일 수 있다. 경찰관리자의 기획에 대한 관심 부족은 위기가 규칙적으로 발생할 수 있는 환경을 만들었는데, 이것은 위기에 의한 관리가 미래를 최소한으로 고려하는 '현재 중심적 경향'을 만들었기 때문이다.

Ⅱ. 경찰 기획의 목적 및 역할

경찰 기획의 일반적 목적은 다음과 같은 것을 포함한다(More & Wegener, 1992).

(1) 조직적 유연성이 향상된다.
(2) 목표가 더 쉽게 달성된다.
(3) 의사결정이 향상된다.
(4) 조직구성원이 기획과정에 참여하게 된다.
(5) 문제가 더 쉽게 확인된다.
(6) 해결방안의 기준이 개발될 수 있다.
(7) 필요한 것이 확인될 수 있다.

유능한 경찰 기획을 하는 것은 훌륭한 경찰관리자라는 것을 보여주고 정확한 의사결정의 첫 단계가 된다. 경찰 기획은 다음과 같은 것을 하도록 여겨진다.

(1) 문제분석을 향상시킨다.
(2) 정책결정을 위해서 더 나은 정보를 제공한다.

(3) 목표, 목적, 우선사항을 명백히 하도록 도와준다.
(4) 더욱 효과적인 자원 배분을 가져온다.
(5) 부서 상호간 그리고 부서 내부의 협동 및 조화를 향상시킨다.
(6) 프로그램의 실행을 향상시킨다.
(7) 경찰조직에 명확한 방향 감각을 제공한다.
(8) 더 많은 시민 지지를 위한 기회를 제공한다.
(9) 직원의 참여를 증가시킨다.

Ⅲ. 경찰 기획의 과정

1. 개요적 기획

1) 개요적 기획의 개념

개요적 기획(synoptic planning) 또는 합리적-종합적(rational-comprehensive) 접근법은 기획에 있어서 지배적인 전통이었다. 대부분의 기획과정은 이러한 개요적 기획을 수정한 것이다. 개요적 기획은 객관적 합리성에 기초하고 주어진 상황에서 희망하는 목표를 최적으로 성취하고자 시도한다. 개요적 기획은 기획에 대한 문제 지향적 접근에 기초하기 때문에 경찰조직에 특히 적합하다. 개요적 기획은 기획과정 중 문제 확인 및 분석 단계에 의존하고 경찰관리자로 하여금 목표와 우선순위를 설정하도록 하는 데 도움이 될 것이다. 개요적 기획의 단계는 다음과 같다(Cushman, 1980: 26).

(1) 기획 준비하기(prepare for planning)
(2) 현재 상황 설명하기(describe present situation)
(3) 예상하기(develop projections)
(4) 대안적 미래상황을 고려하기(consider alternative future states)
(5) 문제를 확인하기(identify problems)
(6) 목표를 설정하기(set goals)
(7) 대안적 행동방안을 확인하기(identify alternative courses of action)
(8) 선호하는 대안을 선택하기(select preferred alternatives)
(9) 실행을 계획하기(plan for implementation)
(10) 계획을 실행하기(implement plans)

⑾ 발전을 검토하고 평가하기(monitor and evaluate progress)

2) 대안적 행동방안의 확인

개요적 기획 과정에서 제7단계는 대안적 행동방안을 확인하고 제8단계는 선호하는 대안을 선택하는 것이다. 이 과정은 종종 복잡해서 이 과정의 의사결정자를 지원하기 위해서 경영학, 공공행정학, 체계과학, 형사사법의 학자에 의해서 수십 년 동안 연구되었다. 대안을 선택하는 세 가지 기본 기술은 전략적 분석(strategic analysis), 비교-효과성 분석(cost-effectiveness analysis), 필수-필요분석(must-wants analysis)이다(Swanson, Territo, & Taylor, 2012).

먼저, 전략적 분석은 1936년 미국 해군전 대학(Naval War College)에서 시작되었고 그 후에 경찰관리자에게 도입되었다. 그 이후 전략적 분석은 더욱 체계적이고 객관적인 모델로 발전하였다. 가능한 대안에 대해 생각한 후에 대안의 수는 (1) 모든 대안에 대해 적합성 분석(suitability study)을 하기, (2) 남아 있는 적합한 대안에 대해 타당성 검사(feasibility study)를 하기, (3) 남아 있는 대안에 대해 수용 가능성 분석(acceptability study)을 함으로써 감소될 수 있다.

둘째, 비용-효과성 분석은 비용-편익 분석(cost-benefit analysis) 또는 비용-성과 분석(cost-performance analysis)이라고도 불린다. 이 분석의 목적은 선택된 대안이 비용에 대한 편익의 비율($\frac{\text{편익}}{\text{비용}}$)을 최대화하는 것이다. 이 개념은 경제적 합리성에 기초한다. 즉, 편익을 최대화하고 비용을 최소화하는 시도에서 자료 수집과 모델 활용을 통해서 계산이 과학적으로 이루어진다.

셋째, 필수-필요분석은 전략적 분석 및 비용-효과성 분석의 장점을 결합한 것이다. 필수-필요분석은 적합성, 타당성, 수용 가능성의 주관적 가중치와 비용-편익의 객관적 가중치에 관심을 갖고 있다.

2. 경찰 기획의 과정

경찰 기획은 중요하기 때문에 경찰 기획과정은 모든 경찰조직에 쉽게 적용되고 모든 구성원에 의해 쉽게 이해될 수 있어야 한다. 아래의 여섯 단계 모델은 명확하고, 단순하고, 쉽게 적용될 수 있다(Wallace *et al.*, 1995).

(1) 문제를 확인하기(identification of the problem or problems)

(2) 목적을 설정하기(a set of objectiveness)

(3) 자료를 수집하기(gathering data)

(4) 해결책을 설계하기(solutions)
(5) 기획에 구성원을 참여시키기(participation in planning)
(6) 평가하기(measurement or evaluation)

이와 같은 경찰 기획의 여섯 단계 모델은 하나의 예이지만 여러 경찰 기획 모델 사이에 큰 차이점은 없다. 중요한 것은 경찰조직이 경찰 기획의 필요성을 인식하고 그 필요성을 충족시킬 수 있는 과정을 실행하는 것이다.

1) 문제를 확인하기

오랜 기간 동안 경찰관리자의 단점은 문제를 미리 확인하는 데 실패하고 문제가 발생한 후에 대응한다는 점이다. 경찰 기획과정의 첫 단계는 경찰조직이 단기간 또는 장기간 동안 미래에 대응할 때 모든 가능한 문제를 확인하는 것이다. 그렇지 못한다면 간과된 문제는 성공과 실패를 결정하는 데 중요한 영향을 미칠 수 있다. 오늘날 많은 경찰조직은 지역사회 경찰활동을 실행하고자 노력하고 있는데, 지역사회 경찰활동은 그 실행에 있어서 경찰관이 경찰활동에 대해서 문제해결 접근법을 갖도록 하고, 경찰관 성과를 측정하는데 체포, 범칙금 발부, 보고서 작성 등을 포함하지 않도록 요구한다.

2) 목적을 설정하기

목적 설정은 경찰 기획과정에서 두 번째 단계이다. 문제가 확인된 후에 무엇이 성취되어야 하는지가 그다음 요구사항이다. 그 문제는 어떻게 다루어져야 하는가?, 어떤 성과를 얻고자 하는가?, 목적을 성취하기 위하여 어떤 수단이 사용될 것인가? 이러한 질문은 목적을 설정하는 데 관련된 질문이다.

달성 가능한 목적을 설정하지 못한다면 계획이 실행 전에 좌절될 수 있다. 새로운 범죄통제 방법으로 여겨지는 지역사회 경찰활동에 관한 설명을 이어간다면, 경찰조직이 범죄증가를 문제로 인식하고 지역사회 경찰활동을 적용하고자 할 때에는 관련 목적을 설정해야 한다. 특정한 잘 수립된 목적이 없는 계획은 단순한 희망에 불과할 것이다.

3) 자료를 수집하기

경찰 기획의 세 번째 과정은 관련된 자료를 수집하는 것이다. 그렇지만 모든 경찰조직이 계획 실행에 필요한 모든 정보를 수집하는 것은 아니다. 경찰조직에 있어서 흥미로운 현상은 노력과 시간을 기꺼이 투입하려 하지 않는 계획을 수립한다는 점이다. 지역사회 경찰활동에 중점을 두는 경찰조직은 모든 관련된 정보를 수집하지 않은 채 지역사회 경찰활동을 실행하고자 한다. 중요한 자료를 놓쳐버린 계획은 실패할 수밖에 없다.

4) 해결책을 설계하기

확인된 문제를 다루기 위해 무엇을 할 수 있는지는 경찰 기획과정의 핵심으로 여겨진다. 해결책이 마련되지 않은 채 문제만을 확인하는 것은 목적 달성에 도움이 되지 않는다. 범죄 증가 문제에 대해 생각해 본다면, 현재의 가능한 해결책은 지역사회 경찰활동이다. 그렇지만 지역사회 경찰활동은 본질적으로 해결책이 아니라 해결책을 고안하기 위한 하나의 도구인 것이다.

범죄 증가와 관련된 몇몇 문제는 효과적이지 못한 자원 분배, 시민 지원 부족, 경찰관 참여의 제한 등일 수 있다. 지역사회 경찰활동이 해결책을 마련하기 위한 도구라면, 몇몇 가능한 해결책은 경찰관이 재배치되고 순찰방법이 변경되고 소규모 경찰관서를 통해 경찰관의 시민 접촉을 증가시키는 것이 될 수 있다. 또한, 경찰관은 문제를 해결하는 데 있어서 더 많은 재량을 받게 될 것이다.

5) 기획에 구성원을 참여시키기

전통적으로 경찰조직에서 행해지는 기획은 최고관리자에 의해서 행해지고 계획에 의해 영향을 받을 수 있는 구성원의 참여를 거의 허용하지 않는다. 그렇지만 현대적인 기획은 계획이 영향을 줄 수 있는 모든 구성원을 참여시킬 필요가 있다. 이것을 실행하는 한 방법은 기획위원회에 참여할 대표 직원을 선발하는 것이다. 오마하(Omaha) 경찰서의 지역사회 경찰활동 계획은 최고관리자, 중간관리자, 시민, 외부 자문가 등으로 구성된 기획위원회에 의해서 완성되었다.

6) 평가하기

일단 기획이 실행되면 모든 계획에 대한 평가는 계획이 얼마나 잘 실행되었는지 등과 같이 향후 기획을 위한 귀중한 정보를 제공하여야 한다. 계획을 평가하기 위해 사용되는 도구는 계획이 시작되기 전에 확인되고 최종 계획의 일부분이 되어야 한다.

Ⅳ. 계획의 유형 및 효과적인 계획

1. 계획의 유형

기획과정은 계획을 만들게 된다. 계획은 용도에 따라 네 가지 계획으로 설명될 수 있다(Swanson, Territo, & Taylor, 2012: 323).

1) 관리 계획

관리 계획(administrative or management plan)은 경찰조직의 사명서, 목표, 정책의 형성; 기능, 권한, 책임의 구조화; 자원의 분배; 인사 관리; 경찰조직 전체에 걸친 관련된 다른 관심사를 포함한다.

2) 절차 계획

절차 계획(procedural plan)은 일반적으로 경찰조직의 문서화된 지시 체계의 일부분에 포함된다. 절차 계획은 모든 경찰관에게 배부되고 주기적으로 업데이트된다. 절차 계획은 특정 상황에서 취해질 조치에 대한 가이드라인이며, 증거가 범죄실험실로 송부되는 절차, 남성 경찰관이 체포된 여성을 수색할 수 있는 조건, 교통 위반자를 정지시키고 접근하는 방법을 세부적으로 설명한다.

3) 운용 계획

운용 계획(operational plan)은 종종 업무 계획(work plan)이라고 불리며, 계선 부서에 의해서 취해질 특정한 조치를 설명한다. 운용 계획은 주로 짧고 간결하며 주어진 임무를 성취함에 있어서 지시 및 시간 제한을 제공한다. 지역사회 경찰활동에서 운용 계획은 주로 특정 지역 주민이 원하는 바를 정의한 것이다.

4) 전술 계획

전술 계획(tactical plan)은 특정 장소에서 특정한 긴급상황에 대한 계획과 관련된다. 몇몇 전술 계획은 교도소나 구치소에서 인질을 잡고 있는 긴급상황에 대한 기대에서 개발되며, 기대하지 못한 상황에서는 수정되거나 포기되기도 한다. 또 다른 전술 계획은 공원에서의 시위나 시청에서의 행진이 발생하는 경우에 대비해서 수립된다. 사실상 잘 운용되고 있는 경찰조직이 거의 사용되지 않는 전술 계획의 작성에 상당한 노력을 기울이지만, 전술 계획의 존재는 현장 경찰관 사이에서 신뢰를 향상시키고 경찰관, 일반 시민, 위반자에 대한 부상 가능성을 줄여준다.

2. 효과적인 계획

계획이 어떻게 분류되든지 간에 가장 중요한 것은 공식적이고 지속적인 기획과정을 갖고 있는 경찰조직은 그렇지 않은 경찰조직보다 더 우수하다는 것이다. 이러한 성과 차이는 환경이 더욱 격동적이고 변화의 속도 및 규모가 증가할 때 더 커진다. 경찰관리자는 기획과정을 갖고 있을 뿐만 아니라 다음과 같은 효과적인 계획의 특성을 인식할 수 있어야 한다(Swanson, Territo, & Taylor, 2012: 324).

(1) 계획은 충분히 특정적이어서 요구되는 행동이 이해되어야 한다.
(2) 계획과 관련된 목표의 성취에서 나오는 편익은 계획을 개발하고 실행하는 노력을 상쇄시켜야 한다. 목표 성취 수준은 쉽게 도달할 수 있을 정도로 너무 적당해서는 안된다.
(3) 계획 형성에의 참여는 가능한 한 광범위해야 한다.
(4) 계획은 예견하지 못한 것을 허용하기 위해서 어느 정도의 유연성을 포함해야 한다.
(5) 계획의 개발 및 실행에 있어서 다른 정부부서와의 협력이 조금이라도 필요할 때는 언제든지 협력해야 한다.
(6) 계획은 일관성을 확보하기 위해 경찰조직 내 계획의 개발 및 실행에서 협력이 이루어져야 한다.
(7) 계획된 결과와 실제로 산출된 결과를 비교하기 위한 수단이 실행 전에 특정되어야 한다. 전술 계획과 관련하여 이것은 '실행 후 보고서'라고 불리는 분석 형태를 활용한다.

제2절 경찰 의사결정

Ⅰ. 경찰 의사결정의 개념 및 요소

1. 경찰 의사결정의 개념

올바른 의사결정을 하는 데에는 많은 장애가 있기 때문에 적정하게 의사결정을 한다는 것은 쉬운 일이 아니다. 의사결정의 장애는 최근에 더욱 심해지고 있는데 그 이유는 공공행정 영역의 확대 및 복잡화, 문제의 복합성, 의사결정자 의견의 다양성, 의사결정의 분담, 관료 중심의 기획 및 집행 등이 이루어지고 있기 때문이다.

의사결정을 촉진하는 환경은 다양성(diversity)과 불일치(disagreement)를 촉진해야 하고, 경찰관리자는 건강한 토의를 조장하는 다양한 의견을 지닌 사람을 찾아야 한다. 그러나 그들은 토의가 논쟁으로 나아가지 않도록 방지하는 데 주의해야 한다.

의사결정은 일종의 판단이며 여러 대안 사이에서 선택하는 것이다. 오늘 아침에 당신이 옷장을 열 때 내린 결정과, 어떤 범죄자를 가석방할 것이지 여부에 대한 가석방 위원회의 결정은 공통적인 것을 갖고 있지 않은 것처럼 보일 수 있다. 그러나 입을 옷의 결정과 가석방 위원회의 결정은 몇몇 기본적 요소를 공유하고 있다(Stojkovic, Kalinich, & Klofas, 2012: 346).

2. 경찰 의사결정의 요소

경찰 의사결정 요소는 [그림 7-1]에서 보는 것과 같이 (1) 이론, (2) 목표, (3) 정보, (4) 결정 규칙, (5) 성과, (6) 피드백 등으로 구성되어 있다.

그림 7-1 의사결정의 요소

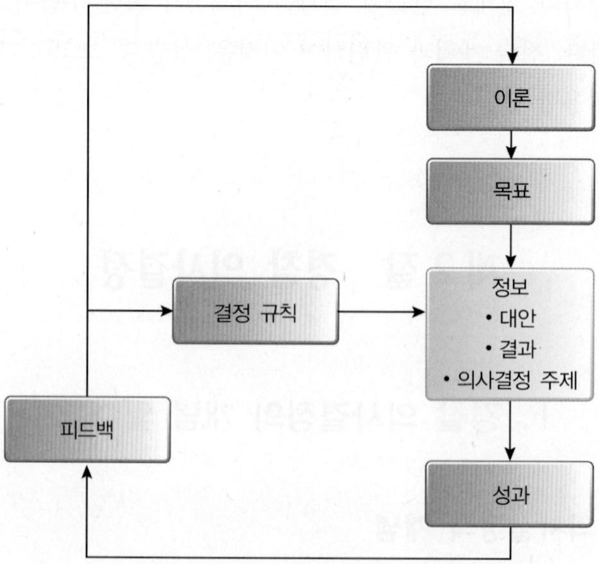

1) 이 론

일반적으로 몇몇 이론이나 광범위한 구조가 대부분의 의사결정을 이끈다. 윌슨(Wilson)(1968)의 경찰활동 유형은 경찰관이 체포 또는 미체포 결정을 내리기 위한 광범위한 구조로 보여질 수 있다. 질서유지에 중점을 두는 감시자(watchman) 유형의 경찰조직에 속해 있는 경찰관은 거칠지 않은 수단으로 소란을 통제하고자 한다면 체포하는 것을 싫어할 수 있다. 그러나 합법적(legalistic) 유형의 경찰조직에 속해 있는 경찰관은 어떤 법률이 위반되었는지 여부에 기초를 두어 체포 권한을 행사할 수 있다. 최근의 연구는 조직 구조 또는 경찰활동 유형이 체포율에 단지 부분적으로 영향을 미치고, 범죄율 또는 폭력범죄율과 같은 요인이 체포율의 강력한 결정요인이 될 수 있다는 것을 보여준다(Chappell, MacDonald, & Manz, 2006).

2) 목 표

의사결정 과정에서 목표(goal)는 각각의 결정에 대하여 특정적이고, 의사결정자가 성취하고자 하는 것을 말한다. 순찰차를 주거침입 현장에 배치하고자 하는 의사결정에서 지령관의 목표는 경찰관의 능률적 활용에 있을 수 있다. 목표는 항상 명확한 것은 아닐 수도 있다.

3) 정 보

의사결정자는 세 가지 종류의 정보(information)를 필요로 한다. 첫째, 의사결정자는 대안 또는 선택사항을 인식해야 한다. 어떤 대안도 없다면 내려야 할 결정도 없다. 둘째, 의사결정자는 대안의 가능한 결과를 인식해야 한다. 대안의 결과에 대한 기대가 없다면 대안은 단지 임의적으로 선택될 수 있다. 셋째, 여러 대안 사이에서 선택을 돕기 위해서 의사결정 주제에 관한 몇몇 정보가 필요로 된다.

4) 결정 규칙

정보의 이용 가능성이 필연적으로 어떤 결정을 야기하는 것은 아니다. 정보는 처리되어야 하는데, 정보처리는 결정 규칙(decision rules)을 통하여 이루어지고, 결정 규칙은 의사결정 요소의 결합 방법을 지배한다. 경찰활동에서 많은 의사결정은 교육, 훈련, 경험에 의존하고, 체포 결정 등은 주로 개인적 판단에 의존한다. 다른 한편으로, 각각의 정보에 대하여 숫자로 표현된 가중치(weight)를 부과하는 양적(quantitative) 결정 규칙이 있다. 의사결정 방향을 알려주는 총계를 만들기 위하여 몇몇 가중치가 추가된다.

5) 성 과

결정 규칙에 따른 정보처리 과정은 성과(outcome)를 만든다. 사람이 체포되고, 형이 선고되고, 교도소 간에 이송되고, 또는 가석방된다. 정책은 실행되고, 변경되고, 제거되는데 그 성과는 의사결정에서 비롯된다. 모든 사건은 아니지만 많은 사건에서 의사결정 과정은 그 성과로 인해 종료되지 않는다. 의사결정의 많은 유형은 다시 반복된다. 경찰관은 체포 여부에 관한 새로운 의사결정에 직면하게 되는 것이다.

6) 피드백

사이버네틱(cybernetic) 또는 '자기 교정적' 의사결정 모델에서 이전의 의사결정의 결과는 앞으로의 의사결정에 영향을 주는 피드백을 제공한다. 사이버네틱 의사결정 과정은 가정에 있는 온도조절장치와 유사한 기계적 모델에 기초하고, 경찰활동에 대한 피드백은 간단하지 않지만 온도조절장치와 같은 원리가 적용된다. 경찰관의 체포 행위는 기소를 하거나 고소를 기각하는 검사의 의사결정에 의해서 영향을 받는다. 피드백은 이론, 결정 규칙, 또는 정보에 대한 영향을 통하여 미래의 의사결정에 영향을 미칠 수 있다.

Ⅱ. 경찰 의사결정의 유형

1. 조직 내 계층에 의한 유형 분류

의사결정은 사소하거나 중요한 문제, 단기간이거나 장기간 문제, 개인적이거나 조직적인 문제를 다룰 수 있다. 그러한 의사결정은 조직 내 계층의 수준에 의해서 분류될 수 있다. 최고관리자는 주로 개념적 문제 및 대안의 전략적 결정을 다루고, 중간관리자는 대부분 행정적 결정을 다루고, 최일선 감독자는 운용적 결정을 다룬다. 경영계획 모델(business plan model)을 적용하여 의사결정의 성격이 경찰관의 지위에 따라서 달라지는 방법에 대해 고려해 볼 필요가 있다.

- 최고관리자 수준의 경찰관에 의한 결정은 전체 범죄율 감소와 관련이 있을 수 있다.
- 중간관리자 수준의 경찰관에 의한 결정은 폭력, 재산, 마약 관련, 청소년 범죄의 감소를 지향할 수 있다.
- 일선 감독경찰관에 의한 결정은 이웃 안전 프로젝트의 실행에 중점을 둘 수

있다.

경찰 의사결정의 유형은 결정을 내리는 사람에 의해서 분류될 수 있다. 모든 수준의 의사결정은 개인적 기술, 인생 경험, 조직 정책, 다양한 관리 유형, 일정한 정도의 위험 감수와 관련된다.

2. 개인적 특성에 의한 유형 분류

카츠(Katz)와 칸(Kahn)(1966: 290-294)은 정책결정에 영향을 미칠 수 있는 정책결정가의 개인적 특성 중에서 (1) 권력 경향 대 이데올로기 경향, (2) 감정 대 객관성, (3) 창조성 대 전통적인 상식, (4) 행동 경향 대 심사숙고 특성 등이 더욱 중요하다고 제안했다.

1) 권력 경향 대 이데올로기 경향

권력 지향적인 경찰서장에 의해 운영되는 경찰서는 의사결정이 전체 경찰서의 건강한 발전보다는 경찰서장이 오랫동안 재위하고 권력을 강화하는 방향으로 움직이고 있는 것을 볼 것이다. 그렇지만 어떤 경찰서는 경찰서장으로 인해 조직의 새로운 발전 및 실질적인 이익을 가져오는 경찰서장을 갖고 있을지 모르고, 이러한 경우에는 경찰서장이 이데올로기적 경향을 가진 것으로서 분류될 수 있다. 그러나 실제로 이데올로기적 십자군이거나 권력 지향적 생존주의자이거나 자기 권력만의 확대를 추구하는 조직의 지도자는 거의 없다. 대부분의 의사결정자는 이와 같은 가치경향의 결합을 보여주고 종종 권력을 얻기 위해서 실용적인 협상을 한다.

2) 감정 대 객관성

모든 개인은 어느 정도 감정 요소를 의사결정 과정에 개입시키는 데 매우 민감하다. 그의 감정이나 객관성 중 어느 하나가 관여하는 정도는 의사결정자의 특성과 결정을 요구하는 상황에 따라서 결정될 것이다. 그러나 몇몇 의사결정자는 다른 사람보다도 순간적인 감정적 충동성과 높은 수준의 만성적 감정 불균형을 지니고 있을 수 있다.

3) 창의성 대 상식

몇몇 개인은 창의성을 갖고 있다. 즉, 그들은 새로운 관계를 볼 수 있고, 오래된 사실 위에 새로운 구조를 놓을 수 있다. 다른 사람은 관련된 사실에 대한 평가와 있음직한 결과의 정확한 예상을 요구하는 상식적인 판단을 함에 있어서 뛰어난 능력을 갖고 있을 수 있다.

4) 행동 경향 대 심사숙고

의사결정과 관련된 또 다른 성격 특성은 행동에 관한 능력, 즉 판단에 따라 행동하는 능력이다. 많은 사람은 훌륭한 생각을 갖고 있지만 그들의 생각을 표현하거나 그들의 결정을 행동으로 옮기는 것은 결코 아니다. 많은 사람은 소위 행동지침(action paragraph) 속에 그러한 생각을 기재하고, 단지 상황이 그것을 강제하거나 그들이 그렇게 하도록 강요를 받을 때에 행동한다. 그 결과 행동할 기회를 전적으로 상실하기도 한다.

3. 명령적 · 자문적 · 합의적 의사결정

의사결정의 유형은 명령적 의사결정, 자문적 의사결정, 합의적 의사결정으로 분류될 수 있다. 경찰조직은 이러한 세 가지 종류의 의사결정을 모두 행한다. 효과성의 핵심은 관련된 경찰관이 무슨 종류의 결정을 내리고 있는지를 인식하는 것이다.

1) 명령적 의사결정

명령적 의사결정(command decision)은 경찰관리자가 그들 스스로 내리는 명령이며 다른 사람의 인풋을 거의 또는 전혀 받지 않는다. 예를 들면, 경찰서장은 특정 경찰관에게 표창을 주기로 스스로 결정한다.

2) 자문적 의사결정

자문적 의사결정(consultive decision)은 다른 사람의 참여와 의견을 활용한다. 최종 결정은 여전히 책임을 맡고 있는 사람에 의해서 내려지지만 다른 사람의 참여를 고려한 후에 내려진다.

3) 합의적 의사결정

합의적 의사결정(consensus decision)은 집단에 의해서 민주적으로 행해진다. 그것은 위원회 구성원에 의해서 종종 이루어지는 합동결정이다.

4. 독재적 · 참여적 · 자유방임적 의사결정

1) 독재적 의사결정과 자유방임적 의사결정

의사결정 유형은 보스가 결정을 내리고 발표하는 독재적(autocratic) 또는 보스 중심적 의사결정 유형에서 부하가 전체적 통제를 부여받는 자유방임적(laissez-faire) 또는 부하 중심적 의사결정 유형까지 연속단계 위에서 보여질 수 있다.

2) 참여적 또는 민주적 의사결정

위의 연속단계의 중간지점에서 우리는 문제를 구조화하고 부하의 참여를 적극적으로 시도하는 경우에 균형이 이루어질 수 있다. 부하는 문제를 제공받고 분석하고 구조화하고 해결책을 개발하도록 허용된다. 이러한 유형의 의사결정자는 참여적(participative) 또는 민주적(democratic) 유형의 의사결정자로 여겨진다.

참여적 관리를 시작하기 위해서는 아이디어를 교환하고, 부하와 토론하는 데 편안하게 느끼고, 아이디어를 일방적으로 제공하지 않는 경찰관리자를 필요로 한다. 참여적 관리는 구성원이 조직적으로 성숙하고, 조직의 목표와 전체 이익을 찾을 것을 필요로 한다. 참여적 관리의 장점은 조직의 문제 및 상태에 관한 정보의 자유로운 흐름을 포함하고, 의사결정을 공유하는 구성원은 후속 결정을 더욱 지지할 것이다. 참여적 관리의 약점은 시간을 필요로 하고, 갈등을 야기할 수 있고, 조직 내부적 정치를 악화시킬 수 있다는 점이다.

Ⅲ. 경찰 의사결정자의 유형

1. 윌킨스의 유형 분류

윌킨스(Wilkins)는 의사결정자의 네 가지 유형을 설명하였다. 이러한 의사결정자의 유형 분류는 불확실성과 많은 양의 이용 가능한 정보가 있는 경우에 타당하다(Wilkins, 1975).

1) 연속 의사결정자

연속 의사결정자(sequentialist)는 무슨 항목의 정보가 가장 중요한지를 결정하기 위하여 자신의 경험을 사용한다. 연속 의사결정자는 각 항목의 중요성 관점에 기초하여 연속적인 방법으로 한 번에 한 가지 항목을 고려한다. 이러한 의사결정자는 중간 정도의 의사결정을 할 수 있고, 각각의 정보의 추가 항목은 의사결정에서 자신감 수준을 증대시키거나 낮춘다. 윌킨스는 이러한 의사결정과정을 단계적 회귀(stepwise regression)로 알려진 통계절차와 비교한다. 단계적 회귀에서는 가장 중요한 정보가 가장 먼저 고려되고, 그다음에 최종 결과에 더 적게 기여하는 정보를 고려한다.

2) 예스 의사결정자

예스 의사결정자(ah yes! decision maker)는 많은 양의 정보를 수집하고 그 정보에서 패턴을 찾는다. 예스 의사결정자는 익숙한 유형을 찾은 후에 의사결정을 행한다. 자료가 현재 존재하는 패턴에 정확하게 맞지 않는다면, 예스 의사결정자는 그 패턴에 적합한 자료를 통해서 재해석한다.

3) 단순 의사결정자

단순 의사결정자(simplifier)는 복잡한 문제를 가장 단순한 형태로 축소한다. 가석방 위원회에서 단순 의사결정자는 "이 사람에 관하여 알려진 부정적인 어떤 것이 있는가?", "이 사건에 있어서 문제는 무엇인가?"라고 질문을 한다.

4) 실증 의사결정자

전략을 찾고자 하는 실증 의사결정자(ratifier)는 다른 어떤 사람에 의한 견해를 기다리고, 자신을 그 사람의 관점과 관련시킨다. 실증 의사결정자는 다른 사람의 견해와 일치하는 사건 파일을 검토할 수 있다.

2. 키니츠키와 크레이트너의 유형 분류

조직에서 의사결정자는 다양한 의사결정 유형을 지니고 있다(Kinicki & Kreitner, 2006). 대부분의 의사결정자는 각각의 유형에 정확하게 해당하지는 않고, 그들이 선택하는 유형은 의사결정자의 성격 기능뿐만 아니라 결정이 행해지는 환경 기능으로 인한 것이다.

1) 지시적 의사결정자

지시적(directive) 의사결정자는 의사결정을 하여 발표하고 매우 업무 지향적이며 모호함에 대하여 낮은 인내심을 갖고 있다. 부하가 경험이 부족하고 조직 목표에 몰입하지 않으며 그 과정에 참여하기를 꺼려한다면, 더욱 개방적인 의사결정 유형을 갖고 있는 관리자조차도 지시적 의사결정자가 될 수 있다.

2) 분석적 의사결정자

분석적(analytical) 의사결정자는 모호함에 대하여 많은 인내심을 갖고 있고 상황을 분석하는 경향이 있다. 그들은 의사결정을 할 시간이 필요하고, 가능한 많은 정보를 찾는다. 분석적 의사결정자가 의사결정에서 신중하게 활용된다면 의사결정을 행하는 데 있어서 직접적이며 독재적일 것이다.

3) 개념적 의사결정자

개념적(conceptual) 의사결정자는 사람과 잘 일하며 문제와 해결책을 고려하기 위하여 다른 사람과의 토의에 의존하고, 미래의 가능성뿐만 아니라 몇몇 선택사항을 고려한다. 개념적 의사결정자는 위험을 감수하고 창의적 해결책을 찾지만 이상적이며 결단력이 없는 경향이 있다.

4) 행태적 의사결정자

행태적(behavioral) 의사결정자는 다른 사람과 상호작용하는 것을 좋아하고 개방적인 토의를 환영한다. 행태적 의사결정자는 아이디어를 수용하지만 갈등을 피하는 경향이 있으며 결정에 대하여 질질 끄는 경향이 있다.

Ⅳ. 경찰 의사결정 모델

경찰 의사결정(decision making) 모델과 관련하여 (1) 합리적 의사결정 모델, (2) 점증적 의사결정 모델, (3) 발견적 의사결정 모델의 세 가지 모델이 대부분의 문헌에서 기본적으로 제시되고 있다.

1. 합리적 의사결정 모델

1) 합리적 의사결정 모델의 개념

합리적 모델(the rational model)에서는 특정한 의사결정의 목표가 확인되고, 필요한 정보는 합의된 결정 규칙에 따라서 처리되고 몇몇 이론적 구조 내에서 고려된다. 또한 합리적 모델은 의사결정 과정을 향상시키기 위한 방향을 제안한다. 이론에서 일치성을 높이는 것, 목표 및 결정 규칙에 대한 동의를 증진시키는 것, 정보의 질을 향상시키는 것은 점차 합리적 결정을 만들 것이다. 다른 분야에서처럼 경찰활동에서 의사결정의 합리성은 능률성 및 효과성을 위한 요구사항인 것으로 보일 수 있다. 그러나 우리가 합리적 결정을 위해 노력할지라도 합리성을 성취하는 것은 있을 것 같지 않고 아마도 불가능할 것이다.

2) 경제적 행동인

전통적 관리이론은 사람이 경제적 자극에 의해 동기를 부여받고 더 많은 돈을 벌기 위한 기회를 얻으려고 더 열심히 일할 것이라고 가정한다. 경제적 행동인(economic actor) 개념은 초창기 의사결정 이론에서 널리 알려져 있다. 이러한 개념 에서 경제적 행동인은 의사결정 상황에 직면했을 때 합리적 방법으로 행동할 것이라고 가정된다. 합리적 모델에서 합리적 행동에 대하여 가정하는 것은 다음과 같지만 이러한 가정은 사람이 실생활에서 성취하기에는 어렵다.

⑴ 사람은 자신에게 이용 가능한 모든 대안을 완전히 알고 있다.

⑵ 사람은 자신의 가치 계층에 따라서 선호하는 것을 파악할 능력을 가지고 있다.

⑶ 사람은 자신에게 가장 좋은 대안을 선택할 능력을 가지고 있다.

3) 행정적 합리성

행정적 합리성(administrative rationality)은 감정, 정치, 권력집단의 역학관계, 성격, 정신건강과 관련된 추가적인 사실을 고려하기 때문에 행정적 합리성은 합리성에 관한 '경제적 행동인'과 다르다. 경찰관리자는 자신의 개인적 가치체계를 갖고 행정상 정책을 결정한다.

4) 능률성의 원칙

사이먼(Simon)은 합리적 선택은 능률성의 원칙(principle of efficiency) 위에서 행해진다고 설명한다. 그의 합리성 모델은 의사결정에 있어서 세 가지 필수적인 단계가 있다고 주장한다(Simon, 1961: 40).

⑴ 모든 대안 전략의 목록을 작성한다.

⑵ 각각의 전략에 대한 모든 결과를 결정하고 계산한다.

⑶ 모든 이러한 결과를 비교 평가한다.

사이먼은 이러한 접근법의 개발로 인정을 받고 있지만, 사이먼의 이론을 좀 더 확장한 이론이 몇몇 다른 문헌에서 발견될 수 있다.

5) 효과적인 의사결정 단계

종종 '합리적-종합적 모델'이라고 불리는 합리적 모델은 효과적인 의사결정을 위한 일련의 공식화된 단계를 설명한다. 이러한 단계는 다음과 같이 일반적으로 관찰되고 나열될 수 있다.

(1) 문제를 확인하고 정의를 내린다.

(2) 문제에 관한 모든 정보를 조사한다.

(3) 문제를 해결하는 것에 대한 모든 가능한 대안과 수단을 나열한다.

(4) 대안을 분석하고 사실을 평가한다.

(5) 적절한 대안을 선택하거나 그에 대한 해답을 찾는다.

6) 제한된 합리성

(1) 제한된 합리성의 개념

합리적 의사결정 모델은 경찰조직의 실제 행정기능에 대해서 너무 이상적이고 타당하지 않다는 비난을 받아 왔다. 사이먼은 의사결정 과정뿐만 아니라 합리성과 관련된 인간적 요인을 이해하였다. 효과적인 의사결정을 위한 필요조건은 경찰관리자에게 놓여진 사회적·환경적·조직적 요구사항을 분명하게 인식해야 한다는 것이었다.

사이먼(1961)은 합리적 의사결정을 내리는 사람의 능력은 전체 조직에 대한 '지식'의 한계로 인해 제한을 받는다고 강조하였다. 의사결정자는 완전한 합리적 결정을 위하여 필요한 정보를 수집하고 다룰 수 없기 때문이다. 이러한 비판적인 관찰로부터 사이먼은 '제한된 합리성'(bounded rationality)이라는 수정된 합리적-종합적 모델

그림 7-2 사이먼의 제한된 합리성

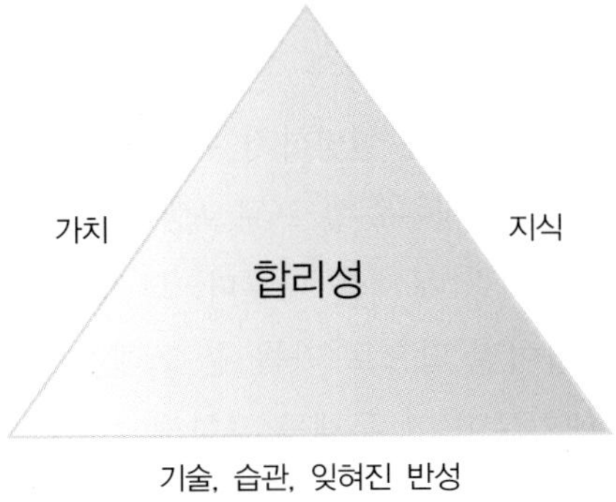

을 제안하였다. 물론 그가 강조한 것은 [그림 7-2]에서 보는 것과 같이 의사결정을 함에 있어서 인간의 고유한 제한에 관한 것이다.

(2) 제한된 양의 정보처리

우리는 많은 양의 정보를 처리할 수 없고 단지 제한된 양만을 천천히 처리할 수 있다. 우리는 정보를 처리할 때 그것을 왜곡하는 경향이 있다. 우리는 정보를 매우 잘 수집할 수 없다. 우리는 일이 행해지는 방법을 정확하게 이해하지 못하기 때문에 무엇이 타당한 정보인지를 항상 알고 있는 것은 아니다.

(3) 선호도에 대한 확신 부족

우리는 선호하는 것이 무엇인지를 확신할 수 없기 때문에 그 정보를 원하는 이유를 확신할 수 없다. 우리는 무엇을 원하는지를 발견하고자 노력한다. 우리는 또한 '모순된 선호도' 또는 '모순된 목표'를 갖고 있고, 한 번에 그것 모두를 충족시킬 수 없다. 결과적으로 우리는 최적의 해결책을 찾지 못한다. 우리는 만족시킬 수 있고 처음에 수용될 수 있는 해결책을 선택한다.

(4) 제한된 합리성의 공통성

제한된 합리성의 조건 아래에서 업무를 수행하는 것은 모든 조직에게 공통적이며, 경찰조직 내에서는 의사결정의 본질인 것이다. 많은 의사결정, 특히 범죄자에 관한 결정은 그들의 범죄경력 및 배경에 관한 많은 정보에 의해 특징 지워진다. 정보는 선택적으로 수집되고, 의사결정자의 과거의 실행 및 경험에 기초하여 해석된다. 그리고 최적의 결과보다는 오히려 수용될 수 있는 결과를 달성하는 것, 즉 만족은 경찰조직에서 유용한 개념이다.

7) 쓰레기통 유추

(1) 쓰레기통 유추의 개념

제한된 합리성 개념을 확장하는 것은 우리가 주목할 만한 가치가 있다. 코헨(Cohen) 등(1972)은 의사결정 모델을 설명하기 위하여 쓰레기통(garbage can) 유추를 사용한다. 의사결정자는 일련의 직무수행 프로그램 또는 문제에 대응하는 표준화된 방법을 개발함으로써 모호함이란 문제를 다룬다. 그래서 조직은 대응 레퍼토리, 즉 문제를 찾았을 때 이미 만들어진 답으로 가득 찬 쓰레기통을 소유한다. 그러나 제한된 합리성과의 연결은 쓰레기통이 그 문제를 포함해야 한다는 것이다. 즉, 그 상황이 이용 가능한 해결책의 관점에서 정의될 때까지 의사결정자는 어떤 상황이 조치를 필요로 하지 않는다고 생각할 것이다.

(2) 쓰레기통 유추의 가치

쓰레기통 유추가 우리로 하여금 경찰활동의 모든 결정을 이해하도록 돕지는 못할지라도, 몇몇 연구는 이 모델의 유용성을 제안한다. 쓰레기통 유추는 경찰활동에서 의사결정을 이해하는 수단으로서 매력을 갖고 있다. 쓰레기통에서 문제 및 해결책은 임의적인 방법으로 수집되지 않는다. 문제 그 자체뿐만 아니라 문제에 대한 접근법은 조직과 그 구성원의 관심과 역사를 나타낸다. 의사결정의 안정성과 심지어 관례화는 제한된 합리성의 산물인 것이다.

2. 점증적 의사결정 모델

1) 합리적 의사결정 모델의 수정

합리적 의사결정 모델의 수정과 관련된 다른 중요한 접근법은 린드블롬(Lindblom)(1975)에 의해서 연구된 '점증적(incremental) 이론' 또는 '그럭저럭 진행해 나가는(muddling through)이론'이다. 경찰관리자는 의사결정 과정이 합리적이지 못하도록 방해하는 (재선되고 싶어 하는 시장의 소망과 같은) 제한적인 정치적 요소에 직면하게 된다. 경찰관리자에게 있어서 정치적 현안은 너무나 강해서 순수한 합리적인 결정이 방해된다.

2) 점증적 단계

리드블롬은 경찰관리자는 직무를 안전하게 수행하고 의사결정에 있어서 점증적으로 이동할 것을 선택한다고 주장하면서, 경찰관리자가 분석적으로 결정하기보다는 오히려 문제를 그럭저럭 진행해 나간다고 주장하였다. 린드블롬의 견해에서, 일련의 점증적 단계를 통해서 발생하는 의사결정은 경찰관리자에게 실수를 하지 않도록 해주는 많은 안전장치를 다음과 같이 제공해 준다.

첫째, 의사결정 단계에서 과거의 순서는 경찰관리자에게 앞으로 유사한 단계의 있음직한 결과에 대해 제공해 주었다. 둘째, 경찰관리자는 그의 지식이나 다른 사람의 지식을 넘어서는 예견을 요구하는 목표를 향해서 크게 점프할 필요가 없다. 왜냐하면 의사결정이 어떤 문제의 최종 해결책이 될 것이라고 기대되지 않기 때문이다. 셋째, 경찰관리자는 각각의 다음 단계로 이동해 감에 따라서 효과적으로 이전의 예측을 검증할 수 있다. 마지막으로, 경찰관리자는 종종 과거의 실수를 매우 빠르게 수정할 수 있다(Lindblom, 1975: 132). 린드블롬의 생각은 이론적이지는 않더라도 그것이 현실에 대한 적합한 설명이었기 때문에 실제적으로 많은 지지를 받았다.

3. 발견적 의사결정 모델

1) 의사결정의 인본주의 접근법

합리성 및 논리성에 대한 또 하나의 반대 개념으로 고어(Gore)(1964)는 의사결정에서 인본주의(humanism)의 중요한 요소를 확인하였는데, 경찰조직을 고려할 때 '본능 수준 접근법'(gut-level approach)이라고도 불리는 발견적 모델(the heuristic model)을 제시하였다. 경험이 많은 순찰경찰관은 거리에서 현명해지는 방법이라고 알려진 미지(未知)의 특성을 종종 언급한다. 이러한 미지의 특성이 경찰관리자를 위한 고어의 의사결정 방식에 포함되었다.

2) 성격의 산물

고어는 의사결정이 의사결정자의 성격의 산물이라는 과정을 확인하고, 발견적 과정과 관련하여 합의를 향해서 손으로 더듬어 가는 것과 같은 것이고, 논리를 통해서는 좀처럼 도달하지 못하며, 의사결정을 유효하게 하는 요소의 핵심은 그 개인의 성격 외부에 있는 것이 아니라 성격 내부에 있는 것이라고 하였다. 합리적 방법은 구체적이고 구조 및 계산에 의해서 공식화된 것임에 반해, 발견적 개념은 불투명하고 기억 속으로 되돌아가거나 미래로 나아가는 본능(gut feeling)에 의해 특징화된다.

3) 감정적 · 비이성적

고어에게 있어서, 의사결정은 기본적으로 감정적이고, 비이성적이며, 고도로 개인화되었으며, 주관적 과정이다. 최적의 상태는 개인의 기본적 욕구 · 소망 · 욕망에 대한 최소한의 걱정 및 혼란을 야기하는 의사결정 대안을 선택하는 것이다. 모든 객관적인 의사결정은 경찰조직의 다양한 구성원의 감정적 욕구를 충족시킬 수 있도록 수정되어야 한다. 그러나 고어의 접근법은 의사결정 과정에 기여하여 박수를 받았을지라도 너무 단순하고, 비과학적이고, 의지할 수 없고, 기존 상황을 복잡하게 만들고, 훈련의 역할을 불신하고, 경찰조직에 전문성의 도입을 지연시킨다는 비판을 받았다.

4. 대안적 의사결정모델

1) 조직과정 모델과 정부정치 모델

의사결정 모델에 대한 다양한 접근법을 제시하고자 하는 또 다른 시도는 1962년 쿠바 미사일 위기에 대한 앨리슨(Allison)의 설명이다. 앨리슨(1971)은 경찰과 몇몇 정부기관이 종종 직면하게 되는 위기사건 동안에 행해지는 의사결정을 설명하기 위하여 대안적 의사결정모델(alternative decision-making model)로서 두 가지 추가 모델(조직과정 모델과 정부정치 모델)을 제시하였다.

(1) 조직과정 모델

조직과정 모델(organizational process model)은 정부 의사결정이 한 개 조직의 영역에 배타적으로 적용되는 것은 거의 없다는 전제에 기초를 두고 있다. 즉, 경찰기관은 공공 정책에 영향을 미치는 주요 결정을 위해서 다른 정부기관으로부터 제공되는 정보 및 조언에 의존한다.

(2) 정부정치 모델

정부정치 모델(government politics model)은 주요 정부 정책이 경찰서장과 같은 단 한 명의 합리적인 행동가에 의해서 결정되는 것은 거의 없다고 주장한다. 오히려 정책 및 일반적 의사결정은 그러한 이해관계를 지지하는 개인과 집단 사이의 협상과정의 산물이다.

2) 체계 접근법

의사결정의 또 다른 대안 모델은 관리에 대한 체계 접근법(system approach to management)에서 생겨났다. 이러한 기술은 거대하고 복잡한 변수체계에 의해서 널리 영향을 받는다. 조직 내의 의사결정에서 나온 자료의 응용 · 선택 · 분석은 운용연구(operations research)라고 불린다(Ott, 1970: 287).

정부기획, 군사적 지출, 천연자원 보존, 국가방어 예산과 같은 많은 변수와 관련된 복잡한 문제를 분석하는 관리과학(management science)의 필요성에 대응하여 운용연구는 의사결정에 있어서 대안 선택으로 인한 있음직한 결과를 측정하기 위해 수학적 조사, 확률이론, 게임이론 등을 사용한다.

그 결과로서 '프로그램 평가 및 검토 기술'(PERT)과 '계획예산제도'(PPBS)와 같은 기술은 관리기획(managerial planning), 예측(forecasting), 의사결정(decision making)에서 사용하기 위해 개발되었다(Schoderbeck, 1970: 291). 따라서 이러한 기술은 체계 요소의 양을 측정함으로써 분석체계를 구성해야 한다. '프로그램 평가 및 검토 기술'은 해체된 인적·물적·재정적 자원을 문제해결 대안이 평가될 수 있는 유용하고 효과적인 기업으로 전환시키려는 관리상의 시도이다. 이러한 과정은 비용-효과 분석, 각각의 대안에 대한 비용평가, 목표 달성 범위에 의해서 수행된다.

3) 의사결정나무

의사결정나무(decision tree) 모델은 나뭇가지 각각에 대하여 다양한 결과의 확률을 계산한다. 줄기의 첫 번째 나뭇가지는 (1) 순찰경찰관에 의한 현장 체포, (2) 현장에서 체포하지 않음, (3) 형사에 의한 현장 체포라는 세 가지 가능한 결과를 갖는다. 이러한 세 가지 경우에 대한 확률의 합계가 1.0이 되는데, 그것은 확실성에 대한 수학적 가치이며, 나뭇가지의 모든 있음직한 결과가 설명된다. 한 사건에서 나오는 일련의 여러 결정이 관련되어 있을 때 의사결정나무는 상황을 분석하고 참고하는 데 매우 유용하다.

예를 들면, 의사결정나무는 범죄수사 자원을 최대로 활용하기 위해서 관련된 증

그림 7-3 의사결정나무

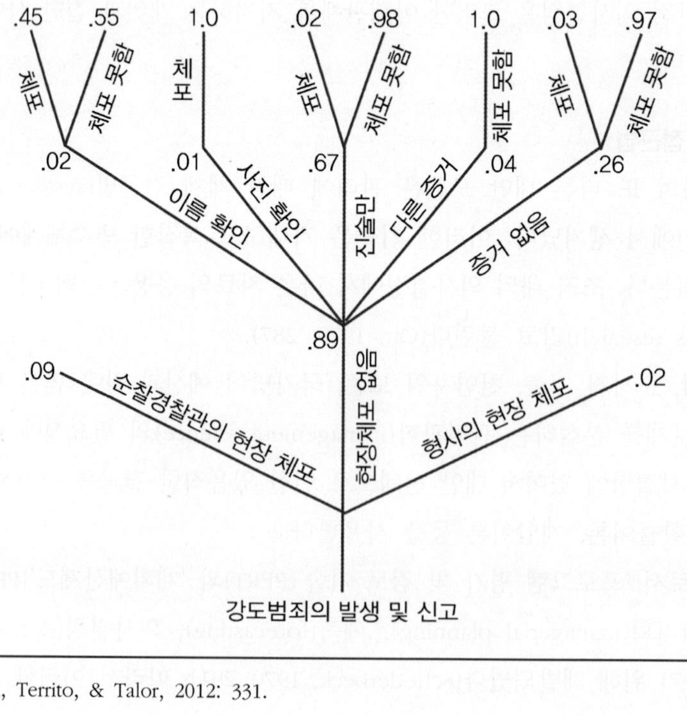

자료: Swanson, Territo, & Talor, 2012: 331.

거 유형에 기초하여 범죄수사를 언제 시작하고 언제 그만둘 것인가에 관한 정책 및 지침을 형성하는 데 수사부서 책임자에게 유용할 것이다. 이러한 접근법은 양적 기술을 사용하는 합리적 모델의 결과이다. 이 접근법의 약점은 모든 문제와 가능한 대안에 관한 정보를 수집하기 위한 시간과 자원이 직접적으로 구성되어 있지 않아서 실제 상황에 대한 실용성 여부에 있다.

Ⅴ. 경찰 의사결정의 7단계

경찰 의사결정은 효과적으로 행해질 수 있고, 많은 경찰활동 관련 문제는 [그림 7-4]의 7단계 과정을 통하여 효과적으로 해결될 수 있다(Hess & Orthmann, 2012: 149).

그림 7-4 경찰 의사결정의 7단계

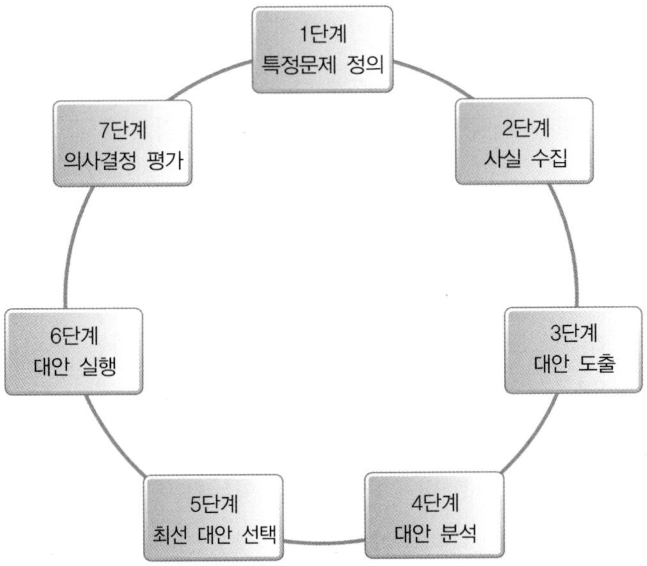

1. 특정 문제의 정의

경찰 의사결정의 논리적인 첫 단계는 문제를 확인하는 것이다. 이것은 해결책을 찾기 전에 확인되고, 정의되고, 제한되어야 한다. 관련된 사람은 그것이 해결될 필요가 있는 우선순위라는 것에 동의할 필요가 있고, 문제(problem)와 그 증상(symptom)

을 혼동하지 않도록 주의해야 한다. 예를 들면, 순찰경찰관은 늦게 출근하게 되거나 더 자주 아프다고 연락하게 될 수 있다. 이것은 더 깊이 있는 문제인 낮은 사기(morale)의 증상일 수 있으며, 우리는 증상이 아닌 문제 그 자체를 다루어야 한다.

또 다른 중요한 결단은 행해진 결정이 중요한 의사결정인지 사소한 의사결정인지 여부이다. 그것이 단지 사소한 문제라면 명령적 결정(command decision)이 적합할 수 있다. 많은 사소한 결정은 더욱 절박한 문제에 대해서 소비되어야 하는 관리자의 시간을 자주 빼앗는다.

2. 문제에 관한 모든 사실의 수집

현재 존재하는 정책을 지지하지 않을 수 있는 사실을 포함하여 모든 이용 가능한 타당한 자료가 검토되어야 한다. 그 문제에 영향을 미칠 수 있는 현재 존재하는 표준, 정책, 그리고 규칙을 결정해야 한다. 가능하다면 관련된 모든 사람의 의견을 들을 필요가 있다. 동일한 또는 유사한 문제를 다룸에 있어서 경험이 매우 도움이 되고, 때때로 전문가가 필요로 된다. 다른 경우에 어떤 문제는 경찰조직의 지침에 해당되어 거의 연구를 필요로 하지 않을 수 있다. 철저하게 실행하기 위해 시간을 확보해야 한다. 중요한 또는 재발하는 문제에 대해서는 즉각적인 결정(snap decision)을 회피할 필요가 있다.

3. 대안 도출

플립 차트나 화이트 보드에 대안을 적을 필요가 있다. 다음의 질문은 대안을 도출해 내는 데 도움이 될 수 있다.

- 그것을 할 수 있는 방법이 있는가?
- 당신은 그것에 특별한 요령을 제공할 수 있는가?
- 당신은 그와 같은 것을 더 많이 필요로 하는가?
- 그와 같은 것을 더 적게 필요로 하는가?
- 어떤 대안이 있는가?
- 당신은 그 부분을 재정리할 수 있는가?
- 당신이 그 반대로 행한다면 어떻게 될까?
- 당신은 그 아이디어를 결합할 수 있는가?
- 당신은 모방하거나 응용할 수 있는가?

4. 대안 분석

다음의 질문은 대안을 분석하는 데 도움이 될 수 있다. 에디슨(Edison)은 그가 저장 배터리를 발명하는 데 25,000번 실패한 것이 아니라 쓸모 없는 25,000가지 방법을 배웠던 것이다.

- 각 대안의 있음직한 결과는 무엇인가?
- 그 대안을 분석함에 있어서 고려해야 할 많은 요소 중에서 그것이 경찰기관의 사명서 및 목표, 비용, 요구되는 경찰관, 이용 가능한 자원, 참모 반응, 장기간 결과, 조합 계약 규정, 결정의 결과로 발생할 수 있는 윤리적 고려사항 및 문제에 얼마나 적합한가?
- 시간과 자원은 대안을 제한하거나 결과를 통제할 수 있다. 의사결정을 하거나 의사결정을 하지 않을 때에 관련된 위험은 무엇인가?
- 선택할 때 다른 대안은?
- 잘못 선택할 때 다른 대안은?

5. 최선의 대안 선택

옳은 대안을 선택하는 것은 의사결정의 핵심이다. 정상적인 문제해결을 위해서 한 개의 대안이 결국 최선의 해결책으로서 보인다. 모두 똑같이 보이는 상황에서 선택은 더욱 어렵다. 대부분의 대안은 장점과 단점을 갖고 있다. 두 개의 열을 갖고 있는 도표를 만들어라. 각각의 대안과 그에 대응하는 장점 및 단점을 나열하라. 이것은 항목 수에 있어서 동일할 수 있지만, 각각의 점수에 가중치를 부여한다. 당신의 최종 결정의 일부로서 전체 점수를 사용하라. 대안을 결정하는 것과 그것을 평가하는 것은 종종 어렵다. 그것은 경험, 지식, 훈련, 창의성, 직관, 다른 사람의 충고, 심지어 컴퓨터 지원을 요구할 수 있다. 더 많은 인풋이 활용되면 될수록 의사결정이 더 좋아진다.

6. 대안 실행

대안의 실행은 주로 의사결정 과정 중에서 가장 시간이 걸리는 단계이다. 그것은 여러 단계와 관련되고 주의 깊게 기획되어야 한다. 누가 그 실행을 행할 것인가?, 무슨 자원이 필요로 되는가?, 언제 그 실행을 행할 것인가?

중요한 첫 단계는 관련된 모든 사람에게 그 결정사항에 대해 소통하는 것이다. 이상적으로 관련된 사람은 이미 의사결정과정에 참여해서 선택사항을 잘 알고 있고, 특정 선택이 채택되는 이유를 잘 알고 있을 것이다.

만약 의사결정이 명령적이거나 자문적 결정이라면 의사소통이 필수적이다. 효과적인 관리자는 자신의 부하로 하여금 발생하고 있는 것에 대한 관심을 유지하고 가능한 가장 빠른 시기부터 그들의 지원을 얻는다. 관리자는 그 해결책을 실행하는 사람을 지원하여야 한다. 의사결정자는 필요로 되는 지원이 계속적으로 제공되는지 여부를 확인할 필요가 있고 실행의 모든 단계에서 피드백을 요청해야 한다.

7. 의사결정 평가

- 선택된 대안은 얼마나 효과적인가?
- 그것은 기대된 결과를 성취했는가?
- 그것은 문제를 해결했는가?

의사결정에 대한 평가는 미래의 결정을 위한 정보를 제공한다. 그 해결책이 효과적인 것으로 증명되지 않는다면, 그 경험으로부터 배워야 한다. 평가의 주된 목적은 향상시키는 것이다. 즉, 대안이 효과가 있다면 그것을 유지하고 강화해야 하고, 대안이 효과가 없다면 그것을 변경하는 것이다.

Ⅵ. 주요 경찰 의사결정 방법

경찰조직관리에 있어서 중요한 관리 도구는 의사결정 과정, 즉 문제해결에 대한 체계적 접근방법이다. 의사결정 과정은 경찰조직의 특정 문제에 적합하도록 조정될 수 있는 과정이다. 유용한 경찰 의사결정 방법을 소개하면 다음과 같다(Hess & Orthmann, 2012).

1. 직 관

1) 직관의 개념

직관(intuition)은 통찰력으로서 어떤 합리적인 사고를 하지 않고도 아는 것을 의미한다. 잠재의식은 직관에 기초한 결정을 내린다. 직관은 좌반구와 우반구를 가로질러서 사실과 감정을 통합시킨다. 결정이란 느리고 합리적이고 분석적인 추론의 결과일 수 있으며, 또는 신속한 직관의 결과일 수도 있다.

2) 경찰관의 직관에 의한 결정

경찰관은 경찰활동에서 자주 직관적으로 행동하지만 그 상황을 설명하는 것이 어렵다는 것을 발견한다. 그들은 훈련 및 경험에 기초하여 본능적으로 위험신호를 읽고 반응한다. 경찰관으로 하여금 위험신호를 인식하고 그것에 따라 반응하도록 이끄는 것은 바로 불편한 감정, 본능적인 반응, 여섯 번째 감정인 것이다.

3) 주름살 요인

주름살 요인(pucker factor)은 관계자 중 어떤 사람이 어떤 말을 하지 않고도 그 개인이 위협을 야기한다는 것을 알고 있는 경찰관의 능력을 의미한다. 베테랑 경찰관은 사악한 의도의 전조가 되는 신체언어 신호 및 말의 실마리를 발견하는 데 전문가이다. 이러한 직관적 의사소통은 뇌의 파충류 부분에서 오는 것이 아니라 오히려 빛의 속도로 무의식적인 사고를 하는 인지적 기능과 관련이 있다.

2. 즉석 결정

1) 결단력의 발휘

관리자는 모든 이용 가능한 정보를 획득하는 것이 항상 가능하지는 않으므로 때때로 결단력이 있어야 한다. 모든 결정이 완벽할 것을 기대해서는 안된다. 완벽주의자는 충분한 정보를 갖고 있지 않기 때문에 결정을 내리는 것이 어렵다는 것을 발견한다.

2) P-40-70 규칙

파월(Powell) 장군은 결정할 때마다 P-40-70 규칙을 활용하였다. P는 성공 가능성을 의미하고, 숫자는 획득된 정보의 비율을 가리키는데, 그는 40~70% 범위 내에서 정보를 획득할 때 본능적인 감정대로 결정하였다. 시간이 중요하다면 그는 필요로 되는 정보의 40%만을 갖고서 결정을 내렸다. 사람은 모든 정보를 가질 때까지 기다린다면 결코 결정을 내리지 못할 것이다.

3) 즉석 결정의 가치

즉석 결정(snap decision)을 배우는 것은 매우 유익할 수 있다. 가끔 내리는 즉석 결정은 천천히 내려지는 좋은 결정보다 더 좋은 결과를 가져올 수 있다. 이것은 어떤 종류의 결정이든지 간에 옳은 결정을 더욱 명백하게 만들어 주는 새로운 관점을 가져오기도 한다. 즉석 결정을 하는 것은 종종 부하와 상관으로부터의 지지를 고무시킨다. 그것은 또한 경찰관리자가 통제감을 느끼도록 만든다. 자신의 책상 위에 10개의 미해결된 문제 리스트를 갖는 것은 걱정과 스트레스를 야기할 수 있다.

3. 의사결정 기술의 활용

몇십 년 전에 경찰관리자는 거의 지원을 받지 못한 채 사실상 독립된 의사결정자였다. 범죄분석을 위한 복잡한 소프트웨어와 자료은행의 도래는 이 상황을 변화시켰으며, 방대한 기술은 모든 수준에서의 의사결정을 지원하기 위하여 이용될 수 있다.

1) 운용 수준

운용 수준에서 순찰차는 순찰경찰관에게 정보에의 즉각적인 접근을 제공해 주는 컴퓨터를 갖고 있다. 경찰관은 순찰차에서 등록번호를 추적함으로써 자신이 정지시킨 차량에 접근하기 전에 차량의 이력을 알 수 있다. 또한, 운전자의 신원 및 과거 기록이 즉시 점검될 수 있다. 이것은 개인의 안전 및 체포 여부의 결정에 있어서 중요하다.

2) 관리자 수준

관리자 수준에서 행정적 프로그램은 직원을 배치하고, 예산을 편성하고, 순찰 근무조를 배정하고, 보고서를 분석하고, 많은 다른 기능을 지원해 준다. 소프트웨어 프로그램은 또한 이러한 정보 분석뿐만 아니라 통계적인 정보를 제공하고, 심지어 암시 및 대안을 제공할 수 있다. 새로운 감독자가 범죄를 예견하기 위하여 자료를 분석하고 모범을 보이는 것이 중요하다. 신임 감독경찰관 및 경찰관리자는 주도적이어야 하며 최고관리자의 문화 변화를 지원해야 한다. 경찰조직이 의사결정에 있어서 기술의 혜택을 진정으로 얻고자 한다면, 그것은 정보 기반 경찰활동(intelligence-led policing: ILP)과 관련이 있다.

3) 데이터 마이닝

데이터 마이닝(data mining)은 대규모 데이터 세트를 분석하고 특징을 파악하기 위해 고급 계산 기술을 활용한다. 데이터 마이닝 적용은 정보를 지식으로 변경시켜서 범죄분석, 배치, 위험 평가, 행태분석, 국토안보, 인터넷 및 기간시설 보호 등을 포함한다.

4. 참여적 의사결정

1) 다양한 배경 및 경험의 반영

참여적 관리 환경은 향상되고 더 좋은 의사결정을 이끈다. 참여적 의사결정(participatory decision making)에서 구성원은 발언권을 갖고 있다. 의사결정은 종종 자신에게 영향을 미치기 때문에 경찰관은 참여적 의사결정을 더 좋아한다. 그들은 또한 의사결정 과정에 다양한 배경 및 경험을 가져온다. 참여자의 다양한 배경 및 경험 때문에 참여적 의사결정은 대안의 수 및 내용에 관하여 더 많은 인풋을 제공하고 혁신적 아이디어 기회 또한 증대시킨다. 참여적 의사결정에서 공유하는 인풋은 최종 결정에 대한 더 나은 수용 및 몰입을 촉진하고, 팀워크가 증가하는 것처럼 조직의 상·하 의사소통 또한 증가한다.

2) 창의성 촉진

참여적 관리자는 문제의 윤곽을 파악한 후 대안 개발 업무를 부하에게 맡긴다. 이것은 참여자에 의한 창의성을 촉진하고, 그들이 관리자에게 제시하는 의사결정의 양과 질을 향상시킨다. 함께 활동하는 과정이 공유 및 기능적 경쟁을 향상시킬 때 그 집단은 체계적인 결과를 획득할 수 있다. 참여적 의사결정에 있어서 갈등은 일종의 자산으로 고려되며, 함께 어울리지 않는 개인은 혁신적 아이디어 및 해결책을 위한 촉매제로 보여질 수 있다.

3) 모든 사람의 인풋 고려

참여적 의사결정에 있어서 합의를 획득하는 것이 어려울지라도, 참여자가 개인적으로 이기기 위하여 논쟁하는 것을 피하고 전체 집단의 최선의 판단에 도달하는 데 중점을 둘 때 합의가 성취될 수 있다. 집단 구성원은 듣는 것(hear)과 들려지는 것(being heard)에 대한 책임을 수용해야 한다. 그래서, 의사결정자는 모든 사람의 인풋을 고려하여야 한다.

4) 감정, 정보, 논리의 결합

구성원은 최선의 결과는 정보 및 의사결정 참여자의 감정을 포함하여 정보, 논리, 감정의 결합으로부터 나온다는 것을 인식해야 한다. 구성원의 참여는 최종 의사결정뿐만 아니라 가치판단에도 긍정적으로 영향을 미칠 것이다.

5. 브레인스토밍

1) 브레인스토밍의 개념

대부분의 사람은 브레인스토밍이라는 개념에 익숙하지만 그 실행은 종종 효과적이지 못하다. 브레인스토밍은 구성원이 비난 또는 비판을 받음이 없이 자발적으로 아이디어를 제공하는 공유된 문제해결 방법이다. 그것은 아이디어를 생산하고, 대안을 제시하고, 해결책을 제안하며, 계획을 창조하기 위하여 설계된 창의적이며 제약받지 않는 사고인 것이다.

2) 브레인스토밍의 네 가지 규칙

브레인스토밍 기법의 창시자인 오스본(Osborn)은 네 가지 규칙을 만들었다.

⑴ 어느 누구도 아이디어를 비난하도록 허용되지 않는다.

⑵ 아이디어는 엉뚱할수록 더 좋다.

⑶ 집단은 아이디어의 양에 집중해야 하고 질에는 관심을 둘 필요가 없다.

⑷ 참가자는 가능할 때는 언제나 제안된 아이디어를 결합하거나 다른 사람에게 의지해야 한다.

3) 브레인스토밍의 방법

브레인스토밍이 자유롭게 실행되어야 할지라도 많은 사람이 생각하는 것처럼 조직화되지 않은 것은 아니다. 브레인스토밍은 다음과 같은 방법으로 실행될 필요가 있다.

⑴ 참여자가 준비되어야 한다. 그들은 다룰 문제를 미리 알고 있어야 한다. 리더는 아이디어가 계속해서 흐르도록 유지해야 하고, 아이디어에 대한 비판 또는 평가가 행해지지 않도록 해야 한다.

⑵ 집단 규모는 15명의 참여자로 제한되어야 하고, 그들은 둥글게 앉아 있거나 U형태의 테이블에 앉아야 한다.

⑶ 브레인스토밍 세션은 적절하게 진행되지 않는다면 역효과로 인해 참여한 사람의 입에 쓴맛을 남기며, 참여자가 변화과정의 한 부분이 되려는 노력에 부정적인 영향을 미친다.

(4) 효과적인 브레인스토밍 세션의 핵심은 플립 챠트에 모든 아이디어를 쓰는 것이다. 페이지가 가득찰 때 그것을 벽에 붙이고 집단은 아이디어의 흐름을 보고 계속해서 동기부여될 것이다.

(5) 모든 브레인스토밍 세션은 명확한 종료시간을 갖고 있어서 긴급성이 지배한다. 대부분의 세션은 20분에서 40분까지로 제한된다.

(6) 브레인스토밍을 하는 동안 발산 사고(divergent thinking)(우뇌)는 집중 사고(convergent thinking)(좌뇌) 전에 행해지는 것이 중요하다. 발산 사고는 자유로운 흐름이고, 창의적이고, 상상력이 풍부하며, 제한되지 않는다. 반면에, 집중 사고는 평가적이고, 합리적이며, 객관적이다.

4) 브레인스토밍의 효과적인 운용방법

브레인스토밍 세션을 효과적으로 운용하기 위하여 다음과 같은 조치가 필요하다.

(1) 참여자가 준비되어 있도록 해야 한다.

(2) 모든 아이디어를 글로 쓴다.

(3) 아이디어에 대한 어떤 비난도 허용하지 않는다.

(4) 명확한 종료시간을 갖는다.

브레인스토밍 세션 이후에는 비판적 판단 단계로 이동하며, 그 단계에서 아이디어는 검토되고, 종합되고, 추가되고, 제외되고, 평가되고 우선순위가 정해진다. 브레인스토밍은 강력한 의사결정 및 문제해결 도구이다.

6. 초점집단 활용

많은 경찰관서에서 강조되는 경찰-지역사회 협력은 의사결정을 하는 데 돕기 위한 초점집단(focus group)을 활용함으로써 촉진될 수 있다. 초점집단은 시민뿐만 아니라 주로 교육사회, 종교사회, 이웃 서로 돌봐주기 집단, 상공인 집단, 전문가 집단 출신의 사람으로 구성되며, 그들은 어떤 이슈에 관하여 자신의 의견을 표현할 수 있다. 그 집단은 촉진자(facilitator)에 의해서 이끌리며 특정한 주제에 관한 광범위한 정보를 수집하기 위해 이용될 수 있다.

7. 세력장 분석

1) 세력장 분석의 개념

세력장 분석(force-field analysis)은 목표 성취를 방해하는 힘과 목표 성취를 촉진하는 힘을 확인하는 문제해결 기법이다. 목표 성취를 방해하는 힘은 억제력(restraining forces)이라고 불리고, 그것을 촉진하는 힘은 촉진력(driving force)이라고 불린다. 억제력과 촉진력이 서로 균형을 이룰 때 그 상황은 평형상태에 있다고 말해진다. 문제상황에서 그 균형은 기울어지게 되고, 평형상태는 촉진력보다 더 많은 억제력으로 인해 부정적으로 이동하게 된다([그림 7-5]).

그림 7-5 세력장 분석

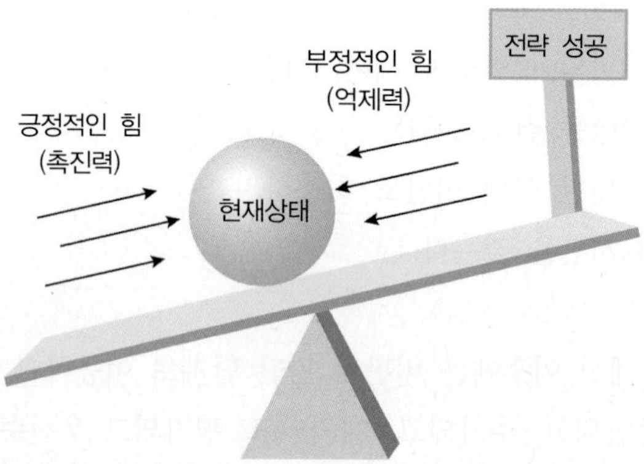

2) 세력장 분석의 방법

세력장 분석에서 문제를 불만족스런 상황으로 설명할 수 있고, 그 힘을 표시하기 위하여 각각의 힘을 높음, 중간, 또는 낮음으로 표시할 수 있다. 마지막 단계는 평형상태를 변화시킬 행동계획을 고안해내는 것이다. 억제력을 감소시키는 특정 방법을 선택하고, 촉진력을 증가시킬 방법을 선택한다. 전체 분석은 〈표 7-1〉과 같이 표로 정리될 수 있다.

표 7-1 세력장 분석

문제: 우리 지역사회에서 증가하는 마약 남용	
억제력	촉진력
재정 부족	마약 체포의 증가
조직/조정의 부족	교회 집단
학교 협력의 부족	부모의 관심
교회 협력의 부족	자살률
이용 가능한 경찰관의 부족	마약 사용의 증가
시민의 무관심	10대 임신
부모의 마약 사용	치명적 사고
마약 판매 이익	
권고되는 행동계획	
전문화된 마약부서의 창설	
24시간 핫라인의 개설	
학교 주변 1,000피트의 마약 없는 영역을 만들기 위한 조례의 통과	
학교에서 DARE와 같은 교육 프로그램을 실행하기	
학부모 교실을 개최하기	
마약 없는 직장 프로그램을 실행하기	
지역사회 내 모든 거주자에게 보내지는 소식지를 발행하기	
마약 체포와 관련된 모든 재산을 압수하기	
마약남용 반대 위원회를 창설하기	
여유가 없는 사람을 위하여 마약 상담가를 고용하기	

자료: Hess & Orthman, 2012: 153.

8. 명목집단 기법

1) 명목집단 기법의 개념

몇몇 사람은 집단보다는 혼자서 더 잘 활동할 수 있다. 이것을 이용하고 팀 접근법의 시너지를 얻기 위한 명목집단 기법(nominal group technique)은 더 많고 더 좋은 아이디어를 생산할 수 있다. 특히, 명목집단 기법은 대안의 순위를 매김으로써 가장 효과적인 대안에 대한 합의를 성취할 수 있는 객관적인 방법이다.

2) 명목집단 기법의 방법

명목집단 기법은 다음과 같이 운영된다.

(1) 관련된 사람을 6명에서 9명으로 구성된 집단으로 나눈다.

⑵ 각 사람이 어떤 사람에게도 말하지 않은채 직접 문제를 해결하기 위한 많은 아이디어를 쓰도록 한다. 이 단계를 위해서 5분에서 15분 정도 허용한다.
⑶ 리더를 포함해서 각 사람이 돌아가면서 자신의 목록에서 한 가지 항목을 읽도록 시키고, 리더는 그 아이디어를 플립 챠트에 쓴다. 그 아이디어에 관한 어떤 평가도 허용되지 않는다.
⑷ 모든 아이디어가 게시될 때까지 계속해서 순환한다. 한 사람 이상이 같은 아이디어를 갖고 있다면 합계 표시를 한다.
⑸ 모든 아이디어가 제시된 후에 아이디어를 명확하게 하는 질문을 하지만 평가를 해서는 안된다.
⑹ 기록카드를 배부하고 모든 사람이 다섯 가지 최고 아이디어에 순위를 매기도록 한다. '1'은 가장 좋은 아이디어이다.
⑺ 기록카드를 수집하고 휴식을 갖는다. 각 아이디어에 대한 점수를 합산하고, 그 회의에 참여한 사람의 수로 나눈다. 그 후 최고 점수를 가진 다섯 가지 아이디어를 플립 챠트 위에 기록한다.
⑻ 집단을 다시 소집해서 다섯 가지 아이디어를 토의하도록 한다. 주로 이러한 토의에서 가장 좋은 아이디어가 나타날 것이다.

이러한 명목집단 기법은 모든 사람으로부터 인풋을 얻을 수 있는 좋은 효과가 있지만, 매우 시간이 걸린다. 이 기법은 진정으로 합의 결정을 요구하는 중요한 문제에 제한되어야 한다.

9. 델파이 기법

1) 델파이 기법의 개념

델파이 기법(delphi technique)은 1960년대에 랜드 연구소(Rand Corporation)에서 개발되었다. 명목집단 기법처럼 델파이 기법은 개인적인 참여가 결국에는 집단 노력을 가져오도록 만드는 방법이다.

2) 델파이 기법의 방법

관리자는 직접 회의를 소집하기보다는 의사결정에 참여할 사람에게 질문지를 보낸다. 〈표 7-2〉는 전형적인 델파이 질문지를 설명해 준다. 그 후 관리자는 모든 참여자에게 돌리고 참가자들은 다양한 답변을 고려하는 질문지를 다시 완성하도록 요

표 7-2 전형적인 델파이 질문지

마약문제 척결을 위한 선택사항 조사

거리에 있는 경찰관으로서 당신은 우리 기관이 싸우고 있는 마약 문제에 가장 가까이 있다. 우리는 이 문제에 대한 가능한 접근법에 대한 당신의 제안에 고맙게 생각한다. 다음 질문의 답변에 몇 분을 활용해 주세요. 누가 답변했는지는 비밀이지만 모든 답변은 순찰부서의 모든 구성원과 함께 공유될 것입니다.

1. 우리는 지역사회 마약 교육을 어떻게 증진시킬 수 있을까?
2. 세 개의 주된 마약남용 문제지역은 어디인가?
3. 우리 지역사회 내에서 마약문제를 줄이기 위하여 우리는 무엇을 해야 하는가?

구된다. 이것은 합의가 이루어질 때까지 계속된다. 주로 3회 또는 4회 순환이 충분하다. 델파이는 사실상 모든 사람이 경청할 기회를 부여받는 사려 깊은 의사소통 방법이다. 집단은 문제를 해결하기보다는 종종 토의한다.

3) 수정된 델파이 기법

델파이 기법은 미해결성(open-endedness)을 없애기 위하여 수정할 수 있다. 이러한 수정된 델파이 기법은 결정된 핵심 이슈를 제시하는 정책 설명을 포함하는 질문지와 세 가지 선택(동의, 확실하지 않지만 기꺼이 노력, 동의하지 않음)을 갖고 있는 응답칸을 제시한다. 동의하지 않는 사람은 자신이 권고하는 사항을 간단히 작성하도록 요구된다. 이것이 수정된 델파이 기법의 제1단계이다. 〈표 7-3〉은 수정된 델파이 기법(제1단계)을 보여준다.

제7장

표 7-3 수정된 델파이 기법(제1단계)

1. 아래의 각 진술을 위하여 당신의 위치를 가장 잘 반영해 주는 칸에 체크하세요.
   A. 동의
   B. 확실하지 않지만, 1년 동안 기꺼이 노력함
   C. 동의하지 않음

2. 당신이 C라고 체크한 경우 설명 아래의 빈 공간에 수정하기를 원하는 방법을 작성해 주세요. 만약 A 또는 B를 체크하더라도 당신은 의견을 제시할 수 있습니다.

제안된 조치	A	B	C
지역사회 마약 교육을 증진하기 위하여 우리는 다음과 같은 것을 해야 한다.			
1. 학교 DARE 프로그램을 시작해야 한다. 의견:			
2. 지역신문에 지역 지도자에 의한 일련의 기고글을 발행한다. 의견:			
3. 도서관에 있는 마약 남용 문헌을 강조한다. 의견:			
우리의 지역사회에서 마약문제를 줄이기 위하여 다음과 같은 것을 해야 한다.			
4. 경찰의 수를 증가시켜야 한다. 의견:			
5. 지역사회 수준의 마약남용 반대 위원회를 시작해야 한다. 의견:			
6. 마약판매자와 사용자에게 더 강한 형벌을 부과해야 한다. 의견:			

제2단계는 각 진술에 대한 선택사항에 응답한 수와 각 응답자가 작성한 내용을 보여준다. 그 후 응답자는 원래 응답을 다시 고려하고, 다른 사람의 응답에 기초하여 그들이 원하는 변화 사항을 작성하도록 요구된다. 〈표 7-4〉는 수정된 델파이 기법(제2단계)을 보여준다

제3단계는 제2단계에서 응답한 것의 합계이고 응답에 기초하여 각 항목을 위해서 취해질 조치에 관한 요약이다. 이러한 의사결정 방법은 문제해결 경찰활동을 사용하는 경찰조직에게 적합하다.

표 7-4 수정된 델파이 기법(제2단계)

다음은 마약 질문지에 대한 응답의 합계이고, 당신이 희망하는 제안된 변화이다. 이전처럼 각 진술 및 변화를 위해 당신의 위치를 가장 잘 반영하는 칸에 체크하세요.

A. 동의
B. 확실하지 않지만, 1년 동안 기꺼이 노력함
C. 동의하지 않음

제안된 조치	A	B	C
지역사회 마약 교육을 증진하기 위하여 우리는 다음과 같은 것을 해야 한다.			
1. 학교 DARE 프로그램을 시작해야 한다. 변화: 또한 학부모 교실을 갖는다.	5	3	3
2. 지역신문에 지역 지도자에 의한 일련의 기고를 발행한다. 의견: 또한 피해자 및 경찰에 의한 기고를 발행한다.	4	4	3
3. 도서관에 있는 마약 남용 문헌을 강조한다. 변화: 시민집단 및 학교를 통하여 문헌을 배부한다.	3	3	5
우리의 지역사회에서 마약문제를 줄이기 위하여 다음과 같은 것을 해야 한다.			
4. 경찰관의 수를 증가시켜야 한다. 변화: 높은 마약판매율을 갖고 있는 것으로 알려진 지역에서 증가시킨다.	6	5	0
5. 지역사회 수준의 마약남용 반대 위원회를 시작해야 한다. 변화: 구성원은 경찰서장에 의해서 임명된다.	4	4	3
6. 마약판매자와 사용자에게 더 강한 형벌을 부과해야 한다. 변화: 단지 판매자에 대해서만. 사용자를 위해서는 상담.	5	1	5

참고문헌

Allison, G. T. (1971). *Essence of Decision: Exploring the Cuban Missile Crisis*. Boston: Little, Brown.

Chappell, A. T., MacDonald, J. M., & Manz, P. W. (2006). "The Organizational Determinants of Police Arrest Decisions". *Crime and Delinquency*, 52(2): 287-306.

Cohen, M. D., March, J. G., & Olsen, J. P. (1972). "A Garbage Can Model of Organizational Choice". *Administrative Science Quarterly*, 17(1): 1-25.

Cush, R. (1980). *Criminal Justice Planning for Local Governments*. Washington, D.C.: U.S. Government Printing Office.

Gaines, L. K. & Worrall, J. L. (2012). *Police Administration* (3rd ed.). Clifton Park, NY: McGraw-Hill.

Gore, W. J. (1964). *Administration Decision-Making: A Heuristic Model*. New York: John Wiley & Sons.

Hess, K. M. & Orthmann, C. H. (2012). *Management and Supervision in Law Enforcement*. Clifton, NY: Delmar, Cengage Learning.

Holden, R. N. (1994). *Modern Police Management* (2nd ed.). Englewood Cliffs, NJ: Prentice-Hall.

Hudzik, J. & Cordner, G. (1983). *Planning in Criminal Jusitce Organizations and Systems*. New York: Macmillan.

Katz, D. & Khan, R. L. (1966). *The Social Psychology of Organizations*. New York: John Wiley & Sons.

Kinicki, A. & Kreitner, R. (2005). *Organizational Behavior*. McGraw-Hill Higher Education.

More, H. W. & Wegener, W. F. (1992). *Behavioral Police Management*. New York: Macmillan.

Mottley, C. M. (1972). "Strategy in Planning". in J. F. Lyden & E. S. Miller (eds.). *Planning, Programming, Budgeting: A Sytem Approcah to Management* (2nd. ed.). Chicago: Markham.

Ott, J. (1970). "The Challenging Game of Operations Research". in M. S. Wortmann & F. Luthans (eds.). *Emerging Concepts of Management*. London: Macmillan.

Schoderbeck, P. P. (1970). "PERT-Its Promises and Performances." in M. S. Wortmann & F. Luthans (eds). Emerging Concepts of Management. London: Macmillan.

Simon, H. A. (1961). *Administrative Behavior*. New York: Macmillan.

Souryal, S. S. (1985). *Police Organization and Administration*. Cincinnati, OH: Pilgrimage.

Stojkovic, S., Kalinich, D., & Klofas, J. (2012). *Criminal Justice Organizations: Administration and Management* (5th ed.). Wadsworth, Cengage Learning.

Swanson, C. R., Territo, L., & Taylor, R. W. (2012). *Police Administration: Structures, Processes, and Behavior*. New Jersey: Pearson Education, Inc.

Wallace, H., Roberson, C., & Steckler, C. (1995). *Fundamentals of Police Administration*. Englewood Cliffs, NJ: Prentice-Hall.

Whisenand, P. M. & Ferguson, R. F. (1978). *The Managing of Police Organization* (2nd ed.). Englewood Cliffs, NJ: Prentice-Hall.

Wilkins, L. T. (1975). "A Typology of Decision-Makers?". in *Parole: Legal Issues/ Decision-Making/Research*. New York: Federal Legal Publications.

CHAPTER

08

경찰 조직화 및 경찰조직 설계

학습목표

1. 경찰 조직화의 개념을 설명할 수 있다.
2. 구성원에 의한 경찰 조직화를 설명할 수 있다.
3. 지역에 의한 경찰 조직화를 설명할 수 있다.
4. 시간에 의한 경찰 조직화를 설명할 수 있다.
5. 기능 및 목적에 의한 경찰 조직화를 설명할 수 있다.
6. 경찰조직 설계의 기초를 설명할 수 있다.
7. 경찰조직의 설계방법을 간략하게 설명할 수 있다.
8. 오늘날 경찰조직 구조의 특성을 간략하게 설명할 수 있다.

제 8 장 경찰 조직화 및 경찰조직 설계

경찰 조직화란 경찰조직의 목표 및 목적을 충족시키는 데 있어서 최대의 능률성, 효과성, 생산성을 성취하기 위해서 경찰조직의 하위체계를 형성하는 것과 관련된 과정을 의미한다. 경찰조직이 구성되거나 설계되는 방법은 경찰조직의 사명과 그 사명의 수행 방법에 의존한다. 경찰조직은 사명을 성취하기 위해서 적절하게 설계되어야 한다. 따라서, 제8장에서는 경찰 조직화를 하는 방법과 경찰조직을 설계하는 방법에 대하여 학습하고자 한다.

제 1 절 경찰 조직화

Ⅰ. 경찰 조직화의 개념 및 직무 구분

1. 경찰 조직화의 개념 및 주요 관심사

1) 경찰 조직화의 개념

헨리(Henry)(2004: 58)는 조직에 대한 두 가지 개념을 제시하고 있는데, "특정 목표를 성취하기 위하여 협력하는 많은 전문가가 고도로 합리적이고 일반적으로 (비개인화되어) 통합된 것"이라는 개념과 "두 명 이상의 사람 간에 계속 조정되는 개인 활동 체계"라는 개념이다. 또한, 오하라(O'Hara)(2006: 23-26)는 조직은 특정 직무를 수행하는 사람의 계획적인 조정으로 구성되고, 어떤 권한에 의하여 결정된 목표를 성취하기 위한 특정한 절차를 갖고 있다고 제안하였다.

경찰관리자는 경찰조직에게 부여된 임무를 충실히 수행하기 위하여 조직구조를 수정하거나 설계한다. 조직표는 경찰 임무를 성취하는 데 있어서 가장 적합한 것으로 결정된 임무 및 권한 관계에 관한 공식적 구조를 반영하는데, 조직화(organizing)란 임무 및 권한 관계의 공식적 구조를 결정하는 과정을 의미한다.

귤릭(Gulick)이 POSDCoRB에서 두 번째로 제시한 조직화란 제시된 목적을 위해서 업무 하위부서가 설치되고, 정의되고, 조정되는 공식적 권한 구조를 확립하는 것을 의미한다. 조직화에 대한 또 다른 정의는 조직이 그 목표 및 목적을 충족시키는 수단을 확립하는 기능과 관련되어 있다는 것을 보여준다. 조직화와 관련해서는 환경상의 불확실성 및 불안정성으로 인해 불일치하는 많은 이해 관계자를 조정하는 데 있어서 복잡성 때문에 여러 문제가 발생한다.

2) 경찰 조직화의 주요 관심사

경찰 조직화를 실행함에 있어서 주요 관심사인 (1) 확인(identification), (2) 결정(determination), (3) 형성(formation), (4) 균등화(equalization)를 설명하면 다음과 같다(Robbins, 1968: 47; Dantzker, 1992: 116).

(1) 첫 번째 단계는 어떤 직무가 행해질 필요가 있는지를 확인하는 것이다. 예를 들면, 초동수사를 수행하고, 잠복 또는 추행 수사를 실행하며, 범죄 현장에서 압수된 물리적 증거를 보관하는 것과 같이 어떤 직무가 행해질 필요가 있는지를 확인해야 한다.

(2) 두 번째 단계는 확인된 직무를 그룹화하고 누가 그 직무에 책임이 있는지를 결정하는 것이다. 예를 들면, 경찰 서비스 요청에 대응하는 것은 순찰부서 책임이지만 추행 수사는 수사부서에 배정될 수 있다.

(3) 세 번째 단계는 순찰경찰관, 형사, 경장, 경사, 경위, 경감, 부(副)서장, 서장과 같이 권한 계층을 형성하는 것이다. 경찰조직의 준군대 구조 때문에 계급이나 권한 계층을 형성하는 것이 일반적이다.

(4) 네 번째 단계는 균등화하는 것이다. 경찰조직이 계급을 형성하고자 한다면 책임이 균등하게 분배되고 이러한 책임을 실행할 권한이 제공되어야 한다. 순찰부서의 경사가 12명의 경찰관을 감독할 책임을 갖고 있다면, 다른 경사도 비슷한 수의 경찰관을 감독해야 한다.

2. 경찰조직의 직무 구분

경찰조직에 의해 수행되는 다양한 직무와 의무는 논리적 계획에 따라서 구성원 사이에 구분되어야 한다. 경찰조직에서 직무는 [그림 8-1]에서 보는 것과 같이 (1) 구성원, (2) 지역, (3) 시간, (4) 기능 · 목적에 따라서 구분될 수 있다. 경찰조직의 목표 및 목적을 성취하기 위해서 유사한 임무 · 기능 · 활동이 특정 집단에 부여될 수 있도록 직무가 설계되어야 한다. 즉, 경찰조직에서 순찰기능은 수사기능과 분리되어야 하고, 수사기능은 내사기능과 분리되어야 한다. 또한 어떤 시간 및 장소에서 근무하는 경찰관은 지역 및 시간에 따라 구분되어야 한다.

그림 8-1 경찰 조직화의 유형

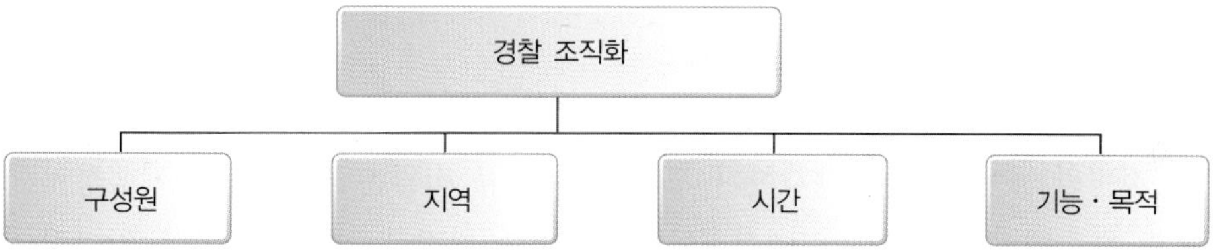

Ⅱ. 구성원에 의한 경찰 조직화

먼저, 경찰조직은 구성원에 의해서 조직화될 필요가 있다. 미국 경찰조직에서 이루어진 구성원에 의한 조직화를 살펴보는 것은 우리나라의 경찰을 효과적으로 조직화하는 데 많은 도움이 될 것이다.

1. 정규 직원과 비정규 직원

1) 정규 직원

(1) 경찰권 부여

미국에서 경찰관은 주로 정규 직원(sworn personnel)이다. 정규 직원은 형법과 형사소송법을 포함한 주 및 지방 법률에 의하여 전통적인 경찰권(police power)을 부여받는다. 정규 직원은 임명할 때 '헌법'과 경찰권 행사에 적용될 수 있는 주 및 지방의 '법률'을 준수한다는 선서를 한다.

(2) 정규 직원의 권한

정규 직원이 갖고 있는 경찰권의 가장 좋은 예는 체포권이다. 경찰관은 범죄자를 체포하기 위해서는 (명확한 증거가 아니더라도) 상당한 근거(probable cause)를 가질 필요가 있다. 체포권 이외에 경찰관은 공공장소에서 사람을 임의적으로 멈추게 하여 질문하고, 차량을 세우고 조사하며, 무기 및 다른 금지품을 수색할 권한을 갖고 있다. 경찰관은 치명적인 무력을 사용할 수 있는 권한을 시민보다도 더 많이 갖고 있다.

2) 비정규 직원

(1) 비집행 직무 수행

미국 경찰조직에서 비정규 직원(non-sworn personnel)은 전통적인 경찰권을 부여받지 않으며, 시민에게도 부여되어 있는 제한된 체포권만을 행사할 수 있다. 비정규 직원은 경찰조직 내에서 비집행 직무를 부여받는다.

(2) 다양한 영역에서의 근무

우리는 비정규 직원에 관하여 생각할 때 주로 단순 사무직원, 911 통신원, 경찰 무전 지령원 등에 관하여 생각한다. 그러나 비정규 직원은 사무·기술·행정·관리 직무를 포함해서 다양한 영역에서 근무한다. 다만 비정규 직원의 구조는 일반적으로 정규직원과 같이 수직적이지 않다.

2. 계급 구조

1) 순 경

경찰관은 주로 순찰직무에 배정된다. 순경(police officer) 계급은 경찰조직에서 기본적인 직무를 수행하며, 일반적으로 계급 상관(ranking officer)인 경사, 경위, 경감의 통제를 받는다.

2) 경 장

경장(corporal 또는 master patrol officer) 계급은 많은 경찰조직이 활용하고 있는 순경 계급과 첫 번째 감독경찰관인 경사 사이에 존재하는 중간계급이다. 경장 계급은 훌륭한 직무수행에 대한 보상으로, 그리고 훈련이나 기술적 기능과 같은 추가 직무에 대한 보상으로 종종 부여된다.

3) 형 사

경찰조직은 일부 경찰관을 형사(detective 또는 investigator)로 임명한다. 형사는 범죄현장을 제외하고는 순찰경찰관에 대하여 감독역할을 수행할 수 없지만 범죄현장에서는 책임을 지고 주요 결정을 내린다. 형사 역할은 일반적으로 순경 계급보다는 더 명성이 있다. 형사는 일반적으로 더 높은 급여를 받고 제복을 착용하지 않으며 승진시험보다는 공적 때문에 임용된다.

4) 경 사

경찰명령체계에서 첫 번째 감독경찰관(supervisor)은 경사 계급(sergeant)이다. 경사는 일선 감독자이고 그의 감독 아래에 배정된 경찰관을 직접 감독한다. 경사 아래에 있는 경찰관 집단은 주로 순찰팀(squad)이라고 불리는데, 일반적으로 6~10명의 경찰관이 한 개 순찰팀을 구성하고, 몇 개의 순찰팀이 특정 근무 시간에 활동한다. 경사는 자신의 순찰팀 구성원의 활동에 책임이 있으며 경찰권 행사시 결정에 대해서도 책임이 있다.

5) 경 위

경찰명령체계에서 경사 계급 위에는 경위 계급(lieutenant)이 있다. 경사는 일반적으로 한 개 순찰팀을 책임지지만 경위는 순찰대(platoon)를 책임진다. 순찰대는 특정 교대근무조(tour 또는 shift)에서 근무하는 모든 경찰관으로 구성된다. 경위는 특정 순찰근무조에서 발생하는 모든 경찰운용활동과 경찰관에 대해 책임을 갖고 있다.

6) 경 감

경찰명령체계에서 경위 계급 위에는 경감 계급(captain)이 있다. 경감은 특정 지역 또는 특정 부서 내의 모든 직원과 경찰활동에 대하여 책임을 맡고 있다. 경감은 그의 명령을 경찰관에게 전달하고, 규율 및 통제를 행사하기 위해서는 경위 및 경사 계급에게 의존해야 한다. 그러나 경감의 역할은 단지 행정적인 것은 아니다.

7) 경찰서장

미국 경찰조직의 대표는 주로 경찰서장(chief of police) 또는 경찰국장(police commissioner)이다. 경찰서장 또는 경찰국장은 주로 일정한 기간 동안 지방정부의 최고 관료에 의해서 임명된다. 일반적으로 경찰서장과 경찰국장은 공무원 정년을 갖고 있지 않고, 경찰기관 내에서 적극적인 역할을 수행해야 하며 소속 직원과 적절하게 의사소통을 해야 한다.

3. 구성원에 의한 경찰 조직화 관련 이슈

1) 민간화

(1) 일반직 또는 비정규 직원으로의 대체

민간화(civilianization)란 비집행 업무에 정규 경찰관을 배치하지 않고 일반직(civilian) 또는 비정규 직원(non-sworn personnel)을 배치하는 과정을 의미한다. 특별한 훈련 및 자격을 갖고 있는 일반직은 그동안 비집행 업무(예 교통통제, 주차위반 범칙금 발부, 범죄 보고서 작성 등)를 수행한 경찰관을 대체하기 위하여 고용되었고, 사무기술을 갖고 있는 일반직은 그동안 사무업무에 배정된 경찰관을 대체하기 위하여 고용되었다. 대략 지방경찰관서 직원의 1/4이 일반직이다.

비집행 업무에서 일반직은 정규 경찰관보다 더 적은 보수를 받기 때문에 정규 경찰관을 일반직으로 대체하는 것은 경찰조직에 있어서 매우 비용-효과적이다. 이러한 전략은 경찰조직으로 하여금 순찰 및 다른 직무집행을 위해 더 많은 정규 경찰관을 이용할 수 있도록 해 준다.

(2) 일반직 활용에 대한 우호적 인식

민간화 프로그램에 관한 연구는 경찰관리자와 경찰관이 비집행 업무의 일반직 활용에 대하여 우호적으로 인식한다는 것을 발견하였다. 많은 경찰관은 일반직이 정규 경찰관보다 몇몇 직무를 더 잘 수행한다고 인식하였다. 게다가, 많은 경찰관은 민간화되지 않은 직무 중 몇몇은 제한을 받고, 앉아서 일하며, 처벌의 일종이고, 적절한 경찰직무가 아니라고 여기는 경향이 있었다(National Institute of Law Enforcement and Criminal Justice, 1975).

2) 예비경찰관 및 보조경찰관

경찰조직의 인력 부족은 관할구역에 따라서는 1년 내내 지속될 수 있고 계절에 따라 달라질 수 있다. 몇몇 휴양지는 특정 시기 동안에 평상시 인구의 두 배나 되는 관광객 유입을 경험하게 된다. 이러한 상황에 대응하여 미국의 몇몇 지역사회는 여름 경찰관(summertime cops)을 고용하기도 한다. 예비경찰관(reserve officer)은 관할구역에서 필요로 될 때 근무하는 시간제 직원이고 금전적 보상을 받지만 지역에 따라서는 금전적 보상을 받지 않기도 한다. 예비경찰관의 핵심 요소는 정규 경찰관의 권한을 갖고 있으면서도 비정규 경찰관이라는 점이다. 보조경찰관(auxiliary)이라고 불리는 다른 자원봉사 경찰관은 완전한 경찰 권한을 갖고 있지 않다.

Ⅲ. 지역에 의한 경찰 조직화

경찰조직은 구성원에 의해서 뿐만 아니라 지리적 영역에 의해서도 조직화되어야 한다.

1. 순찰구역

순찰구역(beat)은 한 개 교대근무조(1명 또는 2명)가 효과적으로 순찰할 수 있는 가장 작은 지리적 영역이다. 한 개 순찰구역은 도보 순찰구역, 순찰차 순찰구역, 심지어 자전거 순찰구역일 수 있다. 순찰구역 경찰관은 경찰 지원이나 경찰 관심을 필요로 하는 조건 및 문제뿐만 아니라 순찰구역에서 생활하거나 사업을 행하는 사람을 알고 있어야 한다. 이러한 이유 때문에 순찰구역은 지리적으로 제한되어야 하지만 비생산적일 정도로 너무 작아서도 안된다.

2. 순찰지구

순찰지구(precinct/district/station)는 일반적으로 특정 지리적 영역 내에 있는 전체 순찰구역(beat)을 합쳐 놓은 것이다. 순찰지구 본부는 일반적으로 순찰지구대(precinct house 또는 station house)라고 불린다. 순찰지구대는 주로 법원 출석을 기다리고 있는 범죄자의 임시 구금실, 경찰관이 제복을 착용하고 장비를 보관할 수 있는 탈의실, 행정 부서, 회의실, 사무 부서 등을 포함하고 있다.

Ⅳ. 시간에 의한 경찰 조직화

경찰조직은 구성원 및 지역에 의해서 조직화되는 것 이외에도 근무시간에 의해서도 조직화되어야 한다.

1. 3교대 근무제

1) 1일 8시간 근무

경찰관은 효과적인 근무를 위해서 일정 시간 및 일정 일수만을 근무한다. 경찰조직이 1일 24시간 동안 3개 교대근무조(tour, shift)로 구분된다면 일반적으로 심야

(midnight 또는 night) 근무조는 자정 12시부터 오전 8시까지, 주간(day) 근무조는 오전 8시부터 오후 4시까지, 저녁(evening) 근무조는 오후 4시부터 자정 12시까지이다.

이와 같은 1일 3교대 근무제를 활용할 때에는 한 명은 심야 근무조, 또 한 명은 주간 근무조, 마지막 한 명은 야간 근무조를 담당하여 1일 근무를 위해서 세 명의 경찰관이 필요하다. 그러나 비번, 휴가, 병가 등을 고려하면 대략 다섯 명의 경찰관이 1일 24시간 동안 각 순찰구역(beat)을 담당하도록 요구된다.

2) 1일 12시간 근무

몇몇 경찰조직은 1일 2개의 12시간 근무조를 포함하는 변형된 3교대 근무제(three-tour system)를 활용한다. 12시간 근무조를 활용하는 경찰조직의 사례는 뉴욕(New York)주 나소(Nassau) 카운티인데, 오전 7시에서 저녁 7시, 저녁 7시에서 오전 7시 근무조 체계를 사용한다. 12시간 근무조를 활용하는 경찰서는 두 개의 순찰대(platoon)를 갖고 있게 된다.

2. 고정 근무조 배치

1) 순환 근무조의 문제

전통적으로 경찰조직은 순찰경찰관을 순환 근무조에 배치하여 한 주, 몇 주, 몇 달은 심야 근무조, 그다음에는 주간 근무조 또는 야간 근무조에 배치한다. 경찰관의 비번(days off) 또한 3교대 근무제로 인해서 순환된다. 그러나 이것은 경찰관의 근무일 및 비번일에 상당한 문제를 야기하였다. 특히, 순환 근무조로 인해 발생하는 긴장은 식사, 생활, 수면, 사회화 등에 부정적인 영향을 미치며 상당한 수준의 스트레스를 야기하였다.

2) 고정 근무조 배치

최근 미국 경찰조직은 순찰경찰관을 고정 근무조에 배치하는 경향이 있다. 많은 경찰조직에서 경찰관은 선임순위나 자신의 선택에 기초하여 고정된 심야 근무조, 주간 근무조, 야간 근무조에 배치된다. 경찰관리자는 고정 근무조가 경찰관의 근무일 및 비번일을 정상화하고, 그 결과 순환 근무조에 의해 야기되는 많은 문제를 해소할 수 있기를 희망한다.

Ⅴ. 기능이나 목적에 의한 경찰 조직화

경찰을 조직화하는 가장 좋은 방법 중 하나는 경찰에 의해서 수행되는 유사한 기능을 유사한 부서에 배정하는 것이다. 그래서 순찰활동을 행하는 경찰관은 순찰부서에 배치되고, 수사직무를 수행하는 경찰관은 수사부서에 배치된다.

1. 계선부서와 참모부서

1) 계선부서와 참모부서의 개념

모든 다른 조직과 같이 경찰관서는 기능 또는 목적에 의하여 조직되어야 한다. 경찰조직의 부서를 조직화하는 기본적인 방법은 계선(line) 부서와 참모(staff [support]) 부서를 구분하는 것이다. 계선부서는 경찰조직 목표의 성취를 직접적으로 촉진시키지만, 참모부서는 이러한 계선부서의 임무를 보조한다.

2) 계선부서

경찰조직의 목표 중 하나는 질서를 유지하는 것인데, 질서를 유지하기 위하여 거리를 순찰하는 순찰경찰관은 순찰부서에 배치된다. 경찰조직의 또 다른 목표는 범죄를 수사하는 것인데, 범죄를 수사하는 형사는 수사부서에 배치될 것이다. 순찰 및 수사부서는 경찰조직 목표의 성취를 직접적으로 촉진시키므로 계선 기능을 수행하는 계선부서인 것이다.

3) 참모부서

참모부서는 경찰조직의 목표 성취와 직접 관련되지 않는 기능이지만 경찰조직의 원활한 운영을 위하여 필요하다. 참모부서의 대표적인 업무는 계선부서를 지원하고 사무업무를 수행하는 것이다.

4) 계선부서와 참모부서의 관계

경찰조직 규모의 빠른 확대는 전문화를 강화하고 운용부서를 지원하기 위한 참모부서의 확대를 가져왔다. 거의 모든 경찰조직에서 발생하는 책임의 확대 및 구분은 때로는 어려움과 불화로 가득 차기도 한다. 계선 직원의 관점에서 볼 때 조직상 어려움의 원인 중 하나는 참모 직원이 자신을 지원하고 조언하는 것 대신에 자체 권한을 갖고자 시도한다는 것이다.

또한, 참모 직원과 계선 직원 간의 의사소통 문제가 발생한다. 참모 직원은 때때로 새로운 계획이나 절차를 계선 직원에게 충분하게 설명하지 못한다. 계선 직원은 참모 직원이 성공적인 운용활동에 대한 공적을 가져가고 프로그램이 실패할 때에는 계선 직원을 비난한다고 종종 주장한다.

게다가, 계선 직원은 참모 직원이 제한된 목적을 갖고 있어서 큰 그림을 보지 못한다고 주장하기도 한다. 반면에, 참모 직원은 계선 직원이 참모 직원의 분석 기술을 활용하지 못한다고 주장하고, 계선 직원이 근시안적이고 새로운 아이디어에 저항한다고 느낀다.

5) 계선부서와 참모부서 간 관계 개선

이와 같은 계선부서와 참모부서 간 관계 문제는 다음과 같이 개선될 필요가 있다(Swanson, Territo, & Taylor, 2012: 247).

먼저, 제안된 변화가 관련된 구성원의 관계에 어느 정도 영향을 줄 것인지를 결정해야 한다. 변화는 한 개의 큰 변화보다는 부정적이지 않은 영향을 줄 수 있는 작은 변화로 쪼개질 필요가 있다.

둘째, 초기 기획 단계에 변화로 인해 가장 많은 영향을 받는 구성원을 참여시켜야 한다. 계선 직원과 참모 직원 간의 관계를 수정하는 주요 변화가 관련될 때 계선 직원이 초기 기획 단계부터 참여한다면 그들의 반대는 최소화될 것이다.

셋째, 기획 단계 전체에 걸쳐서 의사소통이 이루어져야 한다. 변화에 의해서 영향을 받는 사람은 다음과 같은 경우에 변화를 더욱 수용할 것이다. (1) 변화가 그들에게 개인적으로 혜택을 준다. (2) 그들은 변화에 대한 제안, 아이디어, 의견을 제안할 기회를 갖게 된다. (3) 그들은 변화의 결과에 대해 알고 있다.

2. 운용부서, 행정부서, 보조 서비스 부서

쉬한(Sheehan)과 코드너(Cordner)(1989: 113-162)는 경찰관서의 30개 업무를 세 개의 하위체계로 구분하였는데, 그 하위체계는 계선부서 및 참모부서와 유사하다. 이들이 분류한 세 개 하위체계는 〈표 8-1〉에서 보는 것과 같이 운용(operations) 부서, 행정(administrations) 부서, 보조 서비스(auxiliary services) 부서이다.

표 8-1 경찰관서의 부서

운용부서	행정부서	보조 서비스 부서
• 순찰(patrol) • 교통(traffic) • 범죄수사(criminal investigation) • 풍속(vice) • 조직범죄(organized crime) • 청소년 서비스(juvenile services) • 범죄예방(crime prevention) • 지역사회 관계(community relations)	• 인사(personnel) • 훈련(training) • 기획 및 분석(planning and analysis) • 예산 및 재정(budget and finance) • 법률 지원(legal assistance) • 공공 정보(public information) • 사무/비서(clerical/secretarial) • 감사(inspections) • 내사(internal affairs) • 정보(intelligence)	• 기록(records) • 통신(communications) • 물품(property) • 실험실(laboratory) • 구금(detention) • 신원확인(identification) • 음주 검사(alcohol testing) • 시설(facilities) • 장비(equipment) • 보급(supply) • 유지(maintenance)

1) 운용부서

운용부서는 시민에게 직접적인 지원을 수행하는 활동을 한다. 운용부서는 범죄 척결, 범죄 탐지, 서비스 제공을 포함하여 우리가 경찰조직에 대해 생각하는 직무를 수행한다. 운용부서는 순찰, 교통, 범죄수사, 풍속, 조직범죄, 청소년, 지역사회 서비스, 범죄예방 및 지역사회 관계 부서 등을 포함한다.

2) 행정부서

행정부서는 시민에게 직접적인 지원을 하지 않으나 경찰조직 전체의 이익을 위하여 1주일에 5일간 오전 9시~오후 5시까지 근무하는 활동이다. 행정부서는 인사, 훈련, 기획 및 분석, 예산 및 재정, 법률 지원, 공공정보, 사무/비서, 감사, 내사, 정보부서 등을 포함한다.

3) 보조 서비스 부서

보조 서비스 부서는 경찰조직 내에 있는 다른 부서에 도움이 되지만, 행정부서보다는 더 규칙적이고 더 자주 수행하는 활동을 의미한다. 보조 서비스 기능은 주로 1일 24시간 동안 경찰관을 지원하기 위하여 이용될 수 있다. 보조 서비스 부서는 기록, 통신, 물품, 실험실, 구금, 신원확인, 음주 검사, 시설, 장비, 보급, 유지 등을 포함한다.

제2절 경찰조직 설계

Ⅰ. 경찰조직 설계의 개념 및 전문화

1. 경찰조직 설계의 개념

조직 설계(organizational design)의 이해는 공식적 직무 구조 및 권한 관계를 반영하는 도표에 의해서 도움을 받을 수 있다. 공식적 직무 구조 및 권한 관계는 경찰조직의 사명을 성취하기 위해 형성된다. 경찰조직을 설계하기 전에 앞에서 살펴본 (1) 확인, (2) 결정, (3) 형성, (4) 균등화가 이루어져야 한다.

탄식(Tansik)과 엘리엇(Elliot)(1981: 81)은 조직의 공식적 구조를 고려할 때 두 가지 영역에 중점을 두어야 한다고 제안하였다. 첫째, 조직 내 구성원의 공식적 권한 관계 및 직무이다. 이것은 조직 도표 및 직무 설명을 포함한다. 둘째, 공식적 권한 관계 및 직무의 틀 내에서 조직구성원의 행위를 알려주는 공식적 규칙·정책·절차·통제이다. 경찰조직을 설계함에 있어서 두 가지 주요 접근법은 위에서 아래로(top-down) 접근법과 아래에서 위로(bottom-up) 접근법이고, 중요한 요소는 바로 전문화(specialization)이다.

2. 경찰조직의 전문화

1) 경찰조직 전문화의 개념

전문화(specialization) 또는 직무 구분(division of labor)은 전통적 조직이론의 기본적 특징 중 하나이다. 전문화는 다양한 기능적 책임을 구분하고, 그 책임을 충족시키기 위하여 할당된 직무를 특별한 자격을 갖춘 사람으로 충원하는 것을 의미한다. 따라서, 전문화는 대규모 경찰조직에서 능률성 및 효과성을 위해 중요하다.

2) 경찰조직 전문화의 한계

전문화는 의사소통을 복잡하게 하고, 협력을 얻어야 하는 부서의 수를 늘리고, 다양한 관심과 충성심 사이에 갈등을 야기함으로써 경찰조직 환경을 더욱 복잡하게 만든다. 또한, 전문화는 협력에 대한 더 큰 필요성을 야기하고, 추가적인 계층은 경찰관의 직무수행을 제한하고, 좁은 직무범위를 만들어서 경찰조직 목표를 위해 정열적으로 일하고자 하는 역량을 억제할 수 있다.

경찰조직은 전문화로 인한 문제를 간과하지 않으면서 다양한 계획을 통해 경찰관의 소외감을 최소화하고자 시도한다. 경찰관은 다른 직무로 전보될 수 있고, 도전적인 추가 책임을 맡을 수 있고, 경찰조직의 문제해결에 참여할 수 있으며, 경찰조직은 다양한 형태의 조직 구조를 시도할 수 있다.

3) 경찰조직 전문화의 가치

전문화는 위에서 설명한 여러 한계에도 불구하고 대규모 경찰조직을 위하여 많은 이익을 갖고 있다(Wilson & Mclaren, 1972: 79).

(1) 책임의 설정(placement of responsibility)

부여된 직무수행을 위한 책임이 특정 부서 또는 경찰관 개인에게 놓일 수 있다. 예를 들면, 교통부서는 교통사고 수사에 대한 책임을 갖고 있고, 순찰부서는 일반적인 경찰지원 요청에 대해 책임이 있다.

(2) 전문적 기술의 개발(development of expertise)

좁은 영역의 흥미·관심·기술은 전문화된 부서의 주제가 될 수 있다. 예를 들면, 많은 경찰조직은 테러리스트 활동, 인질 상황, 또는 높은 위험이 있는 수색영장과 같은 중요 사건에 대응하기 위하여 정규적으로 훈련하는 SWAT 팀을 갖고 있다. 이 영역에서의 고급 훈련은 경찰관 안전을 향상시키고 높은 수준의 전문 기술을 갖추도록 한다. 전문성은 또한 컴퓨터 사기, 방화, 폭탄과 같은 기술적 범죄에 대한 수사에 도움이 된다.

(3) 단체정신의 향상(promotion of group esprit de corps)

유사한 업무를 공유하고 성공을 위하여 서로에게 의존하는 개인 집단은 높은 사기를 지닌 매우 응집력 있는 부서를 형성하는 경향이 있다.

(4) 능률성 및 효과성 증진(increased efficiency and effectiveness)

전문화된 부서는 직무 책임에 있어서 높은 정도의 숙달을 보여준다. 예를 들면, 화이트칼라 사기범죄 부서는 일반적인 형사 부서보다 복잡한 컴퓨터 사기범죄를 수사하는 데 더 성공적일 것이다.

Ⅱ. 경찰조직 설계의 기초

1. 계선 구조 및 참모 구조

경찰조직에게 많은 치안 서비스가 요청됨에 따라 내부적인 지원기능이 추가되고, 그 결과 계선 구조는 시민에게 직접적인 서비스를 제공하는 데 집중할 수 있다. 계선 구조에 지원(support) 기능을 추가하는 것은 계선 구조 및 참모 구조라는 조직 형태를 만든다. 참모 구조는 다음과 같은 점에서 많은 이익을 제공한다(Mcfarland, 1979: 309).

(1) 법률 자문가의 의견과 같이 특별한 지식을 토대로 계선 구조에 전문가 자문을 제공함
(2) 훈련 및 물리적 증거의 과학적 분석과 같이 계선 관리자가 수행할 수 없는 직무를 수행함으로써 계선 관리자의 부담을 덜어줌
(3) 징계 절차와 같이 경찰조직 전체에 영향을 미치는 활동에 있어서 경찰조직 전체의 통일성을 획득할 수 있도록 함
(4) 참모 구조가 지닐 수 있는 전문가적 자질과 그들이 그 문제에 투입하는 많은 시간 때문에 특별한 문제를 감소시키거나 제거함

2. 기능적 구조

1) 기능적 구조의 개념

기능적 구조(functional structure)는 조직의 계선구조를 수정할 수 있는 한 수단이다. 호지(Hodge)와 존슨(Johnson)(1970: 163)은 기능적 구조란 정상적인 통제범위를 벗어난 구성원에게 관리 권한을 위임함으로써 '수정된 계선 및 참모 구조'라고 말한다. 다양한 다른 부서의 책임자(commander)에게 책임을 지는 특별부서를 설치함으로써 중요한 정보가 다른 계선 경찰관에게도 확실하게 도달될 수 있다. 그 결과, 공유하는 것은 촉진되지만 상호 간 경쟁적인 충성심은 줄어든다. 그러나 기능적 설계의 주요 단점은 경찰조직의 복잡성을 증대시킨다는 것이다. [그림 8-2]는 다른 세 명의 경감에 대해 정보과가 책임을 지는 경찰조직을 보여준다.

그림 8-2 기능적 구조

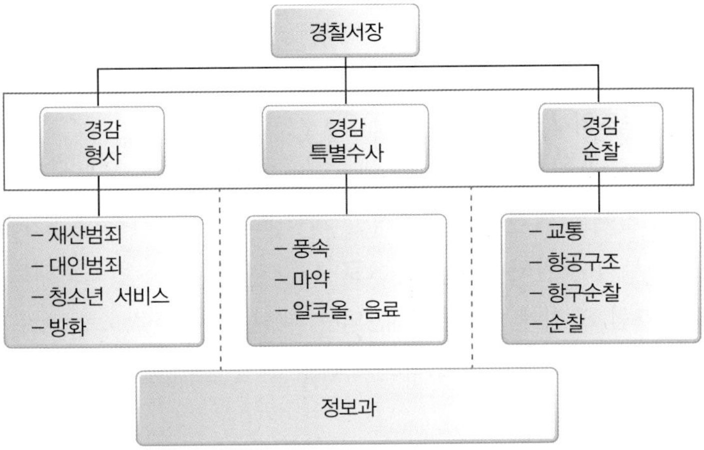

2) 기능적 구조의 사례

기능적 구조의 좋은 사례는 24시간 동안 감독경찰관(supervisor)에게 지리적 책임을 맡기는 경찰조직에서 관찰될 수 있다. 주간 근무(day watch)에 지정된 감독경찰관(commander 또는 shift supervisor; 일반적으로 경위)은 세 개 순찰근무조가 담당하는 특정 지역에서 발생한 폭력 범죄를 해결하는 데 책임이 있을 수 있다. 그러나 두 개의 순찰근무조에 있는 경찰관은 그 감독경찰관에게 직접 속해 있지 않다.

3. 매트릭스 구조

1) 매트릭스 구조의 개념

경찰조직 설계의 흥미로운 하나의 형태는 매트릭스(matrix) 구조(또는 격자[grid] 구조)이다. 매트릭스 구조의 본질은 특정 프로젝트에 다양한 기능의 구성원(예 순찰, 형사, 지원 서비스)을 배정하는 데 있다. 매트릭스 접근법이 사용되는 가장 전형적인 상황은 지역사회의 관심이 집중되는 일련의 범죄가 발생하고, 관할 경찰관서가 위반자를 체포하기 위해 특별부서(task force)를 편성하는 경우이다.

분권화된 매트릭스 구조는 전문화 형태를 결합하는 것과 관련되어 있는데 대규모 경찰조직은 매트릭스 구조를 사용한다. 예를 들면, 경찰조직은 순찰지구대(patrol district)에 형사를 배치하여 순찰지구대장에게 보고하도록 하는데, 이것은 본부의 형사과장(detective commander)에게 보고하는 것과는 반대이다. 몇몇 경찰조직은 마약 경찰관 또는 교통경찰관을 이러한 순찰지구대에 배치하고, 이러한 경찰관이 형사과장이나 교통과장이 아닌 순찰지구대장(district commander)에게 보고하도록 할 정도로 앞서가기도 한다.

2) 매트릭스 구조의 사례

[그림 8-3]은 경찰조직에 적용되는 매트릭스 구조의 설계를 보여준다. 이 도표는 대부분의 경찰조직에서 발견되는 기본적인 계선(line)과 참모(staff) 요소를 반영한다. 그러나 다섯 개 부서 직원의 활용을 필요로 하는 네 개의 특정 프로젝트가 시작되었으며, 이것은 [그림 8-3]에 의해서 제안되는 계선을 따라 각 프로젝트가 조직화될 것을 요구한다. 매트릭스 구조가 조직의 복잡성을 증대시키지만 그것은 경찰 서비스의 단기간 동안만 효과적이었다.

그림 8-3 매트릭스 구조

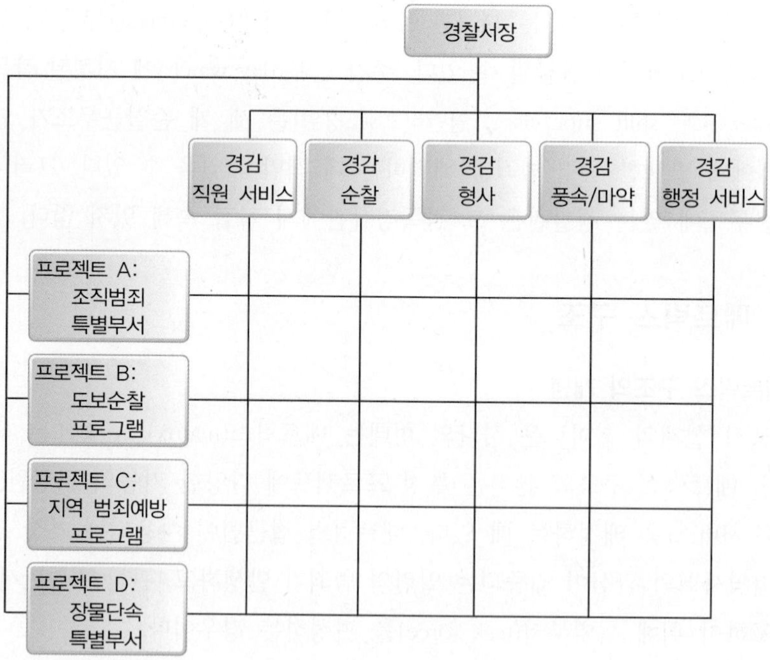

3) 매트릭스 조직의 장점

현재 매트릭스 조직으로의 변화 노력은 일반적이다. 힉먼(Hickman)과 리브스(Reaves)(2006)는 경찰조직 중 60%가 다른 정부 기관 및 사적 기관과 문제해결 파트너십을 갖고 있는 것을 발견하였다. 부서 및 조직의 매트릭스 조직을 형성하는 것은 경찰조직으로 하여금 유연해지도록 만든다. 매트릭스 조직은 경찰조직이 어떤 문제에 대응할 적정한 혼합자원을 형성하도록 함으로써 문제해결에 기여한다. 문제를 엄격하게 한 부서에만 배정하는 것은 활용할 수 있는 대안의 범위를 종종 제한한다. 그러나 매트릭스 조직의 문제는 참여한 여러 부서의 혼합으로 인해 조정이 어렵다는 점이다.

4. 팀 구조

1) 팀 구조의 개념

팀 구조를 사용하는 조직은 문제를 해결하고 서비스를 전달하기 위해 영구적 또는 임시적인 팀을 광범위하게 활용한다. 아마도 팀 구조의 가장 좋은 사례는 많은 관할구역에서 지역사회 경찰활동이 수행되었던 방법이다(Schermerhorn, 2008). 예를 들면, 힉먼(Hickman)과 리브스(Reaves)(2006)는 경찰조직 중 58%는 지역사회 경찰활동 경찰관을 갖고 있으며, 그 전략의 광범위한 수용을 보여주고 있다는 것을 발견하였다. 지역사회 경찰활동의 실행은 팀 제도를 채택하도록 만들었다.

2) 팀 활동

지역사회 경찰활동 아래에서 경찰관은 지역 내 신고에 대응하는 팀으로 활동하고, 문제해결 및 지역사회 파트너십에 대해서도 책임이 있다. 경찰관은 순찰구역에서 함께 만나서 문제를 확인하며, 문제에 대응할 전술을 고안해낸다. 많은 경우에 팀 구성원은 문제를 해결하고자 시도할 때 지역사회와 밀접하게 활동한다. 몇몇 경찰조직은 수사관 및 범죄분석가를 포함시키기 위해서 팀을 확대시킨다. 범죄분석가는 범죄 및 서비스 요청과 같은 활동을 모니터함으로써 문제를 확인하고 해결방안을 평가하도록 돕는다.

Ⅲ. 경찰조직의 설계

1. 수직적 차별화와 수평적 차별화

1) 수직적 차별화

조직 설계는 수직적 차별화와 수평적 차별화의 두 가지 수준에 중점을 둔다. 수직적 차별화(vertical differentiation)는 '권한' 또는 조직 내 공식적 권력을 갖고 있는 '지위'에 기초한다. [그림 8-4]는 경찰조직에서 확인되는 수직적 차별화를 보여 준다. 수직적 권한(authority)을 갖고 있는 사람은 직무를 할당하고 직무수행이 가능하도록 통제하는 권력(power)을 갖고 있다. 미국 경찰서의 부(副)서장(deputy chief)은 세 개의 관리 범위를 갖고 있는데, 그 관리 범위 모두는 경감(captain)이며, 부(副)서장은 경감에게 직무 할당 및 통제를 행할 수 있다.

그림 8-4 수직적 차별화와 수평적 차별화

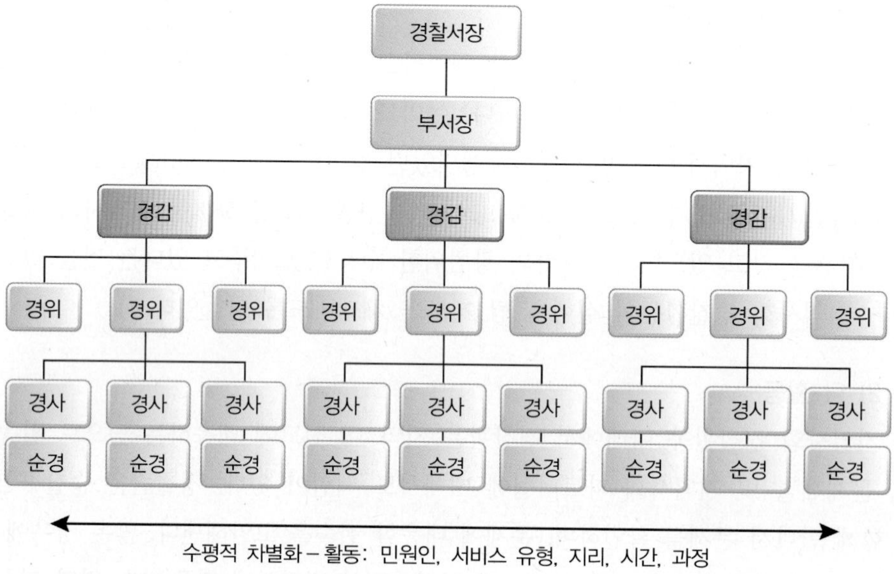

2) 수평적 차별화

수평적 차별화(horizontal differentiation)는 [그림 8-4]에서 보는 것과 같이 주로 활동에 기초를 두고 있다. 그러나 몇몇 경우에 수평적 차별화는 특정 프로젝트 또는 지리적 배분에 기초를 두고 있다. 예를 들면, 경찰조직은 큰 지리적 영역에 대해 책임을 맡고 있으며, 경찰조직구조는 종종 기능보다는 지리적 위치에 기초한 수평적 차별화를 반영한다.

2. 아래에서 위로 접근법과 위에서 아래로 접근법

1) 아래에서 위로 접근법

아래에서 위로(bottom-up) 또는 종합(synthesis) 접근법은 세분화된 직무를 더 큰 직무로 결합하는 데 중점을 둔다. 예를 들면, 순찰경찰관의 직무는 주로 일상적 순찰과 관련이 있으나, 순찰경찰관이 예비수사 직무를 부여받을 때 직무는 더욱 복잡하게 되어 추가적인 훈련과 다양한 수준의 감독 및 책임을 필요로 하게 된다(Swanson, Territo, & Taylor, 2012). 아래에서 위로 접근법은 조직 축소 시기 동안에 이용되는데, 지역사회 경찰활동 접근법을 수행하고자 시도하는 경찰조직은 아래에서 위로 접근법, 또는 적어도 조직의 방향 변화를 충족시키는 접근법을 고려할 필요가 있다(Dantzker, 1999).

그림 8-5 아래에서 위로(bottom-up) 접근법

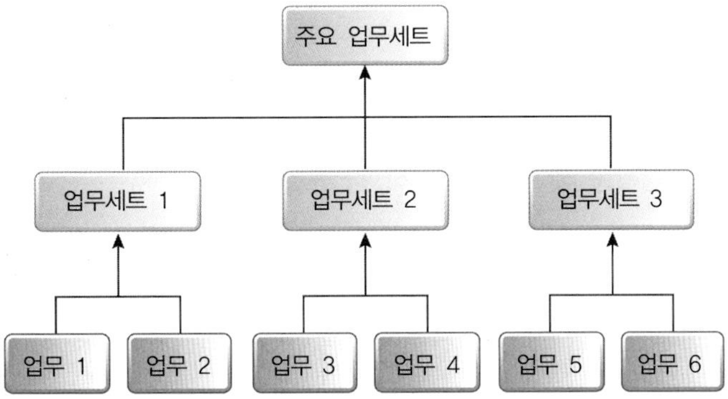

2) 위에서 아래로 접근법

위에서 아래로(top-down) 또는 분석(analysis) 접근법은 위에서 경찰조직의 전체 활동을 바라보고, 경찰조직의 위에서 아래로 내려가면서 점차 전문적인 직무로 구분한다. 위에서 아래로 접근법은 전체 경찰업무인 시민을 보호하고 봉사하는 것을 고려한다. 경찰조직의 상위 수준에서 이 임무는 다양한 행정적 직무로 정의될 수 있고, 반면에 경찰조직의 일선 직무 수준에서 그 임무는 순찰 및 체포와 같은 활동을 통하여 수행된다.

제8장

그림 8-6 위에서 아래로(top-down) 접근법

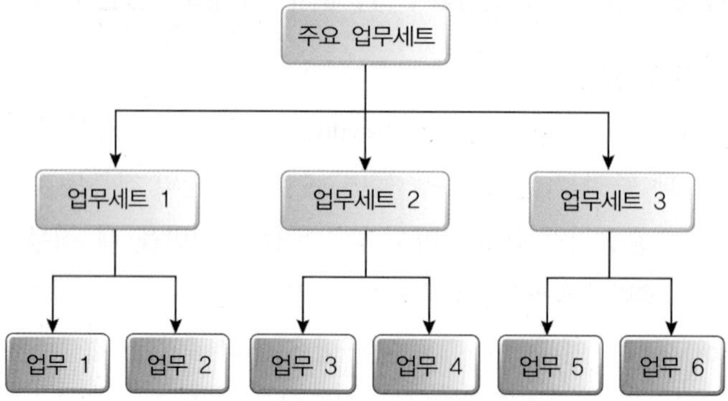

두 접근법은 경찰조직 내에서 일반적으로 발견된다. 아래에서 위로 접근법은 조직적 성장이 감소하는 경비 절약기간 동안 종종 사용된다. 왜냐하면, 순찰과 및 수사과에서 행해지는 직무를 결합하는 것은 직무 또는 심지어 부서까지도 통합할 수 있기 때문이다. 반면에, 위에서 아래로 접근법은 종종 성장하는 조직에서 사용된다. 왜냐하면 그것은 직무를 성취할 수 있도록 시각화하기 쉽고 직무를 특정 하위직무로 분리하는 것이 쉽기 때문이다.

3) 지역사회 경찰활동 및 문제 지향적 경찰활동

경찰활동 철학은 위에서 아래로 또는 아래에서 위로 접근법에 영향을 줄 수 있다. 이것은 지난 수십 년에 걸쳐 지역사회 경찰활동 및 문제 지향적 경찰활동에서 정보 기반 경찰활동으로의 철학적 변화에서 증명되었다. 지역사회 경찰활동 및 문제 지향적 경찰활동은 일선 경찰관을 문제 확인 및 문제해결에 있어서 전면에 내세우는 '아래에서 위로'의 철학인 것이다.

3. 수직적 경찰조직과 수평적 경찰조직

1) 수직적 경찰조직

(1) 수직적 경찰조직의 개념

수직적 구조(vertical structure)는 전통적인 경찰조직에 의해서 사용되는 구조이고, 전통적인 경찰조직은 고전적 경찰조직이론을 엄격하게 활용하고, 전문화된 부서는 다른 부서로부터 독립하여 운용된다. 수직적 경찰조직에서 명령과 통제는 명령계통을 통해서 전달되고, 의사결정은 경찰조직 내에서 상위 계층에 집중되어 있다. 수직적인 경찰조직은 유연성을 거의 갖고 있지 않으며 최소한으로 혁신하는 경향이 있다.

(2) 수직적 경찰조직의 장점

킹(King)(2003)은 다 계층구조(tall rank structure)는 두 가지 구별된 이익을 제공한다고 주장한다.

(1) 다 계층구조는 향상된 조정 및 통제를 제공한다. 어떤 경찰조직은 다양한 부서가 함께 활동하고 있고, 각 부서가 그 목적을 달성하도록 보장해 줄 수 있는 조직 구조를 갖고 있어야 한다.

(2) 다 계층구조는 경찰조직의 구성원에게 더 많은 승진기회를 제공한다. 대부분의 경찰관은 승진되기를 기대하고, 그들이 승진하지 못할 때 동기부여 수준에 영향을 미칠 것이다. 경찰조직이 더 많은 수의 명령 및 감독 지위를 갖고 있을 때 이러한 욕구는 더욱 충족될 것이다.

(3) 수직적 경찰조직의 단점

경찰조직의 복잡성은 계층 추가에 의하여 증가되는데, 계층은 명령계통의 위와 아래에 있어서 상호 간의 의사소통에 부정적으로 영향을 미칠 수 있다. 예를 들면, 도시 폭동이 발생한 동안 경찰조직은 초기의 작은 사건이 신속하게 확산되어 작은 집단의 경찰관이 통제할 수 있는 능력을 넘어선다는 것을 발견하였다. 추가 경찰관을 보내기 위하여 상급 경찰관으로부터 승인을 얻는 과정이 너무 오래 걸려서 경찰이 현장에 도착했을 때 작은 사건이 통제될 수 없는 폭동으로까지 확대되었다.

그래서 대부분의 경찰조직은 많은 수의 경찰관을 배치하는 권한을 아래로 위임하였고, 몇몇 경우에는 현장에 있는 경찰관에게로 전환시켰다. 이러한 사례는 몇 가지 중요한 원칙을 설명해 준다.

(1) 좁은 통솔범위는 경찰조직을 더 수직적으로 만든다.

(2) 수직적 조직은 복잡하고 위기 상황 동안에 느리게 반응할 수 있다. 왜냐하면 효과적인 의사소통은 명령체계 내에 있는 상이한 단계에 의해서 방해될 수 있기 때문이다.

(3) 성공적인 수직적 조직은 복잡성 증가에 의해 야기된 문제를 극복하기 위한 정책 및 절차를 개발해야 한다.

2) 수평적 경찰조직

(1) 수평적 경찰조직의 개념

다프트(Daft)(2008)에 따르면, 수평적 구조(horizontal structure)는 여러 경찰활동이 핵심 과정을 중심으로 조직화되는 구조이며, 그것은 수직적 계층 및 부서 경계를 제거한다. 수평구조는 대규모 경찰조직에서 매우 적절하다. 경찰조직은 여러 순찰지구대장(district commander)이 경찰자원에 대해 책임을 맡고 있는 몇몇 지역으로 조직될 수 있고, 각각의 지역은 소규모 경찰관서(mini-police department)로 운용될 수 있다. 수평적 경찰조직에서 수직적 단계의 수는 감소되고 더 많은 권한이 순찰지구대장에게 위임된다.

(2) 수평적 경찰조직의 장점

본질적으로 수평적 구조는 계층 단계를 감소시키고 계층 증가와 함께 발생하는 성가신 절차를 감소시킨다. 지역에 실질적인 자율을 제공함으로써 순찰지구대장은 다양한 문제를 다루는 방법에 대하여 더 쉽게 의사결정을 할 수 있다. 또한, 경찰서장은 각 지역 내에서 발생하고 있는 범죄 및 무질서 수준을 모니터함으로써 순찰지구대장에게 책임을 맡길 수 있다.

맥팔랜드(McFarland)(1979: 316)는 더 넓은 통제범위와 관련된 편평한(flat) 구조가 전통적인 수직적 구조와 비교해서 많은 이익을 제공한다고 주장하였다.

⑴ 편평한 구조는 아래 단계와 위 단계 사이의 의사소통 라인을 줄여준다. 양방향에서 의사소통은 더욱 빨라지고 더욱 적시에 이루어질 것이다.

⑵ 의사소통 과정은 수직적 조직보다 더 단순해지고 직접적이며 명확하게 된다.

⑶ 의사소통의 왜곡은 관련된 사람의 감소에 의해서 최소화된다.

⑷ 가장 중요한 것으로 편평한 구조 내의 경찰관은 수직적으로 구조화된 경찰조직의 경찰관과 비교하여 더 높은 사기와 직무만족을 갖고 있다.

(3) 수평적 경찰조직의 단점

편평한 구조는 감독경찰관에게 많은 압력을 주고, 능력이 있는 경찰관리자를 필요로 하며, 경찰관이 측정 가능하고 객관적인 결과에 대해 엄격한 책임을 지는 경찰조직에서 적합하다. 경찰 역할 및 경찰 서비스를 평가하는 것과 관련된 문제를 고려해 볼 때, 수평적 경찰조직은 경찰관에게 부적절한 스트레스를 야기할 수 있다.

Ⅳ. 오늘날 경찰조직 구조

1. 지역사회 경찰활동과 조직구조

1) 분권화 전략의 채택

1990년대 후반 지역사회 경찰활동(community policing)의 영향은 경찰조직 구조에 많은 영향을 주었는데, 이것은 분권화(decentralization) 전략을 채택한 경찰조직에서 매우 명확했다. 이러한 전략 뒤에 있는 목적은 경찰조직이 전체 도시보다는 오히려 개개의 지역과 이웃에 중점을 둔 조직 설계를 통하여 지역사회에 더욱 효과적으로 봉사할 수 있다는 것이었다(Kitaeff, 1993: 59).

지역사회 경찰활동은 지난 100년 동안의 준군대조직 모델을 거절하였다. 경찰조직의 전통적 구조는 부하를 통제할 목적인 계층제 원칙을 따랐고, 이 원칙은 혁신 및 창의성을 방해하고, 개인의 자기 가치의 감소를 가져오고, 평범함을 강조하고, 앞에서 이끄는 관리자의 능력을 감소시키는 경향이 있다.

2) 한 개 부서를 통한 실행

지역사회 경찰활동을 기획할 때 몇몇 경찰조직은 단지 한 개 부서를 통해서 서비스를 제공하기로 선택하였다. 한 개의 지역사회 경찰활동 팀은 경찰관서, 시 및 카운티 정부, 학교, 교회, 그리고 상공인을 참여시키는 총체적 지역사회 노력을 활용하는 전략을 개발하였다. 지역사회 경찰활동 팀의 사명은 지역사회에 직면해 있는 다양한 범죄 및 사회적 문제를 다루기 위해서 지역사회에 기초한 파트너십을 개발하고 증진시키고 수행하는 것이었다.

3) 전체 경찰조직을 통한 실행

다른 몇몇 경찰조직은 지역사회 경찰활동을 전체적으로 실행할 것을 선택하였다. 즉, 지역사회 경찰활동은 경찰조직의 모든 측면에 반영되고, 경찰조직 구조는 지역사회 경찰활동에 전념하는 한 개 부서만을 반영하지 않으며, 지역사회 경찰활동 철학은 경찰조직 전체에 걸쳐 확산되었다. 이러한 경우에 조직 도표는 지역사회 경찰활동의 철학적 변화를 반영하였고, 경찰조직의 초점은 전통적인 모델보다 오히려 서비스 전달 및 지원에 있었다. 경찰조직은 통제기관보다는 오히려 지역사회 조직으로 보여졌고, 경찰과 지역사회 리더로 구성된 간부회의(executive board)는 완전한 책임을 지는 서비스 기업과 유사하게 운영되었다.

4) 지역사회 경찰활동의 조직구조 설계

지역사회 경찰활동은 더 편평한 조직 설계를 필요로 한다. 서비스는 분권화되고 지역사회에 기초하고, 그러한 조직 설계는 덜 공식화되고, 덜 전문화되고, 덜 관료적(규칙 지향적)일 것이다. 지역사회 경찰활동은 전통적 경찰활동보다도 개개의 경찰관에게 더 많은 재량과 책임을 부여할 것을 주장하고, 이러한 경찰조직의 방향은 공유된 가치, 참여적 의사결정, 합의제 분위기를 강조한다.

경찰영역에서 널리 수용된 지역사회 경찰활동은 경찰활동에서 구조적 변화의 추진력이 되어 왔다. 그것은 경찰관이 주민과 함께 파트너십을 형성하고 문제해결에 참여하는 것을 본질적으로 필요로 한다. 경찰활동에서 전통적으로 사용된 호혜적 권위주의(benevolent authoritarianism)의 관료적 모델은 파트너십 개발을 촉진시키지 못할 뿐만 아니라 경찰관이 문제해결에 참여하도록 촉진시키지도 못한다고 여겨졌다(Kuykendall & Roberg, 1997).

2. 정보 기반 경찰활동과 조직구조

1) 정보 기반 경찰활동의 개념

2000년대 초기 동안 컴스탯(compstat) 운동은 미국 전역의 주요 도시에서 범죄를 상당히 감소시키는 것으로 생각되었다. 정보 기반 경찰활동(ILP)으로의 이동은 경찰조직의 기능적 구조에 더 많은 강조를 두었다. 정보 기반 경찰활동은 경찰조직이 훨씬 더 사전적이고 예방적일 것을 요구하기 때문에 정확하고 적시의 정보를 요구하고, 그런 정보의 근원은 종종 다른 경찰조직과의 협력 및 문제해결을 통해서 획득될 수 있다.

2) 정보 기반 경찰활동의 조직 구조

감독(supervisory) 및 지휘(command) 계층의 책임을 증가시키는 것은 컴스탯의 중요한 요소이며, 종종 명확한 역할 정의, 더 강한 통제라인, 더 작은 관리 범위라는 특징을 갖고 있다. 컴스탯과 정보 기반 경찰활동은 더 계층적이고 '위에서 아래로'의 접근법을 강조하며, 범죄정보는 조직 피라미드의 위로 올라가서 경찰 관리자에게 전달되고, 경찰 관리자는 우선순위를 설정하고 전략을 개발한 후 운용업무를 위해 조직 체계 아래로 다시 전달한다(Wells, 2009). 정보 기반 경찰활동은 발견한 것을 의사결정자에게 전달하기 위한 열정적이고 유능한 분석가를 요구하고, 의사결정자는 그들의 전략을 더 낮은 단계의 조직에게 전달하므로 '위에서 아래로 유형'인 것이다

(Ratcliffe & Guidetti, 2008: 1).

3) 정보 공유를 강조하는 구조 및 설계

경찰조직의 거의 모든 단계에서 정보활동을 수행할 필요성은 효과적인 의사소통뿐만 아니라 정보 및 다른 자원의 공유를 강조하는 구조 및 설계를 요구한다. 구조적 관점에서 이러한 업무를 수행하는 주요 방법은 정보부서 내에 (조직범죄부서, 갱부서, 테러리즘 부서, 마약 및 풍속반 등과 같은) 전문부서를 조직하는 것이다. 조직 전체에 걸친 의사소통은 '기술'과 주로 경찰조직의 최고 의사결정자로부터 나오는 '기획능력'을 통하여 정보를 배포하는 것에 의존한다. 이러한 경찰조직 구조는 정보분석뿐만 아니라 배포 및 환류를 위한 주요한 두뇌로 기능하는 강력한 융합센터(fusion center)를 필요로 한다.

3. 경찰관서의 조직적 변화

1) 경찰관서의 조직구조 변화

전통적 경찰행정에 대한 비판가는 경찰조직이 권한을 분권화하여 계선 경찰관(line officers)이 지역사회 경찰활동에 자유롭게 참여할 것을 요구하고 있다(Kelling & Bratton, 2000). 그들은 경찰조직이 많은 조직적 변화를 해야 한다고 주장한다. 즉, 조직 구조를 편평화하고(예 명령계통에 있어서 단계 수 감소), 전문화 수준을 감소시켜 경찰관이 다양한 흥미로운 직무에 참여하도록 해야 하고, 규정화 수준이나 문서화된 규칙 수를 감소시키고, 권한을 분권화하여 일선 경찰관 및 감독 경찰관이 더 많은 결정을 내릴 수 있도록 해야 한다. 경찰조직에서 이러한 변화는 경찰이 지역사회에 더욱 반응적으로 되도록 하는 데 기여할 것이다(Moore & Stephen, 1992).

2) 경찰관서의 조직구조 변화의 소극성

여러 증거에 의하면, 경찰관리자는 계급구조를 감소하는 데 전적으로 동의하지는 않는다. 예를 들면, 와이코프(Wycoff)(1994)는 그녀의 연구에서 61%의 경찰관리자는 지역사회 경찰활동을 수행하기 위해서 경찰관서의 조직구조를 변화시킬 필요성이 없다고 하는 것을 발견했다. 또한, 1987년에서 1993년까지 경찰조직에 대한 매과이어(Maguire)(1997)의 연구는 경찰조직이 명령 계통(chain of command)을 감소시켰으나 전문화 수준을 증가시켰다는 것을 발견하였다. 그 뒤의 연구에서 매과이어(Maguire)와 신(Shin)(2003)은 1990년대에 경찰조직 구조에서 몇몇 변화가 있었지만 그 변화는 사소하며, 대부분의 경찰조직은 어느 정도 전통적인 구조를 지니고 있다는 것을 발견하였다.

4. 관리과정의 중요

게인즈(Gaines)와 스완슨(Swanson)(1997)은 구조(structure) 그 자체가 아니라 구조 내에서 발생하는 관리과정(management process)이 경찰조직 운용의 성격을 알려준다고 주장한다. 경찰조직은 비판가가 생각하는 것보다 관료적이지 않은 것처럼 보인다. 호혜적 권위주의 틀에서 운용되는 것과는 반대로, 경찰조직은 오늘날 전국적으로 더욱 협의적(consultative) 성격을 지니고 있다. 토치(Toch)(1997)는 경찰조직이 하위계급 경찰관의 더 많은 참여를 허용하기 위하여 실질적으로 변화했다는 것을 발견하였다. 리스(Reiss)(1992)는 경찰조직이 지역사회에 반응하는 방법을 새롭게 형성함에 있어서 기술, 사회적 조직, 정치적 체계를 그 핵심으로 인식하였다.

참고문헌

Daft, R. (2008). *Organization Theory and Design*. Mason, OH: South-Western Cengage Learning.

Dantzker, M. L. (1999). *Police Organization and Management: Yesterday, Today, and Tomorrow*. MA: Butterworth-Heinemann.

Gaines, L. K. & Worrall, J. L. (2012). *Police Administration*. Clifton Park, NY: Cengage Learning.

Gaines, L. K. & Swanson, C. R. (1997). "Empowering Police Officers: A Tarnished Silver Bullet?". *Police Forum*, 7(4).

Henry, N. (2004). *Public Administration and Public Affairs* (9th ed.). Uppersaddle River, N.J.: Pearson Education, Inc.

Hickman, M. & Reaves, B. (2006). *Local Police Department*. Washington, D.C.: Bureau of Justice Statistics.

Hodge, B. J., & Anthony, W. P. (1979). *Organizational Theory: An Environmental Approach*. Boston: Allyn and Bacon.

Kelling, G. L. & Bratton, W. J. (2000). "Implementing Community Policing: The Administrative Problem". in W. Oliver (ed.). *Community Policing: Classical Readings*. Upper Saddle River, N.J.: Prentice-Hall.

King, W. (2003). "Bending Granite Revisited: The Command Rank Structure of American Police Organizations". *Policing: An International Journal of Police Strategies and Management*, 26(2): 208-230.

Kitaeff, R. (1993). "The Great Debate: Centralized vs. Decentralized Marketing Research Function". *Marketing Research: A Magazine of Management and Applications*. 6(Winter).

Kuykendall, J. & Roberg, R. (1997). *Police Administration*. Los Angeles: Roxbury Press.

McFarland, D. E. (1979). *Management: Foundations and Practices* (5th ed.). New York: Macmillan.

Maguire, E. R. (1997). "Structural Change in Large Municipal Police Organizations during the Community Policing Era". *Justice Quarterly*, 14(3): 547-576.

Maguire, E. & Shin, Y. (2003). "Structural Change in Large Police Agencies during the 1990s". *Policing: An International Journal of Police Strategies and Management*, 26(2): 251-275.

Moore, M. H. & Stephen, D. (1992). "Organization and Management". in W. Geller (ed.). *Local Government Police Management*. Washington, D.C.: International City Managers Association.

National Institute of Law Enforcement and Criminal Justice. (1975). *Employing Civilians for Police Work*. Washington, D.C.: U.S. Government Printing Office.

O'Hara, P. (2006). "Why Law Enforcement Organizations Fail: Mapping the Organizational Fault Lines in Policing". *Crime and Justice International*, March/April.

Pibbs, W. M. (2010). "Should Sector Policing Be in Your Organization's Future?". *FBI Law Enforcement Bulletin*. April.

Ratcliffe, J. H. & Guidetti, R. (2008). "State Police Investigative Structure and the Adoption of Intelligence-Led Policing". *Policing: An International Journal of Police Strategies and Management*, 31(1): 109-128.

Robbins, S. P. (1968). *The administrative Process*. Englewood Cliffs, N.J.: Prentice-Hall.

Schermerhorn, J. (2008). *Management*. New York: Wiley.

Sheehan, R. & Cordner, G. W. (1989). *Introduction to Police Administration* (2nd ed.). Cincinnati: Anderson.

Swanson, C. R., Territo, L., & Taylor, R. W. (2012). *Police Administration: Structures, Processes, and Behavior*. NJ: Pearson Education, Inc.

Tansik, D. A. & Elliot, J. F. (1981). *Managing Police Organization*. Monterey, Calif.: Duxbury Press.

Toch, H. (1997). "The Democratization of Policing in the United States: 1895-1973". *Police Forum*, 7(2).

Wilson, O. W. & Mclaren, R. C. (1972). *Police Administration* (3rd). New York: Mcgraw-Hill.

Wycoff, M. (1994). *Community Policing Strategies*. Unpublished Report. Police Foundation.

CHAPTER

09

경찰조직의 관리자

학습목표

1. 경찰조직관리의 세 가지 수준을 설명할 수 있다.
2. 감독경찰관의 개념 및 기능을 설명할 수 있다.
3. 중간관리자의 개념 및 기능을 설명할 수 있다.
4. 최고관리자의 개념 및 기능을 설명할 수 있다.

제 9 장 경찰조직의 관리자

일반적인 조직표는 사람이 없는 집과 같이 생기가 없다. 조직표 내부에 있는 표가 일반직원, 순찰경찰관, 수사관, 경사, 경위, 경감과 경찰서장으로 채워질 뿐만 아니라 그 사명(봉사와 보호)을 성취하기 위하여 함께 상호작용하고 노력할 때 생기와 의욕이 생긴다. 특히, 경찰조직 내부 및 외부의 구성원과 자원을 지휘하고 이끄는 경찰관리자를 통하여 경찰조직은 그 사명을 성취하게 된다. 제9장에서는 경찰관리자를 감독경찰관, 중간관리자, 최고관리자로 구분하여 각각의 기본적 기능과 그 가치에 대해 학습하고자 한다.

제 1 절 경찰조직관리의 수준 및 조정

Ⅰ. 경찰조직관리의 수준

경찰관리자는 1년 365일 24시간 서비스의 필요성 때문에 고유한 문제에 직면해 있다. 경찰조직의 최고관리자는 모든 시간 동안 신체적으로 직접 경찰활동에 참여할 수 없으며, 다른 구성원이 행정적 · 운용적 기능을 수행할 수 있도록 조직구조에 의존해야 한다. 오늘날 경찰관리자는 축소된 예산 및 삭감, 서비스에 대한 더 많은 시민 요구 및 기대, 점차 증가하는 다양한 사회 등을 포함한 다양한 도전에 직면해 있다. 전형적으로 경찰조직관리는 세 가지 수준을 갖고 있다. 경찰조직관리의 각 수준에서 책임은 (1) 기획, (2) 조직화, (3) 통제, (4) 통솔을 포함하지만(Hesser, 2008: 64), 미국 경찰조직관리의 세 가지 수준에서 수행되고 있는 기능은 서로 다르다.

제9장

- 최고 수준(top level) 경찰관리자 – 경찰서장
- 중간 수준(middle level) 경찰관리자 – 경위, 경감(우리나라에서는 경감, 경정)
- 일선 수준(first-line level) 경찰관리자 – 경사, 일선 감독자(우리나라에서는 순찰팀장인 경위)

Ⅱ. 경찰관리자의 조정

조정(coordination)은 각각의 경찰부서가 경찰조직의 사명을 성취하기 위하여 모든 노력을 다하면서 조화롭게 업무를 수행하도록 해 준다. 조정을 위한 경찰관리자의 도구는 다음과 같은 것을 포함한다(Hess & Orthmann, 2012: 74).

- 명확한 명령체계와 명령의 통일성
- 명확한 의사소통의 통로와 엄격한 준수
- 명확하고 특정된 직무설명
- 명확하고 특정된 목표, 목적, 그리고 업무계획
- 일상적 업무를 위한 표준 운용 절차
- 기관 규정에 대한 안내 책자
- 회의와 출근 점검
- 정보 게시판, 회보, 메모

조정 노력은 경찰조직의 업무 계획의 일부분이 되어야 한다. 조정은 '범죄 척결'에서 지역사회 경찰활동 및 문제해결 경찰활동으로 변화하고 있는 경찰조직에서 특히 중요하다.

제 2 절 감독경찰관

Ⅰ. 감독경찰관의 개념 및 도전

1. 감독경찰관의 개념

경찰조직에서 가장 영향력 있는 두 개 지위는 경찰서장과 일선 감독경찰관인 경사(sergeant)이다. 경사는 경찰조직의 사명에 관한 경찰서장의 견해와 경찰관이 직무를 행하는 방법 사이의 직접적인 연결고리이다(Miller, 2009: 92). 다만 우리나라에서 일선 감독경찰관은 순찰지구대 팀장이라고 볼 수 있다. 감독경찰관은 경찰조직의 가치・철학・전략을 경찰관의 직무 수행과 순응으로 변경하는 데 책임이 있다(Hesser, 2008: 66). 경사는 조직에서 그다음 상위 계급에 책임을 지고, 순찰경찰관의 계급에서 승진한 경사는 새로운 지위에 적응하는 데 많은 도전을 경험하게 된다.

감독경찰관은 감독 기술을 고려할 필요가 있다. 감독 기술은 어떤 다른 계급보다도 변화를 더욱 수용하고 변화에 적응하는 경사 계급의 능력을 요구한다. 감독경찰관은 일선 경찰관과 경찰 관리자 사이의 연결장치로서 비록 정책이 인기가 없더라도 명령이 수행되도록 할 책임이 있다.

2. 감독경찰관의 도전

감독경찰관의 특정 기능을 조사하기 전에 신임 감독경찰관이 직면하는 몇몇 도전을 살펴보는 것이 바람직할 것이다.

1) 의사결정

감독경찰관으로의 변화는 경찰행정에서 가장 어려운 역할 중 하나이다. 이것은 감독경찰관은 동료 경찰관과 떨어져서 의사결정을 내리기 때문이다. 감독경찰관은 인기 없는 의사결정을 내릴 수 있기 때문에 기존의 동료 경찰관이 항상 좋아하는 것은 아닐 수 있다.

2) 이전 동료관계의 변화

신임 감독경찰관은 이전의 동료 경찰관과 같은 사회적 관계(형성하는데 많은 해가 결렸을 관계)를 유지할 수 있는지, 또는 유지해야 하는지, 또는 그러한 상호작용이 중단되어야 하는지에 대해 궁금해한다. 신임 감독경찰관은 상호 간의 관계가 변했다는 것을 명확히 해야 한다.

3) 동료에 대한 징계

감독경찰관의 가장 어려운 측면 중 하나는 효과적인 규율가가 되는 방법을 배우는 것이다. 특히, 징계 상황이 이전 업무집단(순찰경찰 부서) 동료와 관련될 때 더욱 그렇다.

4) 갈등관리

감독경찰관에 대한 또 다른 중요한 요구는 갈등을 관리하는 능력이다. 감독경찰관이 일상적 갈등을 관리하고자 한다면 그 성공 가능성이 더욱 커진다.

5) 스트레스와 긴장

감독경찰관은 경찰관리자와 계선 경찰관 사이의 완충영역에 위치해 있어서 상당한 스트레스와 긴장에 종종 직면하게 되므로 감독경찰관은 효과적으로 활동하는 데 필요한 균형을 찾을 필요가 있다.

6) 책 임

감독경찰관을 어렵게 만드는 또 다른 영역은 감독경찰관은 다른 경찰관을 통하여 결과를 생산해내는 방법을 결정해야 한다는 것이다. 특히, 긍정적 결과와 부정적 결과 모두에 대해서 책임지게 되는 상황에 적응하는 것이다. 순찰경찰관은 자신의 직무에 대해서만 책임지지만 감독경찰관은 그들이 감독하는 순찰경찰관에 의해서 야기된 결과를 수용하고 책임지도록 요구된다.

Ⅱ. 감독경찰관의 기능

1. 감독경찰관의 기본적 기능

감독경찰관의 기본 책임은 순찰 교대근무 동안에 수행할 필요가 있는 업무를 효과적이고 합법적으로 성취하는 것이다. 감독경찰관은 순찰경찰관의 일상적 관심 사항을 감독하는 것과 관련이 있다. 감독경찰관에 대한 전체적인 직무설명이 일선 계선 경찰관을 관리하고 순찰활동을 감독하는 것을 포함할지라도 감독경찰관의 특정 기능은 다음 사항을 포함한다.

- 규칙과 규정을 집행하기
- 규율을 유지하기
- 다른 사람을 훈련시키고, 안내하고, 멘토링하기
- 성과를 검토하기 – 다른 사람의 업무를 평가하기
- 업무 스케줄을 조정하기
- 시민 민원을 관리하기
- 전술적 · 비판적 의사결정을 하기
- 감사를 표현하기
- 출근 점검하기

트라우트만(Trautman)(2008)은 감독경찰관을 가장 황폐화시키는 결점이라고 생각되는 것을 목록화하였다.

네 번째, 풍부한 지식을 갖추지 못하고 자신이 통솔하는 사람을 발전시키지 못함

세 번째, 부정행위를 적발하지 못하거나 부정행위를 밝히는 조치를 취하지 못함

두 번째, 성실성을 위한 역할 모델이 되지 못함

첫 번째, 훌륭한 감독경찰관이 되기를 원하는 것보다 다른 사람이 자신을 더 많이 좋아하기를 원하는 것

2. 감독경찰관의 4대 기능

감독경찰관의 기능은 다음과 같다(Hesser, 2008: 66).

(1) 감독경찰관의 기획활동(planning activity)은 서비스 전달 단계에서 운용자료 및 정보를 분석하고, 예견하고, 변화를 위한 권고사항을 개발하고, 프로그램과 전략을 형성하고, 기한을 예정하고 예산을 편성하는 것을 포함한다.

(2) 감독경찰관의 조직화 활동(organizing activity)은 자원의 균형을 맞추고, 책임 및 권한을 위임하고, 관계를 유지하는 것을 포함한다.

(3) 감독경찰관의 통제활동(controlling activity)은 직무수행을 측정하고, 결과를 평가하고, 만족스럽지 못한 직무수행을 개선하는 것을 포함한다.

(4) 감독경찰관의 통솔활동(leading activity)은 다른 사람에게 영향력을 행사하고,

프로젝트를 시작하고, 의사결정을 내리고, 효과적으로 의사소통하고, 경찰관에게 동기부여를 하고, 인력을 개발하는 것과 관련이 있다.

3. 감독경찰관 기능의 가치

경사 계급은 거의 모든 경찰활동을 위한 최초의 일선 감독기관이다. 대부분의 현장에서의 감독경찰관, 어떤 경찰관이 중요한 것을 알 필요가 있는 때를 인식하고 있는 감독경찰관, 어떤 경찰관이 실수를 할 때 바로 잡아주는 감독경찰관, 과속으로 정지를 당해서 화가 난 시민과 대화를 나누는 감독경찰관, 경찰관이 골치 아픈 상황에 빠졌을 때 달려가는 감독경찰관, 상급 관리자으로부터 부하 직원을 방어해 주는 감독경찰관이다. 이와 같은 감독경찰관의 가치를 구체적으로 설명하면 다음과 같다.

1) 다양한 생활영역 간의 인식 균형

감독경찰관이 인식해야 하는 한 중요한 영역은 경찰관이 자신의 직업에 관하여 파괴적인 망상가가 되지 않도록 하는 것이다. 즉, 감독경찰관은 생활의 다른 영역을 희생한 채 경찰업무에만 집중하지 않도록 해야 한다. 특히, 감독경찰관은 신임 경찰관에게 가족과의 삶을 소중하게 여기는 것이 매우 중요하다는 것을 보여줄 수 있어야 한다.

2) TTPE의 이해

감독경찰관은 두문자인 TTPE(training, tactics, procedures, equipment)를 이해해야 한다. TTPE는 감독경찰관으로 하여금 경찰관의 생명이 위험할 때 자신의 직무를 수행할 준비가 얼마나 되어 있는지를 정확히 평가하도록 도울 것이다. 감독경찰관은 경찰관이 생존 역량을 초과하도록 요구하는 지위에 있지 않도록 하는 것이 중요하다.

3) 사람 활동에의 중점

감독경찰관의 훈련은 사람 활동(people activity)에 중점을 두어야 한다. 일선 경찰관은 이러한 기술을 갖고 있지 않다면 훌륭한 감독경찰관이 되지 못할 것이다. 야간 순찰근무조의 감독경찰관은 경찰관 중에서 비교적 젊은 사람을 구체적으로 살펴보아야 하는데 그들 중 많은 사람은 다른 일자리를 찾고자 노력하고 있을 수 있다. 이러한 일선 경찰관을 감독하는 경찰관의 기능은 일부는 멘토이고, 일부는 규율가이고, 전적으로 리더인 것이 혼합된 것이다(Oldham, 2008: 105).

4) 법률의 변화 파악

감독경찰관은 감독 기술에 중점을 두는 것보다는 오히려 법률 변화를 파악할 필요가 있다. 그들은 기본적인 지식을 소홀히 해서는 안되며, 감독 영역에서 계속해서 훈련받아야 한다(Rutledge, 2008: 74).

5) 약한 감독경찰관과 강한 감독경찰관

감독경찰관은 자신의 부하 직원만큼 훌륭하고, 경찰관의 성과는 종종 감독경찰관의 능력을 직접적으로 반영한다는 것을 배우게 된다. 약한 감독경찰관은 순찰근무조 동안에 발생했던 부정적인 것은 어떤 것이든 감추는 데 많은 시간을 보내지만, 강한 감독경찰관은 잘못된 것을 찾고 그것이 다시는 발생하지 않도록 하는 데 에너지를 집중한다.

4. 국가사법연구소의 연구

1) 모범적인 경사의 특성

「모범적인 볼티모어(Baltimore) 경찰서 일선 감독경찰관의 특성 확인」이라는 국가사법연구소(National Institute of Justice) 연구는 모범적인 것으로 여겨지는 경사와 모범적이지 않은 것으로 여겨지는 경사를 확인하였다(Baltimore Police Department and Johns Hopkins University, 2001). 초점집단에 의해서 확인된 필수적인 특성 중에는 성품 및 성실성, 직무 지식, 관리 기술, 의사소통 기술, 대인 간 기술, 신임 경찰관의 역량을 개발하는 능력, 문제해결 및 비판적 사고 기술, 역할 모델 및 규율가로서의 효과성, 그리고 주도적으로 되는 능력이 있다. 모범적인 경사와 모범적이지 못한 경사 사이의 가장 큰 차이점은 도덕적 추론(moral reasoning)에 있었다.

2) 네 가지 감독유형

국가사법연구소(NIJ)의 연구는 전통적 감독, 혁신적 감독, 지지적 감독, 적극적 감독이라는 네 가지 감독 유형을 확인하였고, 감독의 양보다는 현장감독의 질 또는 유형이 경찰관의 행동에 중요한 영향을 미친다는 것을 발견하였다.

(1) 전통적(traditional) 감독경찰관은 경찰관으로부터 공격적 집행을 기대하고, 매우 업무 지향적이며, 경찰관이 측정 가능한 결과, 특히 체포와 소환 건수를 늘리는 것을 기대한다.

(2) 혁신적(innovative) 감독경찰관은 경찰관과 관계를 형성하고, 낮은 수준의 업

무지향을 지니고, 부하에 대하여 더욱 긍정적인 관점을 지니는 경향이 있다. 혁신적 감독경찰관은 지역사회 경찰활동과 문제해결을 환영하고, 경찰관이 경찰활동의 새로운 철학 및 방법을 수용하도록 장려한다.

(3) 지지적(supportive) 감독경찰관은 공정하지 않은 것으로 여겨지는 징계 또는 처벌로부터 부하를 보호하고, 영감적 동기부여를 제공한다. 혁신적 감독경찰관은 규칙 및 규정을 집행하는 것과 서류작업에는 더 적은 관심이 있고, 칭찬과 인정을 통하여 경찰관을 격려한다.

(4) 적극적(active) 감독경찰관은 모범을 보여줌으로써 통솔하는 철학을 수용한다. 효과에 있어서 적극적 감독경찰관은 순찰경찰관과 감독경찰관의 이중적 기능을 수행한다. 적극적 감독경찰관과 함께 근무하고 있는 경찰관은 자발적으로 시작된 활동, 지역사회 경찰활동, 문제해결에 더 많은 시간을 보내게 된다.

이 연구는 모범을 보여줌으로써 통솔하는 적극적 감독유형이 약점을 갖고 있음에도 불구하고 가장 영향력이 있는 것처럼 보이며, 사실 적극적 감독경찰관이 조직목표 수행에 중요한 것처럼 보인다고 결론을 내렸다(Engel, 2003: ii).

제 3 절 중간관리자

Ⅰ. 중간관리자의 개념

우리나라 경찰조직에서 중간관리자는 경감 및 경정 계급을 의미하지만 미국 경찰조직에서 중간관리자는 주로 경위(lieutenant) 및 경감(captain) 계급을 의미한다. 즉, 미국 경찰조직에서 경감은 자신보다 밑에 있는 경찰관에 대한 관리 권한을 갖고 있고, 경찰서장에 대해서 책임을 진다. 또한, 경감 다음의 하위 계급인 경위는 경감에게 보고하고 자신보다 밑에 있는 경찰관에 대한 관리 권한을 갖고 있다. 경감 및 경위는 다음 기능을 수행할 수 있다(Hess & Orthmann, 2012: 79).

• 담당 운영부서를 감독하기
• 보고서를 검토하고 권고하기

- 계획을 발전시키도록 도와주기
- 업무 스케줄을 준비주기
- 기록 및 장비를 감독하기

Ⅱ. 중간관리자의 기능

1. 중간관리자의 기본적 기능

중간관리자의 역할은 만족스런 결과를 성취하기 위하여 가치 · 철학 · 원칙 · 정책 및 전략을 어떤 형태의 행동으로 전환시키는 것이다(Hesser, 2008: 65). 그들의 책임은 경찰조직의 가치 · 철학 · 원칙 · 정책 및 전략을 정확하게 전달하며, 긍정적인 상호작용을 통하여 경찰관의 욕구 · 이슈 · 관심사 등에 주의를 기울이고 그것을 경찰최고관리자에게 전달하는 것을 포함한다(Hess & Orthmann, 2012: 79).

중간관리자는 또한 운용상 목적, 조직화, 그리고 최적의 결과를 위한 자원 배정을 위하여 참모 및 동료 경찰관의 노력을 조정한다. 게다가, 중간관리자는 업무 및 사람 간의 갈등에 주의를 기울이도록 기대되고, 그러한 갈등을 해결하기 위하여 주도적으로 해결책을 마련한다.

2. 중간관리자의 4대 기능

1) 기획활동

중간관리자의 기획활동(planning activity)은 과(division) 수준에서 내적 분위기를 분석하고, 자료와 정보를 지원하고, 예견하고, 목표를 설정하고, 스케줄을 마련하고, 예산을 편성하고, 전략을 개발하고, 절차를 형성하는 것을 포함한다.

2) 조직화 활동

중간관리자의 조직화 활동(organizing activity)은 인력 충원 수준을 설정하고, 자원 균형을 맞추고, 책임 및 권한을 위임하고, 필요로 되는 기술 수준을 확인하는 것을 포함한다.

3) 통제활동

중간관리자의 통제활동(controlling activity)은 업무실행 표준을 형성하고, 업무실행을 측정하고, 결과를 평가하고, 만족스럽지 못한 업무실행을 올바르게 하는 것을 포함한다.

4) 통솔활동

중간관리자의 통솔활동(leading activity)은 다른 사람에게 영향을 미치고, 프로젝트를 시작하고, 의사결정을 행하고, 효과적으로 의사소통을 하고, 부하 경찰관에게 동기부여를 하고, 경찰관을 선발하고, 경찰관 역량을 개발하는 것을 포함한다.

3. 중간관리자 기능의 가치

1) 최고관리자의 의견 옹호 및 신임 경사의 역량 개발

중간관리자는 최고관리자의 의견을 옹호하고, 새로 승진한 경사의 역량을 개발하는 책임을 갖고 있다. 대규모 경찰조직에서 가장 필요로 되는 중간관리 지위 중 하나는 지리적 영역의 책임자인 순찰지구대장(patrol district commander)이다. 경감 계급은 일선 감독경찰관이 현장 및 행정상 전체 운용활동을 위하여 책임을 지게 되는 첫 번째 계급이다(Johnson, 2008a: 10).

2) 지킬 수 없는 약속 금지

중간관리자는 모든 사람이 원하는 변화를 실행할 것이라고 제안함으로써 좋은 인상을 심어주기를 원한다. 그러나 중간관리자는 자신이 지킬 수 없는 약속을 하지 않도록 주의해야 한다. 감독경찰관의 권한과 같이 중간관리자의 권한은 계급에 의해 부여되지만 진정한 존경을 받을 수 있어야 한다. 틀림 없이 리더의 가장 귀중한 자원 중 하나인 의사소통 유형은 존경을 받는지 여부를 결정하게 된다(Johnson, 2008b: 32).

3) 자기 달성 예언의 가치 인식

중간관리자는 자기 달성 예언(self-fulfilling prophecy phenomenon)을 인식해야 한다. 300건 이상의 연구는 기대가 분명하게 행동에 영향을 미친다는 것을 보여준다. 효과적인 중간관리자는 이러한 지식을 사용하여 어떤 징계 조치를 취하기 전에 감독경찰관과 대화를 나눔으로써 감독경찰관의 초점을 부정적인 것에서 긍정적인 것으로 전환시킬 수 있어야 한다. 자기 달성 예언에 손상을 가하는 것을 피하기 위하여 중간관리자는 긍정적인 것을 강조하고 높은 기대를 장려할 필요가 있다.

4) 감정적 · 개인적 관계의 허용

중간관리자는 그들의 명령을 받는 경찰관과 감정적 · 개인적 관계를 허용하는 것을 두려워해서는 안된다. 연구 결과는 감정이 생각보다 앞서며, 감정은 사람이 생각하는 것에 영향을 미칠 수 있다는 것을 보여주기도 한다. 경찰관은 보상도 필요하지만 잘한 일에 대해서 감정적으로 진심 어린 인정과 감사를 필요로 한다.

5) 직원 임용

중간관리자의 가장 중요한 책임 중 하나는 직원을 임용(승진, 강등, 해고 등)하는 것이다. 경영학의 그루인 콜린스(Collins)는 이 주제에 관하여 유명한데, 그는 좋은 조직에서 위대한 조직으로 갈 수 있는 조직은 옳은 사람을 버스에 태우고 잘못된 사람을 버스에서 내리도록 해야 한다고 말한다. 이것을 성취하기 위하여 중간관리자는 그들의 명령을 받는 사람에 대해서 자세하게 파악할 필요가 있다. 중간관리자는 직장 밖에서의 친목의 함의와 결과에 대해서 고려할 필요가 있으며, 그러한 고려는 잠재적인 문제를 최소화시킬 수 있다.

6) 모든 것을 알고 있다는 생각의 위험성

게브하르트(Gebhardt)(2007: 29)는 중간관리자가 새로운 프로젝트를 받을 때 그들은 모든 것을 알고 있다고 생각해서는 안된다고 권고한다. 중간관리자는 밑에 있는 경찰관에게 정보를 부탁하고, 다른 사람의 경험을 이용해야 한다. 따라서, 중간관리자는 새로운 관점을 제공하는 신임 경찰관으로부터 많은 경험을 갖고 있는 베테랑 경찰관까지 다른 사람의 경험을 이용할 수 있어야 한다.

제 4 절 최고관리자

Ⅰ. 최고관리자의 개념 및 유형

최고관리자(executive manager)는 그 명칭이 chief of police, director, superintendent, 또는 sheriff 등 다양하지만 그 지위의 권한 및 책임은 유사하다. 최고관리자의 유형을 소개하면 다음과 같다(Cordner & Scarborough, 2010: 204).

1. 행정가

행정가(administration) 유형은 관리 및 관리 역할의 구체화뿐만 아니라 최고관리자의 내적 역할을 강조한다. 행정가 유형은 기획, 조직화, 충원, 지시, 그리고 경찰조직 통제에 중점을 둔다.

2. 고위 경찰관

고위 경찰관(top cop) 유형은 행정가 유형과 같이 최고관리자의 내적 역할을 강조하지만 관리보다는 이끄는 것에 더 중점을 둔다. 고위 경찰관 유형은 경찰 운용에 깊숙이 참여하고 현장에서 경찰관에게 명령하고, 가장 중요한 범죄수사에 대한 책임을 맡는다.

3. 정치가

정치가(politician) 유형은 내적 역할보다는 최고관리자의 외적 역할을 강조한다. 정치가 유형은 경찰조직의 내부 행정을 부하에게 맡기고, 경찰서장의 역할을 주로 외부 지향적인 것으로 볼 것이다. 정치가 유형을 채택하는 최고관리자는 사교 모임에 참석하기보다는 마약 급습(narcotics raid)을 더 좋아할지도 모른다. 심지어 정치가 유형은 여러 사교 모임이 경찰조직의 지지를 얻는 기회를 제공할 수 있다고 여긴다면 그 모임에 참여할 것이다.

4. 경세가

경세가(statesman) 유형은 전체 경찰조직과 지역사회에서 리더십을 강조한다. 경세가 유형은 다른 구성원이 수행할 수 없는 최고관리자의 책임 측면을 인식한다. 경세가 유형은 경찰조직의 내적 관리를 무시하지는 않을지라도 대부분의 관리업무를 위임하고, 조직의 전체 과정과 핵심 가치 및 조직의 심각한 위협에 집중한다.

Ⅱ. 최고관리자의 기능

1. 최고관리자의 기본적 기능

1) 관할구역에 대한 권한 및 책임

최고관리자는 관할구역에 대한 권한 및 책임을 갖고 있다. 최고관리자에 임명된 사람은 주 및 지방 관할구역뿐만 아니라 적용 가능한 법률과 규칙 및 규정을 집행하는 것이다.

2) 자원의 기획 · 조직화 · 관리

최고관리자는 구성원을 포함하여 경찰조직의 자원을 기획하고, 조직화하고, 관리하는 책임을 맡고 있다. 최고관리자는 평화를 유지하고, 법률과 조례를 집행하는 책임을 맡고 있다. 최고관리자의 의무와 책임은 종종 다음과 같은 것을 포함한다.

- 사명서를 개발하기
- 목표와 목적을 설정하기
- 매년 예산을 준비하기
- 기관 규칙 및 규정과, 일반적이며 특정적인 기관 명령을 준비하고 주기적으로 검토하기
- 조직 운용을 위하여 전략적 · 장기적 계획과 전술적 · 단기적 계획을 개발하기
- 시 위원회 또는 다른 조직의 지정된 회의에 참여하기
- 최고관리자를 위하여 보고서를 준비하기
- 다른 법집행기관과 조정하기
- 비상준비 계획 및 운용에 참여하기
- 언론 공공관계 연락관을 개발하기
- 계속된 운용업무의 재정을 관리하기
- 지역의 욕구를 충족시키기 위하여 훈련 프로그램을 개발하기
- 지역기관과의 연락관으로 행동하기
- 구두, 문서, 기술적 수단을 통하여 의사소통하기

3) 가치 · 철학 · 원칙 · 정책 및 전략 개발

최고관리자의 역할은 지역사회 및 경찰관서에 의해서 지지되고, 경찰조직이 그 임무를 충족할 수 있도록 하는 가치 · 철학 · 원칙 · 정책 및 전략을 개발하는 것이다.

이러한 책임은 다음과 같은 것을 포함한다.

- 더 큰 환경에서 운영되고 지역사회 환경을 정확하게 평가하고 있는 종합적 실체로 경찰조직을 바라보는 것
- 현재의 욕구 및 미래의 예견에 기초하여 비전과 명확하게 정의된 사명 및 목표를 설정하는 것
- 변화를 위한 내부 및 외부의 압력에 경찰조직을 적응시키기
- 가장 유능한 직원을 채용하는 메커니즘을 형성하고 더 높은 수준의 책임을 갖도록 직원을 개발하고 승진시키는 것
- 팀워크, 상호지지 및 개방적인 정보 공유를 촉진하는 분위기를 제공하는 것
- 창의적이며 책임 있는 위험 감수를 장려하는 것

2. 최고관리자의 4대 기능

1) 기획활동

최고관리자의 기획활동(planning activity)은 외부의 분위기 · 자료 · 정보를 분석하고, 예측하고, 목표를 설정하고, 스케줄을 잡고, 예산을 편성하고, 사명 · 가치 · 철학 · 원칙 등을 형성하고, 경찰조직 수준의 정책을 개발하는 것을 포함한다.

2) 조직화 활동

최고관리자의 조직화 활동(organizing activity)은 경찰조직 구조를 개발하고, 관계를 형성하고, 책임 및 권한을 위임하는 것을 포함한다.

3) 통제활동

최고관리자의 통제활동(controlling activity)은 직무수행 표준을 형성하고, 직무수행을 측정하고, 그 결과를 평가하고, 만족스럽지 않은 직무수행을 올바르게 하는 것을 포함한다.

4) 통솔활동

최고관리자의 통솔활동(leading activity)은 다른 사람에게 영향력을 행사하고, 프로젝트를 시작하고, 의사결정을 하고, 효과적으로 의사소통하고, 부하 직원에게 동기부여를 하고, 사람을 선발하고, 부하 직원을 개발하는 것을 포함한다.

3. 최고관리자의 핵심 기능

그림 9-1 최고관리자의 핵심 기능

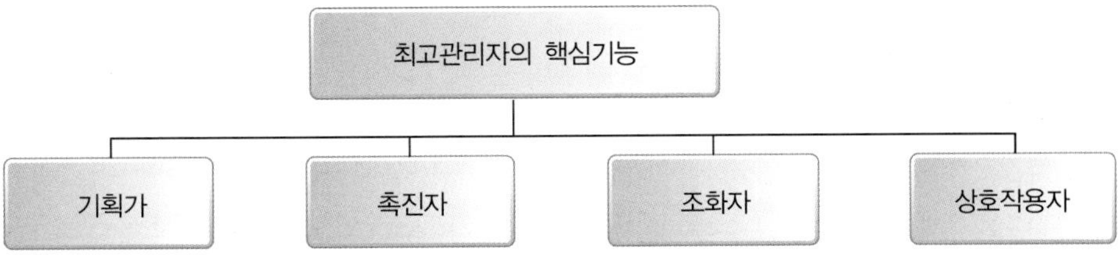

1) 기획가

(1) 기본적 기획 기술

최고관리자는 기획가(planner)로서 기본적 기획 기술을 소유해야 한다. 즉, 목표 및 목적을 설명하고, 그것을 충족시키기 위한 업무계획을 개발하는 능력을 지니고 있어야 한다. 경찰조직은 전술적·전략적 기획 없이는 능률적으로 기능할 수 없다.

(2) 전술적·전략적 기획

① 전술적 기획

전술적(tactical) 기획은 한 해의 업무계획을 포함하지만, 전략적(strategic) 기획은 미래지향적 기획이다. 전술적 기획은 전술적 운용을 수행하기 위하여 설계된 기획을 의미한다. 전술적 기획은 변화를 위해 필요로 되는 유연함을 제공하고, 직원의 욕구를 결정하고, 목적을 결정하고, 조직적 통제를 제공하고, 마약 급습과 같은 중요한 사건을 다루고, 스포츠 경기, 인기 콘서트, 대규모 풍속행사, 퍼레이드와 같은 특별 사건을 다루기 위하여 종종 필요하다.

② 전략적 기획

전략적 기획은 미래 및 우선순위를 설정하는 데 초점을 둔다. 전략적 기획은 변화를 기대하고, 변화의 요구사항을 충족시키는 장기전략을 채택하는 미래지향적·주도적 사고에 뿌리를 두고 있다. 즉, 전략적 기획은 경찰조직을 위한 마스터 플랜인 것이다. 전략적 기획을 위한 관리 도구는 경찰조직이 에너지를 적절하게 집중시키도록 돕는데, 네 가지 기본적 질문에 대한 답을 찾아야 한다(Barishansky, 2009: 40).

㉠ 우리는 어디로 가고 있는가?(사명서 및 비전서에 의해서 정의된)

㉡ 우리는 어떻게 거기에 도착하는가?(특정 목표에 의해서 정의된)

㉢ 행동을 위한 우리의 청사진은 무엇인가?(목표를 성취하기 위한 행동단계)

㉣ 우리가 제대로 된 길을 가고 있는지를 어떻게 아는가?(평가 및 수정)

(3) SWOT 분석

전략적 기획은 장기간이며, 대규모이고, 미래지향적 기획이다. 전략적 기획은 사명서 또는 비전서에서 시작한다. 많은 기관은 전략적 계획을 개발하기 전에 SWOT(강점, 약점, 기회, 위기) 분석을 하여 경찰조직의 현 상태를 조사할 뿐만 아니라 현 상태를 변화시킬 수 있는 요소를 조사하여야 한다. SWOT 분석은 기본적으로 다음과 같이 질문한다. 우리는 지금 당장 어디에 있는가?, 당신은 어디에 있기를 원하는가?

2) 촉진자

(1) 촉진자의 개념

촉진자(facilitator)는 다른 구성원이 직무를 수행할 수 있도록 돕는다. 경찰조직의 목표 및 목적 등은 조직 외부에 있는 다른 기관의 지원뿐만 아니라 연합된 기관 노력을 통하여 성취된다. 규칙, 규정, 개인적 친밀감, 의사소통, 표준, 지침, 논리, 기본원칙 및 방향 모두 다른 구성원이 직무를 수행할 수 있도록 돕는다. 최고관리자는 구성원에게 무엇을 해야 할지, 어떻게 해야 할지에 관하여 지시한 후에 구성원이 독립해서 직무를 수행할 수 있도록 해야 한다.

(2) 신뢰, 정직, 성실성, 노력 지원, 정책 변화, 혁신적 실행

신뢰, 정직, 성실성은 관리자-구성원의 업무 관계에서 중요하다. 2009 Police 잡지 조사에 의하면, 1,997명의 응답자 중에서 58.6%가 경찰서장의 가장 중요한 특성은 계선 경찰관의 노력을 지원하는 것이고, 두 번째로 24.9%는 기꺼이 정책을 변화시키고 혁신적 실행을 하고자 노력하는 것이었다(Basich, 2009: 14).

3) 조화자

(1) 조화자의 개념

최고관리자는 경찰 부(副)서장(chief deputy)에서 순찰경찰관에 이르기까지 경찰조직의 모든 구성요소와 의사소통을 하는 조화자(interfacer)이어야 한다. 또한, 최고관리자는 의사소통, 전문화된 참모활동, 관계에 관하여 지식을 갖고 있어야 하며, 업무 구분과 직원 배치를 이해해야 한다.

(2) 참여 유도 및 조직 목표 설정

최고관리자는 구성원의 참여를 유도하고 조직 목표 및 업무계획을 설정해야 한

다. 최고관리자는 구성원의 모든 행동과 조화를 이루어야 하고, 훌륭한 방향설정자처럼 관심 사항을 잊어버리지 않아야 한다.

4) 상호작용자

(1) 상호작용자의 개념

최고관리자는 많은 집단과 함께 효과적으로 업무를 수행하는 상호작용자(interactor)이어야 한다. 최고관리자는 언론매체, 다른 지방정부 관서, 상공인 사회, 학교, 지역사회 위원회 등에 대하여 경찰조직의 공식적 대표자로 행동한다.

(2) 정치, 지역사회, 다른 조직, 대중매체와 상호작용

최고관리자의 역할 중 단지 1/5만이 경찰조직과 관련이 있고, 나머지는 정치, 지역사회, 다른 조직, 대중매체와 상호작용을 하는 것이다. 최고관리자가 상호작용하는 각 조직은 다른 관점에서 최고관리자 지위의 중요성 및 행동을 바라본다. 최고관리자는 이러한 다양한 기대사항을 결정하고 그것을 효과적으로 충족시키기 위하여 목표 및 업무계획을 수립하여야 한다.

4. 최고관리자 기능의 가치

1) 경찰조직의 니즈에 따른 관리

경찰서장의 관리는 경찰조직의 니즈에 따라 조정되어야 한다. 몇몇 중요한 변화가 빨리 만들어져야 하지만 몇몇 변화는 천천히 형성되어야 한다. 변화는 개인뿐만 아니라 조직에 스트레스를 준다. 경찰조직이 크든 작든 경찰서장은 정부 구조 및 지역사회 내에서 최고 지위를 갖고 있다. 그 지위는 또한 도전적이고, 흥분시키고, 여러 장벽 및 함정으로 채워져 있다. 경찰서장은 심사숙고, 혁신, 그리고 창의적 사고를 위한 시간을 가져야 한다.

2) 참여적 접근법

조직구성원은 변화 필요성에 관하여 다양한 의견을 갖고 있다. 모든 구성원의 인풋을 요구하는 참여적 접근법은 매우 효과적이다. 의사결정은 특정 개인이나 이익집단을 즐겁게 하는 것이 아니라 지역사회 및 경찰조직을 위해 유익한 것에 기초를 두어야 한다.

3) 동등한 관리 접근법

최고관리자의 책임은 무겁지만 그로 인한 보상은 크다. 경찰서장이 경찰조직의 공식적·비공식적 리더와 함께 동등한 관리(coequal management) 접근법을 채택한다면, 경찰조직 철학이 더 쉽게 받아들여질 것이며, 그 결과 더 적은 저항을 받은 채 경찰조직 변화가 가능하게 될 것이다. 경찰서장의 주요 목표는 성공이 기대되고 탁월함이 요구되는 경찰조직을 형성하는 것이어야 한다.

4) 총체적 관리 접근법

(1) 총체적 관리 접근법의 개념

총체적 관리(holistic management) 접근법은 관리 및 리더십 양자는 경찰조직이 그 사명을 성취하는 데 필요하다는 점을 인정한다. 총체적 관리는 팀워크의 중요성을 인정하면서도, 경찰조직 내 모든 사람이 특별한 소명에 대응하는 완전한 개인이라고 인식한다.

(2) 높은 동료 일체감

경찰관은 매우 높은 동료 일체감을 느끼고 있으며, 위험에 처해있는 동료 경찰관보다 더 높은 우선순위를 갖고 있는 출동 요청은 없다. 경찰관은 그들이 제복에 의해서 쉽게 확인되며, 시민의 권력보다 더 높은 권력을 갖고 있다는 점에서 즐거움을 느낄 수도 있다. 경찰관리자는 경찰관이 자아 만족감(ego satisfaction)을 잃어버리지 않도록 하고, 그의 동료를 돕도록 하는 직업 소속감을 계속해서 발전시켜야 한다. 총체적 관리 접근법은 일선 경찰관 및 지원 직원이 한 팀을 구성하고 있는 것으로 보고 있다.

참고문헌

Baltimore Police Department and Johns Hopkins University. (2001). *Identifying Characteristics of Exemplary Baltimore Police Department First-Line Supervisors.*

Cooley, C. H. (1922). *Human Nature and the Social Order.* New York, NY: Scribner's.

Cordner, G. W. & Scarborough, K. E. (2010). *Police Administration.* New Providence, NJ: Mathew Bender & Company, Inc.

Engel, R. S. (2003). *How Police Supervisory Styles Influence Patrol Officer Behavior.* Washington, DC: U.S. Department of Justice, National Institute of Justice, June. (NCJ 194078).

Gebhardt, C. (2007). "Information Exchange: Listen to Your Officers and Turn Adversaries into Advocates". *Law Officer Magazine*, February.

Hess, K. M. & Orthmann, C. H. (2012). *Management and Supervision in Law Enforcement. Clifton.* NY: Delmar, Cengage Learning.

Hesser, L. M. (2008). *An Organizational Strategy Guide for an Effective Police Department. in Police Chiefs Desk Reference* (2nd ed.). Washington, DC: Bureau of Justice Assistance, and Arlington, VA: The International Association of Chiefs of Police.

Johnson, R. R. (2007). "Power of Supervision". *Law and Order*, April.

Johnson, R. R. (2008a). "Don't Take It Personally". *Law and Order*, April.

Johnson, R. R. (2008b). "Pride, Not Arrogance". *Law and Order*, October.

Miller, R. K. (2009). "Raising Leaders: Are Your New Supervisors Ready for the job?". *Law Officer Magazine*, May.

Oldham, S. (2008). "Fear Not the Darkness". *Law and Order*, March.

Rutledge, Devallis. (2008). "Keeping Up with Case Law". *Police*, November.

Trautman, Meal. (2008). "An Open Letter to Line Supervisors". *Law Officer.com*, June 16.

CHAPTER

10

경찰조직 내 개인 및 집단

학습목표

1. 조직 내 개인행동의 다섯 가지 측면을 설명할 수 있다.
2. 태도의 개념 및 특성을 설명할 수 있다.
3. 역할의 개념 및 특성을 설명할 수 있다.
4. 자아개념의 개념 및 특성을 설명할 수 있다.
5. 인식의 개념 및 특성을 설명할 수 있다.
6. 의사소통의 개념 및 특성을 설명할 수 있다.
7. 하위집단 및 하위문화의 형성을 간략하게 설명할 수 있다.
8. 경찰조직 내 다양한 집단의 유형을 설명할 수 있다.

제10장 경찰조직 내 개인 및 집단

조직과 관리의 모든 측면은 사람과 관련되어 있기 때문에 인간 행동에 관한 이해는 경찰관리자에게 매우 중요하다. 경찰관리자는 시민, 부하 직원, 동료, 상관을 이해하고 성공적으로 대하여야 한다. 경찰관리자는 자신의 행동을 이해하고 통제하는 것과 동시에 다른 사람의 행동에도 영향을 미칠 수 있어야 한다. 사람은 자신의 관점에서 다른 사람이 행하는 것을 이해하는 경향이 있고, 그 결과 상이한 가치, 동기, 인식을 고려하거나 인식하지 못할 수 있다. 제11장에서는 경찰조직 내 개인과 집단의 역할 및 그 특성에 대한 주요 내용을 학습하고자 한다.

제 1 절 경찰조직 내 개인

Ⅰ. 하위체계 및 개인행동의 다섯 가지 측면

1. 내적 및 외적 하위체계

개인은 많은 상호의존적 하위체계(subsystem)로 구성되며, 각각의 하위체계는 본질적으로 한 체계로 여겨질 수 있다. 내적 하위체계에 대해서 예를 들면, 생리적 관계에서 개인은 근육체계, 골격체계, 신경체계, 성적 체계, 소화체계, 순환체계, 호흡체계 등을 갖고 있다. 또한 심리적 관계에서 개인은 감정체계, 가치체계, 윤리체계, 도덕체계, 종교체계, 동기부여체계 등을 갖고 있다. 이러한 상호의존적 체계는 개인의 행동에 영향을 주기 위하여 다른 체계와 함께 작용한다.

개인은 내적 하위체계 외에 자신이 일부분으로 속해 있는 외적 하위체계에 의해서도 영향을 받는다. 외적 하위체계에는 정부체계, 정치체계, 종교체계, 가족체계, 조직활동 체계 등이 있다. 인간과 외적 하위체계 간의 역동적인 상호작용은 인간 행동의 복잡성을 설명해 준다.

2. 개인행동의 다섯 가지 측면

인간행동 과정에는 많은 상호의존적 변수가 관련되어 있어서 모든 관련 변수를 이해하고, 그것들이 인간행동에 어떻게 영향을 미칠지를 정확하게 예측하는 것은 불가능하다. 그러나 체계관점을 조직적 상황에 적용해 볼 때 생리학, 심리학, 사회학은 인간행동에 대하여 실질적이고 가치 있는 통찰력을 제공해 준다. 경찰조직 내 개인행동에 관한 논의는 조직행동(organizational behavior)의 다섯 가지 주요 측면인 (1) 태도, (2) 역할, (3) 자아개념, (4) 인식, (5) 의사소통에 중점을 둘 것이다.

그림 10-1 개인행동의 다섯 가지 측면

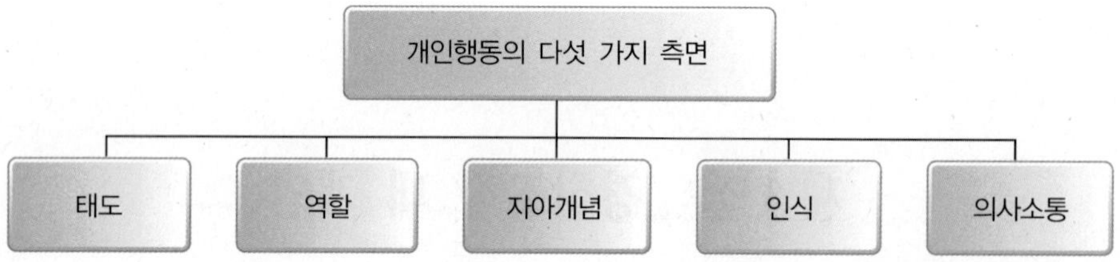

Ⅱ. 개인의 태도

1. 태도의 개념 및 형성

태도(attitude)는 어떤 의견을 형성하는 경향을 보여주는 심리적 마음 자세이며 (Maier, 1973: 42), 어떤 대상에 관한 신념, 감정, 행동 경향의 집합이기도 하다 (Worden, 1996: 139). 개인적으로 형성된 태도는 목표 및 목적을 성취하고자 시도하는 데 주요 장애물이 될 수 있으므로 경찰관리자는 조직구성원의 태도를 효과적으로 다루어야 한다.

조직구성원의 태도 형성은 가족, 성, 연령, 인종, 민족, 사회적·경제적 지위, 교육, 지능, 거주 장소에 의해서 영향을 받는다. 사람의 일련의 태도는 다른 사람의 태도와 다르다. 주로 개인은 자신이나 다른 사람에게 자신의 태도를 설명하고 정당화하기 위한 근본원리(rationale)를 갖고 있다. 사람은 유사한 태도를 갖고 있는 다른 사람과 함께 사귀는 경향이 있으며, 이것은 자신의 태도를 강화하는 수단이 된다.

2. 태도의 영향

1) 조직구성원의 인식, 행동, 사건에의 영향

태도는 조직구성원의 인식, 행동, 사건에 영향을 미친다. 다른 태도를 갖고 있는 사람은 다양한 인식을 형성하게 된다. 그들은 또한 다르게 관련 되어 있는 행동 및 사건을 자신의 태도에 의존하여 평가한다. 그들은 자신의 태도에 따라 동료 경찰관, 상사, 시민, 급여, 대우 방법, 자신이 행하는 모든 것을 인식할 것이다. 따라서, 태도는 조직구성원이 자신과 관련 되어 있는 모든 것에 대하여 어떤 결과를 가져오도록 하는 경향이 있다.

2) 태도와 행동의 직접적 관계 여부

태도와 행동의 관계는 직접적이지 않다. 태도와 행동의 간접적 관계의 대표적인 예는 편견(태도)과 차별(행동)의 관계이다. 사람은 집단에 관하여 편견을 갖고 있는데 자신이 소속되어 있는 집단을 기초로 개인에 관한 태도를 형성하는 경향이 있다. 리스(Reiss)(1971)는 흑인에 대하여 백인 경찰관의 입장에서 차별적 행동의 증거를 거의 발견하지 못하였지만, 백인 경찰관이 흑인에 대하여 매우 편견적 태도를 지니고 있다는 것을 발견했다.

3) 업무 및 권한에 대한 태도

조직적 관점에서 중요한 태도는 업무(work) 및 권한(authority)에 대한 태도이다. 몇몇 사람은 업무는 즐길 수 있고 잘 행해져야 한다는 태도를 갖고 있지만, 다른 사람은 업무를 목표에 대한 하나의 수단, 즉 실질적 즐거움에 소비할 돈을 위하여 자신의 시간 및 에너지를 교환하는 계약으로 본다. 마찬가지로, 몇몇 사람은 의심 없이 조직적 권한의 합법성을 받아들이지만, 다른 사람은 상사의 권한을 손상시키는 데 많은 시간을 보낸다. 이러한 차이에도 불구하고 대부분의 사람은 기꺼이 조직에 참여하여 일하고, 직장에 대하여 일정한 몰입을 행한다(Simon, 1976).

3. 행동 변화와 행동 수정

행동 변화(behavioral change)의 전통적인 방법은 태도 변화에 의한 것이었다. 변화 과정이 오래 걸리고 어려울지라도 태도는 변화될 수 있다. 그러나 태도의 강한 감정적 측면 때문에 행동 변화는 종종 실패한다.

행동 변화의 몇몇 현대적 방법은 태도를 무시하고, 보상과 행동의 관계에 집중한다. 이러한 관계는 행동 수정(behavioral modification)이라고 불리며, 행동은 보상과 처벌을 통하여 변화될 수 있다고 가정한다. 그러나 보상과 처벌의 조건화를 통하여 성취된 행동 수정은 태도를 다루기 위해 이용될 수 있는 효과적인 방법이 아니다.

4. 감수성 훈련

1) 감수성 훈련의 개념

태도를 변화시키기 위하여 공통적으로 이용되는 방법은 감수성 훈련(sensitivity training)이다. 그것은 개인이 자신의 태도 결함과 관련된 비합리성에 직면할 수 있도록 설계된다. 그것이 '훈련'이라고 불리더라도 훈련과정보다는 교육과정에 더 가깝다. 감수성 훈련은 사람으로 하여금 자신의 현재 모습을 보고, 다른 사람이 그들을 바라보는 방법을 인식하도록 하는 것이다.

2) 자신의 태도 및 다른 집단에 관한 정보 제공

감수성 훈련은 개인에게 자신의 태도를 조사할 기회를 제공하고, 문화적 인식이나 문화적 다양성 교육의 형태에서 다른 집단에 관한 정보를 제공할 수 있다. 한 사람의 태도가 변화하고자 한다면, 그는 자신의 태도를 지지하기 위하여 사용하는 근본원리(rationale)를 객관적으로 조사해야 한다. 이것은 사실상 어려운데 사람은 자신에게 또는 다른 사람에게 자신이 틀렸다는 것을 일반적으로 인정하지 않기 때문이다.

3) 부적절한 태도와의 직접적인 직면 회피

감수성 훈련은 부적절한 태도에 직접적으로 직면하는 것을 피하고, 개인에게 자신의 결함에 관한 어떤 것도 가르치려고 시도하지는 않는다. 오히려 감수성 훈련은 사실의 관점에서 개인적으로 자기 자신 및 태도를 점진적으로 조사하도록 하고, 자신이 잘못되었으며 변화해야 한다는 개인적 인식을 갖도록 한다.

5. 축적 효과

1) 일상적 경험의 축적 효과

일상적 경험의 축적 효과(cumulative effect)는 때때로 태도를 변화시킬 수 있고, 단 한 개의 강력한 경험으로도 태도를 변화시킬 수 있다. 경찰관의 태도는 업무 경험에 의해 명확히 영향을 받는다. 특히, 경찰관은 경찰업무에서 처음 몇년 동안 다른 사람을 더 의심하게 되고, 인간 조건에 관하여 더 냉소적으로 되며, 정치적으로도 더 보수적 경향을 띠게 된다(Skolnick, 1966). 원칙적으로 긍정적인 태도 변화는 일상적 경험에서 나온다. 경찰관의 인종적 편견을 줄일 수 있는 한 요소는 아프리카계 미국인 및 소수민족 경찰관의 고용 확대이다. 골드스타인(Goldstein)(1977: 271)에 의하면, 다른 문화 사이의 장벽과 적대감을 무너뜨리기 위한 어떤 훈련 프로그램도 동료 경찰관 사이의 일상적 접촉만큼 효과적으로 작용하지 못할 것이다.

2) 동료 압력

경찰관의 태도에 많은 영향을 주면서도 업무 경험과 관련 있는 것은 동료 압력(peer pressure)이다. 올바른 태도를 선택하고 표현하는 것은 경찰 하위문화로 들어오기 위한 선결 조건이지만 신임 경찰관은 동료 경찰관의 지배적 태도를 수용하는 경향이 있다. 왜냐하면 그러한 동료 경찰관의 태도는 새로운 세계의 위험, 적대감, 두려움, 폭력, 권한을 의미 있게 만들도록 도와주기 때문이다. 일상적 경험과 동료 압력의 영향력은 매우 강해서 경찰활동에 입직한 후 몇 년이 지나도 경찰관의 태도가 변화하지 않는 것은 드문 일이다. 경찰관리자의 주요한 도전은 젊은 경찰관의 태도가 긍정적으로 변화하도록 하기 위하여 강력하고 긍정적인 동료 압력을 이용하는 것이다.

Ⅲ. 개인의 역할

1. 역할의 개념

영화에서 배우가 자신이 맡고 있는 역할(role)에 일치하는 행동 특성을 갖게 되는 것과 같이, 사람은 실제 역할을 수행하는 데 필요하다고 인식하는 것과 유사하게 행동한다. 사람은 동시에 여러 역할을 수행하는 데 이것은 문제점을 보여 줄 수 있다. 왜냐하면 수행하는 역할은 서로 다르고, 각각의 역할은 다른 행동을 요구하기 때문이다. 사실 사람은 유사한 역할을 수행하는 방법에서도 서로 다르다. 몇몇 경찰관은 경찰관의 역할을 범죄 척결자(crime fighter)로 보는 반면에, 다른 경찰관은 경찰관의 역할을 전문적이고 서비스 지향적인 공공 봉사자(public servant)로 본다.

사람이 자신의 역할을 수행하는 방법은 다른 사람의 기대뿐만 아니라 다른 사람이 그 역할을 수행하는 방법에 의해서 영향을 받는다. 조정 또는 합의된 역할 변화는 태도 및 행동의 변화와 관련된다. 몇몇 역할은 사실상 거의 모든 상황에서 행동을 이끌지만, 다른 역할은 특정 상황에서만 행동에 영향을 미친다.

2. 역할의 강한 영향

1) 자신에 대한 영향

경찰관의 역할은 그 역할을 수행하는 사람에게 강력하게 영향을 미칠 수 있다. 몇몇 사람에게 역할은 직업(job)이기보다는 하나의 소명(calling)이기도 하다. 경찰이 부여받는 권한, 경찰이 직면하는 위험, 경찰에게 부여된 사회적 낙인, 종종 발생하는 경찰과 시민의 고립 등 모든 것은 경찰관 자신으로 하여금 동료 경찰관 및 경찰 역할과 동일시(identification)하도록 기여한다.

2) 삶의 다른 역할에 대한 영향

경찰관의 역할은 삶의 다른 역할에도 영향을 미칠 수 있다. 일부 경찰관은 종종 자신의 가족과 상호작용할 때조차도 경찰관처럼 행동하고, 모든 사회적 상황에서 의심과 냉소주의를 갖고 대응하기도 한다. 이것은 부분적으로 경찰관은 1일 24시간 동안 근무를 한다는 인식에 기초한다.

3. 경찰 역할의 다섯 가지 유형

특별한 가치 대 보편적 가치, 결과 대 과정 경향, 강제성, 선택성, 관점, 강제의 도덕성, 적법절차 대 사회적 질서의 강조 등을 포함하여, 경찰 역할의 유형은 몇몇 특성에 있어서 서로 다르다. 경찰관은 자신의 역할을 바라보는 방법에 있어서 다양하지만 다음과 같은 경찰 역할의 다섯 가지 유형이 확인되었다(Cordner & Scarborough, 2010: 223).

그림 10-2 경찰 역할의 다섯 가지 유형

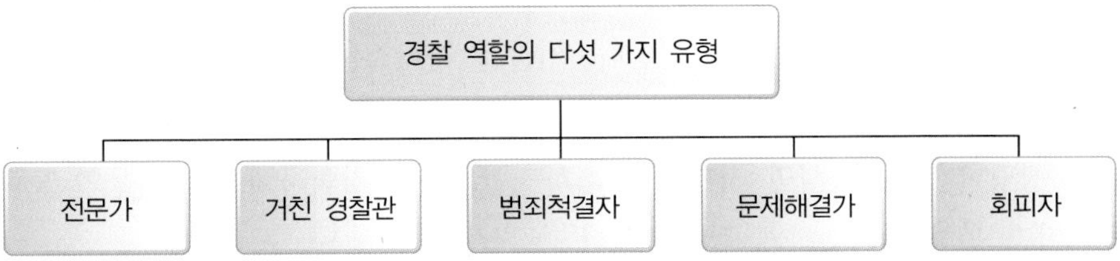

1) 전문가

전문가(professional) 유형은 필요할 때 강제적인 권력을 기꺼이 사용하지만 그것을 남용하는 경향이 없다. 이 유형은 경찰 역할을 광범위하게 정의하고 정당한 목적을 성취하는 다양한 방법을 찾는다. 이 유형은 자신이 대해야 하는 사람과 공감(empathy)을 하고, 자신이 다른 사람의 문제를 경험하고 있는 것으로 상상할 수도 있다. 또한 이 유형은 다른 사람의 문제를 해결함에 있어서 자신의 능력에 대한 한계를 이해하고, 그 결과 좌절함이 없이 최선을 다할 수 있다. 이 유형은 일반적으로 경찰업무 및 시민에 대해서 긍정적인 인식을 갖고 있다.

2) 거친 경찰관

거친 경찰관(tough cop) 유형은 경찰 권한을 행사하는 것에 대하여 열정적이고, 그들이 대하는 사람은 그럴만한 가치가 있다고 믿는다. 이 유형은 문제를 해결하기 위한 다양한 선택지를 찾는 대신에, 합법성에 대한 관심을 갖고 있지 않고 강제적인 권한 행사로 성급하게 넘어간다. 이 유형은 다른 사람에 대한 공감이 부족하고 전형적으로 '우리 대 그들'이란 태도를 갖고 있다.

3) 범죄척결자

범죄척결자(clean-beat crime fighter) 유형은 거친 경찰관 유형과 많은 태도 및 신념을 공유하지만 법률 및 규칙 내에 더욱 남아 있고자 한다. 이러한 점에서 범죄척결자 유형은 더욱 과정 지향적이지만 거친 경찰관 유형은 더욱 결과 지향적이다. 범죄척결자 유형은 자신의 역할을 주로 법집행으로 여기고 있으며, 법률의 체계적이며 철저한 적용은 더 안전하고 질서 있는 지역을 이끌 것이라고 믿는다.

4) 문제해결가

문제해결가(problem solver) 유형은 전문가 유형과 같이 공감 및 경찰 역할에 대한 관점을 공유한다. 그러나 이 유형은 강제적 권한의 사용에 대하여 더욱 갈등적이다. 이들은 개인 및 지역사회에 대하여 긍정적인 영향을 미치기를 원하고, 법집행 및 무력 사용을 부정적인 영향으로 여긴다. 이들은 서비스를 전달하고, 시민과 협력하고, 갈등을 해결하는 것을 강조하고, 권한 사용을 회피한다. 이 유형은 어떤 지역사회에서 상당한 성공과 시민 지지를 경험하지만, 다른 지역사회에서 이들의 노력이 성공적이지 못하면 좌절하게 될 수 있다.

5) 회피자

회피자(avoider) 유형은 다른 사람에 대한 공감과 문제를 해결하기 위하여 무력을 사용하려는 의도가 부족하다. 이 유형은 어려운 상황을 회피하고자 하고, 의무를 회피하는 경향도 있고, 매우 생산적이지 않으며, 거의 관심을 받지 않으려고 노력한다. 이 유형은 경찰 무전에서 연락이 안될 수 있고, 중대한 사건 현장에 가장 먼저 도착하지 않으며, 사전적인 경찰활동에도 거의 참여하지 않는다. 기본적으로 이들은 은퇴할 때까지 생존하는 것 이외에는 거의 관심이 없다.

경찰관리자는 경찰 역할의 다양한 인식에 있어서 조화를 이룰 수 있어야 한다. 경찰관리자는 신임 경찰관의 모집 및 선발 과정에서 경찰조직이 선호하는 역할을 이미 지니고 있는 지원자를 찾아야 한다. 신임 교육훈련에서 신임 경찰관으로 하여금 적절한 역할을 수행하고, 부적절한 역할을 억제할 수 있도록 많은 노력이 행해져야 한다. 감독경찰관 및 경찰관리자는 적절한 행동에 대하여 보상을 하고, 만족스럽지 못한 역할 인식 및 관련 행동을 억제해야 한다. 따라서, 경찰관리자는 지역사회와 경찰조직에게 적절한 것으로 여겨지는 경찰 역할을 명확히 하고 지속적으로 강화해야 한다.

Ⅳ. 개인의 자아개념

1. 자아개념의 개념

조직 내 개인의 행동에 대한 또 하나의 영향력인 자아개념(self-concept)은 한 사람이 자기 자신(self)에 대해서 뿐만 아니라 이상적 자아(ideal self)(그가 되고 싶어 하는 자아)에 대해서 갖고 있는 이미지를 의미한다. 이러한 자아개념은 사람이 조직화된 상황에서 경찰관이 행동하는 방법에 중요한 영향을 미친다.

업무는 조직구성원의 자아개념 형성에 있어서 중요한 측면이기 때문에 경찰관리자는 조직구성원이 이상적 자아개념을 형성하고자 하는 노력에 있어서 중요한 참여자가 된다. 경찰관리자는 조직구성원에게 이상적 자아개념을 형성하는 데 필요한 정보를 제공하고 합리적이고 정당화될 수 있는 이상적 자아를 형성할 수 있도록 격려함으로써 경찰조직을 위해 더 나은 업무성과와 생산성을 보장할 수 있다.

태도와 행동 사이의 관계가 간접적 관계라면 자아개념과 행동 사이의 관계는 매우 직접적 관계이다. 일반적으로 대부분의 사람은 자신의 자아개념이 영향을 받을 것이라고 여겨지는 방법을 기초로 상황을 평가하고 행동을 선택한다. 즉, 이상적 자아개념을 만족시키는 것으로 인식되는 행동이 선택되고, 이상적 자아개념에 손상을 주는 것으로 인식되는 행동은 거절된다.

2. 자아개념 및 이상적 자아개념의 형성

사람의 자아개념은 다른 사람과의 상호작용(interaction)을 통하여 형성된다. 다른 사람이 자신에게 반응하는 방법을 관찰함으로써 사람은 자신이 누구인지를 학습하게 된다(Cooley, 1922: 184). 다른 사람의 행동은 사람이 자신의 자아개념을 형성하는 데 필요한 데이터 베이스를 제공한다. 그 결과, 자신의 자아개념은 다른 사람이 자신에게 행동하는 방법에 의해서 부분적으로 형성된다.

사람은 다른 사람의 행동을 주의 깊게 관찰하고 분석함으로써 다른 사람으로부터 더욱 호의적인 반응을 얻기 위하여 무엇을 행해야 하는지를 배운다. 그 과정에서 사람은 이상적 자아개념을 개발하게 된다. 개인의 이상적 자아개념이 실질적 잠재능력에서 너무 멀리 떨어져 있게 되면 부적절성과 실패의 감정을 형성할 수 있다. 반면에, 어떤 사람이 많은 것을 기대하는 것처럼 보이지 않는다면 너무 보수적인 이상적 자아개념을 개발하여 결과적으로 잠재능력에 도달하지 못하게 될 것이다.

3. 경찰 역할의 인식 및 자아개념

몇몇 사람은 경찰 역할에 관한 인식이 자신의 자아개념에 적합하거나 경찰관이 되는 것이 자신의 이상적 자아개념과 일치하기 때문에 경찰활동에 입직한다. 그들의 경찰직 선택이 얼마나 효과적인지는 이러한 인식과 개인 능력에 의존한다. 어떤 사람은 크고 힘이 세기 때문에 경찰직을 선택한다. 왜냐하면 경찰활동은 명령적이고 권위적인 행동을 위한 풍부한 기회를 제공해 준다고 생각하기 때문이다. 이러한 사람은 자신이 인식한 것처럼 역할을 수행할 수 있지만 실제 경찰활동이 기대한 것과 다른 것으로 판명되면 좌절할 수 있다.

Ⅴ. 개인의 인식

1. 인식의 개념

대부분의 경찰관은 인식(perception) 차이의 중요성에 대해 신속하게 학습하게 된다. 사람은 감각기관에 의해서 수집된 정보를 통하여 다른 사람, 장소, 물건에 관하여 학습한다. 같은 사건에서 두 명의 목격자를 인터뷰할 때 거의 유사성을 갖고 있지 않은 진술을 듣게 될 수 있다.

일부 인식 과정은 감각기관에 의하여 기계적으로 수행되고, 매우 정직한 학습에 기초한다. 예를 들면, 당신의 눈이 물체에 관한 시각적 자료를 제공하고 있기 때문에 당신은 의자, 탁자, 책, 자동차 등을 보고 구별하게 된다. 그러나 인식은 감각 정보에 관한 자신의 특별한 인식과 관련이 있으며, 사람은 자신의 태도, 역할, 자아개념의 관점에서 사물을 바라본다.

2. 더 정확한 인식을 위한 노력

인식이란 사람이 자신의 욕구를 가장 잘 충족시키거나 충족시키지 못하는 것을 수용하거나 거절하는 선택적 과정(selective process)이다. 이러한 인식은 피드백을 통하여 더 정확해질 수 있다. 그러나 불행하게도 피드백은 주로 직접적이지 않고 즉각적이지도 않다. 따라서, 인식을 향상시키기 원하는 경찰관리자는 사람 및 상황에 대한 최초의 인식을 실증하거나 올바르게 할 수 있는 정보를 구하고자 노력해야 한다. 훌륭한 경찰관리자는 다양한 인식이 사람 사이에서 다양한 행동의 주요 원인이 될 수 있다는 것을 이해해야 한다.

Ⅵ. 개인의 의사소통

1. 의사소통의 중요성

태도, 역할, 자아개념, 동기부여, 다른 사람에 관한 인식 등은 주로 의사소통(communication)을 통하여 알려지게 된다. 두 사람은 의사소통을 통하여 서로에 관하여 알게 된다. 조직구성원이 다른 사람의 행위에 영향력을 미치고자 시도하는 것은 바로 의사소통 과정을 통해서이고, 의사소통은 경찰관리자가 일상적 활동을 행하기 위한 매개체이다. 어떤 조직적 결함을 의사소통의 결함이나 차이로 돌리는 것은 최근에 유행이 되었다. 그러나 조직적 결함의 원인을 의사소통으로 돌리는 사람은 인간 행동을 충분히 이해하지 못한 것이다. 왜냐하면 인간 행동은 태도, 역할, 자아개념, 인식에 의해서도 영향을 받기 때문이다.

2. 구두, 언어적, 비언어적 의사소통

의사소통은 정보가 교환되는 방법을 의미하며, 의사소통은 구두(oral) 및 언어적 의사소통(verbal), 비언어적(nonverbal) 의사소통으로 이루어진다.

1) 구두 및 언어적 의사소통

구두 의사소통은 말로 표현된 단어의 사용을 통하여 행해지고, 언어적 의사소통은 단어의 사용에 기초하여 글로 쓰여지거나 말로 행해질 수 있다.

2) 비언어적 의사소통

비언어적 의사소통은 단어의 사용 없이 행해지고, 비언어적 의사소통을 수용하는 능력은 관찰 능력에 의존한다. 메시지가 언어적이든 비언어적이든, 수령자가 그것을 정확하게 해석할 수 없다면 받은 정보는 쓸모없게 된다. 받은 메시지의 정확한 해석은 인식과 관련이 있다. 두 사람이 같은 메시지를 받지만 그것을 다르게 인식할 수 있으므로 결함 있는 인식은 조직 내 의사소통 문제의 주요 원인이 된다.

3. 일방향 및 쌍방향 의사소통

구두, 언어적, 비언어적 의사소통은 일방향 또는 쌍방향 의사소통일 수 있다.

1) 일방향 의사소통

일방향(one-way) 의사소통은 정보 전달과 관련이 있는데, 유일한 장점은 빠르다는 것이다. 그렇지만 결함 있는 일방향 의사소통으로 인해 정보의 수령이 발생하지 않거나 그 결과, 조직적 문제로 인한 시간 손실을 고려한다면, 일방향 의사소통이 시간을 절약해주는 것이 아니다. 일방향 의사소통은 단지 즉각적인 조치를 요구하는 긴급상황에서, 그리고 명령하는 경찰관이 피드백을 통하여 명령이 이해되었는지 여부를 평가할 시간을 갖고 있지 않은 상황에서 타당하다.

2) 쌍방향 의사소통

쌍방향(two-way) 의사소통은 (1) 정보의 전달 및 수령, (2) 충분한 의사소통이 있다는 사실을 확인하면서 수령자가 전달자에게 정보를 재전달하는 것과 관련이 있다. 쌍방향 의사소통 과정을 통하여 전달자는 의도된 메시지가 정확하게 수령되었는지 여부를 알게 된다. 쌍방향 의사소통은 일방향 의사소통과 비교해서 정확성이란 장점을 갖고 있다. 의사소통의 경우 사실 확인뿐만 아니라 메시지의 정확한 수령이 필수적이기 때문에 쌍방향 의사소통이 의사소통의 실질적 형태인 것이다(Scholz, 1962: 32).

4. 문서 의사소통 및 구두 의사소통

일방향 의사소통과 쌍방향 의사소통은 글로 쓰여지거나 말로 행해지는 의사소통 중 어느 하나와 관련이 있지만, 몇몇의 경우에 그것은 둘 다 관련이 있을 수 있다. 글로 쓰여진 문서 의사소통은 일반적으로 더 명확히 되고 영구적이라는 장점을 갖고 있지만, 구두 의사소통은 더욱 빠르고 즉각적인 피드백을 허용한다. 반면에 글로 쓰여진 문서 의사소통은 더 많은 비용이 들고 더 많은 시간이 걸리지만 그것이 형편없이 쓰여진다면 의도되지 않은 생각과 의심받을 만한 정보를 전달할 것이다. 또한, 구두 의사소통의 경우에도 수신자가 의미를 명확하게 하기 위하여 질문하는 데 주저한다면 부정적 효과를 가져올 수 있다(Koontz & O'Donnell, 1968: 607-608).

제2절 경찰조직 내 집단

Ⅰ. 하위집단과 하위문화

1. 하위집단의 형성

사회학자는 사람은 자연적으로 집단을 형성하며, 사람의 정체성 중 많은 부분은 집단 소속감(group membership)에 기초한다고 주장한다. 조직 그 자체는 집단이며, 관리자, 감독자, 구성원 모두가 속해 있는 공식적 형태이다. 조직이 크다면 그 안에 많은 하위집단이 있으며, 각 하위집단은 또한 더 큰 조직에 속해 있는 구성원으로 구성되어 있다. 또한, 구성원은 자신을 고용한 조직과는 아무 관계도 갖고 있지 않은 많은 외부 집단에 속해 있을 수 있다. 몇몇의 경우에 내부 집단뿐만 아니라 외부 집단은 구성원의 행동에 영향을 미치며, 더 나아가 직무성과 및 태도에도 영향을 미친다.

경찰관은 여전히 동료 경찰관의 전체 집단 또는 경찰조직 내의 하위집단과 동일시하는 경향이 있다. 이러한 전체 집단 또는 하위집단은 필연적으로 경찰관이 생각하고 행동하는 방법에 중요한 영향을 미치고, 그 결과 조직행동에도 영향을 미칠 수 있다.

경찰업무의 1일 24시간 활동 성격은 순찰경찰관이 교대근무조(shift 또는 squad)로 구분되도록 하는데, 이와 같은 공식적인 하위부서는 종종 구분된 영향력 있는 하위집단이 된다. 실질적으로 다른 행동을 야기할 수 있는 다른 가치 · 신념 · 규범과 함께 교대근무조는 구분된 특성을 갖고 있으며, 구분된 순찰지구대(precinct 또는 district station)를 갖고 있는 대규모 경찰조직이나 형사부서 또는 청소년부서와 같은 전문화 부서에서도 유사한 상황이 발생할 수 있다.

2. 하위문화의 형성

집단 및 하위집단은 그 구성원의 행동을 이끄는 하위문화를 형성하는 경향이 있다. 이러한 하위문화는 규범(norm), 역할(role), 지위(status)와 같은 특성을 포함한다(Robbins, 1986: 169-199). 시간이 지나면서 몇몇 구성원은 집단과 너무 강하게 동일시하여 자신의 가치관과 신념이 집단 구성원으로서 적합하도록 변화한다. 집단에 소속되고 집단에 의해서 수용되고자 하는 욕구는 동료의 압력과 결합하여 개인에게 강력한 영향력을 행사할 수 있다. 몇몇 연구자는 경찰 하위문화가 경찰조직을 지배하고 있다고 주장한다. 아마도 경찰 하위문화는 경찰활동의 고유한 특성에 의해서 만들어지는 직업문화이다(Paoline, 2004).

3. 공식적 하위집단과 비공식적 하위집단

하위집단은 공식적이거나 비공식적일 수 있다. 몇몇 공식적 하위집단은 구성원이 함께 활동하는 기능의 결과로 형성된다. 특히, 수사과나 교통과와 같은 부서에서 그렇다. 감독자 및 관리자 지위에 있는 사람과 같은 하위집단은 경찰조직의 행정적 수준의 결과로 형성된다.

반면에 경찰조직 내에 존재하는 비공식적 집단은 사회적으로 기초를 두고 있고, 때때로 교대근무활동(shift work)에 의해 영향을 받는다. 예를 들면, 주간에 근무하는 순찰경찰관은 사회적 활동 수단뿐만 아니라 조직 외부의 업무 관계를 유지하기 위한 수단으로 저녁에 다른 사람과 자주 교제할 수 있다. 하위집단은 공식적이든 비공식적이든 유사한 가치 및 규범을 형성하고 있거나 형성 중에 있는 개인으로 구성된다. 이것은 개인이 긍정적이든 부정적이든 조직에 중요한 영향을 미칠 수 있다는 것을 의미한다.

4. 하위집단의 불일치 문제 극복

하위집단 사이의 극단적 불일치로 인해 시민이 예견할 수 없고 변덕스러운 경찰조치를 받도록 해서는 안된다. 경찰관리자는 경찰조직 내에 존재하거나 형성되어 있는 다양한 하위집단을 인식해야 하고, 전체 집단과 하위집단 내에서 지지되고 있는 규범·가치·행동에 주의를 기울일 필요가 있다. 집단 규범과 경찰조직의 공식적 가치·정책 사이에 차이점이 불가피한 것처럼, 하위집단 사이의 차이점은 불가피할 것이다. 그러나 하위집단 사이의 해로운 갈등을 회피하고, 경찰조직의 목표 및 사명의 성취를 방해하기보다는 오히려 지지해주는 집단 규범을 촉진하기 위한 노력이 행해져야 한다.

Ⅱ. 경찰조직 내 다양한 집단

1. 일선 경찰관과 경찰관리자

경찰조직에서 공통적인 두 개의 하위집단은 일선 경찰관과 경찰관리자이다(Reuss-Ianni, 1983). 일선 경찰관과 경찰관리자 사이의 명확한 구분은 많은 조직에서 일반적이지만, 그것은 경찰조직에서 특히 명확하다. 그 이유는 경찰조직 구성원 사이의 공통된 특성인 회의주의와 냉소주의 때문이다. 경찰관은 법원, 정치인, 다른 사람에 대하여 냉소적인 것처럼 자신의 상사에 대해서도 냉소적인 경향이 있다. 게다가, 경찰관리자 역할의 중요한 부분은 경찰관에 의한 권한 행사를 통제하는 것인데, 경찰관리자의 통제는 경찰관의 자율 욕구와 효과적인 경찰활동에 관한 신념과 직접 충돌하게 된다.

2. 전문부서

현대 경찰활동에서 하위집단 사이의 또 다른 구분은 지역사회 경찰활동을 수행하고 있는 전문 경찰관(specialist) 또는 전문부서를 갖고 있는 경찰조직에서 종종 발생한다(McGarrell, Langston, & Richardson, 1997: 59-64). 일반적으로 다른 경찰관은 이러한 전문 경찰관을 어린 경찰관(kiddie cops)이라고 조롱하기도 한다. 이러한 갈등은 많은 유형의 전문가를 고려한다면 전형적인 것이다. 그러나 많은 전통적 경찰관은 지역사회 경찰활동이 효과적이거나 적절한 전략이라고 믿지 않아서 그러한 상황이 더욱 악화된다.

3. 성, 인종, 민족

경찰조직에 있어서 다른 하위집단은 종종 성·인종·민족에 의해서 형성된다. 여성 경찰관은 여전히 그 수가 상대적으로 적고, 경찰조직 내에서 자주 차별 및 괴롭힘을 경험하기 때문에 하위집단 형성은 놀라운 것이 아니다. 같은 내용은 경찰조직 내에 있는 인종적·민족적 소수민족 집단에 대해서도 말해질 수 있다.

Ⅲ. 집단의 사회적 체계

오늘날 집단의 사회적 체계는 (1) 요구된 체계, (2) 개인적 체계, (3) 신생 체계의 세 가지 측면에서 확인할 수 있으며, 이 세 가지 측면은 집단의 관점에서 집단 내 행동을 바라볼 수 있도록 한다.

1. 요구된 체계

요구된 체계(required system)는 필수체계로서 집단 생존에 필요한 활동, 감정, 상호작용으로 구성된다. 요구된 체계는 직업 그 자체의 요구사항을 말하며, 그 직업이 생산성 있고, 여전히 가치 있고, 실행 가능하기 위하여 실행되어야 하는 요구된 업무를 의미한다. 예를 들면, 경찰조직의 요구된 체계는 보고서 작성과 기록 정정과 같은 활동, 적법절차 개념에 대한 신념, 그리고 목격자에게 질문하고 분쟁을 해결하는 상호작용 등을 포함한다. 경찰조직이 요구된 체계의 측면에서 부족하다면, 경찰조직의 목표 및 목적을 성취할 기회는 상당히 축소될 것이다.

2. 개인적 체계

개인적 체계(personal system)는 조직구성원이 직장에 가져오는 모든 개인적 경향으로 구성된다. 경찰관리자가 경찰관이 직무를 위해 프로그램화될 것을 희망할지라도, 그 경찰관은 이미 깊이 확립된 생각, 기대, 가치, 신념, 태도, 편견, 감정을 갖고 있다. 개인적 체계의 모든 요소는 정확하지 않더라도 조직 내 활동에서 구성원의 행동에 중요한 영향을 미친다. 예를 들면, 경찰조직에서 많은 구성원은 자신의 개인적 체계 내에 뿌리 깊은 민족적·종교적·인종적 편견 및 태도를 갖고 있는데, 그것은 경찰조직의 명시적 정책 및 법률적 요구사항에 종종 역행한다. 개인적 체계는 말하고, 휴식하고, 때때로 느리게 일하고, 다른 경우에는 빨리 일하도록 만들고, 또한 요구된 체계를 엄격하게 따르지 않는 방법으로 행동하도록 만든다.

3. 신생 체계

1) 신생 체계의 개념

신생 체계(emergent system)는 집단 생존을 위해서는 필요로 되지 않는 것으로서 집단상황 속에서 행해지는 행동 전체로 구성된다. 신생 체계는 개인적 체계가 요구된 체계와 충돌할 때 발생한다. 신생 체계의 행동은 때때로 조직 목표 및 목적 추구에 역효과를 미친다. 예를 들면, 경찰조직에서 근무시 수면을 취하는 활동, 소수민족 집단 구성원을 경멸적인 말로 비난하는 상호작용 등은 조직 효과성에 부정적인 영향을 미칠 것이다. 이러한 것은 모두 요구된 체계에 의해서 허용되지 않는 행동이다.

2) 신생 체계의 두 가지 중요한 고려사항

신생 체계에 관하여 두 가지 중요한 고려사항이 있다. 첫째, 신생 체계 형성은 피할 수 없다. 인간의 성격과 개인의 복잡성을 고려한다면, 어떤 조직도 그것을 제거하는데 필요한 통제 수준을 행사할 수 없다. 둘째, 신생 체계는 항상 부정적 영향인 것은 아니다. 신생 체계는 요구된 체계의 향상을 가져올 수 있고, 조직구성원의 가치 있고 유익한 제안이 관리자에 의해서 자주 받아들여진다. 특별한 지식이나 통찰력을 갖고 있는 개인, 능률성 및 효과성에의 전념, 조직에의 몰입은 요구된 체계 및 조직에 이익을 주는 신생 체계의 형성에 기여할 수 있다.

3) 신생 체계의 결과

어떤 조직에서든 신생 체계의 형성은 피할 수 없으며, 신생 체계는 긍정적인 영향과 부정적인 영향 모두를 갖고 있다. 신생 체계 형성의 세 가지 결과는 ⑴ 생산성, ⑵ 만족, ⑶ 성장이다(Athos & Coffey, 1968). 효과적인 경찰관리자는 이러한 세 가지 결과에 관하여 관심을 갖고 있어야 한다. 그들이 요구된 체계의 주된 관심인 생산성을 소홀히 하면, 조직의 목표와 목적을 성취하는 것은 불가능할 것이다.

(1) 생산성

생산성(productivity)은 조직구성원에 의해서 제공되는 노동의 산물(output)이다. 생산성은 조직이 업무상 제공하고자 하는 서비스의 양 및 질과 관련이 있다. 생산성은 요구된 체계의 기본적 관심사이며, 신생 체계에 의해서 매우 영향을 받는다. 신생 체계는 생산제한에 관한 규범을 형성할 수 있다. 즉, 근무 중 수면활동을 지지하고, 뇌물을 받고, 범죄자를 폭행하는 것 등과 같은 신생 체계 규범은 경찰조직의 능률성과 효과성을 감소시킨다.

(2) 만 족

만족(satisfaction)은 집단 구성원이 업무, 개인관계, 직장에서 경험하는 상호작용, 집단소속과 관련된 보상 및 비용에 관하여 어떻게 느끼는지와 관련된다. 만족은 집단 구성원의 개인적 체계 형성, 요구된 체계 내에서의 지위, 신생 체계에서의 계급 및 지배 규범에 의존한다.

(3) 성 장

성장(growth)은 집단 구성원 및 집단의 사회체계와 관련되어 있으며 더 나은 것을 위한 변화를 암시한다. 성장하기를 멈춘 개인과 정체된 집단은 창의성, 열정, 신선한 생각, 전념의 감소를 경험한다. 개인의 성장이란 새로운 개념을 학습하고, 기술을 완벽하게 다듬고, 계속된 성숙과정을 의미한다. 집단 성장이란 구성원의 개인적 성장, 구성원 수의 증가, 요구된 체계의 계속된 발전, 그리고 생산성 및 만족의 향상 등을 의미한다.

Ⅳ. 집단 응집성 및 생산성

1. 집단 응집성

응집성(cohesiveness)은 집단 구성원을 함께 묶어주는 친밀감 및 동지애의 감정을 의미한다. 응집성은 집단 구성원을 함께 연결하여 공통의 관심 속에서 활동하도록 하는 접착제이다. 응집성은 집단 구성원이 서로와 얼마나 잘 지내고 있는지, 그들이 집단과 얼마나 강하게 동일화하는지, 그리고 집단 규범이 얼마나 수용되고 준수되고 있는지에 의해서 표현된다. 조직에서 응집성의 두 가지 핵심 지표는 이직과 출근이다. 응집성은 어느 정도 집단 구성원의 만족과 관련되어 있는데 집단이 더욱 응집성이 있을수록 집단 구성원은 더욱 만족해하는 경향이 있다.

2. 집단 생산성

응집성과 생산성의 관계는 요구된 체계의 목표·목적과 신생 체계의 목표·목적 사이의 유사성에 의존한다. 그 목표가 서로 일치하지 않는다면, 집단 내 응집성은 신생 체계 및 생산 제한을 지지하는 경향이 있다. 이것은 필연적으로 생산성 축소를 야기한다. 응집성, 만족, 생산성 사이의 관계의 복잡성은 경찰조직에서 확실히 발견될 수 있다.

낮은 사기(poor morale)는 경찰기관에서 가장 일반적으로 확인되는 특성 중 하나이다(Franz & Jones, 1987). 때때로 낮은 사기 또는 낮은 직무만족도는 일선 경찰관 사이에서 높은 수준의 집단 응집성과 병행된다. 몇몇 경찰조직에서 이러한 상황은 정반대이기도 하다. 집단 응집성과 생산성 사이에는 긍정적인 관계가 있다고 가정되지만 옳지 못하며, 경험적 연구는 그러한 관계는 존재하지 않는다는 것을 일관되게 보여준다(Shepherd, 1964: 85-96).

3. 집단 간 행위의 세 가지 기본적 요소

집단 간 관계는 완전한 협력에서부터 쓰라린 갈등에 이르기까지 전 범위에 이를 수 있다. 이러한 집단 간 행동 범위와 관련하여 세 가지 기본적 요소가 있다.

1) 협 력

협력(cooperation)은 서로 관련된 집단이 필요로 될 때 언제나 지원을 제공하고, 정보를 공유하며, 공통 목적을 위해서 함께 활동하는 상황을 의미한다. 협력은 혼자 활동하는 것보다 집단이 더욱 생산적이고 효과적으로 되도록 만든다.

2) 경 쟁

경쟁(competition)하는 집단은 더 큰 생산성을 획득하고, 승리하며, 더 많은 이용 가능한 자원을 축적하기 위하여 노력한다. 몇몇 경우에 경쟁은 집단이 더욱 노력하도록 박차를 가할 수 있다. 다른 한편으로 승리하고자 하는 욕구와 실패의 두려움은 경쟁 집단 사이에 해로운 효과를 야기할 수도 있다.

3) 갈 등

갈등(conflict)은 제한된 자원과 보상을 위한 경쟁의 결과인데, 갈등은 비양립적인 목표 및 목적을 갖고 있는 집단 사이에서 발생한다. 갈등하는 집단은 내부적으로 더욱 응집하는 경향이 있고, 서로를 불신하며, 자신의 집단을 긍정적으로 보고, 경쟁집단을 모든 면에서 부정적으로 인식하는 경향이 있다.

참고문헌

Athos, A. G. & Coffey, R. E. (1968). *Behavior in Organizations: A Multidimensional View*. Englewood Cliffs, NJ: Prentice Hall.

Cooley, C. H. (1922). *Human Nature and the Social Order*. New York, NY: Scribner's.

Cordner, G. W. & Scarborough, K. E. (2010). *Police Administration*. New Providence, NJ: Mathew Bender & Company, Inc.

Franz, V. & Jones, D. M. (1987). "Perceptions of Organizational Performance in Suburban Police Department: A Critique of the Military Model". *Journal of Police Science and Admiration*, 15(2): 153-161.

Goldstein, H. (1977). *Policing a Free Society*. Cambridge, MA: Ballinger.

Koontz, H. & O'Donnell, C. (1968). *Principles of Management: An Analysis of Managerial Functions*. New York, NY: McGraw-Hill.

Maier, N. R. F. (1973). *Psychology in Industrial Organizations* (4th ed.). Boston, MA: Houghton Mifflin.

McGregor, D. (1960). *The Human Side of Enterprise*. New York: McGraw-Hill.

McGarrell, E. F., Langston, E., & Richardson, D. (1997). "Implementation Issues: The Specialized Unit or Department-Wide Community Policing?". in Q. C. Thurman & E. F. McGarrell (eds.). *Community Policing in a Rural Setting*. Cincinnati, OH: Anderson.

Paoline, E. A. (2004). "Shedding Light on Police Culture: An Examination of officers' Occupational Attitudes". *Police Quarterly*, 7(2): 205-236.

Reiss Jr., A. J. (1971). *The Police and the public*. New Haven, CT: Yale University Press.

Reuss-Ianni, E. (1983). *Two Cultures of Policing: Street Cops and Management Cops*. New Brunswick, NJ: Transaction.

Robbins, S. P. (1986). *Organizational Behavior: Concepts, Controversies, and Applications* (3rd ed.). Englewood Cliffs, NJ: Prentice Hall.

Scholz, W. (1962). *Communication in the Businesses Organization*. Englewood Cliffs, NJ: Prentice Hall.

Skolnick, J. H. (1966). *Justice without Trial: Law Enforcement in a Democratic Society*. New York, NY: John Wiley.

Shepherd, C. R. (1964). *Small Groups: Some Sociological Perspectives*. San Francisco, CA: Chandler.

Simon, H. A. (1976). *Administrative Behavior: A Study of Decision-Making Processes in*

Administrative Organizations (3rd ed.). New York, NY: The Free Press.

Worden, R. E. (1996). "Police Officers' Belief Systems: A Framework for Analysis". in D. J. Kenney & G. W. Cordner (eds.). *Managing Police Personnel*. Cincinnati, OH: Anderson.

CHAPTER

11

경찰 리더십

학습목표

1. 경찰 리더십의 개념 및 구성요소를 설명할 수 있다.
2. 개인적 권력과 지위 권력의 유형을 설명할 수 있다.
3. 리더십의 특성이론의 개념을 설명할 수 있다.
4. 리더십의 행태 스타일 이론의 개념을 설명할 수 있다.
5. 거래적 리더십과 변혁적 리더십의 개념을 설명할 수 있다.
6. 상황적 리더십 이론의 개념을 설명할 수 있다.
7. 상황적합 리더십 이론의 개념을 설명할 수 있다.
8. 경로-목표 이론의 개념을 설명할 수 있다.

제11장 경찰 리더십

리더십의 핵심은 경찰조직 및 구성원을 현재 있는 곳에서 있어야 할 곳으로 변화시키는 것이다. 지금까지 리더십에 대해서는 많은 연구가 행해졌고 리더십 관련 연구 결과를 경찰조직에 적용하고자 하는 연구도 상당수 이루어졌다. 그럼에도 경찰관리자가 조직 목표를 달성하기 위해서 조직구성원을 이끄는 것은 여전히 어렵고 힘든 영역에 있다. 앞으로 효과적인 경찰관리자는 지금까지 연구된 경찰 리더십 이론을 살펴보고 상황에 따라 적합한 경찰 리더십 이론을 적용할 수 있어야 한다. 제11장에서는 경찰 리더십의 구성요소와 각종 경찰 리더십 이론에 대하여 체계적으로 학습하고자 한다.

제 1 절 경찰 리더십의 개념 및 구성요소

Ⅰ. 경찰 리더십의 개념 및 특성

1. 리더십의 개념

리더십(leadership)이란 용어는 많은 의미를 갖고 있다. 몇몇 경찰관리자는 훌륭한 리더십은 부하에게 무엇을 해야 할지를 말하는 것이라고 여기고, 또 다른 경찰관리자는 훌륭한 리더십은 부하와 함께 잘 활동하는 것이라고 생각한다. 이러한 리더십 개념은 매우 좁은 경향이 있는데, 리더십을 좁은 관점에서 바라본다면 조직 생산성이 향상되거나 유지될 수 없을 것이다.

리더십 문헌을 종합적으로 검토해보면, 리더십 개념을 정의하고자 시도한 학자만큼이나 많은 리더십 개념이 있는데, 그중에서 주요한 리더십 개념을 살펴보면 다음과 같다.

- 리더십은 공유된 목표를 달성하기 위해서 집단 활동을 지시하는 개인의 활동이다(Hemphill & Coons, 1957: 7).
- 리더십은 비전을 표현하고, 가치를 구체화하고, 여러 가지 일이 성취될 수 있는 환경을 창조하는 것이다(Richard & Engle, 1986: 200).
- 리더십은 집단적 노력에 대하여 목적을 제공하고, 그 목적을 성취하기 위한 노력이 행해지도록 만드는 과정이다(Jacobs & Jacques, 1990: 281).
- 리더십은 더욱 적응력 있는 혁신적인 변화 과정을 시작하기 위하여 문화 밖으로 벗어나는 능력이다(Schein, 1992: 2).
- 리더십은 사람이 함께 행하고 있는 것을 의미 있게 만들어서 사람이 이해하고 몰입하도록 만드는 과정이다(Drath & Palus, 1994: 4).
- 리더십은 다른 사람에게 영향을 주고, 동기부여를 하고, 조직의 효과성 및 성공에 기여할 수 있도록 만드는 개인의 능력이다(House *et al.*, 1999: 184).
- 리더십은 목표를 성취하기 위하여 개인이나 집단에게 지시하고 영향력을 행사하는 과정이다(Hitt, Miller, & Colella, 2006).
- 리더십은 다른 사람으로 하여금 조직 목표와 목표 달성에 필요한 직무를 수행하도록 동기부여하는 기능이다. 리더십은 본질적으로 조직 목표의 달성을 위해서 집단활동에 영향을 미치는 과정이다(Birzer, Bayens & Roberson, 2012: 86).

2. 리더십의 특성

위에서 살펴본 것처럼 리더십 개념에 대해서 많은 정의가 있을지라도 리더십은 일반적으로 권력, 권한, 협력, 집합적 행동, 설득 등에 관한 개념을 포함한다. 리더는 다른 사람으로 하여금 연합 행동을 하도록 동기부여를 하고, 집합적 목표를 달성하기 위하여 개개인의 관심을 결집시키고, 조직 목표뿐만 아니라 개인 목표를 달성하기 위해 시도하고 있는 조직구성원 사이에 응집력을 제공해 준다.

특히, 리더십 개념에 대한 대부분의 정의에 있어서 공통적인 두 가지 요소는 리더십은 집단 역학(group dynamic)이며 영향력 행사와 관련되어 있다는 점이다. 즉, 리더는 일반적으로 개인행동과 집단행동에 영향력을 미칠 수 있는 권한을 부여받는다. 리더십은 주로 공유하는 목적을 반영하는 실질적인 변화 및 성과를 내기 위한 리더와 부하 직원 사이의 영향력 관계(influence relationship)이다. 따라서, 리더십은 경찰관리자로부터 계선 직원에 이르기까지 경찰조직의 모든 계층에 존재할 수 있다.

Ⅱ. 경찰 리더십의 구성요소

리더십은 일반적으로 [그림 11-1]에서 보는 것과 같이 (1) 사람(people), (2) 권력(power), (3) 영향력(influence)의 세 가지 주요 요소로 구성되어 있다(Gaines & Worrall, 2011: 152).

그림 11-1 리더십의 구성요소

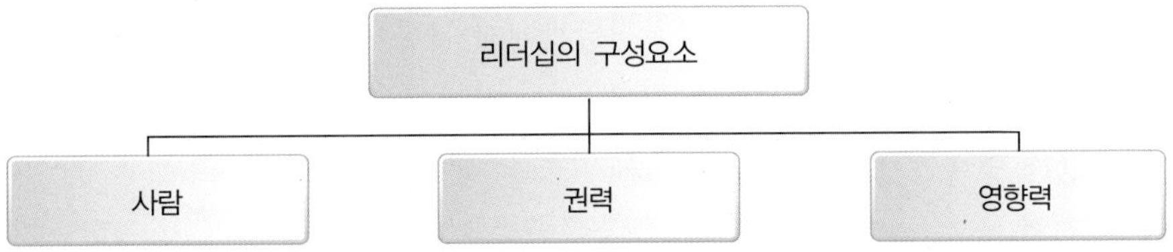

1. 사 람

리더십은 사람과 관련되어 있는데, 몇몇 경우에 리더는 매우 많은 부하에게 영향을 미치려고 시도하고, 반면에 다른 경우에 그 업무집단은 작을 수 있다. 리더는 성공적이기 위해서 사람에게 영향을 미치고자 노력해야 하고, 조직의 목표 및 목적을 성취하기 위해서 행동해야 한다. 예를 들면, 경찰조직이 갖고 있는 공통의 목적 중 하나는 시민 신고에 적시에 대응하는 것이므로, 리더는 이러한 목적을 촉진하기 위해서 경찰관에게 동기부여하고 조직 메커니즘을 개발해야 한다.

2. 권 력

리더십은 권력 분배와 관련이 있는데, 권력은 다른 사람에게 영향을 미치거나 통제하는 능력이다. 권력(power)과 권한(authority)은 명령체계 내에 계층적으로 분배되어 있다. 더 높은 계급을 갖고 있는 경찰관은 더 낮은 계급을 갖고 있는 사람보다 더 많은 권력과 권한을 갖고 있다. 리더는 보상(reward), 강제(coercion), 합법성(legitimacy),

전문성(expertise), 관계(association)를 포함한 다양한 근원에서 권력을 이끌어 낸다.

3. 영향력

리더십은 구성원의 태도 및 행동에 대한 영향력을 수반한다. 영향력을 미치는 능력은 바나드(Chester Barnard)가 '무관심 영역'(zone of indifference)이라고 말한 것을 조사함으로써 가장 잘 이해된다. 바나드는 리더가 줄 수 있는 지시(directive)에는 세 가지 유형이 있다고 하였다.

(1) 명확하게 수용될 수 있는 지시

이러한 지시는 부하에 의해서 틀림 없이 수용되고 직무의 일부분으로 인식된다.

(2) 부하에게 의문의 여지가 있는 지시

이러한 지시는 순찰팀 경사가 순찰경찰관에게 근무 시간 동안 특정 장소에 남아 있도록 지시하는 것과 같이 특이한 명령이다. 상황이 적절하게 설명되지 않는다면 순찰경찰관은 이러한 명령에 대해 매우 의문을 갖게 될 것이다.

(3) 수용 범위를 완전히 벗어난 지시

이러한 지시는 매우 수용될 것 같지 않다. 예를 들면, 수사업무 감독경찰관은 수사관이 적극적으로 사건을 수사하고 있지 않을 때 순찰하도록 지시할 수 있다. 리더의 지시가 의문의 여지가 있거나 완전하게 수용 범위를 벗어난다면, 그러한 지시는 '무관심의 영역'에 놓이게 될 것이다. 무관심의 영역에 놓인 지시는 부하에게 적절한 영향력을 미치지 못할 것이다.

이러한 관점을 고려한다면, 리더십은 리더와 부하가 서로에게 영향을 미치는 상호작용 과정(interactive process)인 것이다. 바나드(1968)는 리더십은 '위쪽으로'(upward) 위임된다고 하였는데, 이 말의 핵심은 리더는 부하에 의해서 수용될 때에 성공적일 수 있다는 것이다. 따라서 감독경찰관과 경찰관리자는 부하가 그들의 리더십을 수용하기를 원한다면 부하와의 업무 관계를 개발해야 한다.

Ⅲ. 경찰 리더십과 권력

권력은 리더십의 기초가 된다. 권력은 다른 사람을 통해서 업무를 성취하는 능력에 있어서 본질적인 요소이다. 사람은 조직 내 지위 및 그의 인성의 결과로 권력을 획득한다. 경찰조직 내에는 경찰서장과 같은 공식적 리더 이외에 권력의 여러 근원이 있다. 프렌치(French)와 레이븐(Raven)(1959: 150-167)은 [그림 11-2]에서 보는 것과 같이 사회적 관계에서 권력의 다섯 가지 근원을 확인하였다. 비공식적 리더는 주로 전문성과 준거를 통해서 권력을 획득하지만, 공식적 리더는 모든 근원으로부터 권력을 축적한다. 고전적 조직이론은 권력은 권위에 따라서 비례하여 분배된다고 가정하지만 권력은 경찰조직 내에 불균등하게 분배되는 경향이 있다.

그림 11-2 권력의 다섯 가지 유형

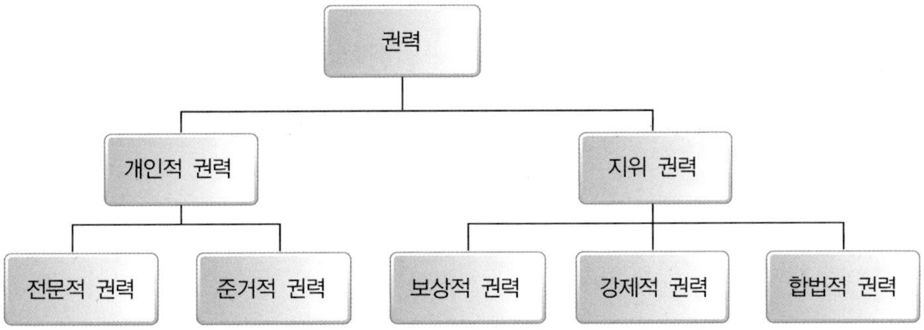

1. 개인적 권력의 두 가지 유형

개인적 권력에는 전문적 권력과 준거적 권력이 있는데, 이러한 권력은 조직 내 개인의 인성 및 지위에서 나온다.

1) 전문적 권력

전문적 권력(expertise power)은 어떤 전문적 업무를 수행하기 위한 지식이나 능력을 의미한다. 전문적 기술은 훈련, 교육, 장기 복무를 통해서 획득되고, 자신에게 경찰관서 운용 또는 부서 운용에 있어서 일정한 권력을 제공한다. 전문적 기술을 갖고 있는 경찰관은 경찰관서 및 다양한 부서에 매우 중요하다.

2) 준거적 권력

준거적 권력(referent power)은 경찰관리자와 같이 경찰조직 내에서 권력을 갖고 있는 인물과의 접촉뿐만 아니라 위원회 위원, 영향력 있는 사업가, 시민 리더와 같이 경찰조직 외부에 있는 사람과의 접촉으로 인해 영향력을 미치는 능력이다. 이러한 관계는 우정, 과거의 업무 관계, 친척 관계 등 통해서 개발된다.

2. 지위 권력의 세 가지 유형

지위 권력(또는 조직 권력)에는 보상적 권력, 강제적 권력, 합법적 권력의 세 가지 유형이 있다.

1) 보상적 권력

보상적 권력(reward power)은 조직 내에서 가치 있는 자원을 통제하는 능력을 의미한다. 다른 사람에게 가치 있는 어떤 것(예 봉급 인상, 더 나은 임무, 새 장비에의 접근 등)을 제공하는 능력을 갖고 있는 개인은 보상적 권력을 갖고 있다. 그 외에 부하에게 보상을 하는 방법으로서 감독경찰관은 구성원의 직무를 인정하거나 칭찬하는 것과 같이 덜 본질적인 방법도 있다. 보상은 뇌물에 대해 사용되어서는 안되고 구성원의 충성과 헌신에 대해 보상하는 방법으로 사용되어야 한다.

2) 강제적 권력

강제적 권력(coercion power)은 보상적 권력의 반대이다. 강제적 권력은 다른 사람을 처벌하는 능력과 관련되어 있지만 보상을 억제하는 능력을 포함한다. 즉, 강제적 권력은 부하가 좋은 평가를 받거나 새로운 순찰차에 배정되거나 선택한 임무를 부여받도록 허용하지 않는 것일 수 있다. 보상적 권력과 마찬가지로 강제적 권력은 경솔하게 사용되어서는 안되며, 강제적 권력은 개인과 조직에 오랜 영향을 미치고 있다.

3) 합법적 권력

합법적 권력(legitimate power)은 사람이 조직 내 지위의 결과로 받는 권력을 말한다. 합법적 권력은 계층적이므로 더 높은 계급을 가진 사람은 더 낮은 계급을 가진 사람보다 더 많은 합법적 권력을 갖고 있다. 그렇다고 합법적 권력이 제한되지 않는 것은 아니며, 조직 내 지위에 관련된 문제로 인해 제한된다. 일반적으로 조직구성원은 리더의 합법적 권력을 인정한다.

3. 상이한 권력 특성의 요구

경찰관리자는 상이한 권력 특성을 요구한다. 예를 들면, 경찰관리자는 전문적 권력을 사용하기를 선호하고 강제적 권력을 선호하지 않을 수 있다. 이것은 경찰관리자는 부하에게 복종을 강제하기보다는 긍정적인 관계를 개발하기를 더 원한다는 것을 보여준다. 권력은 조직관리의 중요한 요소이고, 경찰조직의 목표와 목적을 성취하기 위해 필요한 것이다.

4. 권력 획득의 네 가지 방법

권력은 정적인 것이 아니며 개인의 권력은 증가하거나 감소할 수 있다. 몇몇 경찰관은 경찰조직 내에서 자신의 지위를 향상시키기 위한 노력에서 더 많은 권력을 얻고자 시도한다. 칸터(Kanter)(1977)는 사람이 조직 내에서 권력을 획득할 수 있는 네 가지 방법을 제시하였다.

첫째, 사람은 특별한 활동을 통하여 권력을 획득할 수 있다. 중요한 범죄를 해결하고, 많은 체포를 하고, 경찰조직 내에서 복잡한 프로젝트를 완성할 수 있는 경찰관은 조직 내에서 권력 증가를 경험할 것이다.

둘째, 사람은 더 높은 가시성(visibility)을 통해서 권력을 획득할 수 있다. 언론 관계, 기획, 훈련과 같은 업무를 담당하는 경찰관은 더 자주 보여서 관계 권력(relational power) 또한 증가시킬 수 있다.

셋째, 경찰관이 일련의 주거침입과 같은 어려운 문제를 해결함으로써 경찰관서에 필요한 존재라는 것을 보여줄 때 그의 권력을 증가시킨다.

넷째, 경찰관은 준거적 권력을 통하여 권력을 증가시킬 수 있다. 경찰관은 자신과 경찰조직 및 지역사회에서 더 많은 권력을 가진 사람과 연결하고자 시도한다. 이러한 스폰서는 경찰관의 경력 향상을 도와주도록 기대된다.

Ⅳ. 리더의 유형

1. 공식적 리더와 비공식적 리더

거의 모든 조직은 공식적 리더와 비공식적 리더를 갖고 있다.

1) 공식적 리더

공식적(formal) 리더는 조직에 의해서 리더십 지위에 임명된 사람이다. 공식적 리더는 그가 갖고 있는 지위 때문에 권한과 책임을 부여받는다. 예를 들면, 순찰팀 경사는 그의 지위의 일부로 특정한 책임을 갖고 있다. 이러한 책임 중 몇몇은 자신의 순찰팀 내에 있는 순찰경찰관에게 임무를 지시하고 신고에 대응할 때 절차를 준수하도록 지시하는 것을 포함한다. 공식적 리더는 리더십 스킬을 갖고 있을 수 있고 그렇지 않을 수도 있다. 대부분의 공식적 리더는 구성원을 이끌기 위해서 자신의 권위에 의존하지만 리더십 스킬을 갖추고 구성원에 의해서 수용될 때 더욱 효과적이다.

2) 비공식적 리더

비공식적(informal) 리더는 업무 집단 내에 있지만 어떤 지위나 권위도 갖고 있지 않은 사람이다. 그러나 비공식적 리더는 그의 동료에 의해서 지지를 받고 있고 명령체계 밖에서 지원을 제공할 수 있다. 비공식적 리더는 어느 정도 적은 양의 권력을 갖고 있으나 인정된 권위는 갖고 있지 않다. 예를 들면, 신임 경찰관은 감독경찰관에게 지원을 부탁하기 전에 어떤 베테랑 경찰관(비공식적 리더)과 상의할 수 있다. 업무 집단의 구성원은 비공식적 리더의 의견을 종종 가치 있게 생각한다. 성공적인 경찰조직은 일반적으로 비공식적 리더를 공식적 리더 지위로 승진시킨다.

2. 관리자와 리더

효과성이나 능률성을 성취하기 위해서는 관리자 역할은 어느 정도이고 리더 역할은 어느 정도인지를 파악할 필요가 있다. 특히, 경찰 서비스 내에서 무엇이 관리이고 무엇이 리더십인지 확인하여야 한다. 관리자와 리더를 구분하는 것은 리더십을 이해하기 위한 또 다른 방법이 될 수 있다.

'관리자'와 '리더'라는 두 용어는 매우 자주 혼용되고 있으나 〈표 11-1〉에서 보는 것과 같이 차이점이 있다. 관리자는 부서가 정책 및 과정의 범위 내에서 운용되도록 부서를 유지하는 데 중점을 둔다. 반면에, 리더는 전략을 짜고, 구성원을 한 방향으로 정렬하고, 구성원이 생산성을 높이도록 격려하는 데 관심을 갖는다. 리더는 종종

표 11-1 관리자와 리더의 특성

관리자	리 더
• 능률적인 업무과정을 유지	• 유용한 변화를 만들기 위해서 주로 서비스를 제공
• 성공을 위해 시스템에 의존	• 성공을 위해 사람에 의존
• 계획하고 예산을 수립하고 시간표를 작성	• 비전을 만들고 그 비전에 대해 다른 사람에게 알림
• 직원에게 임무를 수행하도록 명함	• 직원에게 임파워하고 발전시킴

현재의 조직을 넘어서서 바라보고 자신의 부서와 전체 조직을 향상시키고자 노력한다. 경찰조직을 관리하는 것은 공식적 리더십의 하위 구성요소로 여겨질 수 있다. 즉, 효과적인 리더는 먼저 효과적인 관리자가 되어야 하고, 효과적인 관리자는 좋은 리더가 되어야 한다.

많은 경찰조직은 특정 직위를 위한 우수한 리더를 확인하는 데 있어서 실질적인 문제에 직면하고 있다. 우수한 리더가 부족한 주된 이유는 리더십 스킬의 개발 및 훈련이 너무 늦게 시작하고, 잠재적인 리더는 리더십보다는 관리를 더 중시하는 경향이 있기 때문이다. 리더를 개발하는 것은 (1) 격려, (2) 역할 모델, (3) 지지가 '타고난 기술'과 결합되어야 하는 장기적인 과정이며, 리더를 위한 훈련은 경찰관 경력의 첫날에 시작되어야 한다(Bergner, 1998: 16).

제 2 절 리더십의 특성이론

Ⅰ. 특성이론의 개념

역사적으로 경찰조직에서 리더십은 훌륭한 리더라고 여겨지는 개인의 특성과 매우 관련되어 있다. 리더의 개인적 특성은 리더십을 설명하고 다른 사람 내에 있는 잠재성을 찾기 위해서 종종 사용된다. 예를 들면, 오늘날 많은 경찰조직은 승진을 위해서 개인 평가의 일부로 '리더십 잠재 역량'(leadership potential)을 포함시킨다. 그러나 리더십 잠재 역량은 거의 경험적으로 평가되지 않고 주관적으로 평가된다.

흥미 있게도 리더십의 특성이론(trait theory)에 관한 논의는 거의 항상 리더 행동의 긍정적 측면(예 좋은 동기부여가, 개인적 용기, 충성 등)에 중점을 둔다. 리더는 경찰관 사이에서 개인 행동과 집단 행동을 억제하는 능력 때문이 아니라 강인하고 남이 따르는 자질 때문에 존경을 받는다. 경찰 리더십은 주로 위대한 개인에게서 확인되었는데 버클리의 볼머(August Vollmer)와 로스앤젤레스의 파커(William Parker) 등은 이러한 리더십 모델의 표본으로 여겨진다(Fyfe *et al.*, 1997: 95).

리더십의 특성이론은 한 사람이 효과적인 리더로서 기능할 때 소유하고 있는 구별된 자질이나 특성을 보여준다. 그러한 특성은 흥미 있고, 복잡하지 않고, 분명하기 때문에 널리 받아들여졌다. 성공적인 리더가 갖고 있는 특성의 수는 단지 몇 개에서 56개까지 상당히 다양하다. 어떤 개인이든 모든 특성을 소유하는 것은 불가능하며, 많은 특성을 보여주지 못했지만 매우 성공한 것으로 증명된 많은 감독경찰관이 있다. 특성이론은 많은 비난에도 불구하고 많은 관리자에 의해서 수용된다.

[그림 11-3]에서 보는 것과 같이 최고관리자, 중간관리자, 감독경찰관은 명령 계통 내에서의 지위에 따라서 상이한 리더십 기술을 필요로 한다. 최고관리자(police administrator)는 비전을 가져야 하고 경찰조직이 나아갈 경로를 개념적으로 구성할 수 있어야 한다. 최고관리자는 주로 정책 이슈, 인간관계 기술을 다루지만 직무 전문성은 중요하지 않다. 반면에, 중간관리자(middle manager)는 정책 및 프로그램의 실행에 책임이 있다. 중간관리자는 어느 정도의 비전, 인간관계 기술, 직무 전문성을 가져야 한다. 반면에, 감독경찰관(supervisor)은 비전보다는 훌륭한 인간관계 기술과 직무 전문성을 더욱 갖추어야 한다. 인간관계 기술은 부하 직원과 시민을 효과적으로 다루기 위해 요구되고, 기술적 전문성은 경찰관에게 적절한 가이드 및 감독을 제공하기 위해서 필요하다.

그림 11-3 리더십 기술의 혼합

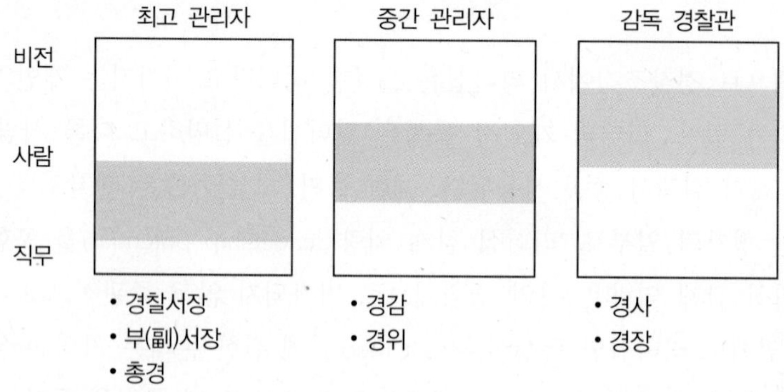

자료: Gaines & Worrall, 2012: 157.

Ⅱ. 특성이론의 두 가지 접근법

1. 위인 접근법

복잡한 조직 내에의 리더십은 종종 리더의 개인적 특성과 관련되어 있다. 탁월한 리더의 개인적 특성과 관련하여 두 개의 사상 흐름이 있는데 먼저, 베버(Max Weber)와 같은 초창기 조직이론가는 리더의 정당성이 리더의 카리스마적 매력의 기초가 된다고 보았다. 역사적으로 뛰어난 리더는 군주의 왕위 계승 전통처럼 리더십 역할을 위해 타고 나거나 사람이 따르는 성격을 갖고 있다.

위인 접근법(great man approach)은 직관적이고 종종 질적 판단에 의존한다. 이러한 설명은 리더십 특성을 구체적으로 설명하기보다는 일반적인 리더 계급을 만드는 능력을 보여준다. 위인 접근법은 우리가 위대한 것으로 인식하는 사람을 확인하지만 무엇이 그들을 위대하게 만드는지에 관하여 많은 것을 말해주지 않는다.

2. 자질 접근법

자질 접근법(quality approach)은 리더와 리더가 아닌 사람을 구분해 주는 리더의 자질을 확인하기 위한 많은 노력에서 발견된다. 스토그딜(Stogdill)(1981)의 「리더십 핸드북」(Handbook of Leadership)은 1904년과 1970년 사이에 행해진 287개의 리더십 연구에 대한 조사에서 수집된 리더십 특성을 요약하였다.

위대한 리더가 역사적으로 상당히 많은 영향을 미쳤다는 것에 대해 논쟁할 사람은 거의 없다. 위대한 리더는 시민의 상상력을 사로잡는 특별한 자질을 갖고 있었고 사회에 많은 영향을 미쳤다. 리더십에 관한 초창기 연구에서 리더의 특성은 많은 연구자의 주된 관심이 되었는데, 리더란 이끄는 능력을 확대시키는 어떤 성격 특성(personality trait)을 갖고 있는 개인으로 여겨졌다. 이러한 연구는 지능, 출생 순서, 사회경제적 지위, 그리고 자녀 육아활동과 같은 개인적 특성을 조사하였다.

Ⅲ. 스토그딜의 특성이론

스토그딜(Stogdill)(1981)은 〈표 11-2〉에서 보는 것처럼 수천 편의 논문과 책을 검토한 후에 능력, 책임, 성취, 참여, 상황, 지위 간의 관계를 발견하였는데, 이러한 리더십 특성은 한 때 리더십 연구를 지배하였다. 앞으로 효과적인 리더십과 관련된 특성을 결정하기 위한 지속적인 노력이 필요하고, 상황적 요인은 효과적인 리더십의 구성요인을 결정하기 위한 노력에서 주요한 부분을 차지할 것이다.

표 11-2 리더십의 특성이론

항 목	특 성	
능력 (ability)	• 지능 • 심적 기민성 • 언어능력	• 추리 • 창의성
책임 (accountability)	• 신뢰성 • 풍부한 자원 • 자기통제	• 뛰어나고자 하는 욕구 • 인내 • 책임 맡기
성취 (attainment)	• 생각을 제시하는 능력 • 집단 내에서 일하는 능력	• 학문적 성취 • 스포츠에서의 성공
참여 (involvement)	• 유연성 • 높은 활동수준	• 협력 • 다정함
상황 (situational)	• 지적 수준 • 성취될 목표 • 기술	• 부하직원의 욕구 및 흥미 • 지위
지위 (standing)	• 경제적 지위 • 사회적 지위	• 인기

자료: Stogdill, 1981.

Ⅳ. 특성이론의 평가

잠재적인 리더를 확인하려는 수단으로 특성을 이용하고자 시도한다면 많은 문제가 발생한다. 많은 경우에 리더십 지위가 특성의 발전을 가져오는지 또는 개인이 리더가 되기 전에 그 특성을 이미 갖고 있는지 여부를 확인하는 것은 어렵다. 게다가, 리더십의 특성이론 연구는 각 특성의 상대적 중요성을 평가하지 않는다. 인내하는 것이 훌륭한 감독경찰관의 본질적인 특성이라고 여겨진다면, 개인이 훌륭한 감독경찰관이 되기 전에 얼마나 많은 인내가 필요한지를 결정해야 하는데 특성이론은 이 부분을 다루지 않는다.

또한, 특성이론은 리더의 행동과 상황 사이의 복잡한 상호작용을 인정하지 않는다. 그렇지만 상황이 구성원과 감독경찰관 간의 상호작용을 변경시키고, 많은 경우에 환경은 리더십 과정을 수정하기도 하는데 이것은 경찰 긴급상황 발생시에 명확해진다. 감독경찰관이 사람(human), 전술(tactical), 감정(affective), 개념(conceptual), 지식(knowledge)의 다섯 가지 기술(HuTACK)을 다룬다는 것은 명확하며, 모든 것은 각 상황에 의해서 조건화되고 재조건화된다.

제 3 절 리더십의 행태 스타일 이론

Ⅰ. 리더십의 행태 스타일 이론의 개념

리더십에 대한 행태 스타일 이론(behavioral style theory)은 일련의 행동, 사고, 행위를 확인하고자 하는데, 이 모든 것은 특정 리더에 의해서 표현되는 리더십 스타일에 기여한다. 행태 스타일 이론은 리더십이라는 복잡하고 추상적인 현상을 더 쉽게 확인하고 훈련, 경험, 성과 피드백에 의해서 수정될 수 있는 개인적 요소로 분리하기 때문에 유용하다.

리더십을 이와 같이 분리하는 것은 특정 상황에 따라 리더십 스타일을 더욱 다양하고 체계화하는 것을 가능하도록 한다. 일상적 운용 상황에서는 효과적인 것으로 여겨지는 리더십 행태가 즉각적으로 순응할 필요가 있는 대규모 긴급상황에서는 재난을 야기할 수 있다. 행태 스타일 이론은 리더가 누구인지가 아니라 리더가 무엇을 하는지에 집중한다. 리더십의 효과성은 행동에 의존하기 때문이다.

Ⅱ. 레빈의 리더십 스타일

1930년대 말에 레빈(Kurt Lewin)은 소년 클럽에서 활용되는 세 가지 리더십 스타일(권위적 리더십, 민주적 리더십, 자유방임적 리더십)을 조사하여 리더십 스타일(leadership style)에 대한 최초의 학문적 연구 중 한 가지를 주도하였다(Lewin *et al.*, 1939). 레빈과 그의 동료에게 있어서 가장 중요한 질문은 “어떤 리더십 스타일이 어떤 결과 유형을 위해서 가장 효과적인가?"이었다.

예를 들면, 민주적 리더십은 의사결정에 구성원을 의미 있는 참여자로 포함하였는데, 이것은 클럽의 사기가 문제될 때 효과적인 것으로 나타났다. 리더가 구성원에게 참여할 기회를 제공하지 않는 권위적 리더십은 모델 항공기만을 생산하는 경우에 가장 효과적인 것으로 나타났다(Lewin *et al.*, 1939). 이러한 초창기 연구로부터 리더십 행태에 관한 광범위한 연구가 등장하였다. 레빈의 세 가지 리더십 스타일에 관하여 살펴보면 다음과 같다.

1. 권위적 리더십

경찰활동에서 오랜 기간 동안 활용된 리더십 유형은 권위적 리더십(authoritarian leadership)이었다. 고전적 관리자와 같이 권위적 리더십은 다른 사람의 참여 없이 모든 결정을 내린다. 많은 사람은 오늘날 많은 경찰 리더가 권위적이라는 점에 동의할 것이다. 이러한 권위적 리더십의 네 가지 특성은 다음과 같다.

(1) 모든 정책결정은 리더십에 의해서 내려진다.
(2) 기술 및 활동 단계는 리더에 의해서 지시되고, 주로 한 번에 한 단계씩 지시를 받게 되어 미래의 불확실성을 만들 수 있다.
(3) 리더는 조직 내에서 주로 특정 업무를 지시한다.
(4) 각 구성원의 업무에 대한 칭찬과 비난은 개인적인 경향이 있다.

2. 민주적 리더십

오늘날 민주적 리더십(democratic leadership)이 참여적 리더십 및 참여적 관리로서 나타나고 있다. 민주적 리더십은 집단 지향적이고, 기획 및 집행에서 모든 조직구성원의 적극적인 참여를 촉진한다. 이러한 민주적 리더십의 네 가지 특성은 다음과 같다.

(1) 모든 정책을 집단 토의 및 결정을 통해서 만든다.
(2) 선택을 하기 위해서 토의를 통해 얻은 정보를 활용한다.
(3) 개인이 자신이 좋아하는 사람과 함께 근무하도록 하고, 집단이 업무 구분을 결정하도록 허용한다.
(4) 집단 구성원을 칭찬하거나 비난할 때 리더가 객관적이거나 사실 지향적이 되도록 한다.

따라서, 민주적 또는 참여적 리더는 경찰조직 내에서 권력 및 의사결정의 영역을 다른 사람에게 기꺼이 확장하고자 한다. 민주적 리더십이 오늘날 및 미래를 위해 가장 좋은 리더십이라고 여겨진다.

3. 자유방임적 리더십

자유방임적 리더십(laissez-faire leadership)은 몇몇 사람에게 인기가 있을지라도 경찰조직에서는 가장 불필요할 것이다. 무간섭 접근법에 기초해서 자유방임적 리더십의 세 가지 특성은 다음과 같다.

(1) 리더가 거의 참여하지 않거나 전혀 참여하지 않은 채 완전한 의사결정의 자유를 집단 또는 개인에게 제공한다.
(2) 요청을 받을 때 자료 및 정보를 제공하고, 요청받지 않으면 업무 토의에 참여하지 않는다.
(3) 요청을 받지 않으면 조직구성원에 대해 칭찬이나 비난을 거의 제공하지 않는다.

Ⅲ. 탄넨바움과 슈미트의 리더십 스타일

레빈과 그의 동료들의 연구를 토대로 탄넨바움(Tannenbaum)과 슈미트(Schmidt)(1973)는 권위적인(authoritarian) 리더 중심 행태부터 민주적인(democratic) 집단 및 부하 중심 행태까지 하나의 연속성에서 리더십을 바라보았다. 탄넨바움과 슈미트에 따르면, 적절한 리더십 행태를 선택하는 것은 (1) 관리자, (2) 부하, (3) 조직에 각각 영향을 미치는 세 가지 힘을 고려하는 것과 관련된다.

이러한 논리 아래에서 '관리자'에게 영향을 미치는 힘은 그의 성격, 가치 체계, 모호함의 처리 능력과 같은 개인적 특성 및 능력을 포함한다. '부하'에게 영향을 미치는 힘은 부하의 일반적 역량, 기꺼이 더 큰 책임을 맡는 것, 직무 경험 등을 포함한다. '조직'에 영향을 미치는 힘은 기존의 정책, 실행, 절차 등을 포함한다. 탄넨바움과 슈미트에 따르면, 이러한 요인이 리더십 스타일의 선택을 형성한다. [그림 11-4]는 권위주의적-민주적 리더십의 연속성을 보여준다.

그림 11-4 권위적-민주적 리더십의 연속성

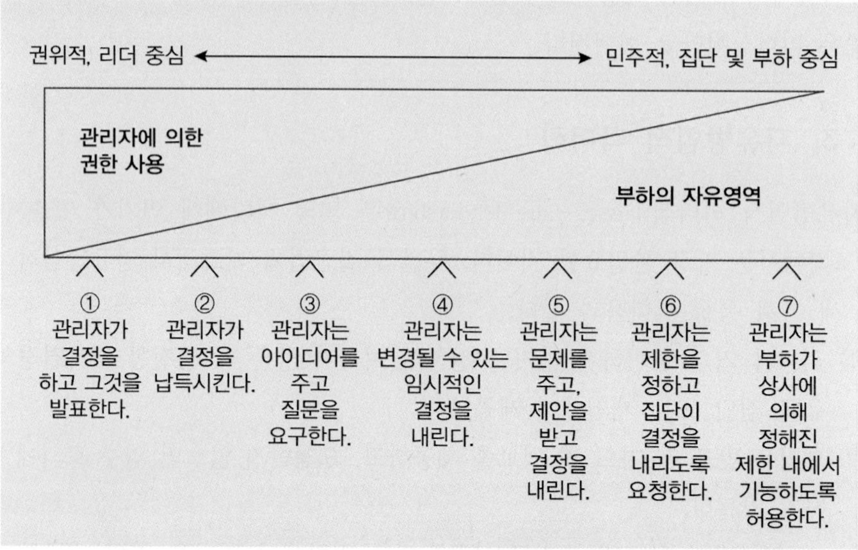

자료: Tannenbaum & Schmidt, 1973.

Ⅳ. 2요소 리더십 이론

몇몇 리더십 이론은 두 가지 차원에서 리더의 행태를 설명하는데 이러한 관점에서 '사람'과 '목표'는 동일한 관심을 받고 있다. 이러한 2요소 리더십 이론은 행태이론(behavioral theory)이라고 불리는데, 오하이오 주립대학교와 미시간 대학교에서의 연구는 리더 행태의 두 가지 차원을 확인하였다.

1. 오하이오 주립대학교의 리더십 모델

중요한 리더십 연구가 1940년대 말과 1950년대 초에 오하이오(Ohio) 주립대학교의 스토그딜(Stogdill) 등에 의해서 수행되었다(Stogdill & Coons, 1957). 이 연구는 [그림 11-5]에서 보는 것과 같이 '배려'와 '구조 조직화'의 두 가지 차원에 따라 리더십 스타일이 다양해진다는 것을 보여주었다. 특히, 캐롤 샤틀(Carroll Shartle)의 책임 아래 오하이오 주립대학교에서 행해진 연구는 하나의 연속성에서 발생하는 리더십 행동 개념을 거부하고, 부하 직원으로 하여금 상사의 행태를 설명하도록 한 후에 두 가지 차원의 리더십 행태유형이 있다고 결론내렸다.

그림 11-5 오하이오 주립대학교의 리더십 모델

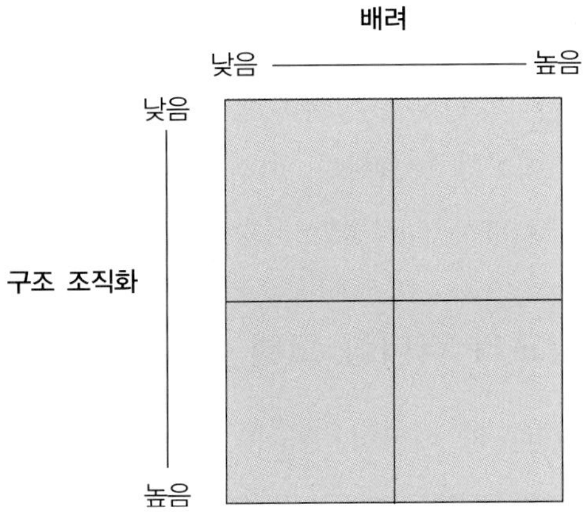

리더의 행태는 배려와 구조 조직화의 두 가지 차원이 혼합된 것으로서 한 가지 연속성 위에 있는 것 대신에 두 개 분리된 지점에 있다. 리더십이 성공하고자 한다면 두 가지 차원이 필수적이며, 리더는 구성원과 긍정적 관계를 가져야 할 뿐만 아니라 리더는 구성원이 특정 목표와 목적을 성취할 수 있도록 이끌어야 한다.

첫 번째 차원은 배려(consideration)로서 리더 행태에 의해서 보여지는 타인에 대한 관심이며, 리더의 타인 경향을 의미한다. 배려는 리더와 구성원 사이의 우정, 상호 신뢰, 따뜻함, 존경하는 관계를 강조하는 리더의 행태를 의미한다. 배려하는 리더는 구성원에 대해 관심이 있고, 리더와 구성원 간에 신뢰를 향상시키고 원활한 의사소통을 가능하게 한다.

두 번째 차원은 구조 조직화(initiating structure)라고 불리는데, 리더가 업무를 수행하기 위하여 조직의 목표, 목적, 구조를 제공하는 정도를 의미한다. 리더의 역할은 조직 목표를 성취하기 위해서 적합한 구조가 구성원에게 이용될 수 있도록 하는 것이다.

오하이오 주립대학교의 리더십 연구는 조직 내에서 '효과적인 리더십'은 리더에게 배려와 구조 조직화의 수준이 모두 높을 때 존재한다고 결론 내렸다. 특히, 오하이오 주립대학교 모델의 연구자는 어떤 리더의 배려 및 구조 조직화 수준을 통해서 그 리더의 리더십 스타일을 예측할 수 있다고 하였다. 따라서, 리더의 배려 및 구조 조직화 수준을 변경하기 위해서 훈련이나 다른 향상 방법을 사용하는 것은 조직으로 하여금 희망하는 리더십 스타일을 개발하도록 도와줄 것이다.

그러나 오하이오 주립대학교의 리더십 연구의 주요 한계는 리더십 과정에서 특정 상황의 중요성을 인식하지 못했다는 점이다. 예를 들면, 전술부서를 이끄는 경사는 긴급상황에 직면할 때 부하에 대해 배려할 필요가 없다. 오히려 경사는 전술부서에 있는 경찰관에게 역할 및 임무를 신속하게 설명할 필요가 있다. 즉, 이 상황에서는 높은 수준의 구조 조직화가 중요하다. 따라서 오하이오 주립대학교의 리더십 연구는 배려와 구조 조직화 양자가 적절한 상황에서만 적용될 수 있는 것이다.

2. 미시간 대학교의 리더십 모델

미시간(Michigan) 대학교의 리더십 연구는 리더십 과정을 직원 중심(employee-centered)과 생산 중심(production-centered)이라는 두 가지 차원으로 이원화하고자 노력하였다. 모든 감독경찰관이 조직의 목표와 목적을 성취하기 위해 요구되는 직원과 업무에 대해 같은 인식을 갖고 있는 것은 아니다.

감독경찰관으로서 경사 계급의 경찰관은 직원의 많은 활동에 관심이 있는데, 그것은 범칙금 발부, 체포, 다른 경찰성과일 수 있다. 다른 경사 계급의 경찰관은 경찰관이 조직계층에 잘 적응하는 방법에 관심이 있고 업무에 대한 직원의 만족도에 더 관심이 있을 수 있다.

미시간 대학교는 상업 및 산업분야의 업무집단을 대상으로 직무만족 및 생산성과 관련된 리더십 행동을 연구하였다. 연구자들은 리더는 부하 직원이 근무하는 환경뿐만 아니라 성취되어야 할 업무에 대해서도 인식해야 한다고 하였다. 또한, 이들은 성공적인 리더의 신념은 다음과 같다는 것을 발견하였다(Bennett & Hess, 2001).

(1) 성공적인 리더는 리더십을 보여주지 못하는 관리자와 비교해서 리더십 역할이 더욱 효과적이라고 가정한다.
(2) 친밀한 감독은 직원의 생산에 대해서 직접적 관계를 가질 것이다. 높은 생산성을 가진 부서는 더 적은 직접적 감독을 받는다. 면밀하게 감독을 받는 부서는 더 낮은 생산성을 가진다. 따라서, 직원은 선택할 자유영역을 필요로 한다.
(3) 직원 중심은 관리자가 직원에 대해 적극적인 관심을 갖는 것을 포함하는 개념이다. 직원의 목표 성취를 촉진하는 것은 리더의 책임이다.

미시간 대학교의 리더십 모델 연구에 따르면, 효과적인 리더는 생산적인 직원을 만들기 위해 직원 중심의 리더가 되고자 시도한다. 그러나 리더십 현상이 직원 중심이나 생산 중심 중 어느 하나로 이해될 수 있는지는 의문이라고 볼 수 있다.

V. 리커트의 리더십 체계

1. 리커트의 리더십 체계의 개념

리커트(Likert)(1961)는 다양한 관리자가 사용하는 리더십 스타일을 찾고자 하는 시도에서 많은 산업공장을 조사하였다. 그는 성공적이었던 리더를 발견하고 그 이유를 확인하는 데 주로 관심이 있었다. 리커트는 [그림 11-6]에서 보는 것과 같이 직원의 낮은 참여에서부터 높은 참여 및 상호작용에 이르는 연속성에서 네 가지 리더십 유형을 보여주었다. 리커트는 대부분의 사람은 온정적-권위적 리더십 유형(체계 2)에서 일한다고 믿었다.

그림 11-6 리커트의 리더십 유형 연속성

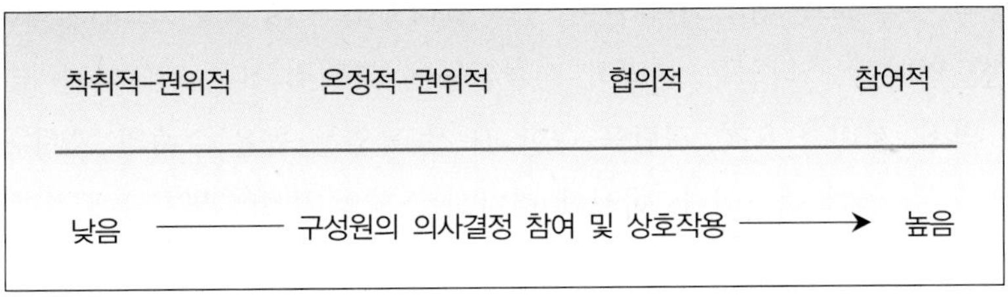

리커트의 리더십 유형 연속성을 볼 때, 리커트는 사람을 대하는 방법에 지나치게 관심을 갖고 조직 목표에 대한 리더의 인식에 대해서는 거의 관심을 갖고 있지 않았다. 사실상 많은 리더는 구성원이 행복하도록 하는 데 노력을 집중하고 조직의 목표를 종종 무시하기도 한다. 리커트가 가장 중요하게 인식한 것은 구성원이 조직의 가장 중요한 자산이며, 리더십이 동기부여를 하지 못한다면 어떤 조직도 생산적인 잠재능력을 극대화시킬` 수 없다는 점이다.

2. 리커트의 리더십 체계 유형

1) 착취적-권위적 리더십 유형(체계 1)

착취적-권위적(exploitive-authoritarian) 리더십 유형은 구성원에 대해 어떤 신뢰나 신용을 갖고 있지 않고, 구성원은 의사결정에 참여하도록 허용되지 않는다. 정책 및 의사결정은 경찰관리자에 의해서 형성되어 명령체계의 위에서 아래로 내려간다. 상사-부하 간의 상호작용은 거의 없고, 혹시 있더라도 주로 부정적이거나 지시적인 성격을 갖고 있다.

상사는 일반적으로 두려움, 위협, 처벌(강제적 권력)을 통해 구성원에게 동기부여를 하고자 시도한다. 그 결과, 구성원은 좌절하게 되고, 경찰관리자로부터 자신을 보호하고 인기 없는 정책에 반대하기 위해 비공식적 집단에 함께 참여한다. 착취적-권위적 리더십은 구성원의 동기를 좌절시키고 구성원으로 하여금 최소한의 생산성 수준만을 달성하도록 만든다.

전문적 경찰활동 모델에 대한 비판가는 착취적-권위적 리더십은 전문적 경찰활동 환경에서 사용된다고 주장한다. 전문적 경찰활동은 구성원이 상사의 명령 및 지시에 복종할 것을 요구하고, 구성원은 어떤 결정에도 거의 또는 전혀 참여하지 못한다. 이러한 리더십 스타일은 분명히 경찰활동에 부적절하다. 왜냐하면 경찰활동은 경찰관이 범죄, 서비스 요청, 사람을 대할 때 갖고 있는 높은 수준의 '재량'으로 인해 쉽게 통제될 수 없기 때문이다. 이러한 리더십 스타일은 법집행기관에 존재하더라도 몇몇 고립된 경우에만 존재한다.

2) 온정적-권위적 리더십(체계 2)

온정적-권위적(benevolent-authoritarian) 리더십 유형은 착취적-권위적 리더십 유형보다 좀 더 긍정적이다. 많은 정책 및 의사결정은 명령계통에 의해 내려가지만, 때때로 감독경찰관과 경찰관리자는 구성원의 문제에 대해 듣는다. 온정적-권위적 리더십은 착취적-권위적 리더십보다 상사와 구성원 사이에 더 많은 상호작용이 있다.

상사는 자주 듣지만 계속해서 모든 결정을 내리고, 구성원은 주의와 불신을 갖고 상사를 바라 보지만 조직 목표에 반대하는 정도까지는 아니다. 구성원은 일상적 활동에, 특히 그들에게 직접 영향을 주는 활동에 거의 참여를 하지 못하기 때문에 어느 정도 좌절을 느끼게 된다.

온정적-권위적 리더십 유형은 많은 전통적인 경찰조직에 남아 있다. 이러한 리더십 유형 아래에서 근무하는 많은 경찰관은 부여받은 임무를 성취하는 데 집중하지만, 격려 부족과 상사와의 갈등 가능성 때문에 자신의 임무 이상을 거의 수행하지 않는다. 따라서 성공적인 경찰조직의 필수적인 요소인 외재적 동기부여가 없다. 경찰조직 내에 어떤 리더십 스타일이 존재하는지에 대한 통계가 없지만, 대부분의 경찰조직 리더는 온정적-권위적 유형 또는 협의적 리더십 유형을 갖고 있을 것이다.

3) 협의적 리더십 유형(체계 3)

협의적(consultative) 리더십 유형은 경찰관리자가 경찰조직의 목표와 목적을 수립하고 구성원이 목표 성취 방법(전략적 · 전술적 결정)에 대해 약간의 결정을 할 수 있는 유형이다. 문제와 가능한 해결책은 개방적이고 자유롭게 논의되기 때문에 경찰관리자와 구성원 사이의 관계는 비교적 긍정적이며, 구성원은 약간의 의사결정과 부서 목표 수립에 참여하게 됨으로써 사기가 향상된다. 긍정적인 보상이 강조되고 처벌은 극단적인 경우에만 동기부여를 위해 사용된다. 이러한 리더십 유형은 참여와 자부심을 주는 보상을 강조하는 경향이 있고, 더욱 긍정적인 동기부여 분위기를 가져온다.

4) 참여적 리더십 유형(체계 4)

참여적(participative) 리더십 유형은 구성원이 전술적 결정뿐만 아니라 정책 형성에도 참여하는 것을 의미한다. 모든 구성원이 조직의 목표 및 목적, 운용상 전략 및 전술에 참여하게 되는 것은 바로 팀 접근법(team approach)이다. 참여적 리더십 유형은 경찰조직이 해야 하는 것에 구성원이 직접적으로 참여하는 것을 의미한다.

위테(Witte) 등(1990)은 경찰조직 내에 있는 모든 경찰관이 참여적 관리의 활용을 선호하지만, 관리직에 있는 경찰관만이 적당한 참여가 허용된다고 인식했다는 점을 제시하였다. 그러나 경찰조직 내에서 하위 계급의 경찰관은 의사결정 및 전략 계획에의 적당한 참여가 허용되지 않는다고 인식하였다.

샤퍼(Schafer)(2009)는 참여적 리더십 유형이 더 높은 수준의 동기부여와 경찰조직에의 몰입을 가져온다는 것을 발견하였다. 그 결과, 더 높은 수준의 참여는 더 높은 수준의 생산성을 가져온다. 의사결정 공유는 일선 경찰관으로 하여금 지역사회 경찰활동에 더 몰입하도록 촉진하므로 경찰관리자는 참여적 리더십이 경찰조직 전체에 걸쳐 활용될 수 있도록 해야 한다.

경찰서장은 가능한 곳에서 참여적 리더십을 사용하고자 시도하지만, 이 전략이 항상 적절한 것은 아니다. 시민은 정치체계를 통해서 경찰 목표 및 목적을 설정하는 데 참여할 권리를 갖고 있다. 무엇이 가장 적합한 것인지에 대해서 시민 인식과 경

표 11-3 권위적 리더십과 참여적 리더십의 비교

권위적(기계적) 리더십	참여적(유기적) 리더십
• 사건에의 대응	• 문제 해결
• 개인 노력과 경쟁	• 팀워크
• 전문지식	• 지역사회 지향적 • 시민에게 원하는 것을 묻기
• 교과서를 통한 실행 • 감정에 의한 결정	• 데이터 기반 의사결정
• 부하에게 말하기	• 구성원에게 묻고 듣기
• 가장 및 명령자로서 보스	• 코치 및 선생님으로서 보스
• 현상태를 유지	• 실험을 하고 혁신을 함
• 구성원을 통제하고 감시함	• 구성원을 신뢰함
• 사람보다는 오히려 과학적 수사 및 기술에 의존함	• 기계보다는 더 나은 자원인 유능한 구성원에게 의존함
• 일이 잘못될 때 구성원을 비난함	• 실수는 실패한 체계/과정을 의미하고 개선함
• 조직은 외부인에게 폐쇄되어 있음	• 조직은 개방되어 있음

자료: Hess & Orthmann, 2012: 19.

찰 인식이 일치하지 않는 시간과 상황이 있다. 경찰서장은 시민이 적절하게 대표될 수 있도록 하고, 경찰관으로 하여금 시민 지향적 정책을 따르도록 설득해야 한다. 대부분의 경우에 부하 직원은 정책 결정에 어느 정도 참여하도록 허용된다. 이것은 품질 서클(quality circle)과 새로운 정책에 관한 공청회와 같은 방안을 통해 성취될 수 있다. 그러한 조치는 경찰조직의 인적 자원을 극대화하고 긍정적인 동기부여 환경을 만들 것이다.

Ⅵ. 관리망 및 리더십망 이론

1. 관리망 이론

1) 관리망 이론의 개념

감독 스타일과 리더십 스타일이 세 가지 차원으로 특정될 수 있다는 생각은 리더십 스타일의 차이를 확인하고 분석 수단에 영감을 제공하였다. 이러한 세 가지 차원은 (1) 감독경찰관의 업무에 대한 경향, (2) 감독경찰관의 부하 직원에 대한 경향, (3)

특정 스타일 선택의 기초가 되는 동기(부정적 및 긍정적)이다.

구성원의 감독에 관하여 인기 있는 모델 중 하나는 관리망 이론(managerial grid theory)이다. 블레이크(Blake)와 무통(Moulton)(1964)에 의해서 개발된 관리망 이론은 사람에 대한 관심(concern for people)과 생산에 대한 관심(concern for production)의 두 가지 행위 차원에 기초하는데, 이것은 배려 및 구조 조직화의 개념과 비슷하며 경찰조직에 대해 광범위하게 적용될 수 있다. 관리망 이론은 발표 이후에 많은 관심을 받았으며, 오하이오 주립대학교와 미시간 대학교에서 수행된 연구에 기초하였다. 개인의 리더십 스타일은 블레이크와 무통의 연구에 기초한 질문을 활용하여 확인될 수 있다.

2) 관리망 이론의 내용

블레이크와 무통(1964)은 스토그딜(Stogdill)과 리커트(Likert)의 연구 결과를 활용하여 [그림 11-7]에서 보는 것과 같이 두 개의 9점 포인트 위에서 관리자의 위치를 확인하기 위한 관리 및 조직 개발 평가 도구를 설계하였다. 두 개의 차원 중 한 개는 '사람'에 대한 관심을 측정하고 다른 한 개는 '생산'에 대한 관심을 측정하였다.

각 차원은 낮은 관심을 의미하는 1부터 높은 관심을 보여주는 9까지 번호가 매겨져 있다. 수평적 차원은 생산 및 성과 목표에 대한 관심을 보여주고, 수직적 차원은 인간관계나 공감에 대한 관심을 보여준다. 어떤 사람이 두 가지 차원을 결합하는 방법에 따라서 관리망 위에 있는 다섯 가지 주요 스타일 중 하나의 관점에서 리더십 스타일을 형성하게 된다.

(1) 무기력형

관리망에서 왼쪽 아랫부분 스타일은 1,1 스타일(무기력형; impoverished management)로서 업무나 결과에 대해 최소한의 관심을 보여주고 사람에 대해서도 최소한의 관심을 보여주는 것이다. 이 스타일을 활용하는 관리자는 최소한의 노력을 하고 현 상태(status quo)를 유지하고자 노력한다. 이 스타일의 관리자는 조직 내에서 자신의 개인적 안전에 높은 우선순위를 둔다.

(2) 과업형

오른쪽 아랫부분 스타일은 9,1(과업형; authority-compliance management/produce or perish management style) 스타일로서 업무나 결과에 대해 최대한의 관심을 보여주고 사람에 대해서는 최소한의 관심을 보여주는 것이다. 이 스타일에서 사람은 생산 도구로 보여질 수 있다. 이 스타일을 활용하는 관리자는 높은 성과를 성취하기 위해서 강제와 규칙 집행을 사용한다. 이 스타일은 맥그리거의 X이론과 유사하다.

(3) 사교형

왼쪽 윗부분 스타일은 1,9(사교형; country club management) 스타일로서 업무나 결과에 대해서는 최소한의 관심을 보여주지만 사람에 대해서는 최대한의 관심을 보여준다. 이 스타일에 속하는 관리자는 높은 사기와 충성의 분위기를 형성하고자 노력한다.

(4) 단합형

오른쪽 윗부분 스타일은 9,9(단합형; team management) 스타일로서 구성원 사이에서 포용, 합의된 목표, 몰입을 통해서 생산 및 사람 모두에 대해 최대한의 관심을 보여준다. 블레이크와 무통은 이 스타일을 최적의 관리 스타일로 여겼으며 맥그리거의 Y이론과 일치한다.

(5) 절충형

중앙에 있는 5,5(절충형; middle of the road management) 스타일은 사람에 대한 관심과 생산에 대한 관심 간에 균형을 유지하는 스타일이다. 이 스타일에 속하는 관

그림 11-7 블레이크와 무통의 관리망 이론

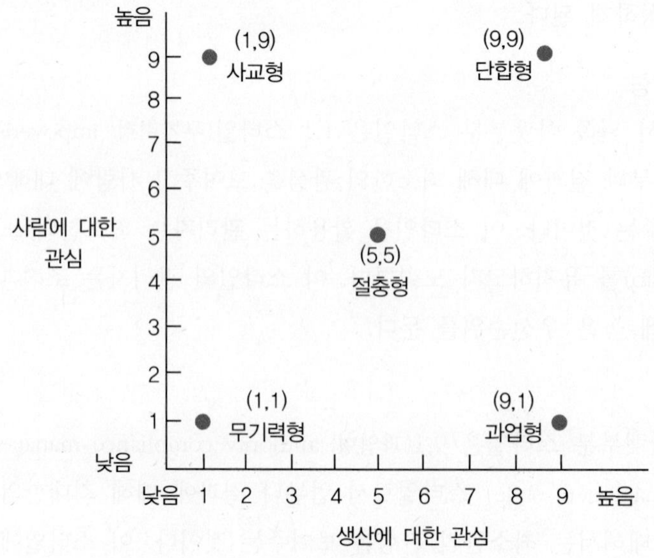

리자는 최소한의 성과 목표가 충족될 수 있는 정도에서만 구성원의 사기를 유지하고자 노력한다.

블레이크와 무통(1964)에 따르면, 사람과 생산의 두 가지 차원의 교차점은 [그림 11-7]에서 보는 것과 같이 관리 스타일 격자(grid)를 형성한다. '가장 효과적인 리더'는 격자에서 가능한 가장 높은 점수인 9,9를 획득하고 있는 리더로서 상황에 적응하기보다는 오히려 상황을 변화시키며, 한 차원을 높이고 다른 차원을 낮추는 것보다는 업무성과의 극대화와 구성원 모두에 대해서 높은 관심을 보여주는 관리자이다. 관리망 이론에 따르면, 사람은 9,9에서 5,5 ⇨ 9,1 ⇨ 1,9로 이동할 때 최선에서 최악으로 이동하는 것이다. 제1차적 리더십과 제2차적 리더십 스타일의 가장 바람직한 결합은 9,9와 5,5의 결합인 것이다.

3) 관리망 이론의 평가

관리망 관련 질문을 사용함에 있어서 어려움은 생산된 데이터가 정확하지 않고 질문에 답변하는 사람의 자기 인식 또한 정확하지 않다는 점이다. 법집행기관과 협의할 때 이것을 극복하는 한 방법은 각 지휘관이 질문에 답변한 후 부하 직원이 지휘관에 대해서 경험한 것을 작성하도록 하는 것이다. 이러한 두 개 세트를 비교하는 것은 유용한 정보를 제공할 것이다.

스완슨(Swanson)과 테리토(Territo)(1982)는 블레이크와 무통의 다양한 리더십 스타일이 경찰관리자에 의해서 활용되고 있는 정도를 조사하였다. 이들은 166개의 경찰관서의 관리자를 조사하였는데 참여자 중 거의 40%는 단합형 리더십 스타일을 사용한다는 것을 발견하였다. 주요 리더십 스타일로서 29%는 과업형 또는 절충형을 사용하고, 11%는 과업형을 사용하고, 단지 9%만이 사교형을 사용한다고 보고하였다. 이와 같이 스완슨과 테리토의 연구는 다양한 스타일이 경찰조직의 리더에 의해서 사용되고 있고, 지배적인 스타일은 단합형 리더십 스타일이라는 것을 보여주었다. 단합형 리더십 스타일을 활용하고 있지 않은 리더는 단합형의 방향으로 변경할 필요가 있다.

2. 리더십망 이론

나중에는 블레이크와 무통의 관리망 이론은 블레이크(Blake)와 맥캔스(McCanse)(1991)에 의해서 리더십망(leadership grid) 이론으로 수정되었는데, 수정된 리더십망의 경우 사람에 대한 관심과 생산에 대한 관심의 두 척도에서 관리자의 점수는 다섯 개 지배적 리더십 스타일 중 한 개를 나타낸다. 두 개의 추가된 관리 스타일은 관리자의 입장에서 동기부여 변화에서 나온다.

(1) **사교형 관리자**(country club management)(1,9): 사람에 대한 높은 관심과 생산에 대한 낮은 관심
(2) **무기력형 관리자**(impoverished management)(1,1): 사람과 생산에 대한 낮은 관심
(3) **절충형 관리자**(middle of the road management)(5,5): 사람과 생산에 대한 균형 잡힌 관심
(4) **단합형 관리자**(team management)(9,9): 사람과 생산에 대한 높은 관심
(5) **과업형 관리자**(authority-compliance management)(9,1): 사람에 대한 낮은 관심, 생산에 대한 높은 관심
(6) **온정주의형/물질주의형 관리자**(paternalism/materialism management)(9+9): 관리자에게 충성을 보여주는 사람은 보상을 받고 충성을 보여주지 않는 사람은 처벌을 받게 되는 사교형과 순응형의 적응
(7) **기회형 관리자**(opportunity management): 관리자가 개인적 이익을 얻기 위해 관리 스타일을 조정하는 것

리더십망이 특정 관리자의 리더십 스타일을 확인하기 위한 정확한 방법을 제공하는 것처럼 보이지만, 그 가치는 관리자로 하여금 자신을 특정 척도에 두도록 만드는 상사에 의해서 최소화될 수 있다. 리더십망을 더 정확하게 활용하기 위해선 관리자의 리더십 스타일은 관리자의 상사뿐만 아니라 관리자를 위해서 근무하는 구성원에 의해서 평가되어야 한다. 많은 관리자는 실제로는 그렇지 않은데도 자신이 '단합형'이라고 생각할 수 있기 때문에 리더십망은 정확한 진단도구라기보다는 하나의 분석 도구라고 여겨진다. 리더십망은 관리자의 리더십 스타일이 어떻게 나타나는지, 무엇이 특정 리더십 스타일을 선택하도록 만드는지를 이해하기 위해 사용될 수 있다.

Ⅶ. 리더십의 행태 스타일 이론의 평가

리더십의 행태 스타일 이론은 리더십에 대해 좋은 이해를 제공해 주고 있다. 그러나 이 이론은 리더의 행태에 대한 환경 및 다른 외부적 요인의 영향을 고려하지

못한다는 점에서 부족한 점이 있다. 또한, 이 이론은 다른 구성원을 이끌 수 있는 한 가지 최선의 방법이 있다고 추론하지만, 경찰관리자가 단지 부하 직원과 임무에 대해서만 관심을 가져야 한다고 가정하는 것은 단순한 측면이 있다. 사실상 많은 외부적 요인이 리더십 스타일에 영향을 미치고 있다.

제 4 절 거래적 및 변혁적 리더십 이론

Ⅰ. 거래적 리더십 이론

1. 거래적 리더십의 개념

바스(Bass)(1998), 바스(Bass)와 아볼리오(Avolio)(1990), 베니스(Benis)와 나누스(Nanus)(1997), 번스(Burns)(1978) 등은 거래적 리더십과 변혁적 리더십을 통해서 동기부여이론의 틀 내에서 리더와 구성원을 연결하고자 시도하였다. 이들은 리더십에 대해서 구성원의 욕구로부터 분리시킬 수 없는 것으로 보았다. 효과적인 리더는 리더 및 구성원의 목표에 동시에 도달하기 위해서 구성원의 욕구 및 동기를 이해하고 활용할 수 있는 사람인 것이다.

거래적 리더십(transactional leadership)은 대부분의 리더십 모델의 기초가 되는데, 리더와 구성원 간의 교환에 중점을 둔다. 거래적 리더십은 외재적 동기부여 과정으로서 구성원이 직무성과에 대해 외부적 보상을 받도록 함으로써 리더가 자신의 목적을 달성한다. 셔머혼(Schermerhorn) 등(2006)에 따르면, 거래적 리더십이 발생하는 경우는 리더가 구성원의 관심을 확대하고 높일 때, 집단의 목적 및 사명을 인식하고 수용할 때, 부하 직원으로 하여금 이기심을 넘어서 바라보도록 할 때이다.

거래적 리더십의 한 예는 관리자가 목표를 달성한 구성원에게 승진, 특별급여, 휴가 등과 같은 보상을 제공하는 것이다. 거래적 리더십은 조직이 원활하고 능률적으로 운영되기를 목표로 하는 관리과정에 있어서 핵심이 된다. 거래적 리더십이 강조하는 것은 규정 준수를 통한 통제에 있으며, 변화를 촉진하기보다는 조직의 안정성을 유지하는 것이다.

거래적 리더십은 리더와 구성원 간의 일상적인 교환 과정이며, 이러한 과정에서 리더는 조직 업무를 성취하기 위해 조건적 보상(contingent rewards), 적극적 관리(active management), 소극적 관리(passive management), 자유방임(laissez-faire) 기술을 활용한다. 구성원은 보상 및 업무의 성격을 이해한다. 즉, 구성원은 관리자가 그에게 기대하는 것을 충족시킴으로 인한 혜택을 이해한다.

2. 거래적 리더십의 특성

리더십 학자인 번스(Burns)(1978)는 거래적 리더십 접근과 변혁적 리더십 접근 사이를 구분한다. 거래적 리더십은 구성원의 성과를 올리기 위해서 구성원에게 장래의 승진, 인정, 기회 제공 등의 보상 조건을 제시하여 구성원과 교환하는 리더십을 의미한다(Bass, 1985). 즉, 거래적 리더십은 리더와 구성원 사이의 계약적·교환적 과정으로서 합의된 목표를 달성하였을 때 구성원에게 약속한 보상을 제공하는 것이다.

리더는 구성원에게 동기를 부여하기 위하여 그들과 협상을 한다. 리더는 협상 과정을 조절해서 긍정적으로 중요한 행위를 계속하는 경우에 여러 혜택이 구성원에게 제공될 수 있도록 한다. 리더의 역할은 리더십을 제공하는 것이 아니라 구성원을 관리하고 감독하며 성과가 달성될 때 보상을 제공하고 구성원이 성과를 성취하지 못하거나 목적 수행에서 허용된 수단을 사용하지 못할 때에 적절한 징계를 가하는 것이다.

예를 들면, 순찰팀을 담당하는 경사의 역할은 일상적이고 기계적인 것으로 여겨질 것이다. 그들은 순찰경찰관을 모니터해서 성과(예 교통위반 스티커, 소환장, 체포, 보고, 정책과 법률 준수 등)가 있는지를 확인한다. 성과를 낸 경우에 순찰경찰관은 더 좋은 순찰 교대근무조(shift)나 순찰구역(beat), 더 좋은 휴가일, 전보 또는 승진을 위한 추천을 받을 것이다. 순찰팀 경사의 성과는 순찰경찰관의 성과를 토대로 결정될 것이다(Engel, 2001).

3. 거래적 리더십의 내용

1) 조건적 보상

거래적 리더(transactional leader)는 구성원과 함께 조건적 보상(contingent reward)을 교환한다. 리더와 구성원은 자신들의 이익을 위해서 거래에 참여한다. 조건적 보상은 결과에 대한 보상을 조건으로 구성원을 관리하는 것이다. 거래적 리더는 구성원이 무엇을 원하고 있는지를 인식한 경우에 구성원에게 원하는 것을 제공해 주는 대가로 구성원이 무엇을 해야 하는지를 제시한다.

거래적 리더는 내재적 동기부여보다는 외재적 동기부여를 이용하여 구성원을 이끌어 가지만, 구성원에게 요구되는 성과를 명확히 제시하고 이를 달성하였을 때에는 약속했던 보상을 제공하기 때문에 부하는 자신에게 주어진 임무를 달성하기 위해서 최선을 다한다(Yammarino *et al.*, 1997). 외재적 인센티브는 급여와 부가 이익뿐만 아니라 검증, 인정, 표창, 급여인상 · 특별임무 · 휴가옵션 · 승진과 같은 미래 부가 이익일 수 있다.

2) 예외에 의한 관리

예외에 의한 관리(management-by-exception)는 거래적 리더십 스타일의 특성을 보여준다. 예외에 의한 관리는 상사가 업무와 구성원을 다루는 방법으로서 상사가 직무의 모든 측면을 자세하게 관리하기보다는 문제 및 문제 직원에게 집중하는 상황을 설명해 준다. 특히, 예외에 의한 관리는 관리자로 하여금 업무의 모든 측면에 집중하기보다는 업무의 중요한 측면에 집중할 수 있도록 해 준다.

'적극적인(active)' 예외에 의한 관리는 리더가 구성원의 성과 문제에 대하여 일상적으로 모니터하여 사전에 예방하는 것을 의미하고, 반면에 '소극적인(passive)' 예외에 의한 관리는 업무 표준에서 벗어날 때에 리더가 개입하는 것을 의미한다. 예외에 의한 관리는 리더 자신의 과거 경험에 비추어 구성원이 조금이라도 다른 방식으로 업무를 수행하는 것을 용인하지 않고 항상 구성원의 행동양식을 일정한 형식적 틀 안에 있게 하려는 경우를 의미한다.

4. 홀랜더의 거래적 리더십

1) 홀랜더의 거래적 리더십의 개념

홀랜더(Hollander)(1992)의 거래적 리더십에 따르면, 특정 리더와 특정 구성원 간의 상호작용은 리더와 구성원의 변화하는 '신뢰 수준'과 서류화하기 어려운 '환경상 변화'에 기초하여 시간이 지나면서 변화할 것이다. 홀랜더의 주요 관심은 리더십은 많은 다양한 힘(force)에 의존하며, 어떤 리더는 그러한 힘 중 몇몇을 제대로 통제하지 못한다는 점이었다.

거래적 리더십에서 홀랜더는 구성원과 상황 특성을 탐구하여 목표를 성취하기 위하여 리더가 구성원과 상황에 대하여 완전히 이해하는 것의 중요성을 강조하였다. 그는 리더가 이러한 모든 측면을 이해하는 것이 중요하다는 것을 강조했을지라도, 리더와 상황에 영향을 주는 데 있어서 구성원의 역할을 발전시켰다. 예를 들면, 신임 경찰관은 경험 있는 경찰관보다 더 많은 감독을 필요로 한다. 동기가 부족한 직원은 높은 수준의 동기를 갖고 있는 직원보다 다른 접근법을 필요로 한다는 것이다.

2) 리더, 구성원, 상황 특성 간의 상호작용

세 가지 요인(리더, 구성원, 상황 특성) 간의 상호작용과 함께, 리더가 원래 그 지위를 획득한 방법, 리더가 그 지위를 유지해 온 방법, 모든 요인이 상황에 대해 어떤 효과를 갖고 있는지를 이해하는 것이 중요하다. 홀랜더는 계층(hierarchy)이 아니라 역량(competency)을 통한 지위의 정당성을 강조하고, 또한 상황에서 발생하고 있는 변화를 인식할 수 있어야 한다고 강조한다. 계획이 되었든 계획이 안되었든 변화는 어느 정도 발생할 것이고, 훌륭한 리더는 그러한 변화를 인식하고, 그러한 변화가 상황에 영향을 미칠 수 있는 방법, 그리고 무엇이 행해져야 하는지를 이해할 수 있어야 한다.

Ⅱ. 변혁적 리더십 이론

1. 변혁적 리더십의 개념

변혁적 리더십(transformational leadership)은 내재적인 동기부여 과정으로서 구성원의 욕구 및 동기에 관심을 갖고 구성원으로 하여금 리더로 발전하고 성장 및 발전을 위한 잠재능력에 도달하며 집단 이익을 위해서 개인적 이익을 넘어서도록 도와준다. 변혁적 리더는 자신의 행동을 통해서 조직과 구성원이 실행해야 하는 방법을 보여주고, 다른 사람을 다루는 방법에 대한 모범 사례를 보여주며, 직장 내에서 성취 및 기여 인정의 중요성을 이해한다(Johnson, 2007).

변혁적 리더는 감독경찰관이 구성원에 대해서 단지 통제하고 강요하고 조종하는 부하 직원으로 보지 않도록 요구한다. 오히려 구성원은 적절하게 동기부여되고 격려를 받을 때 업무집단에 의해서 성취될 수 있는 것을 기하급수적으로 향상시킬 수 있는 잠재성 있는 부하 직원으로 여겨진다.

변혁적 리더는 다음과 같은 세 가지 방법을 통해서 기대 이상의 성과를 달성할 수 있다(Bass, 1985). 첫째, 구성원에게 예상하는 결과의 중요성에 대한 인식을 향상시키고 둘째, 집단 목표를 위하여 구성원이 개인적 이익을 초월하도록 유도하고 셋째, 구성원의 욕구 수준을 변화시키는 것이다. 그러나 최근의 몇몇 연구는 변혁적 리더십이 보편적으로 우수한지 여부에 대해 의문을 제기하였고, 몇몇 상황에서는 구성원 사이의 갈등을 높이는 것으로 발견되었다(Kotlyar & Karakowsky, 2006).

2. 변혁적 리더십과 거래적 리더십

거래적 리더십은 구성원 및 부서로 하여금 목표를 더 잘 성취할 수 있도록 영감을 불어넣기 위해서 활용되기도 한다. 반면에, 변혁적 리더십은 방향을 변경하는 과정으로서 경찰관리자가 구성원의 관심을 넓히고 조직을 새로운 방향으로 이동시키고자 시도하는 과정이다. 따라서 변혁적 리더십은 경찰관리자가 경찰조직 내에 지역사회 경찰활동을 실행하고자 할 때 중요한 역할을 할 수 있다.

번스(Burns)(1978)는 어떤 조직 내에 있는 개인은 거래적 리더십과 변혁적 리더십의 두 가지 방법을 통해서 리더에 의해 영향을 받고 동기부여될 수 있다고 주장하였다. 특히, 변혁적 리더에 대해서 번스는 현 상태를 유지하기보다는 오히려 조직, 조직운용, 구성원을 향상시키는 방법을 찾는 사람으로 설명하였다. 변혁적 리더는 구성원이 공유된 비전 등을 수용하도록 영감을 불어넣고 이것을 성취하기 위해 시도하고, 더 나아가 주변에 있는 사람을 임파워한다. 구성원은 결정을 내리고, 아이디어를 개발하고, 향상과 혁신을 추구하기 위하여 자신만의 방법을 확인할 자유를 부여받는다.

3. 변혁적 리더십과 카리스마적 리더십

변혁적 리더십과 구별해야 할 리더십으로 카리스마적(charismatic) 리더십이 있다. 카리스마는 변혁적 리더십을 위해서 필요한 요소이지만 변혁적 리더십의 충분조건은 아니다. 변혁적 리더십의 목적은 구성원과 조직의 양자에서 의미 있는 변화를 만드는 것이다.

하우스(House)(1977)에 따르면, 카리스마적 리더십의 직접적인 결과는 리더의 이념에 대한 구성원의 신뢰, 구성원의 신념과 리더의 신념 사이의 유사성, 리더에 대한 의심하지 않는 수용, 구성원의 순응, 리더와의 동일시, 리더의 목표에 대한 정서적 참여, 목표 성취에 있어서 구성원의 신뢰 등이다. 카리스마적 리더십은 직무 요청을 넘어서는 결과를 생산하는 데 있어서 구성원의 에너지와 몰입을 점화시키는 불이라고 볼 수 있다.

따라서, 카리스마적 리더는 구성원의 자아개념(self-concept)을 변화시키고 구성원의 정체성 및 가치와 조직의 집단적 정체성 및 가치 사이에 연결을 형성한다. 카리스마적 리더십의 효과는 외재적 동기부여가 내재적 동기부여를 강조함으로써 주로 실행된다. 즉, 카리스마적 리더십은 구성원의 가치와 조직의 가치 사이에 일치점을 만들 때 효과가 있다.

베버(Weber) 등(1947)은 구성원에게 특정한 카리스마를 갖고 있는 리더의 몇몇 특성을 제시하였다.

(1) 다른 사람에게 영향을 미치려는 강한 욕구를 갖고 있다.

(2) 구성원으로 하여금 갖고 있기를 원하는 신념 및 가치에 대한 역할 모델이 된다. 예를 들면, 간디(Gandhi)는 비폭력 시민 불복종에 대한 역할 모델이 된다.

(3) 도덕적 의미를 지닌 이념적인 목표를 명확히 한다. 예를 들면, 마틴 루터 킹(Martin Luther King)의 '나는 꿈이 있습니다'(I Have a Dream)라는 연설

(4) 높은 기대를 표현하고 이러한 기대를 충족시키는 구성원의 능력에 대해 신뢰를 보여준다. 이것은 그 후에 구성원의 자기효능감(self-efficacy) 및 유능감(sense of competence)을 증가시키고, 그다음으로 성과를 향상시킨다.

(5) 자부심, 권한, 소속에 대한 부하 직원의 욕구를 자극해서 직무 관련 동기를 일깨운다.

(6) 구성원의 정체성을 조직의 집단적 정체성과 연결시킨다.

4. 변혁적 리더십의 주요 요소

변혁적 리더십은 구성원에게 열정과 비전을 불어 넣는 리더십이며, 경찰조직을 더욱 효과적인 경찰관서로 변혁시키는 효과적인 방법이다. 변혁적 리더십은 또한 새로운 프로그램을 실행하기 위한 효과적인 도구가 된다. 변혁적 리더십은 카리스마, 비전, 개인적 배려, 지적 자극의 네 가지 차원으로 구성되어 있다.

(1) 카리스마(charisma)는 구성원에게 성공 및 성취의 상징으로 호의를 얻고 자신이 가진 인간적 매력을 통해 구성원을 이끄는 능력을 의미한다.

(2) 비전(vision)은 구성원에게 미래에 대한 꿈과 희망을 갖게 함으로써 조직 내부에 잠재적인 성장 동기를 유발하는 것을 의미한다.

(3) 개인적 배려(individual consideration)는 구성원에 대해 획일적 기준을 갖고 생각하는 것이 아니라 개인의 감정, 관심, 욕구를 존중함으로써 구성원에게 동기를 유발하는 것을 의미한다.

(4) 지적 자극(intellectual stimulation)은 과거의 구태의연한 사고방식과 업무관행에서 벗어나 항상 새로운 업무 방식으로 부하에게 동기를 유발하는 것을 의미한다.

또한, 셔머혼(Schermerhorn)(2008)은 〈표 11-4〉와 같은 변혁적 리더의 자질을 확인하였는데, 이러한 자질을 갖고 있는 리더는 조직을 변혁시킬 수 있다. 일반적으로 새롭게 임명된 경찰서장이 변혁적 리더가 되는 것은 필수적이다. 변혁적 리더십은 신임 경찰서장에게 경찰조직을 정확하게 평가하고 필요한 관리행위를 할 수 있는 시간을 제공할 수 있다.

표 11-4 변혁적 리더의 자질

자 질	내 용
비 전 (vision)	• 방향에 대해 명확한 감각을 갖고 있고, 다른 사람과 방향에 대해 소통하고, 구성원 사이에 방향에 대한 열정 수준을 개발하는 것
카리스마 (charisma)	• 구성원과 상호작용하고 구성원으로 하여금 조직 목적을 위해 노력하도록 활력을 불어넣는 능력을 갖고 있는 것
상 징 (symbolism)	• 특별한 보상을 제공하고 탁월함을 인정하고 우수한 성과를 확인하는 행사를 개최하는 것
권한부여 (empowerment)	• 도전적인 업무를 위임하고 다른 사람이 발전하도록 도와주는 것
지적 자극 (intellectual stimulation)	• 구성원이 문제에 관해 생각하고 문제를 해결하기 위해 자신의 창의성을 사용하는 분위기를 만드는 것
청렴성 (integrity)	• 조직의 모든 구성원에게 정직하고 개방적으로 되고, 높은 표준의 윤리 및 도덕성을 일관되게 유지하는 것

5. 변혁적 리더십의 특성

1) 카리스마

변혁적 리더십의 주요 요소는 카리스마이다. 카리스마는 구성원과 상호작용하면서 구성원에게 조직 목표를 불어넣는 과정이다. 카리스마적 리더는 종종 조직을 위한 비전을 명확히 함으로써 조직에 에너지를 불어넣는다. 구성원은 리더와 그의 아이디어에 대해서 열정적으로 되고, 그것을 지지하기 위해 열심히 근무한다. 카리스마는 배타적 형태의 리더십이고, 아마도 오랜 기간 동안 지속될 수는 없다.

경찰관서에서 새로운 정책의 실행은 변혁적 리더십에 의해서 가장 잘 성취될 수 있다. 변혁적 리더십의 목적은 조직의 일상적 운용을 감독하는 것이 아니라 예정된 방향으로 변화를 자극하기 위한 것이다. 이러한 경우에 관리자는 변화 주도자(change agent)인 것이다.

2) 조직 성과의 제고

변혁적 리더십은 부하가 리더에 대한 신뢰를 바탕으로 충성심 및 존경심을 유발하여 기대 이상의 노력을 기울이도록 한다. 부하가 기대 이상의 성과를 달성하도록 미래에 대한 비전을 제시하고, 영감적인 메시지를 전달하여 비전에 몰입하게 함으로써 조직 성과를 제고시키는 과정이다. 변혁적 리더의 가장 중요한 역할은 원하는 미래 상태에 대한 비전을 성취하고, 부하 직원이 믿을 수 있도록 비전에 대해 이야기하고, 노력할만한 가치가 있는 조직 변혁의 비전에 대해 신뢰를 갖는 것이다. 번스(Burns)(1978)는 변혁적 리더십의 고전적 사례로서 마하트마 간디(Mahatma Gandhi)를 제시한다.

3) 거래적 리더와 변혁적 리더의 연속성

통제와 변화의 양자는 조직의 효과성을 위한 본질적 과정이기 때문에 효과적인 리더는 상황에 따라서 거래적 리더와 변혁적 리더의 행동을 보여줄 수 있어야 한다. 효과적인 리더는 비전을 만들고 다른 사람에게 임파워하고 에너지를 불어넣는 능력을 갖고 있을 뿐만 아니라 구성원으로 하여금 비전을 성취하도록 동기부여를 하는 통제 및 보상 체계를 설계하는 기술을 보여주어야 한다. 따라서, 거래적 리더십과 변혁적 리더십은 상호 배타적이기보다는 오히려 연속성을 갖고 있는 것으로 여겨진다(Yammarino, 1993).

제 5 절　상황 중심 리더십 이론

Ⅰ. 상황 중심 리더십 이론의 개념

상황 중심 리더십 이론은 리더가 상황 변수에 기초해서 최선의 행동 과정을 선택해야 한다고 제안한다. 사실상 많은 외부 변수가 리더의 통솔 능력과 리더십 유형에 영향을 미친다. 즉, 리더십은 많은 요인에 의존하고, 이러한 요인들은 리더십 유형을 선택할 때 고려되어야 한다(Gaines & Worrall, 2012: 166).

상황 중심 접근법은 리더십에 영향을 미치는 많은 내적 및 외적 요인으로 구성되어 있는데, 기본적으로 (1) 주어진 상황에서 가장 중요한 환경 및 구성원 요인을 확인하고, (2) 그 상황에 가장 적합한 리더십 유형을 활용하는 것으로 구성되어 있다. 연구자들은 리더의 성과에 영향을 주는 상황의 특성을 확인하고자 시도하였다. 스토너(Stoner)와 프리먼(Freeman)(1992)은 리더십 유형을 좌우하는 다음과 같은 요인을 확인하였다.

(1) **리더의 성격, 과거 경험, 기대**: 관리자의 성격 전반은 그가 이끄는 방법과 성공 정도에 실질적인 영향을 미친다.

(2) **상사의 기대**: 상사는 주로 부하 직원의 직무 요구사항을 결정한다. 상사는 또한 부하의 리더십 스타일에 영향을 준다. 부하는 어느 정도 직속 상사의 리더십 스타일을 지니게 된다.

(3) **직무 요구사항**: 일부 직무는 복잡성 또는 중요성 때문에 면밀한 감독을 요구하지만, 단순한 직무는 리더가 부하 직원에게 상당히 많은 자유를 줄 수 있도록 한다.

(4) **부하 직원의 특성**: 매우 능력이 있는 구성원은 거의 지시를 필요로 하지 않지만, 능력이 거의 없는 구성원은 리더가 더 구체적인 지시를 내려 줄 것을 필요로 한다.

(5) **동료의 기대**: 경찰조직 내의 각 관리자는 관리에 대한 다른 기대를 갖고 있고, 이러한 기대는 종종 관리자가 할 수 있는 것과 수행하는 방법에 제한을 가한다.

(6) **조직의 문화 및 정치**: 조직의 환경은 리더십에서 주요한 역할을 한다. 조직의 문화는 구성원이 할 수 있는 것에 많은 기대와 제한을 가한다.

그 외에도 리더십 유형에는 [그림 11-8]에서 보는 것과 같이 매우 다양한 요인이 영향을 미치고 있다. 관련된 상황 중심 리더십 이론에는 (1) 허쉬와 블랜차드의 상황적 리더십 이론, (2) 피들러의 상황적합 리더십 이론, (3) 하우스와 미첼의 경로-목표 이론 등이 있다.

그림 11-8 리더십 유형에의 영향요인

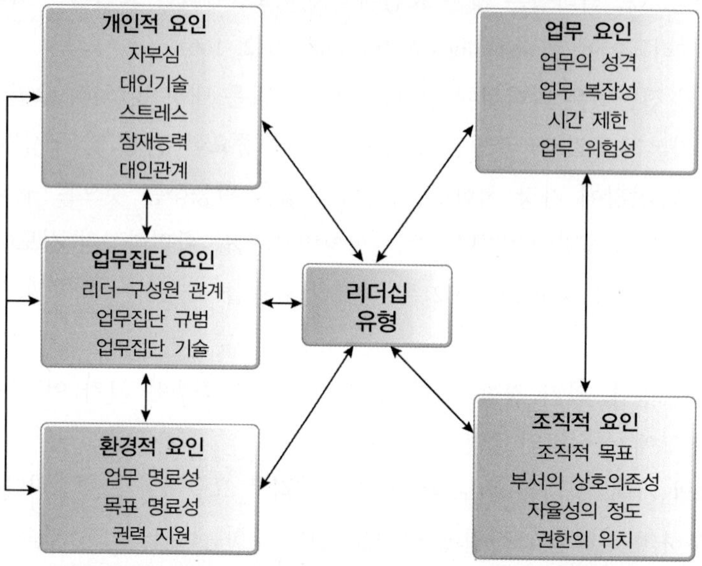

자료: Bettin, Hunt, Macaulay, & Murphy, 1992.

Ⅱ. 상황적 리더십 이론

1. 허쉬와 블랜차드의 상황적 리더십의 개념

상황적 리더십(situational leadership theory)은 3D 관리 유형 이론을 바탕으로 허쉬(Hersey)와 블랜차드(Blanchard)에 위해 1969년에 개발되었다. 허쉬와 블랜차드는 [그림 11-9]에서 보는 것과 같이 리더의 행동을 업무 행동(지시적 행동)과 관계 행동(지원적 행동)을 양축으로 하여 4분면으로 분류하고, 여기에 상황적 요인으로 부하 직원의 성숙도를 추가하여 서로가 적합한 관계를 가질 때 조직의 효과성이 높아진다고 주장하였다. 따라서, 가장 적절한 리더십 행동 유형은 상황(situation)에 의존하게 된다.

허쉬와 블랜차드(1977)에 따르면, 부하 직원의 성숙도에 따라 리더가 선택하는 네 가지 리더십 유형이 있고, 리더는 직면한 상황에 따라서 경력 전체에 걸쳐 다양한 리더십 유형을 사용할 수 있다. 상황적 리더십 이론은 부하 직원의 성숙도를 상황 변수로 보았는데 초기에는 능력과 의지로 파악하였고, 후기에는 역량(유능성, competency)과 몰입(헌신성, commitment)으로 측정하였다. 따라서, 리더는 자신의 리더십 유형을 부하 직원의 역량 및 몰입 정도에 맞추어야 효율적인 리더십을 발휘할

그림 11-9 상황적 리더십 이론

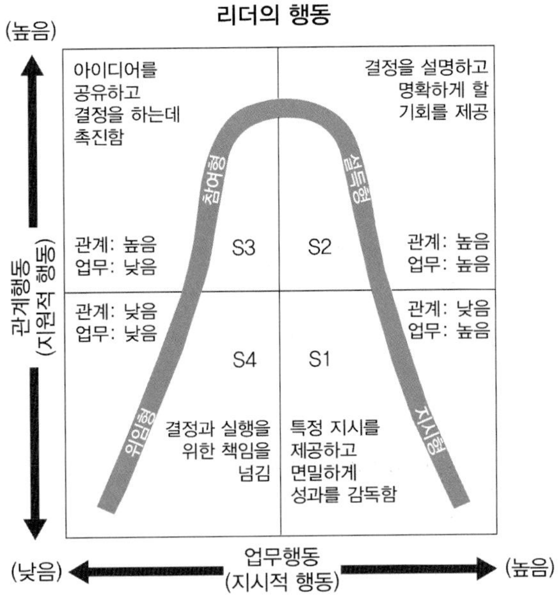

부하직원의 성숙도

높음	중간		낮음
R4	R3	R2	R1
업무수행능력도 있고 자발성도 있음	업무수행능력은 있으나 자발성이 없음	업무수행능력은 없으나 자발성은 있음	업무수행능력도 없고 자발성도 없음

자료: Hersey & Blanchard, 2003.

수 있다.

2. 네 가지 유형의 리더십

[그림 11-9]에서 보는 것과 같이 S1 분면은 업무 지향성이 높고 관계 지향성이 낮은 영역으로 지시형(telling) 리더십을 의미하고, S2 분면은 업무 지향성과 관계 지향성이 모두 높은 영역으로 설득형(selling) 리더십을 의미하고, S3 분면은 관계 지향성은 높으나 업무 지향성은 낮은 영역으로 참여형(participating) 리더십을 의미하고, S4 분면은 관계 지향성과 업무 지향성이 모두 낮은 영역으로 위임형(delegating) 리더십을 의미한다. 위에서 살펴본 각각의 리더십 스타일을 언제 사용할 것인지는 주로 부하 직원의 성숙도에 의존한다.

(1) 지시형 리더십(높은 지시-낮은 지원)

지시형(명령형; telling) 리더십은 부하 직원의 역할을 명확하게 하고 무엇을, 어떻게, 언제, 어디에서 등 여러 가지 업무수행 방법을 정확하게 지시하고, 일방적 커뮤니케이션과 리더 중심의 의사결정을 한다.

(2) 설득형 리더십(높은 지시-높은 지원)

설득형(selling) 리더십의 경우에도 리더는 많은 지시와 정보를 여전히 제공하지만 정보 교환, 사회 연대적 지원을 통하여 부하 직원이 지시를 심리적 저항 없이 받아들이도록 노력하고 상하 쌍방향 의사소통과 공동 의사결정을 강조한다.

(3) 참여형 리더십(낮은 지시-높은 지원)

참여형(participating) 리더십은 리더와 부하 직원 간에 활발하게 정보를 교환하고 팀과 함께 일하며 리더의 촉진적 행동을 통해 의사결정 책임을 공유하지만 업무수행 방법에 대하여 거의 지시하지는 않는다.

(4) 위임형 리더십(낮은 지시-낮은 지원)

위임형(delegating) 리더십은 부하 직원의 업무 성숙도와 정신적 성숙도가 모두 높기 때문에 책임 권한을 대폭 위임하고 감독 방법도 너그럽게 하여 부하 직원의 자율적 행동과 자기통제에 의존한다. 리더는 여전히 업무수행 과정을 모니터하지만 의사결정에 더 적게 관여한다.

3. 상황 변수로서의 성숙도

허쉬와 블랜차드는 상황변수로서 부하 직원의 성숙도(readiness)를 제시하고 있는데, 성숙도란 높지만 달성 가능한 목표를 설정하는 능력, 기꺼이 책임을 맡거나 책임을 맡을 수 있는 능력, 개인이나 집단의 교육수준 혹은 경험을 의미한다. 성숙도는 '업무수행 능력'과 '업무에 대한 자발성'으로 나눌 수 있다. 성숙도는 일반적으로 성숙하거나 미성숙하다고 말할 수 없으며, 수행해야 하는 구체적인 업무와 관련하여 고려되어야 한다. 개인수준에서의 부하 직원 성숙도와 집단수준에서의 집단 성숙도 중에서 부하 직원의 성숙도를 살펴보면 다음과 같다.

[그림 11-9]에서 보는 것과 같이 부하 직원의 성숙도는 부하 직원의 업무수행 능력 및 자발성의 정도에 따라 R1, R2, R3, R4로 구분된다(Hersey, Blanchard, & Johnson, 2007).

- R1은 가장 낮은 성숙단계로서 부하 직원이 업무수행 능력도 없고 자발성도 없는 단계이다. 가장 낮은 성숙단계에 있는 부하 직원은 업무에 대한 지식, 기술, 자신감이 부족하며, 이들은 종종 일을 떠맡게 될 필요가 있다.
- R2는 중간 정도의 성숙단계로서 부하 직원이 필요한 업무수행 능력을 갖고 있지 않으나 자발성은 갖고 있는 단계로서 동기부여는 되어 있으나 적절한 기술이 부족한 단계이다.
- R3는 또 하나의 중간 정도의 성숙단계로서 부하 직원이 업무수행 능력을 갖고 있지만 자발성은 갖고 있지 않는 단계이다. 이 단계에 있는 부하 직원은 많은 기술을 갖고 있지만 여전히 자신의 능력에 대한 자신감이 부족하다.
- R4는 가장 높은 성숙단계로서 부하 직원이 업무수행 능력도 갖고 있고 자발성도 갖고 있는 단계이다. 이 단계에 있는 부하 직원은 높은 자신감과 많은 기술을 갖고 있으며 업무에 집중한다.

더 효과적인 성과를 내기 위해서는 R1과 R2 단계에서는 리더가 주도적으로 되어야 하고, R3와 R4 단계에서는 부하가 주도적으로 되어야 한다.

4. 부하의 성숙도와 리더십 유형의 성공 가능성

〈표 11-5〉는 부하 직원의 성숙도와 리더십 유형의 성공 가능성 간의 관계를 보여주고 있다. 허쉬와 블랜차드의 상황적 리더십 이론에서는 부하 직원의 성숙도에 따라서 리더십 유형(S1, S2, S3, S4)을 각각 달리 적용할 때 리더십의 효과성이 극대화될 수 있다고 제안한다.

표 11-5 부하의 성숙도 및 리더십 유형의 성공 가능성

부하의 성숙도	리더십 유형의 성공 가능성			
	최상책	차선책	차하책	최하책
R1	S1	S2	S3	S4
R2	S2	S1, S3		S4
R3	S3	S2, S4		S1
R4	S4	S3	S2	S1

자료: Hersey & Blanchard, 1982.

Ⅲ. 상황적합 리더십 이론

1. 상황적합 리더십 이론의 개념

피들러(F. E. Fiedler)(1967)의 상황적합 리더십 이론(contingency theory)은 상황적 변수를 주로 관심사로 하고 리더의 특성을 상황에 따라 적절하게 적응시키는 것이며, 근본적으로 리더가 처한 상황 호의성(favorableness)을 높일 수 있을 때 리더십이 촉진된다고 본다. 상이한 리더에 대해서 상이한 결과가 나타나는 점에 착안하여 피들러는 이러한 불일치를 설명하기 위하여 상황적합 리더십 이론을 개발하였다.

상황적합 리더십 이론은 어떤 주어진 상황에서 적합한 행동은 다양한 변수에 의존하고, 각 상황은 다르다는 점을 제안한다. 어떤 특정 조직에서 효과적인 행동은 다른 이슈와 관심사를 갖고 있는 다른 조직에서는 효과가 없을 수 있다. 이것은 모든 주어진 상황에서 관리할 수 있는 최선의 한 가지 방법은 없으며, 내적 및 외적 환경에서 나온 상황적 변수는 리더십 행위에 영향을 준다는 것을 보여준다.

피들러의 상황적합 리더십 이론의 개념적 틀은 [그림 11-10]에서 보는 것과 같이 '원인변수'로서 리더십 유형, 그리고 '상황변수'로서 (1) 리더-구성원 관계, (2) 업무 구조, (3) 지위 권력, '결과변수'로서 집단 성과로 구성된다. 원인변수인 리더십 유형 측정은 리더의 동기적 측면을 측정하려는 것이고, 세 가지 상황변수는 '상황 호의성'을 측정하는 것이다.

그림 11-10 피들러의 상황적합 모델

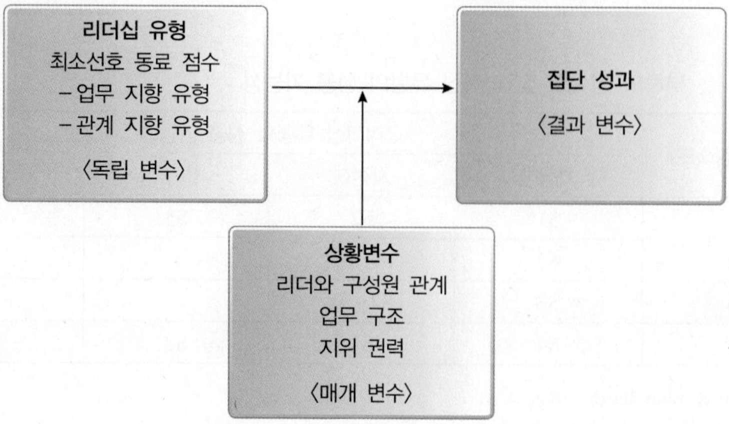

2. 상황적합 리더십 이론의 주요 내용

1) 최소선호 동료와 리더십 유형

피들러는 최소선호 동료(least preferred co-worker: LPC)라는 리더의 태도 척도를 사용하여 리더십 유형을 측정하였다. 리더십 유형이란 리더가 주어진 상황에서 효과적으로 업무를 수행하기 위하여 지속적이며 안정적으로 나타내는 리더의 통상적인 행동을 의미하며, 피들러는 리더십 유형을 과업 지향적 리더십과 관계 지향적 리더십의 두 가지로 분류하였다.

최소선호 동료(LPC)는 상황적합 리더십 이론의 핵심 구성요소로서 설문 대상자에게 자신의 과거와 현재의 모든 사회적 경험에서 같이 일해온 동료를 회상하게 하여 그중에서 함께 일하기 어려웠다거나 어려운 동료를 선택하도록 요구한다.

최소선호 동료의 조작적 정의로서 '높은 최소선호 동료' 점수를 가진 리더의 우선적인 목적은 부하를 포함한 다른 사람과 긴밀한 인간관계를 가지는 것이며, 이러한 리더는 부하와 잘 어울리는 것을 중요시할 것이고 관계 개선이 필요할 때에는 배려가 깊고 지지적인 태도로 행동할 것이다. 반면에, '낮은 최소선호 동료' 점수를 가진 리더의 우선적인 목적은 업무 목표를 달성하는 것이며, 이러한 리더는 양호한 업무수행에 많은 관심을 갖게 되고, 업무 문제가 있을 때는 부하를 다루는 데 있어서 업무 지향적 행동을 중요시할 것이다.

2) 세 가지 상황변수: 상황 호의성

피들러(1967)의 상황적합 리더십 이론은 리더십 유형을 특정 상황에 연결시키고자 시도한다. 특정 리더십 유형이 모든 상황에서 항상 좋은 것은 아니며, 다른 상황에서는 다른 리더십 유형이 더 좋을 수 있다. 피들러는 리더십의 효과는 리더십 유형이 특정 상황과 어느 정도 잘 부합되느냐에 따라 결정된다고 보았다.

상황 호의성(situational favorableness)은 집단성과에 영향력 및 통제력을 행사할 수 있는 상황에 대한 리더의 인식을 의미한다. 상황과 관련된 세 가지 주요 변수는 〈표 11-6〉에서 보는 것과 같이 (1) 리더-구성원 관계(leader-member relations; 신뢰와 충성), (2) 업무 구조(task structure; 임무의 명료성), (3) 지위 권력(position power; 리더 권한의 양)이다. 리더는 이러한 세 가지 상황 요소를 고려하여 자신이 업무 지향적 리더십을 사용할 것인지, 관계 지향적 리더십을 사용할 것인지를 결정해야 한다.

표 11-6 세 가지 상황요인

세 가지 상황요인	내 용
리더-구성원 관계	조직 분위기, 신뢰 정도, 충성도, 부하에 대한 호감도 등
업무 구조	목표 내용이 명확하고 그 달성 과정이 구조화되어 있는 정도
지위 권력	리더가 부하에게 상벌을 줄 수 있는 권한의 양

(1) 리더-구성원 관계

리더-구성원 관계는 가장 중요한 요인으로서 리더가 업무집단과 좋은 관계를 갖고 있다면 권한 및 권력에 더 적게 의존하게 될 것이다. 리더-구성원 관계는 구성원이 리더에 대해 가지고 있는 신뢰와 확신의 수준이다. 업무집단 내에서 더 많은 신뢰를 받고 더 많은 영향력을 행사하는 리더는 신뢰를 받지 못하는 리더보다 더 유리한 상황에 있다.

(2) 업무 구조

업무 구조는 두 번째로 중요한 요인으로서 업무에 대한 성과 요구가 분명하게 설명되어 있어서 모든 사람이 무엇이 기대되는지를 알고 있다면 리더는 구성원이 조직의 기대를 따르도록 하는 데 더 적은 어려움을 가질 것이다. 반면에, 업무에 대한 성과 요구가 분명하지 않다면 업무집단 구성원 내에 모호함이 있게 될 것이다. 모호함은 불일치를 야기하고, 구성원은 리더의 권한에 대해 쉽게 문제를 제기할 것이다.

(3) 지위 권력

지위 권력은 리더가 집단을 지휘하고 보상이나 처벌을 제공할 수 있는 권한의 양이다. 리더의 권한이 많을수록 상황이 더 유리하다. 리더는 다양한 수준의 권력을 갖고 있는데 더 많은 권력을 가진 리더는 업무집단과의 관계가 부족하거나 업무성과 관련 모호함이 있는 경우에 발생할 수 있는 어려움에 더 잘 대처할 수 있다.

피들러의 상황적합 리더십 모델은 리더십 유형이 상황과 조화를 이루어야 한다고 제안한다. 따라서, 경찰관리자가 감독경찰관과 중간관리자를 어느 부서에 배치할 것인지를 결정할 때 부하와의 관계, 업무의 성격, 리더의 권력을 고려해야 한다. 경찰관리자가 이러한 특성을 더욱 조화롭게 활용한다면 경찰조직의 성과는 향상될 것이다.

3) 상황에 따른 리더십 유형, 행동, 성과

앞에서 설명한 상황 변수를 결합한다면 [그림 11-11]에서 보는 것과 같이 매우 호의적인 상황에서 매우 비호적인 상황에 이르기까지 다양한 상황을 만들 수 있다. 피들러는 리더십 유형과 다양한 상황 간의 관계를 조사하면서 특정 패턴을 발견했는데, 피들러가 살펴본 두 가지 리더십 스타일은 블레이크(Blake)와 무통(Mouton)이 관리망 이론에서 사용한 것과 유사하다. 피들러는 업무 지향적 리더십 유형은 매우 호의적 상황과 매우 비호의적 상황에서 효과적으로 리더십을 발휘하고, 관계 지향적 리더십 유형은 다소 호의적인 중간 상황에서 효과적으로 리더십을 발휘한다는 결론을 도출했다.

그림 11-11 피들러의 상황적합 이론

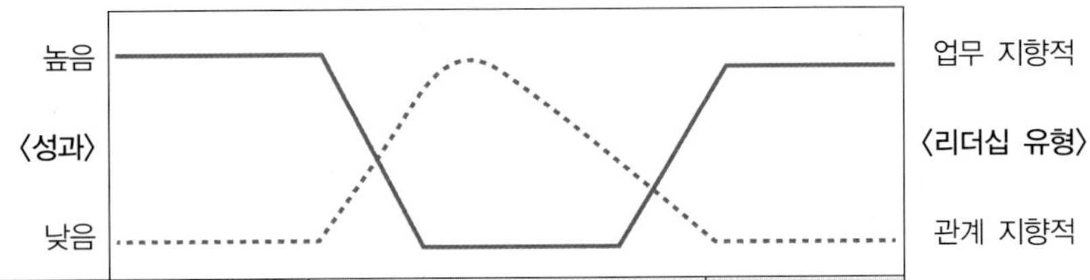

상황	호의적		보통				비호의적	
리더-구성원 관계	좋음	좋음	좋음	좋음	나쁨	나쁨	나쁨	나쁨
업무구조	높음	높음	낮음	낮음	높음	높음	낮음	낮음
지위권력	강함	약함	강함	약함	강함	약함	강함	약함
	I	II	III	IV	V	VI	VII	VIII

(1) 업무 지향적 리더십 유형

업무 지향적 리더는 구성원을 목표를 향해서 이끌고, 지시를 내리고, 계획하는 데 시간을 할애하고, 마감일을 강조하고, 업무 활동에 대한 명확한 일정을 제공하며, 일을 끝내고 싶어 한다. 피들러는 업무 지향적 리더는 호의성(favourability)이 매우 유리한 상황에서 가장 잘 수행한다는 것을 발견하였다. 팀원 모두가 화합하고, 업무가 명확하고 구조화되어 있으며, 리더가 부하 직원에 대하여 충분한 권한을 가지고 있기 때문이다. 그런 상황에서 팀은 방향을 제시할 수 있는 리더만 있으면 된다.

마찬가지로 호의성이 매우 불리한 경우에도 관계 지향적 리더십보다 업무 지향적 리더십 유형이 더 효과적인 것으로 간주된다. 업무구조의 부재로 인해 불리한 상황에서는 많은 구조와 방향을 제시할 수 있는 리더가 필요하기 때문이다. 또한 리더와 구성원의 관계는 어쨌든 좋지 않기 때문에 관계 지향적인 리더는 리더의 인기 향상에 아무런 영향을 미치지 않는다.

(2) 관계 지향적 리더십 유형

관계 지향적 리더는 구성원을 배려하고, 구성원의 생각과 감정을 존중하고, 상호 신뢰를 구축하고, 우호적이며, 열린 의사소통을 제공하고, 팀워크를 개발하고, 구성원의 복지를 지향한다. 관계 지향적 리더는 호의성이 중간 정도인 상황에서 더 나은 성과를 내는 것으로 나타났다. 이러한 상황에서 리더는 집단에서 적당히 호감을 가질 수 있고, 어느 정도 지위를 가지고 있으며, 다소 구조화된 업무를 감독해야 한다. 여기에서 집단 성과를 달성하기 위해서는 대인관계 기술이 중요하다. 좋은 대인관계 기술을 가진 리더는 긍정적인 집단 분위기를 조성하여 리더와 구성원 간의 관계를 개선하고, 업무를 명확하게 하고, 더 많은 구조를 만들며, 더 강력한 지위 권력을 확립할 수 있다.

Ⅳ. 경로-목표 이론

1. 경로-목표 이론의 개념

우리는 상황에 맞도록 리더십 스타일을 변경할 수 있는가? 그것은 어렵지만 여러 연구는 리더십 스타일은 사실상 학습될 수 있다는 것을 보여준다. 이것에 대한 가장 좋은 예는 하우스(Robert House)에 의해서 제안된 경로-목표 이론(path-goal theory)인데, 이 이론은 리더의 효과성을 결정함에 있어서 리더십 행동과 상황 특성의 상호작용을 포함하고 있다.

경로-목표 이론은 브룸(Vroom)이 주장한 동기부여에 관한 기대이론(expectancy theory)에 뿌리를 두고 있다. 하우스(House)와 미첼(Mitchell)(1974)은 경로-목표 이론에 대한 두 가지 일반적 전제를 형성했는데, (1) 부하 직원이 리더의 행동이 자신의 즉각적이거나 향후 욕구를 만족시키는 데 도움이 된다고 믿는다면 리더의 행동을 수용하고 그것이 동기를 부여한다는 점을 발견하게 된다. (2) 부하 직원이 생산적일 때 리더는 지침, 지원, 보상을 제공함으로써 부하 직원의 욕구를 만족시킨다.

모든 부하 직원은 욕구를 갖고 있는데, 그러한 욕구는 재정적 보상, 성취 인정,

특정한 업무 부여 등이 될 수 있다. 부하 직원은 자신이 적절하게 보상을 받고 그 보상이 자신의 욕구를 만족시킨다고 믿는다면 업무에 대해 동기부여된다. 예를 들면, 젊은 경찰관은 종종 인정에 대한 욕구를 갖고 있는데, 경사와 경위가 젊은 경찰관의 우수한 업무를 인식하고 공개적이거나 개인적으로 인정해 준다면 동기부여될 것이다. 그렇지만 좀 더 나이 든 경찰관은 순찰부서에서 수사부서나 다른 전문부서로 옮기려는 욕구를 갖고 있을 수 있는데, 그 업무가 전보 기회를 높인다면 그는 더 열심히 업무를 수행하도록 동기부여될 것이다. 다른 한편으로, 경찰관이 어떤 보상도 없거나 그 보상이 불충분하다고 여긴다면 동기부여되지 못할 것이다.

즉, 경로-목표 이론은 리더가 경로를 계획하고 부하 직원으로 하여금 조직 목표와 개인적 목표를 달성하도록 이끈다고 가정한다. [그림 11-12]는 긍정적이거나 부정적인 개인적·조직적 결과를 가져오는 두 가지 경로를 설명해 준다.

그림 11-12 하우스와 미첼의 경로-목표 이론

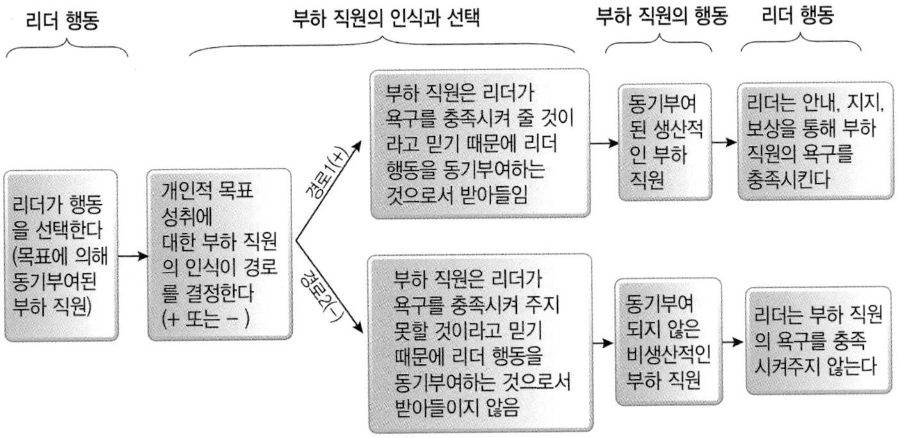

2. 경로-목표 이론의 주요 내용

모든 상황에 적절한 최선의 리더십 스타일은 없다. 리더십은 특정한 스타일을 선택하고 고수하기에는 더욱 복잡한 것이다. 리더는 상황에 따라서 여러 리더십 스타일 중 한 개를 선택할 수 있도록 유연해야 한다. 하우스에 따르면, 어떤 리더가 효과적이기 위해서는 부하 직원의 직무만족을 향상시키고 그들의 성과 수준을 높이는 리더십 스타일을 선택해야 한다. 하우스는 환경 요소 및 부하 특성에 따라서 네 가지 리더 행동(지시적, 지원적, 참여적, 성과 지향적)을 확인하였다. 각각의 리더 행동을 설명하면 다음과 같다(House, 1971).

1) 지시적(directive) 리더십

리더는 명확한 지침을 제공함으로써 부하 직원으로 하여금 자신에게 기대된 것을 구체적으로 알고 있도록 한다. 예를 들면, 교통부서에 근무하는 경사가 치명적인 교통충돌 현장에서 교통 경찰관에게 지시할 때 또는 SWAT 지휘관이 긴급신고 전화를 받고 경찰관을 배치할 때 지시적 리더십이 필요하다.

2) 지원적(supportive) 리더십

리더가 부하 직원에게 친근하게 말을 함으로써 부하 직원은 리더가 자신의 복지에 대해 관심이 있고 어떤 문제에 직면할 때에는 리더에게 접촉할 수 있다고 인식한다. 예를 들면, 감독경찰관이 복잡한 살인사건을 수사하고 있는 형사에게 지지를 보여줄 때 지원적 리더십이 필요하다.

3) 참여적(participative) 리더십

리더는 부하 직원과 협의하고 부하 직원에게 제안을 부탁하고 그러한 제안을 고려하여 결정을 내린다. 예를 들면, 순찰부서 책임자는 마약이 판매되고 많은 무질서 관련 신고가 있는 아파트 단지에 대응할 방법에 관하여 순찰경찰관의 참여와 제안을 부탁할 때 참여적 리더십이 필요하다.

4) 성과 지향적(performance oriented) 리더십

리더는 도전적인 목표를 설정하고, 부하 직원이 최대한으로 직무를 수행할 것을 기대한다. 예를 들면, 순찰부서 경사는 한 집단의 순찰경찰관에게 주거침입 문제의 대응 전략을 개발하도록 부탁할 때 성과 지향적 리더십이 필요하다.

위의 리더십 스타일 각각은 상황에 따라서 적합하고, 리더는 부하 직원에게 동기부여를 할 때 네 가지 리더십 스타일 모두를 활용할 수 있다. 리더는 주어진 상황에 따라서 리더십 스타일을 조정해야 할 뿐만 아니라 개인차를 설명하기 위해 다른 부하 직원에게 다른 리더십 스타일을 사용할 수 있다. 특히, 지원적 리더십은 스트레스 상황에서 집단 만족을 높이지만 지원적 리더십은 모호한 상황에 더욱 적합하다. 또한 상관에 대해 영향력을 갖고 있는 리더는 집단 만족과 성과 모두를 높일 수 있다.

하우스는 리더의 효과성에 매우 강한 영향을 주는 두 가지 상황 변수인 ‘부하 직원의 개인적 특성'(부하 직원은 다른 욕구와 동기를 갖고 있음)과 '환경상 요구'(가까이에 있는 전체 환경)를 확인하였다. 그는 리더는 다양한 방법으로 집단의 성과, 만족, 동기에 영향을 줄 수 있다고 제안한다. 즉, 리더는 (1) 성과 목표를 성취했을 때 보상을 제공하고, (2) 성과 목표에 대한 경로를 명확하게 하고, (3) 성과 장애를 제거함으로써 영향을 줄 수 있다.

참고문헌

Bass, B. M. (1985). "Leadership: Good, Better, Best". *Organizational Dynamics*, 13(3): 26-40.

Bass, B. M. (1998). *Transformational leadership: Industrial, military, and educational impact*. Mahwah, NJ: Erlbaum.

Bass, B. M. & Avolio, B. J. (1990). "The implications of transformational and transactional leadership for industrial, team, and organizational development". *Research in Organizational Change and Development*, 4: 231-272.

Benis, W. & Nanus, B. (1997). *Leaders: Strategies for taking charge*. New York: Harper Collins.

Bergner, L. L. (1998). "Developing leaders begins at the beginning". *Police Chief*, November: 16-23.

Bettin, P. J., Hunt, P. S., Macaulay, J. L., & Murphy, S. E. (1992). "Shido: Effective Leadership in Japan". in Kenneth E. Clark, Miriam B. Clark, & David B. Campbell (eds.). *Impact of Leadership*. Greensboro, N.C.: Center for Creative Leadership.

Birzer, M. L., Bayens, G. J., & Roberson, C. (2012). *Principles of Leadership and Management in Law Enforcement*. Taylor and Francis.

Blake, R. R. & A. A. McCanse. (1991). *Leadership dilemmas-Grid solutions*. Houston: Gulf.

Blake, R. R. & Mouton, J. S. (1964). *The Managerial Grid*. Houston, TX: Gulf.

Burns, J. M. (1978). *Leadership*. New York: Harer & Row.

Drath, W. H. & Palus, C. J. (1994). *Making Common Sense*. Center for Creative Leadership.

Engel, R. S. (2001). "Supervisory Styles of Patrol Sergeants and Lieutenants". *Journal of Criminal Justice*, 29(4): 341-355.

Fiedler, F. E. (1967). *A Theory of Leadership Effectiveness*. New York: McGraw-Hill.

French, J. & Raven, B. (1959). "The Bases of Social Power". in D. Cartwright (ed.). *Studies in Social Power*. Ann Arbor, MI: Institute for Social Research.

Fyfe, J. J., Greene, J. R., Walsh, W. F., Wilson, O. W., & McLaren, R. C. (1997). *Police Administration* (5th). McGraw-Hill.

Gaines, L. K. & Worrall, J. L. (2012). *Police Administration*. NY: Cengage Learning.

Hemphill, J. K., and Coons, A. E. (1957). "Development of the Leader Behavior Description Questionnaire". in R. M. Stogdill and A. E. Coons (Eds.). *Leader behavior: Its description and measurement*. Columbus, OH: Bureau of Business

Research, Ohio State University.

Hersey, P & Blanchard, J. (1977/1982). *Management of Organizational Behavior* (2nd ed.), NJ: Prentice-Hall.

Hersey, P., Blanchard, K., & Johnson, D. (2007). *Management of Organizational Behavior*(9th ed.). Upper Saddle River, NJ: Prentice-Hall Publishing.

Hess, K. M. & Orthmann, C. H. (2012). *Management and Supervision in Law Enforcement*. Clifton, NY: Delmar, Cengage Learning.

Hitt, M., Miller, C., & Colella, A. (2006). *Organizational Behavior: A Strategic Approach*. New York: Wiley.

Hollander, E. P. (1992). "The Essential Interdependence of Leadership and Followership". *Current Directions in Psychological Science*, 1(2): 71-75.

House, R. J. (1971). "A Path-Goal Theory of Leader Effectiveness". *Administrative Science Quarterly*, 16: 321-338.

House, R. J. (1977). "A 1976 theory of charismatic leadership". in J. G. Hunt & L. L. Larsen (eds.). Leadership: The cutting edge. Carbondale, IL: Southern Illinois University Press.

House, R. J. & Mitchell, T. R. (1974). "Path-Goal Theory of Leadership". *Journal of Contemporary Business*, 9: 81-97.

House, R. J., Hanges, P. J., Ruiz-Quintanilla, S. A., Dorfman, P. W., Falkus, S. A., and Ashkanasy, N. M. (1999). "Cultural influences on leadership and organizations: Project Globe". in W. H. Mobley, M. J. Gessner, & V. Arnold (eds.). *Advances in global leadership*. Stanford, CT: JAI Press.

Jacobs, T. O., & Jaques, E. (1990). "Military executive leadership". in K. E. Clark & M. B. Clark (Eds.). *Measures of leadership*. Leadership Library of America.

Johnson, R. R. (2007). "Power of Supervision". *Law and Order*, April.

Kanter, R. M. (1977). *Men and Women of the Corporation*. New York: Basic Books.

Kotlyar, I. & Karakowsky, L. (2006). "Leading Conflict? Linkages Between Leader Behaviors and Group Conflict". *Small Group Research*, 37(4): 377-403.

Lewin, K., Lippitt, R., & White, R. K. (1939). "Patterns of Aggressive Behavior in Experimentally Created Social Climates". *Journal of Social Psychology*, 10: 271-299.

Likert, R. (1961). *New patterns of management*. New York: McGraw-Hill.

Schafer, J. (2009). "Developing Effective Leadership in Policing: Perils, Pitfalls, and Paths Forgive". *Policing: An International Journal of Police Strategies and Management*, 32(2): 238-260.

Schein, E. H. (1992). *Organizational culture and leadership* (2nd ed.). San Francisco:

Jossey-Bass.

Schermerhorn, J. (2008). *Management*. New York: Wiley.

Schermerhorn, J., Hunt, J., & Osborn, R. (2006). *Organizational Behavior*. New York: Wiley.

Stogdill, R. M. (1981). *Handbook of Leadership: A Survey of Theory and Research*. New York: Free Press.

Stogdill, P. B. & Coons, A. E. (1957). *Leader Behavior: Its Description and Measurement*. Columbus: Ohio State University, Bureau of Business Research.

Stoner, J. A. & Freeman, R. E. (1992). *Management* (5th ed.). Englewood Cliffs, NJ: Prentice Hall.

Swanson, C. R. & Territo, L. (1982). "Police leadership and interpersonal communication styles". in J. Greene (ed.). *Police and police work*. Beverly Hills: Sage.

Tannenbaum, R., & Schmidt, W. H. (1973). "How to Choose a Leadership Pattern". *Harvard Business Review*, 51: 162-180.

Weber, M., Henderson, A. M., & Parsons, T. (1947). *The theory of social and economic organization* (1st Amer. ed.). Oxford University Press.

Witte, J. H., Travis, L. F., & Langworthy, R. H. (1990). "Participatory Management in Law Enforcement: Police Officer, Supervisor, and Administrator Perceptions". *American Journal of Police*, 9(4): 1-24.

Yammarino, F. J. (1993). "Transforming leadership studies: Bernard Bas' leadership and performance beyond expectations". *The Leadership Quarterly*, 4(3): 379-382.

Yammarino, F. J., Dubinsky, A. J., Comer, L. B., & Jolson, M. A. (1997). "Women and transformational and contingent reward leadership: A multiple-levels-of-analysis perspective". *Academy of Management Journal*, 40(1): 205-222.

CHAPTER

12

경찰 동기부여

학습목표

1. 경찰 동기부여의 개념 및 특성을 설명할 수 있다.
2. 경찰관이 일하는 이유를 설명할 수 있다.
3. 경찰 동기부여 이론 중 내용이론과 과정이론의 개념을 설명할 수 있다.
4. 경찰 동기부여 이론 중 내용이론의 주요 내용을 설명할 수 있다.
5. 경찰 동기부여 이론 중 과정이론의 주요 내용을 설명할 수 있다.
6. 경찰 동기부여 방법을 간단하게 설명할 수 있다.

제12장 경찰 동기부여

동기부여는 일선 경찰관으로 하여금 경찰조직의 목표 및 기대와 일치하여 행동하도록 하는 것이라고 볼 수 있다. 동기부여는 경찰관리자에게 가장 도전적인 영역으로서 경찰조직의 목표 달성을 위해서 가장 중요하면서도 어렵다고 여겨진다. 경찰리더십은 경찰조직이 중점을 두어야 할 곳과 경찰조직의 목표를 설정한다면, 경찰 동기부여는 경찰조직의 성공하고자 하는 의지를 제공한다. 오늘날 감독경찰관과 경찰관리자는 경찰 동기부여의 핵심을 이해하고 적용할 수 있어야 한다. 제12장에서는 경찰 동기부여의 개념, 특성, 기술뿐만 아니라 경찰 동기부여 이론 및 방법에 대하여 학습하고자 한다.

제 1 절 경찰 동기부여의 개념 및 특성

Ⅰ. 경찰 동기부여의 개념

동기부여(motivation)는 두 가지 방법으로 이해될 수 있다. 첫째, 동기부여는 개인의 마음상태를 조사하여 그가 어떤 유형의 행동을 왜 보여주는지를 조사하는 심리적 개념으로 볼 수 있다. 둘째, 동기부여는 경찰관이 조직의 기대 및 욕구와 일치하여 행동하도록 만드는 관리자의 행동을 탐구하는 것으로 여겨질 수 있다(Stojkovic, Kalinich, & Klofas, 2012: 130).

감독경찰관은 동기부여 과정을 이해하기 위해서는 많은 요소를 고려해야 하는데, 인간 방정식(human equation)이 그 이해의 중심에 있다. 동기는 구성원이 행동을 하도록 에너지를 주고, 목표 지향적 행동에 있어서는 선택과 관련이 있으며, 동기가 바로 인간행동의 이유인 것이다. 사실상 경찰조직에 직면해 있는 많은 문제는 인간 행동과 관련된 현상이다.

Ⅱ. 경찰 동기부여의 특성

아래에서 설명하는 경찰 동기부여의 다섯 가지 특성은 경찰관을 더욱 효과적이고 생산적으로 만들기 위한 틀을 제시한다(Berryman-Fink & Fink, 2007).

1) 본질상 계층적임

동기는 본질적으로 계층적(hierarchical)이다. 몇몇 동기는 다른 동기보다 더욱 중요한 것으로 인식된다. 그리고 몇몇 경우에 어떤 동기는 매우 강한 것으로 증명되고, 다른 동기와 비교할 때 더 중요성을 갖고 있다. 예를 들면, 때때로 업무 그 자체는 업무 조건보다 더 중요할 수 있다. 그러나 경찰관을 자극하는 동기에는 계층 순서(rank order)가 있는 것처럼 보이며, 이것은 감독경찰관의 동기부여 노력에 계속해서 영향을 미치는 조건이다.

2) 무의식일 수 있음

동기는 무의식일 수 있다. 우리는 "무엇이 내가 그것을 하도록 만들었는지 이해하지 못한다."는 말을 듣기도 한다. 많은 사람은 어떤 행동이 발생하는 방법이나 이유를 이해하지 못하기 때문에 이것은 특별한 것이 아니다. 사실상 몇몇 경찰관은 어떤 행동이 발생하는 것에 관하여 많은 이유를 제시할 수 있지만, 특정 행동을 야기하는 내부의 욕구 및 충동을 실제로는 인식하지 못할 수 있다.

3) 추론할 수 있을 뿐임

어떤 감독경찰관은 특정 행동을 실제로 관찰할 수 있으나 그 행동의 밑에 있는 동기는 단지 추론(inference)될 수 있을 뿐이다. 이것이 실제로 의미하는 것은 어떤 행동을 야기하는 동기부여를 진정으로 이해하는 것은 동기부여 방정식에서 알려지지 않은 요소라는 점이다. 결과적으로 우리의 현재 지식을 고려할 때 동기의 결정요인은 먼저 구체적으로 관찰한 후에 최상의 판단에 기초하여 이끌어 낼 수 있는 것이다.

4) 변화성

동기는 변화(variability)할 수 있어서 제한된 안정성을 지니고 있다. 시간은 동기에 중요한 영향을 미치고 있으므로 오늘은 효과적인 것이 내일은 효과가 없을 수 있다. 동기는 역동적이므로 (1) 경찰관과 조직의 관계, (2) 경찰관의 개인적 욕구, (3) 구성원이 서로에게 갖고 있는 관계를 다룰 필요성이 있다.

5) 활용 가능한 모든 지식의 이용

감독경찰관은 조직 목표를 달성하고 경찰관에게 동기부여를 할 수 있도록 활용 가능한 모든 지식을 이용해야 한다. 성공적인 감독경찰관은 동기부여를 하기 위해선 많은 노력을 행해야 한다는 것을 알고 있다. 화려한 미사여구가 긍정적이고 반복적인 강화(reinforcement)와 함께 동반되지 않는다면, 동기부여는 거의 의미가 없다.

Ⅲ. 동기부여 사이클 및 행동 패턴

1. 동기부여 사이클

동기부여 사이클(motivation cycle)은 인간 행동을 이해하도록 돕는 장치로서 상호작용하는 요인 및 동기부여된 행동에 관하여 인식하도록 도와준다. 동기부여는 세 가지 단계로 구성되어 있는데, (1) 개인이 내적·외적 요인에 의해서 야기된 욕구를 경험하고, 이러한 요인을 활용할 때 첫 번째 단계가 발생한다. (2) 다음 단계에서 대응 행동이 발생하고 에너지가 증가한다. (3) 마지막 단계에서 목표 달성 및 만족이 발생한다. 한 단계의 완료가 필연적으로 그 단계의 끝이 되는 것이 아니며, 그것이 계속 반복되거나 또 다른 욕구가 발생할 수 있다.

2. 행동 패턴

경찰관에게 일하도록 동기부여하는 내적·외적 요인을 이해하고자 시도할 때에는 그 복잡성으로 인해 체계적인 절차를 준수할 필요가 있다. 일반적으로 행동은 다음과 같은 패턴을 따른다.

- 어떤 욕구는 수용될 수 있는 목표를 달성하기 위한 에너지를 활성화한다.
- 그 욕구의 강도가 증가함에 따라 개인에 의한 목표 달성이 강조된다.
- 그 욕구가 증가함에 따라 희망적인 목표 달성 및 만족을 가져오는 행동이 뒤

따른다.

이러한 행동 패턴에서 인간 행동의 특성은 더욱 명확하게 된다. 어떤 욕구가 증가하게 되면 어떤 목표에 도달하기 위해서 필요로 되는 에너지를 발휘하게 한다. 사람은 목표를 달성하지 못한다면 추가적인 에너지를 발휘하고, 목표 달성을 촉진하지 못하도록 하는 요소를 배제하고자 노력하게 된다.

Ⅳ. 경찰관이 일하는 이유

1. 인간의 욕구와 행동

행동과학자(behavior scientist)는 "행동은 저절로 발생하지 않으며, 의도적으로 행해진다."라는 전제를 일반적으로 수용한다. 인간 행동은 기본적 인간 욕구를 토대로 설명될 수 있다. 욕구는 인간의 기본적 존재에 있어서 근본적인 것이며, 어떤 사람이 어떤 방식으로 행동하도록 야기한다. 우리는 인간을 더 많이 연구할수록 인간 행동의 복잡성을 그만큼 더 깨닫게 된다. 과거에 이성(reason)은 모든 문제를 해결할 수 있는 것으로 믿어졌으며 아리스토텔레스(Aristotle)는 이성이 인간 능력에 대해서 지배력을 갖고 있는 것으로 믿었다.

2. 개인 행동 욕구의 결정요인

개인의 행동 욕구는 두 가지 요인에 의존한다. 즉, 욕구의 강도뿐만 아니라 어떤 행동이 욕구 만족을 야기할 것인지를 인식하는 것이다. 예를 들면, 어떤 순찰경찰관은 경사 계급이 되기 위해 노력하려는 욕구를 가졌다. 이 경찰관의 욕구 강도와 그 욕구 만족은 목표의 실질적 가치에 관한 인식에 의존한다. 만약 경사가 되고자 하는 그의 욕구가 일시적 소망보다 더 크고, 그가 추가 급여, 지위, 의사결정 과정에의 참여, 경사 계급의 권력을 원한다면 동기부여 정도는 틀림 없이 높을 것이다(Brown, 1992).

3. 직무의 역할

1) 일상생활의 자연적 측면

직무(work)는 사람의 일상생활의 기본적 · 자연적 측면이다. 사실상 업무는 사람의 삶의 경제적 · 사회적 · 심리적 측면에서 매우 중요한 역할을 수행한다. 업무는 어떤 것을 성취하기 위해 관리되는 노력이라고 정의되는데, 이러한 정의는 개인 및 집단의 노력을 통해 달성하고자 하는 목표(goal)의 개념과 모순되지 않는다.

2) 개인의 정체성 인식

종종 개인의 정체성 인식은 업무로부터 획득되며, 이것은 자기 자신을 경찰조직의 구성원으로 설명함으로써 증명된다. 대부분의 사람이 업무를 그들 삶에 있어서 중요한 것으로 인식하지만 업무를 피할 수 없는 것으로 바라보는 개인이 있다.

3) 성취감의 제공

경찰업무는 경찰관에게 성취감을 제공해 주는데 특히, 그의 기술(skill) 및 창의성(ingenuity)을 자극해준다. 많은 경찰관에게 있어서 업무 관련 목표의 달성은 물질 보상만큼이나 중요한 것으로 증명되었다. 경찰업무는 (1) 소속감, (2) 직무 분배, (3) 고유한 사회적 관계를 제공해준다.

4. 감독경찰관의 역할

1) 직원의 동기부여

경찰관리자는 직원에게 동기를 부여할 책임을 갖고 있다. 사실상 대부분의 경찰조직에서 감독경찰관은 자신의 직접 감독하에 있는 경찰관의 성과에 대해 책임이 있다(CALEA, 2006). 감독경찰관은 경찰관의 생산성을 최대화하는 조건을 만들어야 하고, 경찰관의 노력은 경찰조직 목표를 달성하기 위해서 조정되어야 한다. 감독경찰관은 경찰관을 고유한 개인으로 인정하고, 개인은 각기 다른 욕구에 의해 자극된다는 것을 인정하게 될 것이다. 또한, 상황이 변화함에 따라 개인의 소망과 욕구가 변화할 수 있다(Fincham & Rhodes, 1995).

2) 욕구 전체에 대한 동기부여

동기부여 전문가는 한 사람 전체가 고용된 것이지 그 사람의 한 부분만이 고용된 것이 아니라고 지적한다. 이것은 한 사람의 욕구 전체를 동기부여해야 한다는 것을 의미하지만, 동기부여는 인간 행동만큼 복잡하다. 감독경찰관은 개인을 동기부여하는 것에 관해서 개방된 마음을 유지해야 하고, 동기부여 문제에 대한 만병통치약을 찾고자 해서는 안된다(White, 2001). 과거에 경찰 서비스는 주요 동기부여 요인으로서 권력에 기초하였다. 경찰관의 욕구를 개발하고, 적절한 경우 조직 욕구가 개인 욕구보다 더 우선하도록 하는 것은 감독경찰관의 책임이다.

3) 조직과의 상호작용의 산물

개인 및 집단의 업무를 통해서 조직 목표를 달성할 수 있도록 노력이 조정되어야 한다. 이를 위해서 감독경찰관은 업무 내에서 대부분의 경찰관이 자기 동기부여되는 분위기를 만들고자 노력해야 한다. '조직의 생태계'를 무시하는 감독경찰관은 거의 성공적이지 못할 것이다. 동기부여된 직원은 조직과의 상호작용의 산물이므로 동기부여의 열쇠는 경찰관 개인뿐만 아니라 경찰조직이 된다.

4) 권위주의적 · 자유방임적 감독의 회피

경찰관의 발전 및 성장을 자극하는 감독활동에 대하여 '조직 규범'이 있어야 한다. 무엇보다도 이것은 감독직무의 수행에 있어서 감독경찰관의 일관성을 요청한다. 권위주의적(authoritarian) 감독이나 자유방임적(laissez-faire) 감독과 같은 극단적 감독유형은 회피되어야 한다.

5. 일하기 좋은 경찰조직

1) 일하기 좋은 경찰조직의 다섯 가지 특성

일반적으로 일하기 좋은 경찰조직은 〈표 12-1〉에서 보는 것과 같은 다섯 가지 특성을 갖고 있다.

표 12-1 일하기 좋은 경찰조직을 설명해주는 단계

⑴ 일하기에 즐거운 장소이다.
⑵ 정치적 측면이 최소화되어 있다.
⑶ 모든 사람은 공정하게 다루어진다.
⑷ 직장은 직무 그 자체 이상이다.
⑸ 조직 구성원은 직장이 가족인 것처럼 느낀다.

2) 신뢰의 관계

경찰관과 경찰관리자 사이의 신뢰는 바로 최고 직장의 주요 특성이다. 신뢰가 존재할 때 경찰관은 직무로부터 실질적인 만족감을 얻는다. 감독경찰관과 경찰관리자는 일선 경찰관을 조직의 중요한 요소로 바라볼 때 실질적인 참여와 생산성 증가를 가져온다.

3) 자부심

자부심은 좋은 경찰조직의 또 다른 요소이다. 모든 구성원은 그들이 수행하는 것에서 자부심을 느낀다. 경찰관은 신뢰하는 분위기가 존재하고 자부심이 지배하는 조직에서 일하는 것을 즐긴다. 따라서, 이러한 직장에서 구성원 간 관계가 우호적이고, 정치활동이 존재하지 않으며, 구성원이 개인적 · 전문적으로 성장하도록 자극을 받는다.

제 2 절 경찰 동기부여 기술

1. 경찰 동기부여의 어려움

우리는 동기부여 기술을 유지하기 위한 많은 욕구를 갖고 있지만 다음과 같은 이유로 동기부여를 하는 것이 쉽지 않다.

1) 동기부여는 매우 개인적이다.

구성원의 동기부여는 매우 개인적이다. 모든 사람은 욕구 · 보상 · 가치에 기초해서 그들 자신의 동기부여 계층(motivational hierarchy)을 갖고 있다. 특히, 동기부여는 일정하지 않으며, 동기부여 요인은 시간에 따라 변화할 수 있다.

2) 동기부여는 역동적이다.

동기부여는 고정된 것이 아니라 역동적인 것이다. 어떤 감독경찰관이 행동을 관찰할 수 있을지라도 그 행동의 동기는 단지 추론될 수 있을 뿐이다. 대부분의 사람은 그 행동을 하도록 동기부여하는 것을 인식하지 못한다. 사람이 행할 수 있는 최고의 것은 다양한 동기부여 기술을 사용하여 행동을 변화시키는 것이다.

3) 동기부여는 정신적 과정이다.

동기부여는 어떤 결과를 이끄는 행동을 가져올 뿐만 아니라 어떤 태도를 만드는 정신적 과정이다. 왜 경찰관은 동기부여 요인에 반응하는가? 그 주된 이유는 그 결과로부터 어떤 이익을 이끌어 내기 때문이다. 사람은 각기 보상을 다르게 해석하고 정의한다. 실제로 거의 모든 조직은 동기부여에 대한 자신만의 접근법을 갖고 있고, 이것은 주로 물질의 차이보다는 스타일, 좋아함, 또는 강조의 차이이다.

4) 조직에 의해서 지지되고 개발된다.

개인이 목표와 가치가 쉽게 확인될 수 있는 경찰조직에서 근무하게 된다면 성장의 기회가 있고, 창의적으로 되고, 도전이 수용되고, 경찰관이 안전하고 인정된다고 느끼며, 적절하게 보상될 때, 경찰관의 긍정적 동기부여는 최대화될 것이다. 건강한 문화와 건전한 조직 위에 형성된 가치 · 신념 · 행동이 진정 몰입하고 동기부여된 직원을 촉진할 수 있다. 주요 동기부여 영향력이 경찰조직에 의해서 지지되고 개발될 때에 경찰관의 사기는 높아지고 성과가 촉진될 수 있다.

5) 진정한 참여자가 된다.

동기부여를 통해서 경찰관은 임파워되고, 참여하게 되고, 의사결정 과정에 있어서 진정한 참여자가 될 필요가 있다. 감독경찰관은 부하 직원의 능력 · 기술 · 지식을 개발함에 있어서 부하 직원과 함께 일해야 한다. 감독경찰관은 개념적 기술훈련(Human Skills, Tactical Skills, Affective Skills, Conceptual Skills, Knowledge-Based Skills: Hu-TACK)을 제공해야 한다. 이것은 그들 자신의 성과와 조직의 사명 · 가치를 연결시킬 수 있는 직원을 개발하는 연속적 과정이다. 각각의 직원은 지역사회에 대한 조직의 관계를 이해하고, 한 부분의 변화가 조직의 나머지 부분에 영향을 미칠 수 있다는 것을 이해해야 한다.

2. 감독경찰관의 동기부여 기술

〈표 12-2〉에 나열된 기술은 성취-동기부여 프로그램으로 확인될 수 있다. 동기부여 이론은 업무상황에서 사용될 수 있는 감독 기술의 기초가 된다. 감독경찰관은 많은 동기부여 이론을 고려해야 하고 동기부여 과정에 대한 현재의 지식에 기초한 폭넓은 접근법을 취할 필요가 있다.

표 12-2 경찰관을 동기부여하기 위해서 감독경찰관이 사용할 수 있는 기술

1. 의사소통 과정을 향상시키고자 끊임 없이 노력한다.
2. 어떤 것이 잘못될 때 즉시 그 상황을 개선한다.
3. 경찰관이 성장하고 자기 달성을 위해 노력하는 업무환경을 창출한다.
4. 각 경찰관이 행해야 하는 것을 결정한다.
5. 당신 자신을 포함해서 감독되는 모든 사람에게 높은 성과를 요구한다.
6. 세세한 것까지 통제하는 것을 제외하는 감독 스타일을 형성한다.
7. 신속하고 명백한 피드백을 제공한다.
8. 경찰관의 생각 및 의견을 듣는다.
9. 모든 경찰관이 그들에게 기대되는 것이 무엇인지를 확실히 알도록 한다.
10. 모든 사람의 기술 사용을 최대화한다.
11. 당신의 성과 및 감독받는 경찰관의 성과를 모니터한다.
12. 최고의 윤리적 · 전문적 표준을 향상시킨다.
13. 민주적 직장을 제공한다.
14. 성취 및 성공을 인식한다.
15. 경찰관에게 의사결정과정에의 참여를 요청한다.
16. 긍정적인 역할 모델이 되도록 노력한다.
17. 부여된 임무의 완수를 위한 시간을 명시한다.
18. 적합한 코칭을 통해서 직장을 학습환경으로 변화시킨다.
19. 적합할 때 경찰관이 새로운 책임 및 의무를 맡도록 허용한다.
20. 적합할 때 칭찬-칭찬-칭찬한다.
21. 모든 경찰관을 실용적 · 긍정적 조직의 일부분으로 만들고자 부지런하게 노력한다.

자료: More & Miller, 2010: 119.

제3절 경찰 동기부여 이론

지금까지 동기부여를 설명하기 위해서 많은 이론이 개발되었지만 우리는 경찰조직에 타당한 동기부여 이론을 살펴볼 필요가 있다. 사실 동기부여에 관한 논의는 직무설계, 리더십, 감독 등과 같은 경찰조직관리에도 영향을 미칠 수 있다. 동기부여 이론에는 〈표 12-3〉에서 보는 것과 같이 내용이론과 과정이론이 있다. 내용이론(content theory)은 개인의 욕구 · 필요에 중점을 두고 사람의 행동에 동기부여를 하는 내적 욕구를 설명하고자 시도한다. 반면에, 과정이론(process theory)은 사람이 동기부여되는 방법을 설명하고 직장에서 개인 간의 상호작용에 중점을 둔다.

표 12-3 동기부여의 내용이론 및 과정이론

내용이론	과정이론
• 매슬로의 욕구계층이론 • 아지리스의 미성숙-성숙이론 • 맥그리거 X이론-Y이론 • 허즈버그의 동기부여-위생이론 • 앨더퍼의 ERG이론 • 맥클렐런드의 성취, 권력, 친교욕구 이론 • 해크만과 올덤의 직무특성이론	• 브룸의 기대이론 • 애덤스의 공정성 이론 • 로크의 목표설정이론 • 포터와 롤러의 성과만족이론

Ⅰ. 욕구계층이론

현재 활용되고 있는 가장 널리 알려진 동기부여 이론은 매슬로(Abraham H. Maslow)에 의해서 개발된 욕구계층이론이다(Maslow, 1962/1987). 매슬로는 사람의 욕구는 매우 복잡하고 계층적으로 배열되어 있다고 가정하였다. 그러나 매슬로의 연구 대상은 인구 중 1%도 안 되는 자기실현적(self-actualized)인 사람이었다. 자기실현적인 사람의 성품은 더욱 조화로운 것으로 여겨졌고, 그의 인식은 두려움, 소망, 희망, 잘못된 낙관주의, 비관주의에 의해서 왜곡되지 않았다.

매우 흥미 있게도, 매슬로가 우수하다고 인정한 사람은 60세 이상인 것으로 발견되었고, 이들의 가장 보편적인 특성은 삶을 분명하게 바라보는 능력이었다. 자기실현적인 사람은 창조적이고, 위험을 무릅 쓰는 경향이 있었고, 업무에 대해서 건강한 태도를 갖고 있었으며 사실상 업무가 놀이(play)가 될 정도로 즐긴다. 매슬로의 욕구계층이론에 관한 구체적인 내용은 [제6장 현대적 경찰조직이론 제2절]에서 설명하였다.

Ⅱ. 미성숙-성숙이론

아지리스(Argyris)(1957)의 미성숙-성숙이론은 인간 욕구에 대한 통찰력을 제공해

준다. 아지리스에 따르면, 인간은 미성숙에서 성숙으로 자연적으로 발전해 간다. 아지리스는 효과적인 조직은 구성원에게 자기 책임적이고, 자기 주도적이며, 자기 동기부여 되도록 요구하는 조직이라고 보았다. 그는 동기부여는 각 구성원이 목표를 추구하고 심리적 성장 및 독립을 경험할 때 극대화될 수 있다고 주장하였다. 아지리스의 미성숙-성숙이론에 관한 구체적인 내용은 [제6장 현대적 경찰조직이론 제2절]에서 설명하였다.

Ⅲ. X이론-Y이론

맥그리거(McGregor)(1960/1978)는 가장 잘 알려진 동기부여 이론 중 하나를 개발했는데, 이 이론은 관리자는 인간 행동에 관하여 갖고 있는 가정, 일반화, 가설에 따라서 행동한다는 간단한 이론이었다. X이론은 조직 내 개인에 대한 많은 부수적인 신념에 기초한다. 즉, 사람은 게으르고, 야망이 부족하고, 자기 중심적이고, 변화에 저항하며, 전반적으로 똑똑하지 못하다.

X이론은 더 상위의 인간 욕구를 충족시키기에 부적합하기 때문에, 맥그리거는 관리에 대한 대안적 접근법인 Y이론을 제시하였다. Y이론은 관리자가 구성원을 동기부여하는 데 있어서 중요한 역할을 갖고 있다고 제안하였다. 더욱 중요하게도, Y이론은 구성원의 관리 스타일과 직무만족 간에는 명확한 상관관계가 있다고 주장하였다. 맥그리거의 X이론-Y이론에 관한 구체적인 내용은 [제6장 현대적 경찰조직이론 제2절]을 참고하기 바란다.

Ⅳ. 동기부여-위생이론

허즈버그(Frederick Herzberg)는 매슬로(Abraham Maslow)의 이론과 유사하지만 좀 더 세련된 동기부여이론을 생각하였다. 허즈버그는 위생 요인은 구성원에게 동기부여를 할 수 없지만 충족되지 않는다면 직무 불만족을 야기할 수 있다고 믿었다. 또한 허즈버그는 동기부여를 이끄는 요인을 확인하였는데, 급여는 동기부여 요인이 아닐지라도 인정, 성취, 승진과 같은 동기부여 요인의 특성을 지니고 있다고 생각하였다.

즉, 허즈버그는 '직무만족'과 '동기부여' 사이를 구분하였다. 경찰관은 직무에 불만족하면서도 동시에 동기부여될 수 있는 것이다. 급여를 인상하여 위생요인을 다루는 것은 일반적으로 구성원이 일을 더 잘하도록 동기부여 하지는 않지만, 불만족하지 않도록 만들 것이다. 반면에, 동기부여 요인이 특정 직무에서 높다면 구성원은 일반적으로 일을 더 잘 하도록 동기부여 될 것이다. 사람은 더 많은 동기부여 요인이 자신의 직무 상황에 놓여질 때 더욱 동기부여되고 생산적으로 되는 경향이 있다(Certo, 1989). 동기부여-위생이론에 관한 구체적인 내용은 [제6장 현대적 경찰조직이론 제2절]에서 설명하였다.

Ⅴ. ERG 이론

ERG 이론은 앨더퍼(C. Alderfer)가 1972년에 주장한 이론으로서 매슬로의 욕구계층이론을 포괄하면서 좀 더 단순화시킨 이론이라고 볼 수 있다. 앨더퍼는 인간의 욕구를 중요도 순으로 계층화했다는 점에서는 매슬로의 욕구계층이론과 동일하지만, 그 단계를 5개에서 3개로 줄여 제시하였다. ERG 이론은 무엇에 대한 욕구인가에 중점을 둔 것으로서, 생존욕구(existence needs)는 생존에 필요한 유형적인 물질에 대한 욕구이고, 관계욕구(relatedness needs)는 사람과의 관계에서 발생하는 욕구이며, 성장욕구(growth needs)는 자신의 내면적인 욕구를 의미한다.

Ⅵ. 성취-권력-친교욕구 이론

1. 세 가지 욕구

동기부여의 성취-권력-친교욕구 이론(achievement-power-affiliation theory)은 맥클렐런드(McClelland)(1965)에 의해서 개발되었다. 그는 개인의 욕구는 시간이 지나면서 경험의 결과로 획득된다고 믿었다. 그는 조직 환경 내에서 개인에게 중요한 세 가지 욕구(또는 동기)를 확인하였다. 이 이론은 우리로 하여금 성취, 권력, 친교 요인이 개인의 동기부여에 어떻게 영향을 주는지를 이해할 수 있도록 한다.

그림 12-1 맥클렐런드의 욕구 이론

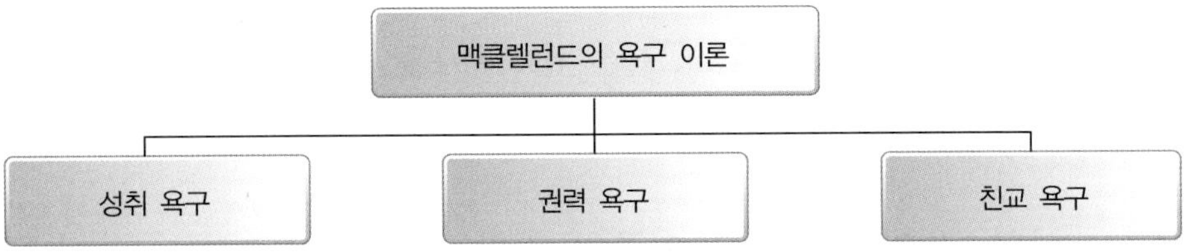

1) 성취 욕구

맥클렐런드(1965: 322)는 높은 성취(achievement) 욕구를 갖고 있는 사람은 다음과 같은 것을 행한다고 제안하였다.

(1) 자신의 노력을 통해서 성공을 성취하고자 하고, 자신의 성공이 다른 요인에 의해 이루어지도록 하지 않는다.

(2) 도전적이지만 불가능하지 않은 프로젝트를 위해 활동한다.

(3) 자신의 업무에 대해서 확인 가능하고 되풀이 되는 피드백을 받으며, 성취 수준이 의문시될 수 있는 상황을 피한다.

위에서 제시된 성취욕구와 관련된 마지막 명제는 경찰성과에 대한 피드백의 효과 분석에서 스톨러(Stoller)(1977)에 의해서 검증되었다. 그는 '피드백'과 발부된 범칙금에 의해 측정된 '경찰성과' 간의 관계를 조사하였는데, 경찰성과 향상은 피드백을 받은 54명의 경찰관 중 48명에 의해서 성취되었다.

2) 권력 욕구

두 번째 욕구는 권력(power) 욕구이다. 이 이론에서 권력은 동기부여의 측면에서 다루어진다. 권력 동기는 다른 사람의 행동에 어떤 유형의 영향력을 미치고자 하는 개인의 욕구로 정의될 수 있다. 이러한 권력 동기는 두 가지 방법으로 표현될 수 있는데 첫째, 개인화된 권력(personalized power)은 대립적인 관계를 통해 명백하게 된다. 개인 대 개인의 경쟁이 강조되고, 지배는 하나의 부산물이 된다. 둘째, 사회화된 권력(socialized power)은 비개인적이고 다른 사람에 대한 관심을 통해서 표현된다. 이러한 사회화된 권력 경향은 인간주의적이고 사회 조직에서 리더십 역할을 맡고 있는 사람에 의해서 사용된다.

3) 친교 욕구

세 번째 욕구는 우정, 직장에서의 협력적인 업무 관계, 높은 수준의 상호 이해에 의해서 동기부여되는 친교 욕구이다. 높은 친교 욕구를 갖고 있는 사람은 전통적으로 관리자로서의 성공과 관련이 있다.

2. 성취-권력-친교욕구 이론의 함의

성공하고자 하는 강한 욕구를 갖고 있는 개인은 성공에 대한 보상 그 자체보다는 개인적 성취에 더 관심이 있다. 그런 사람은 일을 더 잘 하려는 욕구를 갖고 있고, 더 많은 개인적 책임을 달성할 수 있는 상황을 찾고, 복잡하고 도전적인 과업에 신속하게 자원한다. 권력욕구와 친교욕구는 성공과 밀접하게 관련되어 있지만 성공적인 감독자와 관리자는 권력에 대한 더 많은 욕구를 갖고 있지만 친교에 대해서는 더 낮은 욕구를 갖고 있다.

맥클렐런드의 이론에 근거하면, 최고 관리자는 높은 수준의 성취욕구를 갖고 있는 사람을 확인해서 그의 특성이 경찰조직의 목표를 가장 잘 충족시킬 수 있는 지위에 임명하여야 한다. 맥클렐런드의 성공적인 감독자 또는 관리자는 목표 지향적이고 주어진 임무를 성취하는 데 필요한 것을 행하는 성취가(achiever)인 것이다. 높은 수준의 성취가는 부하 직원의 자원을 극대화해야 하고, 부서 성과에 대해서 관찰할 뿐만 아니라 업무 집단 내에 있는 다른 사람의 더 높은 수준의 욕구를 살펴볼 필요가 있다(Peak, Gaines, & Glensor, 2004: 70).

Ⅶ. 직무특성이론

해크먼(Hackman)과 올덤(Oldham)(1976)의 직무특성이론(job characteristics theory)은 동기부여, 만족, 성과의 질, 결근 및 이직과 같은 행동은 세 가지 중요한 심리적 상태의 기능이라고 제안하였다.

먼저, 직무에 대한 의미 경험(experienced meaningfulness)은 세 가지 핵심 직무특성인 (1) 기술 다양성, (2) 업무 정체성, (3) 업무 중요성에 의해서 결정된다. 둘째, 직무에 대한 책임 경험(experienced responsibility)은 자율성의 직무특성에 의해서 형성된다. 셋째, 직무 결과에 대한 지식 경험(experienced knowledge of results)은 피드백의 직무특성에 의해서 형성된다고 여겨진다.

따라서, 동기부여 관점에서 본다면 잘 설계된 직무는 다섯 가지 핵심 직무특성을 높은 수준에서 결합한 것이다. 조직구성원이 그러한 직무를 수행할 때 매우 동기부여되고, 높은 수준의 직무를 수행하고, 자신의 직무에 매우 만족하며, 거의 결근하지 않고, 자신의 직무에서 사직하지도 않을 것이다.

Ⅷ. 기대이론

1. 기대이론의 개념

조직 내에서 행동을 예측하는 것은 행동주의자에게 도전적이었으며, 효과적인 행동 예측 모델은 브룸(Vroom)(1964)에 의해서 개발된 기대이론(expectancy theory)이다. 기대이론은 어느 정도의 노력이 행해지면 계산된 결과가 발생할 것이라는 믿음에 기초하고 있으며, 동기부여에 대한 합리적인 접근법이다. 즉, 기대이론에 따르면, 경찰활동은 자신의 노력이 범죄감소를 가져올 것이라는 경찰관 사이의 기대에 의존한다. [그림 12-2]는 기대이론의 과정을 보여준다.

기대이론은 개인이 특정한 방법으로 행동하도록 만드는 것은 개인에 대한 외부적 힘뿐만 아니라 내적 상태에 기초하고 있다는 것이다. 필요한 노력이 원하는 목표달성을 가져올 때 경찰관은 필요한 노력을 하도록 동기부여될 것이다.

그림 12-2 기대이론의 과정

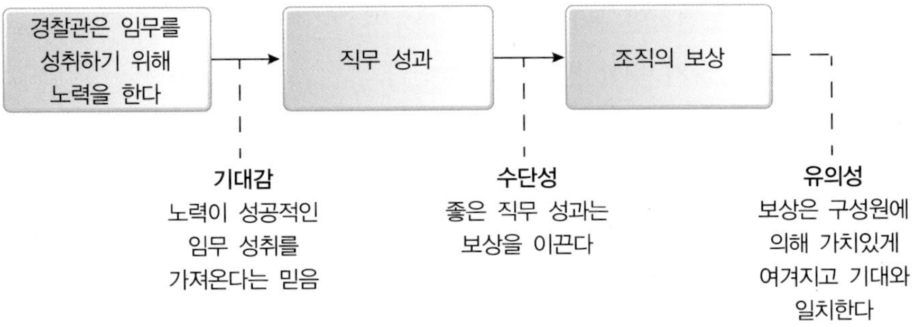

2. 인간 행동의 네 가지 기본적 가정

기대이론은 인간 행동에 관한 네 가지 기본적 가정에 기초하고 있다. 이 가정은 인간 행동뿐만 아니라 동기부여의 복잡성을 보여준다.

1) 행동은 개인에 의해서 배타적으로 결정되는 것이 아니다.

행동은 개인 및 조직의 산물이며, 이러한 상황에서 개인은 이용 가능한 목적을 위해 더 좋아하는 것을 발전시킬 것이다. 좋아하는 정도가 높을 때 수용 정도 또한 더 클 것이다. 예를 들면, 경찰관이 다른 모든 것보다도 승진에 가치를 둘 때 그의 행동은 승진이라는 자신의 욕구를 충족시키기 위해서 조정될 것이다.

2) 경찰관은 결과에 대한 기대를 갖고 있다.

사람은 무엇이 발생할 것인지를 기대한다. 결과가 노력과 조화되지 않는다면, 여러 활동은 무시되거나 회피될 수 있다. 기대는 개인마다 다르므로 어떤 경찰관이 중요하다고 느끼는 것은 또 다른 경찰관에게 중요하지 않을 수 있다. 몇몇 경찰관은 직업 안전이 무엇보다도 중요하다고 느끼지만, 다른 경찰관은 힘들고 도전적인 임무를 수행하기 원한다.

(1) 노력–성과

기대의 한 측면은 노력-성과(effort-performance)라고 불리며, 그것은 특정한 성과 목적을 선택하고자 하는 개인의 '동기부여'와 그 목적에 대한 '노력'의 관계를 의미한다. 개인의 기대에 영향을 미치는 요소는 자부심, 유사한 상황에 대한 과거의 경험, 사람의 능력, 그리고 감독의 유형과 같은 것을 포함한다. 개인은 심리적 성공을 찾음으로써 자부심을 향상시키고자 노력하는데, 다음과 같은 경우에 심리적 성공을 경험한다.

- 어떤 개인적 · 도전적인 목표가 설정된다.
- 그 목표를 달성하기 위한 방법이 설정된다.
- 그 목표가 자신의 자아개념과 관련된다.

사람은 '심리적 성공'을 경험할 때 더욱 유능하게 느끼고, 더욱 유능하게 느낄수록 중요한 영역에서 위험을 감수하기 쉽다. 그러나 사람은 심리적으로 성공하지 못할 때 자신의 자아개념을 보호하기 위해 개인적 목표를 낮출 수 있다.

(2) 성과–결과(performance–outcome)

기대의 또 다른 측면은 성과-결과(performance-outcome)라고 불리며, 이것은 특정 수준의 성과와 어떤 결과 달성 사이의 관계를 의미한다. 이러한 기대에서 경찰관은 어떤 성과와 상관의 긍정적 평가 사이에 어떤 형태의 보상(승진)으로 표현되는 관계가 존재한다고 믿을 수 있다. 경찰관이 성과로부터 어떤 보상을 얻을 수 있다고 생각하지 않는다면 그 성과를 성취하도록 동기부여되지 않을 것이다.

3) 동기부여 분석의 한 방법은 기대 및 유의성으로부터 발생하는 결과를 보여주는 것이다.

동기부여는 다음과 같이 보여질 수 있다.

Motivation = E(Expectancy × Valence)
동기부여 = 노력(기대 × 유의성)

유의성(valence)은 다양한 결과에 의해 야기된 만족 또는 불만족의 수준을 의미한다. 유의성의 범위는 −1.0에서 1.0까지이며, 유의성이 부정적일 때 경찰관은 그 목적을 달성하기를 원하지 않고, 유의성이 긍정적일 때 그 결과는 매우 만족스러울 것이다. 유의성이 제로일 때 경찰관은 결과에 무관심하다. 실제로 중요한 것은 발생할 것에 대한 경찰관의 인식이라는 점이다.

4) 감독경찰관은 직원을 동기부여하는 데 필요한 요소를 낮게 평가하는 것처럼 보인다.

감독경찰관은 가장 중요한 것은 자신의 인식이 아니라 경찰관의 인식이라는 점을 잊어버린다. 승진하고 특별부서에 배치되는 것과 같이 자부심 욕구를 만족시킴으로써 경찰관은 동기부여된다. 가장 성공적인 감독경찰관은 경찰관이 자신의 욕구를 분명하게 하도록 돕는 데 집중하고, 경찰관이 그 욕구를 이해하는 방법을 파악하는 데 집중할 것이다. 이것이 이루어지면, 결과의 기대는 훈련, 위임, 잘 수행된 직무의 인정, 더 많은 자율 부여와 같은 기술을 통해서 다루어질 수 있다.

Ⅸ. 공정성 이론

1. 공정성 이론의 개념

행태심리학자로서 직장 행동을 연구하고 있는 애덤스(John Stacey Adams)는 공정성 이론(equity theory)을 제안하였는데, 이 이론은 경영 및 공공행정에서 상당한 관심을 받았다(Adams, 1963). 공정성 이론은 개인의 동기부여는 직장에서 공정성 인식에 의해 영향을 받고, 다른 사람이 관리자 및 조직에 의해 어떻게 다루어 지는지와 관련하여 이해되어야 한다고 주장하였다. 공정성 이론을 이해함에 있어서는 투입과 산출에 대한 조사가 중요하다. 공정성 이론은 〈표 12-4〉에서 보는 것과 같이 경찰관의 투입과 산출 사이에 합리적인 안정성을 요구한다. 구성원이 다루어지는 방법에 대해 불공정하다는 느낌을 가질 때 불편함을 제거하고 그 상황에 대해서 공정하다는 인식을 회복하기 위해 노력할 것이다.

표 12-4 투입과 산출 간 안정성

투입(input)	산출(output)
• 노력(expending of effort) • 헌신(dedication) • 충실(fidelity) • 지식(knowledge) • 신뢰(dependable)	• 급여(pay) • 건강 이익(health benefits) • 은퇴(retirement) • 병가(sick leave) • 사별 휴가(bereavement leave)

그림 12-3 공정성 이론

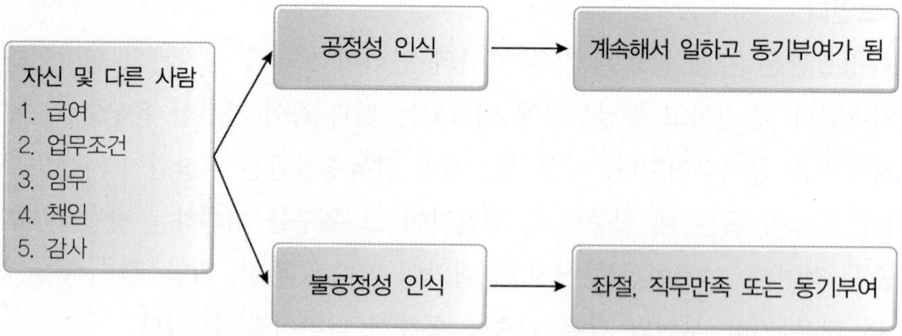

자료: Gaines & Worrall, 2012: 194.

2. 불공정성의 인식

경찰관은 동일한 노력을 행하고 있는 조직 내의 다른 사람과 비교할 때 자신의 산출에 대한 인센티브에 불균형이 있다고 여기게 되면, 불공정성을 인식하게 된다. 특히, 이것은 경찰관이 공정하게 다루어져야 한다는 규범을 위반한 것이다. 공정성 개념 아래에서 사람은 수용 가능한 직무성과가 의미 있게 보상되기를 기대한다. 사람은 투입과 산출 사이에 균형을 유지하고 분배 공정성(distributive fairncss)을 유지하고자 하는 욕구가 있다(Aldag & Kuzuhara, 2002).

경찰관은 '현재의 조건이나 상태'와 '표준'을 비교하고, 자신의 직무를 팀에 있는 다른 사람의 직무와 계속해서 비교한다. 경찰조직이 통제에 대한 전통적인 강조에서 지역사회 경찰활동에 대한 강조로 변화할 때 기존 경찰관과 지역사회 경찰활동 담당 경찰관 간에 비교가 이루어지기도 한다. 결과적으로 그러한 변화 동안 많은 경찰관은 불리한 입장에 놓여져서 사기가 더 낮아지게 되는 경향이 있다.

3. 불공정성 인식의 원인

경찰관리자가 모든 것이 공정하다고 생각할지라도 경찰관에게 중요한 것은 자기 자신의 공정성 인식이다. 사실상 어느 정도의 불공정성은 불가피하지만, 동등한 것이 동등하지 않은 것으로 여겨지는 것뿐만 아니라 동등하지 않은 것이 동등한 것으로 여겨질 때 불공정성이 존재한다. 따라서, 경찰관이 조직 내에서 상호작용할 때 불공정성 인식은 불가피하며, 특히 다음과 같은 요소 때문에 불공정성이 존재하게 된다.

- 급여 차이
- 다양성, 인종, 성적 경향, 사회적 차별(인식된 또는 실제로)
- 장기근속에 기초한 우선적인 배치
- 정치적 승진
- 사적 관계
- 자원 부족

공정성 이론은 직무에 투입하는 것(인풋)과 직무에서 받는 것(아웃풋)의 관점에서 모든 직원이 그들 자신을 다른 사람과 비교한다고 가정한다. 경찰관이 가치 있는 결과에 대해서 같은 활동에 참여하는 다른 경찰관보다 더 적게 받는다고 생각할 때 불공정이 존재한다. 투입/산출 비율이 동등할 때 공정하다는 인식이 형성된다.

4. 불공정성 인식의 결과

직무 보상이 공정성 기준과 같거나 초과할 때 그것은 반복된 행위를 가져온다. 그러나 직무 보상이 공정성 인식보다 더 적다면 불만족이 형성되고 활동을 계속하고자 하는 동기가 감소될 것이다. 애덤스는 불공정성이 있을 때 부조화 인식 및 불균형이 형성되어 다음과 같은 행위가 발생할 수 있다고 믿었다.

- 긍정적인 불공정성이 인식될 때 성과, 업무량, 다른 종류의 투입은 더 높은 보상을 정당화함
- 부정적인 불공정성이 인식될 때 성과, 업무량, 다른 종류의 투입에서 감소가 있음
- 개인적 설득, 집단 협상, 법률적 조치, 횡령 · 절도 · 부패와 같은 역기능적 행위를 통한 산출의 변화
- 낮은 성과자로 하여금 노력을 증가시키도록 설득하고, 더 높은 성과자로 하여금 등급 파괴자(rate buster)가 되지 않도록 하는 것

5. 공정성 통제의 방법

관리자는 다음의 규칙을 따른다면 직무부서에서 공정성을 통제할 수 있다.

- 공정성에 관한 직원 인식을 평가하기
- 불공정하다고 인식하는 직원을 확인하기
- 불공정성에 대한 직원 인식의 원인을 결정하기
- 직원 인식의 타당성을 확인하기 위해 관리 정책 및 실행을 평가하기
- 직원의 불공정성을 다루기 위해 행해질 수 있는 변화를 확인하기
- 변화를 실행하고 그 내용을 직원에게 전달하기

X. 목표설정이론

목표설정이론(goal setting theory)은 로크(E. A. Locke)에 의해서 제안되었다. 이 이론의 핵심은 의식적인 목표는 사람의 행동을 규제한다는 것이다. 사람은 일단 목표에 몰입하게 되면 달성하기 위해 노력할 것이다. 목표는 행동의 선택, 목표에 할당된 시간, 활용할 업무 방식에 영향을 줄 것이다. 목표설정이론은 '목표에 의한 관리'(MBO)라고 알려진 관리 철학과 밀접하게 관련되어 있다. 목표설정이론의 기본 내용은 다음과 같다(Latham & Locke, 1979: 68-80).

(1) 어려운 목표는 쉬운 목표보다 더 높은 성과 수준을 가져온다.

(2) 특정한 목표는 일반적인 목표보다 더 나은 결과를 얻는다.

(3) 성과 피드백은 목표 설정의 효과성을 향상시킨다.
(4) 목표 설정에의 참여는 그것이 높은 목표를 수용하는 정도로만 성과를 향상시킨다.
(5) 직원은 목표에 대한 자신의 성과가 평가될 것이라고 믿을 때 목표 설정은 성과를 향상시킨다.

목표설정이론은 사람은 특정한 도전적인 목표와 그 성취에 대한 피드백을 수용하는 정도로 동기부여된다고 주장한다. 목표설정은 (1) 노력의 지속을 증대시키고, (2) 효과적인 업무행위에 대한 노력을 규제하고, (3) 자신의 주의를 정해진 역할 및 업무로 돌리도록 하고, (4) 목표설정 전략 또는 실천계획의 발전을 촉진함으로써 우수한 성과를 향상시킨다.

XI. 성과만족이론

동기부여는 주로 브룸(Vroom)의 기대이론에 의존하더라도 포터(Porter)와 롤러(Lawler)(1968)의 동기부여 이론(기대이론 또는 성과만족이론)을 통해서 더 잘 이해될 수 있다. 포터와 롤러의 동기부여 이론은 브룸의 기대이론을 확장한 것으로서 행동은 즐거움을 최대화하고 고통을 줄이고자 하는 여러 대안 중에서 의식적인 선택에 의해서 유발된다고 가정하고, 구성원의 성과는 성격, 기술, 경험, 지식, 능력 등을 포함하는 여러 요인에 의해서 나오게 된다고 주장한다. 핵심 요소는 기대(expectancy)인데, 이것은 노력 증대는 더 나은 성과를 가져온다는 믿음이다. 포터와 롤러의 기대이론 또는 성과만족이론은 [그림 12-4]와 같은 여섯 가지 핵심 요소에 의존한다.

1) 노 력

노력(effort)은 구성원이 주어진 업무에 쏟는 에너지의 양이다. 이것은 보상의 가치와 노력-보상 가능성에 대한 태도에 의존한다.

2) 성 과

노력은 구성원의 성과(performance)와 직접 관련되어 있다. 그러나 노력의 양은 노동의 양, 구성원의 능력 및 특성, 구성원의 역할 인식에 의존한다.

3) 보 상

구성원의 성과는 외재적 보상(extrinsic rewards) 및 내재적 보상(intrinsic rewards)의 두 가지 결과를 가져온다. 외재적 보상은 인정, 돈, 칭찬의 형태로 제공되는 외부 인정과 관련되어 있다. 반면에, 내재적 보상은 직무가 자신의 기대와 일치할 때 구성원이 경험하는 자부심 및 역량 인식과 관련되어 있다.

4) 보상의 가치

보상의 가치(value of reward)는 보상이 구성원이 바라는 것과 일치할 때 구성원이 주어진 직무 역할에서 최대의 노력을 하게 된다는 것을 의미한다.

5) 노력-보상 가능성 인식

구성원은 어떤 노력을 하기 전에 어떤 수준의 노력이 원하는 성과 수준을 가져올 것인지에 대한 가능성을 평가한다. 이것은 보상의 가치와 노력－보상 가능성(effort reward probability)에 따라 구성원이 투입할 노력의 수준을 결정한다는 것을 의미한다.

6) 만 족

만족(satisfaction)은 외재적 보상과 내재적 보상의 결과로 경험하게 되는 감정이다. 그러나 구성원은 항상 자신의 실제 보상과 인식된 보상을 비교하게 되는데, 자신의 실제 보상이 인식된 보상을 초과한다면 만족을 경험할 것이다.

그림 12-4 포터와 롤러의 동기부여 이론

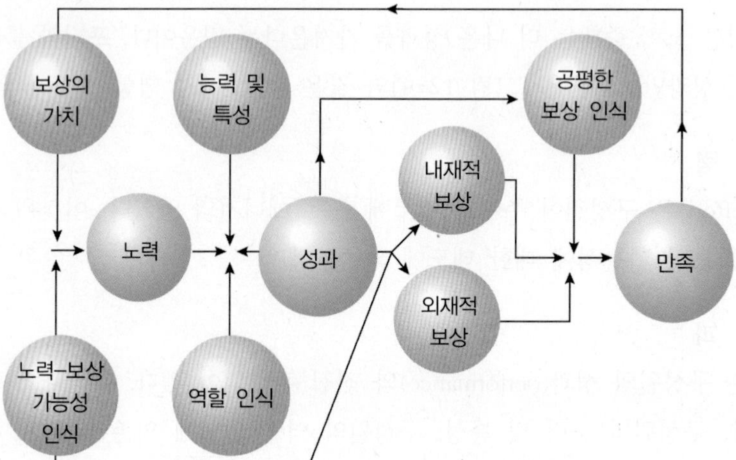

제4절 경찰 동기부여 방법

Ⅰ. 행동의 두 가지 원리

1. 긍정적인 결과와 부정적인 결과

경찰관의 행동을 분석함에 있어서 어떤 행동이 취해진다면 무엇이 발생할 것인지에 대해서 연구하는 것이 필요하다. 이때 감독경찰관이 아니라 경찰관이 행위로 인한 결과가 무엇이라고 믿는지를 연구하는 것이 중요하다. 행동 변화(behavior modification) 개념을 이용하는 감독경찰관은 어떤 행동이 긍정적인 결과를 가져올 때에 그 행동이 반복되기 쉽다는 신념에 기초해서 행동을 형성하게 된다. 감독경찰관은 행동 변화의 틀 내에서 조직의 목표 및 목적이 달성될 수 있도록 경찰관의 행동에 영향을 미치기 위해서 노력한다(Laird *et al.*, 1989).

2. 행동의 계속 및 중지·축소

행동을 발생시키는 것은 사건이나 의사소통이 아니라 '긍정적 반응'과 명백한 행동을 야기하는 현상에 대하여 경찰관이 부여하는 '해석'인 것이다. 경찰관의 판단에서 행동의 결과가 중요하다면, 행동은 다음의 두 가지 원리에 기초한 것으로 보여질 수 있다.

(1) 행동의 결과가 긍정적일 때, 경찰관은 특정 행동을 계속할 것이다.

(2) 행동의 결과가 부정적일 때, 경찰관은 특정 행동을 중지하거나 축소할 것이다.

Ⅱ. 행동의 네 가지 추론

행동 변화는 단순한 것처럼 보이지만 그 적용은 복잡하다. 그 이론을 직무 상황에까지 확대시켰던 브레스아워(Brethower)는 다음과 같은 것을 제안하였다(Williams, DuBrin, & Sisk, 1985).

(1) 특정 행동을 원하지만 또 다른 행동이 발생하고 그 결과가 긍정적일 때, 두 번째 행동이 개입하고 지배하게 된다.

⑵ 경찰관 행동이 한 상황에서 긍정적인 결과를 가져오지만, 또 다른 상황에서 부정적인 결과를 가져올 때 긍정적인 행동이 항상 지배하게 될 것이다.

⑶ 수행될 임무가 특정 유형의 행동을 필요로 하지 않을 때, 그러한 행동은 중요하지 않으며 결국에는 종료하게 될 것이다.

⑷ 어떤 행동의 결과가 그 행동에서 제거될 때, 경찰관의 행동에 더 적은 영향을 미치게 될 것이다.

Ⅲ. 행동 강화

앞에서 설명한 두 가지 원리 및 네 가지 추론을 이용하여 감독경찰관은 경찰관이 수행하는 임무에 대응하고, 칭찬, 추천, 특별 임무, 또는 추가 훈련을 포함해서 경찰관의 행동을 강화할 수 있다.

1. 적절한 기술의 선택 및 결과의 즉시 발생

경찰관은 감독경찰관이 직무 성과와 관련하여 자신에게 기대하는 것을 잘 이해하고 있다면 그 기대에 따라서 행동한다. 이러한 과정을 이용하는 감독경찰관은 내부적 · 외부적 변수를 고려한 후에 주어진 상황에 적절한 기술을 선택한다.

행동이 변경되면 결과는 행동이 변경된 후 즉시 발생해야 하며, 며칠 또는 몇 달 후에 발생해서는 안된다. 긍정적인 행동은 항상 보상적이어야 하고 간과되어서는 안된다. 특히, 부정적인 행동을 간과하는 것은 감독경찰관 또는 경찰조직에 해를 입힐 것이다.

2. 처 벌

경찰관의 행동을 변화시키기 위해서 처벌이 사용되기도 하지만 처벌은 다음과 같은 문제를 갖고 있다.

1) 효과가 지속되지 못함

처벌은 순종을 획득하는 가장 빠르고 효과적인 방법으로 보여질 수 있다. 그러나 현실적으로 처벌의 효과는 거의 오랫동안 지속되지 않으며 단독으로 사용될 때에는 일반적으로 비효과적이다. 처벌의 또 다른 문제로서 예견될 수 없는 처벌은 부정적인 결과를 쉽게 야기할 수 있다.

2) 경찰관리자로부터 멀어짐

초기에 처벌은 불만족스러운 행동을 제거하거나 감소시킬 수 있지만, 직무수행을 위한 수단으로 공포, 강제, 위협을 사용하는 것은 경찰관을 경찰관리자 및 경찰조직으로부터 멀어지게 할 뿐이다.

3) 부정적인 반응

많은 경우에 경찰관은 처벌로 인해 자신이 인간으로서 존경을 받지 못한다고 느낀다. 처벌은 불만족스러운 행동을 감소시키지만, 일단 처벌이 감독 과정에서 제거된다면 경찰관은 수용될 수 없는 행동을 다시 시작할 수 있다. 또한, 관리 스타일로서 처벌은 부정적인 감정적 반응을 야기할 수 있어서 경찰관은 분노로 대응하고, 적대적으로 되며, 공격적으로 행동하고, 또는 경찰직을 그만둘 수 있다.

3. 강화 기술의 활용

1) 사려 깊고 체계적인 활용

강화 기술을 활용하는 경찰관리자는 특정 행동을 형성하고자 시도한다. 그 과정이 성공적이라면 강화를 사려 깊고 체계적으로 활용하는 것이 필요하다. 감독경찰관은 처음에 행동을 변화시키는 것이 그 변화를 유지하고 지속하는 것보다 더 어렵다는 것을 인식해야 한다. 이것은 감독경찰관이 초기 단계 동안에 강화의 가장 많은 양을 적용해야 하고, 강화의 빈도는 이 기간 동안에 더욱 많아져야 한다는 것을 의미한다.

2) 행동에의 즉각적인 대응

강화는 경찰관의 특정 행동과 연결되어야 하고, 특정 행동 후에 즉시 이루어져야 한다. 단기간 행동 변화는 성과 평가 때문에 발생할 수 있지만, 행동 변화는 거의 2~3개월 이상 동안 지속되지 못한다. 행동 변화를 지속시키는 것은 행동에의 즉각적인 대응에 의해서 성취될 수 있다. 만족스러운 행동이 확립된 패턴이 될 때까지 강화는 주기적 또는 임의적으로 사용될 수 있다.

3) 강화의 일관성

행동을 변경하기 위해 강화가 이용될 때 그것은 일관되게 행해져야 한다. 감독경찰관은 경찰관이 임무를 신속하고 효과적으로 수행하기를 원하는데, 경찰관 활동에 대한 모든 대응은 성과와 명확하게 관련되어 있어야 하고, 그렇지 않으면 강화하고자 하는 노력은 의미가 없어질 것이다.

4. 행동 변화 프로그램의 제도화

행동 변화 프로그램을 제도화할 때 감독경찰관은 다음을 고려해야 한다(Williams *et al.*, 1985).

- 모든 경찰관은 무엇이 그들에게 기대되고 있는지를 알 필요가 있다.
- 피드백은 필수적이다. 경찰관은 그들이 행하고 있는 것이 옳은 것인지 잘못된 것인지를 알 필요가 있다.
- 경찰관이 지속성의 부족 때문에 형편 없이 직무를 수행한다면 그들은 코칭을 받고, 훈련을 받고, 멘토링을 받아야 한다.
- 대부분의 경우에 처벌은 많은 해로운 부수적 효과를 갖고 있다.
- 긍정적인 강화는 일관되고 계속되어야 한다.
- 긍정적인 강화는 향상된 성과를 가져올 것이다.
- 처벌은 마지막 수단으로 사용되어야 한다.
- 강화는 긍정적인 행동과 관련되어야 한다.

강화는 행동을 변화시킬 것이다. 강화는 경찰관이 더욱 열심히 효과적으로 일하도록 동기부여하는 기술이다. 강화는 조직의 자부심, 사기, 충성에 있어서 향상을 야기할 수 있고, 경찰관이 자신의 잠재능력을 성취하도록 자극하는 직무환경을 가져올 수 있다.

참고문헌

Adams, J. (1963). "Toward an Understanding of Inequity". *Journal of Abnormal Psychology*, 67(5): 422-436.

Argyris, C. (1957). *Personality and organization*. New York: Harper & Bros.

Barnard, C. (1968). *The Functions of the Executive*. Cambridge: Harvard University Press.

Bennett, W. W. & Hess, K. (2001). *Management and supervision in law enforcement*. Belmont, CA: Wadsworth.

Berryman-Fink, C. & Fink, C. B. (2007). *The Manager's Desk Reference* (2nd ed.). New York: AMACOM.

Brown, M. F. (1992). "The Sergeant's Role in a Modern Law Enforcement Agency". *The Police Chief*, Vol. LIX, No. 5.

CALEA. (2006). *Standards for Law Enforcement Agencies* (5th ed.). Fairfax, VA: Commission on Accreditation for Law Enforcement Agencies, Inc.

Certo, S. C. (1989). *Principles of modern management: Function and system* (4th ed.). Boston: Allyn & Bacon.

Charrier, K. (2000). "Marketing Strategies for Attracting and Retaining Generation X Police Officers". *The Police Chief*, Vol. LXII, No. 12.

McGregor, D. (1960). *The Human Side of Enterprise*. New York: McGraw-Hill.

Fincham, R. & Rhodes, P. S. (1995). *The Individual, Work, and Organization Behavior: Studies for Business and Management* (2nd ed.). London: Oxford University.

Hackman, J. R. & Oldham, G. R. (1976). "Motivation through the design of work: Test of a theory". *Organizational Behaviour and Human Performance*, 16(2): 250-279.

Herzberg, F. (2008). *One More Time: How Do You Motivate Employees?*, Cambridge, MA: Harvard Business School Press.

Latham, G. A. & Locke, E. A. (1979). "Goal setting: a motivated technique that works". *Organizational Dynamics*, 8(3): 68-80.

Laird, D. A., Larid, E. C., & Fruehling, Rosemary T. (1989). *Psychology: Human Relations and Work Adjustment* (7th ed.). New York: McGraw-Hill.

Maslow, A. H. (1962). *Toward a Psychology of Being*. New York: Van Nostrand.

Maslow, A. H. (1987). *Motivation and Personality* (2nd ed.). Upper Saddle River, NJ: Pearson Education.

McClelland, D. C. (1965). "Toward a theory of motive acquisition". *American Psychologist*, 20(5): 321-333.

McGregor, D. M. (1960). *The Human Side of Enterprise.* New York: McGraw-Hill Book co.

More, Harry W. & Miller, Larry S. (2010). *Effective Police Supervision* (6th ed.), Anderson.

Peak, K. J., Gaines, L. L., & Glensor, R. W. (2004). *Police Supervision and Management: In an Era of Community Policing.* NJ: Pearson Education.

Porter, L. W. & Lawler, E. E. (1968). *Managerial Attitude and Performance.* Richard D. Irwin, Homowoxi III.

Reiss, S. (2002). *Who Am I? The 16 Basic Desires That Motivate Our Actions and Define Our Personalities.* New York: Jeremy P. Tarcher/Putman.

Stojkovic, S., Kalinich, D., Klofas, J. (2012). *Criminal Justice Organizations: Administration and Management* (5th ed.). Wadsworth, Cengage Learning.

Stoller, H. E. (1977). Need for Achievement in Work Output Among Policeman. Unpublished doctoral dissertation, Illinois Institute of Technology.

Vloom, V. (1964). *Work and Motivation.* New York: Wiley.

White, J. L. (2001). "The Work Itself as a Motivator". *FBI Enforcement Bulletin,* 70(2).

Williams, J. C., DuBrin, A. J., & Sisk, H. L. (1985). *Management and Organization* (4th ed.). Cincinnati: South-Western.

CHAPTER

13

경찰하위문화 및 직업적 사회화

학습목표

1. 경찰하위문화의 개념 및 특성을 설명할 수 있다.
2. 경찰하위문화 형성에 있어서 일선 현장 요인을 설명할 수 있다.
3. 경찰하위문화 형성에 있어서 경찰관서 요인을 설명할 수 있다.
4. 경찰관의 직업적 사회화의 세 단계를 설명할 수 있다.
5. 경찰관의 직업적 사회화 과정의 문제점을 설명할 수 있다.
6. 올바른 직업적 사회화 전략을 설명할 수 있다.

제13장 경찰하위문화 및 직업적 사회화

기존 문화 내에 고유한 하위문화를 형성하는 사람은 하위문화의 구성원이 된다. 문화와 하위문화 간의 차이점은 하위문화 구성원이 더 크고 지배적인 문화의 많은 가치 및 신념을 공유할지라도 구분되고 독특한 가치를 갖고 있다는 점이다. 경찰하위문화는 경찰관을 사회의 다른 구성원과 구분해 주는 어떤 측면을 갖고 있다. 경찰하위문화는 경찰관의 고립되고 위험한 직무에 대응해서 형성되었다. 경찰의 고유한 역할 및 사회적 지위는 경찰관을 사회의 다른 구성원과 분리되도록 만들기도 한다. 제13장에서는 경찰하위문화와 직업적 사회화의 주요 내용에 대하여 학습하고자 한다.

제 1 절 경찰하위문화

Ⅰ. 경찰문화와 경찰하위문화의 개념 및 특성

1. 경찰문화와 경찰하위문화의 개념

1) 경찰문화의 개념

일반적으로 문화는 인간 행동의 유형이나 사회를 위한 삶의 방식을 의미한다. 문화는 예의, 언어, 의복, 행위, 의식, 신념체계 등을 포함한다. 문화의 주요 요소는 ⑴ 가치(value), ⑵ 규범(norm), ⑶ 제도(institution)이다. 이러한 맥락에서 '가치'는 삶에서 중요한 것으로 여겨지는 생각으로 구성되며, 문화의 나머지 요소를 이끄는 경향이 있다. '규범'은 사람이 다양한 상황에서 행동하는 방법에 관한 기대로 구성되고, 각각의 문화는 규범을 집행하는 방법을 갖고 있다. 마지막으로, '제도'는 가치와 규범이 전달되는 사회구조이다(Hoult, 1969: 93).

여러 연구는 경찰관의 경험과 함께 경찰관 직업의 성격이 경찰문화(police culture) 또는 경찰하위문화(police subculture)를 형성하도록 만든다고 주장한다. 예를 들면, 경찰관이 아닌 일반인이 밤늦게 나이트클럽에 들어와서 밀고자, 마약 주사, 체포와 같은 단어를 사용하는 집단의 말을 듣는다면, 그는 이 말을 제대로 이해하지 못할 수 있다. 그러나 그 사람이 비번 중인 경찰관이라면, 각각의 단어는 특정한 의미를 갖고 완전하게 이해될 것이다.

셔머혼(Schermerhorn)(2008)은 조직문화(organizational culture)란 조직구성원의 행동을 형성하고 이끄는 것으로서 조직구성원이 공유하는 신념 및 가치체계라고 정의하였다. 셔머혼의 정의는 경찰 문화의 정의에 그대로 적용될 수 있다. 조직문화는 일상생활에 대하여 의미와 질서를 제공하고, 그 구성원에게 무엇이 옳고 그른지에 관한 정보를 제공하는 사회체계인 것이다. 아마도 경찰문화를 이해하는 가장 좋은 방법은 경찰관의 세계관(worldview)을 조사하는 것이다. 이러한 세계관은 사회화 과정을 통해서 형성되고, 경찰관이 사람 및 상황을 바라보는 표준을 나타낸다.

2) 경찰하위문화의 개념

하위문화는 그것이 속해 있는 더 큰 문화와 구분되는 것으로 구별된 일련의 가치, 태도, 행동, 신념 등을 갖고 있는 사람으로 구성된 사회 또는 집단을 의미한다. 예를 들면, 물리학자, 변호사, 교사, 심지어 건축 노동자는 그들 자신의 고유한 하위문화를 갖고 있다. 경찰 하위문화는 공유하는 가치, 규범, 직업 유형, 목표, 생활양식, 직업구조의 결합이지만 그 결합은 사회의 나머지 영역이 갖고 있는 결합과 다른 경향을 갖고 있다.

2. 경찰하위문화의 특성

1) 고립, 배타성, 비밀성

대부분의 문화와 같이 경찰하위문화는 조직구성원이 아닌 다른 사람과의 고립, 배타성, 비밀성에 의해서 특징지어진다. 많은 경찰관은 근무 후 또는 비번 일에도 친구와 가족을 배제한 채 동료들과 시간을 함께 보내기도 한다. 많은 공공 서비스 직업처럼 경찰활동은 교대근무(shift work)와 관련이 있다. 교대근무는 경찰관이 오전 9시부터 오후 5시까지의 직업을 갖고 있는 평균적인 사람과 함께 사교활동을 하는 것을 어렵게 만든다. 경찰이란 직업은 많은 경찰관에게 있어서 그들이 알고 있는 유일한 세계인 것이다.

파올린(Paoline)(2003)은 경찰조직이 다양화되고 지역사회 경찰활동이 경찰활동 철학의 일부로 되어감에 따라 더 많은 문화적 변화가 있을 것이라고 생각했으며, 연구자는 전통적인 경찰문화의 변화를 연구하는 데 노력을 집중시켜야 한다고 제안하였다.

2) 명예, 충성, 개성

경찰활동에 관한 연구는 경찰관이 경찰활동에서 자주 발생하는 걱정과 감정적 스트레스를 다루기 위하여 그들 자신의 문화를 만든다는 것을 보여준다. 예를 들면, 「거리에서 근무하기」(Working in the Street)에서 브라운(Brown)(1981: 82)은 경찰하위문화는 (1) 명예(honor), (2) 충성(loyalty), (3) 개성(individuality)이라는 세 가지 주요 원칙에 기초를 두고 있다고 설명하였다.

3) 지 원

지원(back-up)이란 단어는 경찰관 사이의 대화에서 종종 듣는다. 경찰관은 긴급상황에서 다른 경찰관의 지원에 매우 의존한다. 그들은 도전받고, 비난받고, 또는 고소에 직면하게 될 때 서로의 도움에 의존한다. 경찰관이 다루어야 하는 폭력과 그 결과 발생하게 되는 관계 때문에 경찰관은 지원 의무에 높은 가치를 둔다. 경찰 하위문화에 따르면, 이상적인 경찰관은 위험을 무릎쓰고 동료 경찰관을 지원하기 위해 범죄 현장에 도착하는 경찰관이다.

4) 단결정신

비트너(Bittner)(1979)는 단결정신(esprit de corps)은 경찰관이 행하도록 요구되는 위험성과 유쾌하지 않은 임무로 인해 형성된다고 설명하였다. 특히, "모두를 위한 하나, 하나를 위한 모두"라는 경찰 단결심(solidarity)은 경찰직업에서 가장 소중하게 여겨지는 측면 중 하나이다. 경찰문화와 관련된 직업적 태도는 시민에 대한 불신과 의심을 포함하고 있으며, 잠재적 위협, 시민에 대한 '우리 대 그들의 태도', 동료집단에 대한 극단적인 충성의 관점에서 사람을 평가한다(Paoline, 2001).

경찰하위문화는 그 구성원이 선과 악 사이를 날카롭게 구별하도록 만든다. 단순한 법집행자 이상으로 경찰관은 옳음과 틀림 사이의 오랜 전쟁에서 전사인 것이다. 반대로, 범죄자는 가난한 사람과 피해 입기 쉬운 사람을 잡아먹는 테러리스트(terrorists) 또는 약탈자(predators)로 불린다. 약탈자는 실질적인 위험을 나타내기 때문에 경찰하위문화는 경찰관이 동료 안전을 위해 유능하고 많은 관심을 갖고 있어야 한다고 요구한다.

Ⅱ. 경찰하위문화의 주요 내용

1. 경찰하위문화 형성

직업적 하위문화는 가치, 의사소통, 기술, 그리고 관련 행위유형 등 공통 문화를 갖고 있는 것으로서 사회에 의해서 인정된 집단의 전문가로 구성된다. 경찰조직은 구성원이 경찰업무에서 습득한 습관을 통하여 고유한 직업적 하위문화를 형성한다. 여러 연구 결과에 따르면, 경찰의 직업적 하위문화는 전문화된 용어를 갖고 있고, 비법률 지식을 사용하며, 동료에 대한 내부적 제재를 이용하고, 강한 단일감을 갖고 있고, 종종 전문적인 수단을 행사한다.

경찰문화와 경찰조직 내에 경찰문화의 형성 방법에 관하여 그동안 많은 연구가 행해졌다. 경찰하위문화는 주로 경찰관의 직무, 훈련, 그 직업에 끌리는 사람의 유형, 그 직업에 종사하는 사람의 일상적 경험을 기초로 한다. 경찰하위문화는 지역사회 욕구에 대응하는 방법뿐만 아니라 경찰관의 모집 및 선발, 훈련, 절차, 그리고 궁극적으로는 직무수행에 있어서 명백하다.

모든 경찰조직이 어떤 형태의 경찰하위문화를 갖고 있다는 것에는 거의 의문이 없다. 경찰하위문화에 속하게 되는 것은 일방적인 방향이다. 즉, 신임 경찰관은 경찰조직에서 선임이면서 영향력을 지닌 경찰관에 따라서 경찰활동에 적응하게 된다. 경찰하위문화는 불확실성에 직면한 경우에도 '결단력'과 감독자 및 법원에게 의해서 나중에 극단적 비난을 받을 수도 있는 '결정 능력'을 장려한다(Shurnock, 1988).

2. 경찰하위문화 연구

경찰하위문화에 관한 관념은 웨스틀리(Westley)에 의해서 1950년에 처음으로 고려되었다(Sparrow, 1990: 51). 그의 목적은 경찰활동을 지배하는 주요 사회적 규범을 확인하고, 그것이 특정 상황에서 경찰조직에 영향을 미치는 방법을 설명하는 것이었다. 경찰활동의 사회화는 경찰관 경력의 대부분에 걸쳐서 지속되고 경찰관 직업을 다른 사회와 구분하도록 한다.

1) 비밀성과 폭력성

웨스틀리는 경찰 계급 내에 구분된 하위문화가 존재하며 비밀성과 폭력성을 강조하는 규범을 갖고 있다고 인식하였다. 경찰관은 시민을 적으로 여겼고, 시민의 비난으로부터 자신을 보호하기 위하여 비밀성 및 기만성을 정당화하였다.

2) 시민에 대한 적대감

웨스틀리는 조사된 경찰관 중 73%가 시민은 경찰에 적대적이라고 믿고 있다는 것을 알게 되었다. 일상적으로 경찰관은 평균적인 사람이라고 여겨지는 시민을 거의 만나지 못하기 때문이라고 생각되었다. 대부분의 경찰-시민 접촉은 법위반에 대해 체포한 경찰관에 대하여 분노를 느끼게 하는 경우였다. 게다가, 경찰관은 변호사, 사회활동가, 대중매체와 같은 지역사회의 다른 요소로부터 적대감을 느꼈다. 이러한 경찰-지역사회 관계 단절의 결과로 경찰관은 위기 시기에 스스로에게 의존했고, 그들의 단결심을 보호하기 위하여 무기사용을 정당화했다.

3) 상호 경험

웨스틀리의 연구에 따라서 경찰문화 형성에 기여하는 것을 결정할 때 몇몇 변수가 고려될 수 있다. 상호 경험은 개인 사이의 관계 형성에 기여한다. 경찰직 지원의 엄격함과 조직에 의한 경찰직 지원자의 수용은 경찰관 직업에서 통과의 권리로 기여한다. 경찰관은 또한 몇 주간 집중적인 신임 경찰학교 훈련 동안에 새롭게 형성된 우정을 경험한다. 이러한 관계는 경찰관에 의해서 공유된 사회적 경험뿐만 아니라 신임 경찰학교 훈련 동안에 서로에게 제공된 상호지원의 결과로서 지속된다.

4) 침묵의 파란 벽

웨스틀리의 연구는 또한 경찰관이 외부인으로부터 서로를 보호하고, 동료 경찰관의 비행을 조사하는 감독경찰관을 돕는 것을 종종 거절한다는 것을 보여준다. 이러한 보호 장벽은 '침묵의 파란 벽'(blue wall of silence)이라고 말해진다. 게다가, 경찰하위문화는 거친 남자다운 이미지를 유지하고 경찰관이 아닌 사람을 불신하는 것과 관련된다.

3. 경찰하위문화의 여섯 가지 신념

스패로우(Sparrow) 등(1990: 51)의 연구는 경찰관 직업이 경찰문화의 핵심으로 여섯 가지 신념을 채택하고 있다는 것을 보여주었다.

(1) 경찰은 유일한 실질적인 범죄척결자(crime fighter)이다. 시민은 경찰관이 범죄와 싸우기를 원한다. 그렇지만 경찰이 범죄와 싸울 때 공적 기관 및 사적 기관은 적극적으로 참여하지 않는다.

(2) 다른 어떤 사람도 경찰활동의 실질적 성격을 이해하지 못한다. 변호사, 학자, 정치인, 그리고 시민은 경찰관이 되는 것이 어떤 의미를 갖고 있는지에 관하여 거의 인식을 갖고 있지 않다.

(3) 동료에 대한 충성은 다른 모든 것보다도 더 중요하다. 모든 사람은 경찰업무를 더욱 어렵게 만들기 때문에 경찰관은 함께 단결해야 한다.

(4) 범죄척결은 규칙을 악용하지 않으면 이길 수 없다. 법원은 범죄를 범한 피고인에게 너무 많은 인권을 부여하였다.

(5) 시민은 기본적으로 협력하지 않으면서 불합리한 것을 요구하고 있다. 시민은 경찰이 자신을 도와줄 필요가 없다면 경찰을 비난하는 데 빠르다.

(6) 순찰활동은 지옥이지만 수사활동은 매력이 있으며 흥분시킨다.

4. 경찰관의 유형

뮤어(Muir)(1977)는 1970년대 말에 오클랜드(Oakland)에서 28명의 경찰관과 인터뷰를 행하였다. 그는 많은 경찰관은 권한을 행사함에 있어서 다르게 반응한다는 것을 관찰하였고, 경찰관 유형을 구별함에 있어서 두 가지 변수를 고려하였다. (1) 그들이 권한을 행사하는 동안 경찰관에 의해서 보여진 동정심 정도, (2) 그들의 강제력을 행사하는 동안에 경찰관이 얼마나 마음이 편한가였다. 뮤어는 네 가지 유형의 경찰관을 확인하였다.

1) 전문가

전문가(professionals)는 강제력 행사에 대해서 마음이 편안하지만 동정심을 갖고 있다. 강제는 가치 있는 목적에 기여하는 것으로 여겨지면서 때때로 이용된다.

2) 답례자

답례자(reciprocator)는 강제력을 행사하는 데 마음이 편안하지 않지만 동정심을 갖고 있을 수 있다. 답례자는 강제에 의존하지 않는 동안에는 피의자가 협력하도록 설득하고자 시도한다.

3) 집행자

집행자(enforcer)는 강제력을 행사하는 데 마음이 편안하면서도 동정심이 없다. 일반적으로 집행자는 많은 적을 갖고 있다고 생각하기 때문에 강제를 너무 자주 사용하고 주저함이 없다.

4) 회피자

회피자(avoider)는 강제력 행사에 있어서 마음도 편안하지 않고 동정심도 없는 사람이다. 이 용어가 암시하는 것과 같이 회피자는 경찰책임을 피해서 감독경찰관 및 경찰관리자와 갈등을 형성하는 것을 피한다.

Ⅲ. 일선 현장 요인

1. 일선 현장 요인의 중요성

일선 현장(거리)은 경찰관이 활동하는 가장 중요한 환경으로서 영역, 힘, 불확실성이 존재하는 환경이다. 경찰관은 특정 지역에 배치되고, 그 지역의 범죄통제에 책임이 있다. 이러한 환경에서 경찰활동은 개인적 성격의 상호작용, 우연한 만남의 환경, 우연한 만남에 관련된 개인 태도 등을 반영한다. 경찰-시민 접촉 상황이 해결되는 방법은 경찰관이 경찰 역할을 수행해 나가는 하나의 예술인 것이다. 일선 경찰관(street officer)에게 있어서 이러한 환경은 두 가지 유형의 활동인 '시민에 의해 먼저 시작된 상호작용'과 '교통 검문'으로 구분할 수 있다.

2. 시민에 의해서 먼저 시작된 상호작용

시민에 의해서 먼저 시작된 상호작용(citizen-invoked interactions)은 경찰-시민 접촉의 대부분을 설명한다. 시민이 경찰관서에 전화하거나 상가 비상벨이 울려서 순찰차가 대응할 때 이러한 상호작용이 발생한다.

1) 재물범죄

재물범죄에 대해서 경찰은 신고를 받는 것 이상을 거의 할 수 없으며, 시민은 재물범죄를 해결할 가능성이 적다는 것을 인식한다. 따라서, 경찰관은 시민의 좌절감으로 인해 언어적 공격의 대상이 되며, 경찰은 반응적 역할에 좌절하여 그것에 관하여 어떤 것도 하지 않은 채 문제해결을 멈춘다. 그 결과, 이러한 접촉은 경찰과 시민 모두를 낙담시키고, 그들은 형식적이고 의례적으로 되는 경향이 있으며, 범죄 신고의 기록유지 조건과 보험회사의 요구사항만을 충족시킨다.

2) 폭력범죄

경찰관이 재물범죄에서 경험한 좌절 수준은 폭력범죄를 다룰 때에도 경험하게 된다. 전형적으로 폭력범죄는 중죄이며, 중죄 중 1/2은 특정 범죄분류에 따라 폭행에 해당되기도 한다. 물론, 피해자가 그 범죄의 목격자일 때 해결율이 더 높지만, 폭력범죄를 다루는 것은 만족스럽지 않다. 그것은 친구와 주변 지인 사이의 일상적·충동적인 폭력범죄와 관련될 수 있다.

폭력범죄는 경찰에게 직무 만족감을 제공하는 것 대신에 종종 인간관계의 치사하고, 야비하고, 파괴적인 측면을 들어낸다. 게다가, 그러한 범죄는 반복되는 경향이 있으며, 경찰이 전에 접촉했던 공격자 및 피해자와 관련이 있다. 이러한 접촉은 경찰관에게 만족감을 제공하지 못할 뿐만 아니라 냉소주의와 환멸을 낳는 경향이 있다. 재산범죄와 같이 폭력범죄를 예방하기 위하여 경찰이 행할 수 있는 것은 거의 없다.

3. 교통 검문

순찰경찰관은 교통 검문을 통하여 시민과 접촉하게 된다. 교통 검문은 순찰업무에서 핵심이다. 순찰경찰관은 특별한 교통 검문을 배정받지 않지만 종종 일정량의 범칙금을 발부하도록 하는 경찰관서 요구에 직면하게 된다. 범칙금에 대한 시민의 반응은 우호적이지 않다. 현대 순찰활동의 특성인 자율성(autonomy)과 경찰의 낮은 가시성(visibility)에도 불구하고 경찰-시민 상호작용은 경찰조직을 통하여 점점 조정되고 있다. 그 결과, 경찰 하위문화의 많은 부분은 업무 모호성과 경찰관리자가 통신과 출동지령을 통하여 경찰-시민 접촉을 통제하는 방법으로부터 발생한다.

Ⅳ. 경찰관서 요인

1. 출근 점검

경찰관과 관련된 또 다른 환경은 경찰관서의 행정 환경이며 이러한 환경은 경찰 하위문화에 영향을 미친다(Lyman, 2010: 172-174). 일반적으로 순찰경찰관은 순찰근무 시작 전에 경찰관서에 도착하여 제복으로 갈아 입는다. 순찰경찰관은 근무 전 브리핑을 통해서 이전 교대근무조 활동에 관한 정보를 제공받고, 현재 교대근무조의 중점와 새로운 정책이나 절차에 관한 정보를 제공받는다. 출근 점검을 행하는 감독경찰관은 순찰경찰관이 근무시간 동안 접할 수 있는 특정 위험을 확인하고, 과거 사건을 다루는 데 성공했던 경찰관을 인정해 준다. 많은 다른 사항이 출근 점검 동안에 발생할 수 있다. 출근 점검 이전 및 이후의 시간 동안 경찰관이 경찰관서에 오거나 나갈 때 서로 대화를 나누고 정보를 교환한다.

2. 순찰근무 종료 후 상황

순찰근무가 끝났을 때 경찰관은 서류 업무를 마치기 위하여 브리핑실로 돌아온다. 보고서가 경사에 의해서 검토되고 브리핑을 하게 된다. 경찰관은 종종 브리핑실에서 필요 이상으로 많은 시간을 보내는데 긴장을 풀면서 순찰근무 활동에 관한 이야기를 한다. 교대근무조 종료 후에도 순찰경찰관은 지역의 술집이나 경찰관의 거주지에서 모임을 가질 수 있고, 더 깊이 있는 상호작용 및 이야기를 할 수 있다.

3. 감독경찰관에 의한 감독

감독경찰관(미국에서는 경사 계급)에 의한 감독은 비교적 비형식적이며 순찰활동 이전 및 이후에 발생한다. 감독경찰관은 명령계통에서 일선 경찰관 계급의 바로 위에 연결되는 첫 번째 계급이다. 많은 사람은 경사는 경찰관의 일상활동에 대하여 가장 영향력이 있는 사람 중 한 명이라고 생각하지만, 경사는 경찰관에 대하여 거의 영향력을 행사하지 못한다는 증거가 있다(Trojanowicz, 1980).

4. 내부 평가

경찰관은 내부 평가(internal evaluation) 절차를 통하여 경찰조직에 대해서 명확하게 이해하게 된다. 예를 들면, 경찰관이 무기를 발포할 때 규칙 위반이 있을 수 있고, 경찰관이 비행행위로 인해 수사를 받고 있거나 다른 과실행위의 목격자일 때에도 규칙 위반이 발생했을 수 있다. 내부 평가는 경찰문화에 침투하여 부적절한 행위를 억제할 수 있지만 경찰관리자가 경찰관의 잘못을 밝히려는 도구보다는 경찰관을 괴롭히기 위한 독단적인 전술로 인식되기도 한다.

5. 표준운용절차

경찰관이 따라야 하는 표준운용절차(standard operating procedures: SOP)는 특정 환경에서 경찰관의 직무행위를 안내하도록 의도된 것이다. 표준운용절차는 경찰관에게 다양한 상황에서 행할 수 있고 행할 수 없는 것을 알려주는 규칙을 규정하고 있는 매뉴얼이다. 그러나 표준운용절차는 경찰조직이 그 기능을 조정하기 위한 규칙을 대표할지라도 경찰관이 예견할 수 없는 경찰-시민 상호작용을 다루는 데 필요한 창의적 통찰력을 거의 제공해 주지 못한다. 경찰관은 표준운용절차는 경찰관의 실수로부터 자신을 보호하고자 하는 경찰관리자에 의해서 사용되는 도구라고 인식하기도 한다.

제 2 절 경찰관의 직업적 사회화

Ⅰ. 직업적 사회화의 개념

1. 경찰직 입직의 4단계

마넨(Van Maanen)(1973)은 신임 경찰관에게 [그림 13-1]에서 보는 것과 같이 경찰직 입직의 4단계가 존재한다는 것을 관찰하였다.

그림 13-1 경찰직 입직의 4단계

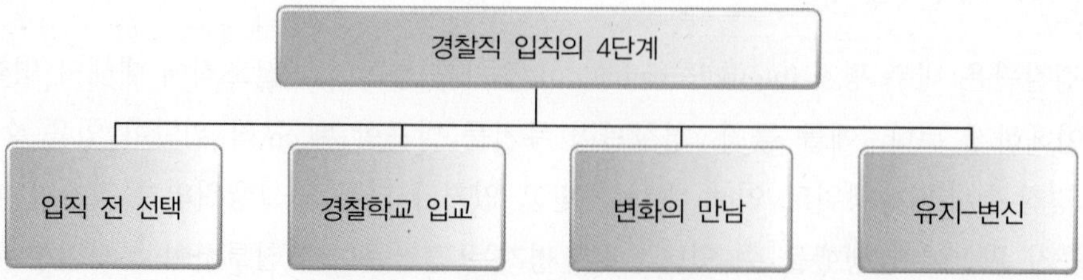

1) 제1단계: 입직 전 선택

제1단계는 입직 전 선택(pre-entry choice)으로서 경찰직에 참여하고자 하는 최초의 결정이다. 경찰직에 입직하려는 사람은 엘리트 동지애에 참여하고 있으며, 경찰직에 지원하기 전에 그 직업에 관하여 상당히 많은 것을 알고 있다고 믿는다. 일반적으로 경찰직 지원자의 원래 목표는 사회를 돕기 위한 활동을 행하는 것이다.

2) 제2단계: 경찰학교 입교

제2단계는 경찰학교 입교(admittance)로서 일단 채용되면 신임 경찰관은 경찰학교 과정을 통과하도록 요구된다. 경찰학교는 구조에 있어서 매우 군대적이고, 신임 경찰관 행동을 통제하는 엄격한 규칙과 규정을 갖고 있다. 경찰학교 내에서 공유하는 한 가지 공통된 주제는 경찰관이 직무에 관하여 서로를 지원하고 보호하는 데 전념해야 한다는 것이다.

3) 제3단계: 변화의 만남

제3단계는 변화의 만남(change-encounter)이다. 일단 경찰학교 과정을 통과하면, 신임 경찰관은 현장훈련(on-the-job training) 프로그램에서 더 경험 있는 경찰관과 함께 근무해야 한다. 그들이 경찰 경력 중에서 어떤 다른 시기보다도 더 많은 태도 변화를 겪는 것은 바로 현장훈련 동안이다. 현장훈련은 신임 경찰관에게 현장 직무가 경찰학교에서 설명된 것과 다르다는 것을 알려준다. 현장훈련 동안 범죄 문제에 대한 혁신적인 대안이 제안되고, 그 대안 중 많은 것은 경찰정책 및 절차를 위반한다. 신임 경찰관이 경찰활동을 위한 올바른 자질을 갖추고 있는지에 관하여 판단되는 것은 바로 현장훈련 기간 동안이다. 신임 경찰관은 형법 및 형사절차에 관한 지식, 기술적 장비, 전술능력, 훌륭한 상식의 소유 등에 대하여 면밀하게 심사된다.

4) 제4단계: 유지–변신

제4단계는 유지-변신(continuance-metamorphosis)으로서 이 단계에서 신임 경찰관은 경찰활동의 현실에 적응하도록 요구된다. 경찰활동은 관료적 환경 내에서 이루어지고, 상당한 서류작업을 필요로 한다. 신임 경찰관은 임무와 경험을 통하여 경찰활동의 감정적 측면을 경험한다. 이것은 치명적인 자동차 사고를 야기하고, 총격이나 작은 논쟁에 관련되고, 경찰직에 대해 상처를 받는 것 등을 포함할 수 있다. 이러한 모든 것은 경찰관으로 하여금 경찰직 선택을 재평가하도록 하고, 범죄통제에 관한 자신의 철학을 조사하고, 경찰관이 유사한 경험을 갖고 있는 다른 경찰관과 더욱 가깝게 되도록 만든다.

2. 경찰직 입직 및 직업적 사회화

직업적 사회화는 개인이 직업적 사회체계의 가치 · 태도 · 행위를 획득하는 과정으로서 훈련과 같은 '의도적 영향력'과 락커룸이나 업무집단 문화와 같은 '비의도적 영향력'을 포함하는 계속된 과정이다. 직업적 사회화의 결과로 획득된 가치 · 태도 · 행위는 불법적인 것뿐만 아니라 직무에 대한 적합하고 합법적으로 여겨지는 것을 포함한다.

조직구성원의 태도 · 신념 · 인식 · 기대가 지속되는 한 좋든 나쁘든 조직 내 개인의 습관적 행위도 지속된다. 이러한 일치성은 경찰관의 행동이 변화하지 않는다는 점을 보여 주고, 심지어 변화 노력에 저항하는 것처럼 보이는 경찰조직에서 명확해진다. 경찰조직을 변화시키려는 노력에 대한 공통적인 평가에 따르면, 법원은 실질적인 변화보다는 절차적 변화를 야기하는 데 더욱 능률적인 것처럼 보인다고 한다.

모든 조직은 개인을 적합한 태도 및 행동을 갖고 있는 조직구성원으로 전환시키기 위한 과정을 갖고 있다. 일반적인 직업적 사회화 방법은 그 조직에 적합한 개인을 채용하는 것(recruiting), 공식적인 교육 및 훈련(education & training), 현장훈련(on-the-job training)을 포함한다.

예를 들면, 경찰조직은 신임 경찰관이 임용되기 전에 신임 교육훈련에 참여할 것을 요구하며, 감독활동(조직구성원의 활동 및 행동을 지배하는 과정)은 진행 중인 직업적 사회화의 한 과정이다. 그러나 신임 경찰관이 경찰학교를 떠나서 직무를 시작할 때 경찰문화를 주입시키려는 동료에 의해서 '비공식적 사회화 과정'을 겪는다. 모든 조직은 그 구성원의 신념, 활동, 행위에 의존하는 문화를 갖고 있으며, 그 문화 속에 있는 힘이 비공식적 사회화 과정을 이끈다.

Ⅱ. 직업적 사회화의 세 단계

직업적 사회화는 하나의 과정이므로 사회화 모델은 (1) 역할의 실질적 특성, (2) 시간에 따른 변화, (3) 변화를 야기하는 영향력의 성격을 다루어야 한다. 직업적 사회화에 관한 문헌은 일반적으로 [그림 13-2]에서 보는 것과 같이 변화과정을 세 단계로 구분한다.

그림 13-2 직업적 사회화의 세 단계

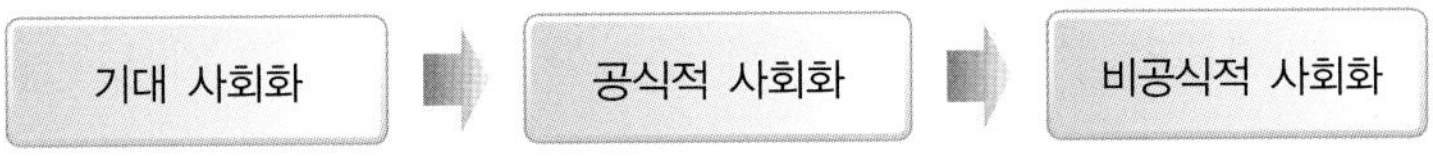

1. 기대 사회화

직업적 사회화 과정은 개인이 어떤 직업에 들어오기 전에 시작한다. 기대 사회화(anticipatory socialization) 단계에서 특정 분야를 고려하고 있는 개인은 미래 직업의 요구 및 기대사항을 인식하게 된다. 그들은 미래 직업과 일치하는 것으로 여겨지는 태도 및 가치를 채택하기 시작하고, 자신을 그 직업집단의 구성원으로 보게 된다.

이 단계 동안 개인은 두 가지 주요한 참조집단(reference group)에 의해서 영향을 받는다. 첫째, 친구나 가족 중에 미래 직업과 접해있는 사람은 직업에 관한 견해를 그 개인에게 알려줄 수 있다. 둘째, 그 직업의 구성원이 직접 직업에 관한 정보를 전달할 수 있다. 이러한 영향력의 근원과 함께 기대 사회화 단계에서의 시간과 받은 정보의 정확성이 역할 채택에 영향을 준다. 대부분의 경찰조직은 기대 사회화를 인식하여 신임 경찰관에 대한 표준 및 자격을 설정함으로써 경찰조직에 적합한 개인을 채용하고 있다.

신임(novice) 경찰관은 다양한 동기에 의하여 경찰직에 끌리는 것처럼 보인다. 초창기의 연구는 신임 경찰관 중 거의 1/3은 경찰관이 되는데 항상 흥미가 있었고, 다른 신임 경찰관은 명성, 사람을 대하는 직무, 직무 다양성에 의해서 매혹되었다고 말한다(Reiss, 1967). 대부분의 신임 경찰관이 채용되기 전에 경찰활동에 관하여 정확한 인식을 갖고 있을지라도 경찰직의 성격이 그들을 필연적으로 끌어들이는 것은 아니다. 경찰직으로의 동기부여 과정은 복잡하지만 공무원 고용의 안정성과 경제적 혜택은 많은 경찰관을 끌어들인다(Harris, 1973). 기대 사회화는 공식적·비공식적 사회화 단계에서 발견되는 사회적 시스템에 신임 경찰관이 적합한지 여부를 쉽게 결정할 수 있도록 한다.

2. 공식적 사회화

1) 공식적 사회화의 개념

한 개인이 특정 직업에 들어올 때 두 번째 단계인 공식적 사회화(formal socialization)가 발생한다. 공식적 사회화는 일반적으로 공식화된 훈련 기간에 시작하는데 신임 경찰관은 임용 전에 경찰활동에 대해서 교육 및 훈련을 받게 된다. 경찰학교는 신임 경찰관에게 기대되는 행동에 관하여 주입할 뿐만 아니라 기본적인 직무 관련 기술훈련을 제공한다.

2) 신임 경찰학교 훈련의 주요 기능

베넷(Bennett)(1984)은 신임 경찰학교 훈련의 네 가지 주요 기능을 다음과 같이 설명하였다.

첫째, 신임 경찰학교 훈련은 태도, 가치, 행위에 대하여 규범(prescription)을 제공한다.

둘째, 신임 경찰학교 훈련은 신임 경찰관이 동료의 행위 및 성과와 비교해서 자신의 행위 및 성과를 평가할 수 있는 기회를 제공한다.

셋째, 신임 경찰학교의 참조집단(훈련 교관과 동료 교육생)은 (1) 소속감, (2) 수용, (3) 집단에 의한 보상을 제공한다.

넷째, 참조집단은 부적절한 태도나 행위의 수용을 중지함으로써 통제적인 영향력을 제공한다.

3) 현장훈련 교관

경찰활동 실무에서의 첫 출발은 일선에서 신임 경찰관을 감독하는 현장훈련 교관(field training officers: FTOS)을 통해서 행해진다. 현장훈련 교관을 포함하여 경험 있는 베테랑 경찰은 신임 경찰관을 위해서 경찰학교 경험에 관하여 통찰력 있는 핵심 내용을 제공하게 된다. 시보임용기간 동안 경찰관의 첫 번째 법집행은 경찰과 시민 사이의 적대성을 보여준다. 경찰과 시민 간의 계속된 접촉은 이상적인 기대와 복잡한 현실 사이의 불일치를 보여주는 현실 충격을 강화하게 된다(Niederhoffer, 1969: 52).

3. 비공식적 사회화

1) 비공식적 사회화의 개념

비공식적 사회화(informal socialization) 단계에서 관련된 참조집단은 동료 경찰관, 경찰관리자, 경찰관이 매일 접촉하는 시민 등이다. 여기에서 일상적인 직무가 경찰관의 역할을 형성한다. 중요한 사회화는 소집단을 통해서 발생하는데, 신임 경찰관은 소집단의 규칙과 기대사항을 배우고, 그 집단에 수용되기 위하여 순응하는 것을 배운다. 반면에, 신임 경찰관은 집단규범에 대하여 어느 정도의 영향력을 갖게 될 것이다(Moreland & Levine, 1982).

2) 경찰조직문화

경찰조직 외부의 개인은 소집단에 의해 거의 환영 받지 못한다. 조직의 공식적 측면은 신임 경찰관에게 훈련을 통한 기술을 제공하고, 일정 수준의 사회화를 제공할 수 있다. 그러나 비공식적 사회화는 본질적으로 경찰조직문화에 따라서 경찰관 개인을 형성하는 과정이다. 경찰조직문화는 구성원을 위해서 가치 · 신념 · 규칙을 형성할 수 있는데, 그것은 공식적인 경찰조직이 규정한 가치 · 신념 · 규칙과 일치하지 않을 수 있다.

경찰의 비공식적 사회화에 관한 극단적인 설명은 미드웨스턴(Midwestern) 경찰서에 관한 웨스틀리(Westley)(1970)의 연구에서 제시되었다. 웨스틀리가 연구했던 경찰관은 분명한 행위규범에 의해서 표현되는 구별된 하위문화를 형성하였다. 이 행위규범은 비밀주의(secrecy)(경찰직무를 외부 사람과 토의하는 것을 금지함)와 폭력 사용을 포함하였다. 경찰에 대한 무례함이 표현되거나 피의자에 대한 정보를 얻고자 할 때 많은 경찰관은 피의자에게 가벼운 무력을 행사하는 것을 지지하였다. 또한, 대중매체는 경찰관에 의해서 가장 첫 번째 적인 것으로 여겨지기도 한다. 시민 비난에 대응하여 경찰의 단결심은 강화되고, 경찰관은 심지어 구타 및 부정 이득을 용서하는 정도로까지 동료 경찰관을 보호한다.

3) 지역사회 경찰관에 대한 인식

지역사회 경찰관(community police officer)을 실제 경찰관이라기보다는 오히려 사회서비스 활동가로 여기는 것은 경찰문화 내에서 일반적이다(Garcia, 2005). 이와 같은 역할 인식의 차이점을 악화시키는 것은 전통적 경찰관과 지역사회 경찰관의 상이한 비공식적 사회화 과정이다. 전통적 경찰관에게 있어서 그들의 기대 및 역할은 단단하게 결합되고, 시민으로부터 자신을 분리시키려는 시도가 그들 집단 내에 존재한다. 그러나 지역사회 경찰관은 자신이 항상 상호작용하는 시민으로부터 상당한 기대를 받고 있다. 비공식적 사회화 과정은 공식적 사회화 과정보다도 훨씬 더 강력하며, 조직구성원, 시민, 심지어 범죄자와의 일상적 상호작용의 산물인 것이다.

Ⅲ. 역할수용 모델

사회화 단계가 개인의 변화과정을 설명할지라도 사회화라는 '영향력'이 개인에게 미치는 방법을 설명하기 위해서는 특정 모델이 필요로 된다. 역할수용 과정에 대한 이론적 모델은 카츠(Katz)와 칸(Kahn)(1978)에 의해서 구체화되었는데 이들의 역할수용(role taking)에 관한 사회-심리적 모델은 [그림 13-3]에서 보여지는 것처럼 네 가지 주요 개념에 의존한다.

그림 13-3 역할수용 관련 이론적 모델

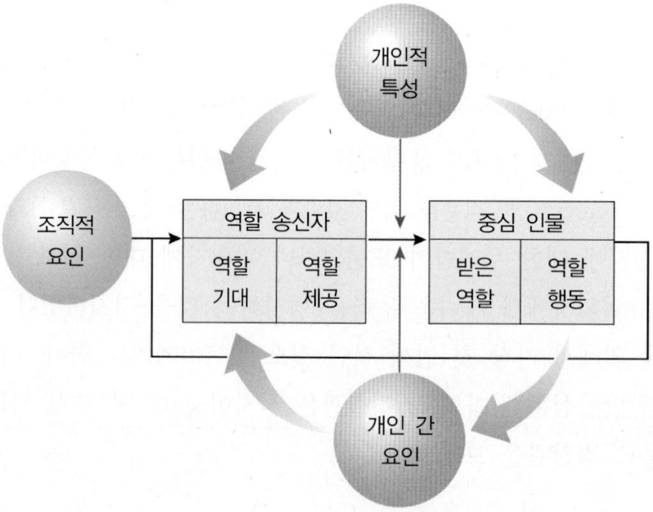

역할 기대(role expectation)는 조직구성원의 행위가 판단되는 표준으로서 감독자, 동료, 시민 등은 상이하면서 갈등적인 기대를 가질 수 있다. 역할 제공(sent role)은 그들의 기대사항을 조직구성원에게 전달하는 것이고, 받은 역할(received role)은 제공된 역할에 대한 조직구성원의 인식 및 이해이며, 마지막으로 역할 행동(role behavior)은 받은 복잡한 정보에 대한 조직구성원의 반응이다.

이 모델에 따르면 조직구성원의 행동은 중요한 다른 사람에 의해서 전달되고, 그 자신의 심리적 과정을 통하여 여과되는 기대의 결과이다. 역할수용(role-taking) 모델은 역할 행동을 설명하도록 도울 수 있는 주요 변수에 관심을 갖게 한다. 이 모델은 또한 개인의 행동은 피드백 과정을 통하여 기대에 영향을 미친다는 것을 보여준다.

즉, 역할 기대에 대한 일치성 또는 일치성 부족은 시간이 지나면서 역할 제공(sent role)에 영향을 미칠 수 있다. 카츠와 칸(1978)은 역할수용 과정은 고립되어 발생하지 않으며, 조직적, 개인 간, 개인적 요소를 포함한 다른 요소에 의해서 영향을 받는다고 지적한다.

Ⅳ. 직업적 사회화 과정의 문제점

1. 역할갈등

역할수용 모델(role-taking model)이 강력하다는 여러 증거는 조직구성원의 일정한 행동과 관련하여 우리 주변에서 발견될 수 있다. 경찰활동에서 종종 논의되는 문제는 역할갈등(role conflict) 문제인데, 역할갈등은 두 개 이상의 역할 기대가 발생하는 것이다. 즉, 한 역할에 순응하는 것은 또 다른 역할에의 순응을 어렵거나 불가능하게 만든다. 갈등적인 기대는 두 개 이상의 역할 전달자로부터 나오거나 한 개의 역할 전달자로부터 나올 수 있다.

역할갈등의 효과에 관한 연구는 역할갈등이 낮은 직무만족과 낮은 성과를 야기하며, 스트레스의 주요 원인이라는 점을 보여준다. 역할갈등은 경찰관을 움직이지 않도록 하고, 두 가지 역할에서 효과적이지 않도록 만든다. 다른 연구에 의하면, 역할갈등은 경찰관으로 하여금 가장 명확하게 정의된 임무를 강조하도록 만든다고 한다(Jacobs & Retsky, 1975: 27).

2. 직무상 일탈

리(Lee)와 비사노(Visano)(1981: 216)는 경찰활동에 있어서 직무 관련 특정 문제인 직무상 일탈(official deviance) 개념에 중점을 두었다. 직무상 일탈이란 법률이나 조직의 공식적 규칙을 위반한 것이지만 조직의 목표와 필요를 분명하게 지향하고 조직의 어떤 비공식적 규칙을 충족시키는 것으로서 경찰관에 의해서 행해진 행위를 의미한다. 따라서, 직무상 일탈은 부패와 같이 개인을 이롭게 하지는 않지만 조직 목표를 촉진할 수 있다. 대부분의 경우에 역할 전달자는 직무상 일탈을 기대하여 그들 직무의 일부분으로 여길 수 있다. 예를 들면, 정보원이 중요한 사건에 관하여 정보를 제공한다면, 경찰관은 정보원이 법률을 위반하도록 허용할지도 모른다. 직무상 일탈은 합법적인 목적을 성취하기 위하여 단순한 규칙 회피 수준을 넘어설 수 있다.

3. 부 패

부패(corruption)는 직무상 일탈을 넘어선 것으로서 부패의 유일한 목적은 개인을 이롭게 하는 것이다. 따라서, 부패에 대해서 어느 정도의 범위를 벗어난 개인의 산물로 설명하는 것은 부패가 조직 전체에 확산되도록 만드는 조직구조 및 운용규칙을 간과하는 것이다. 동료의 영향력 이외에도 부패행위에 대해서 감독경찰관의 지지가 있을 수 있다. 반면에, 경찰관은 깨끗한 부당이득(수용될 수 있음)과 더러운 부당이득(수용될 수 없음) 사이를 구별할 수 있다(Sherman, 1974). 또한, 경찰관은 뇌물을 받는 것과 돈을 강탈하는 것 사이를 구별할 수도 있다.

V. 신임 경찰관과 동료집단의 관계 강화

해리스(Harris)(1973)는 세 가지 구조적 요인이 신임 경찰관과 동료집단 사이의 관계(단결심)를 강화시킨다는 것을 발견하였다.

1. 경찰활동의 비개인화

경찰 단결심(solidarity)의 첫 번째 요소는 경찰활동의 비개인화(depersonalizing)이다. 신임 경찰관은 경찰관리자와 시민에 의해서 판에 박힌 사람이 되고, 그들의 견해는 지나치게 단순화된다. 신임 경찰관은 자신의 개성이 박탈당하는 것을 보고, 자신의 사회적 정체성이 자신의 직업과 같아지는 것을 발견하게 된다. 그 결과, 신임 경찰관은 지역사회와 고립되며 동료의 지원을 얻기 위해서 동료에게 관심을 돌린다. 사실, 경찰학교의 자퇴 연구에 따르면, 신임 경찰관은 경찰 단결심이 사회적 고립을 적절하게 보상해주지 않을 때 자퇴할 수 있다는 것을 발견하였다.

2. 경찰 전문화

경찰 단결심의 두 번째 요소는 경찰 전문화(professionalism)이다. 해리스(1973)는 전문화는 어떤 점에서 시민의 적대적 반응에 대한 고립감, 두려움, 그리고 실망감을 덮기 위한 노력이라고 주장한다. 전문화는 경찰관만이 경찰행위를 판단할 자격이 있다고 가정하며, 비밀주의, 시민과 거리 두기, 동료와의 친밀한 관계를 지지한다.

3. 경찰활동의 모호한 성격

경찰 단결심의 세 번째 근원은 경찰활동의 모호한 성격이다. 예견할 수 없는 일상생활과 정치인, 언론, 다른 집단으로부터 긍정적인 인식을 받지 못하는 것은 신임 경찰관으로 하여금 방어 자세를 낳게 하며 경찰집단의 내부 지향적 성향을 강화시킨다. 계속된 비공식적 사회화 단계는 실제 세계에서 성공적으로 대처하는 것을 배우는 것과 관련된다.

Ⅵ. 올바른 직업적 사회화 전략

1. 공식적 사회화 전략

공식적 훈련 단계는 직업적 사회화에 영향을 미치는 중요한 기회를 제공한다. 여기에서 훈련 내용뿐만 아니라 훈련과정은 역할수용에 영향을 미친다. 반 마넨(Van Maanen) (1982)은 사회화에 영향을 미치는 훈련과정에 있어서 몇몇 변수 및 전략을 설명하였다. 경찰관리자는 이러한 변수를 잘 다루는 것이 직업적 사회화에 영향을 미칠 수 있다는 것을 인식해야 한다. 경찰활동에서 신임 경찰학교는 매우 공식화된 과정을 보여주며, 반면에 대부분의 시보임용 경찰관은 덜 형식화된 현장훈련(on-the-job training) 과정을 경험한다. 공식화(formalization)는 몇몇 중요한 결과를 갖고 있는데, 훈련이 공식화될수록 그만큼 더 적합한 태도 및 신념의 채택을 강조할 것이다.

2. 집단적 사회화 전략

집단적 사회화(collective socialization) 전략은 신임 경찰관을 한 집단으로 훈련시키는 것과 관련이 있다. 개인적 사회화 전략은 직업적 사회화에 있어서 도제식(apprenticeship) 접근과 관련이 있지만, 교육생이 같은 배를 타고 있다고 느끼도록 하는 집단적 사회화 전략은 필연적으로 동료의식 및 동료지원을 야기한다. 경찰관은 현장에서 서로에게 종종 의존해야 하기 때문에 집단적 사회화 전략은 유용할 수 있다.

3. 개인적 사회화 전략

개인적 사회화(individual socialization) 전략은 개인 사이의 정서적인 관계에 의존한다. 이 전략은 멘토 또는 일을 수행하는 확실한 방법에 의존하도록 만든다. 멘토의 업무량을 함께 공유하는 신임 경찰관은 개별화된 관심을 받고 있을 수 있지만 자율을 획득하는 것은 시간이 걸릴 것이다.

4. 단계적 사회화 전략

단계적 사회화(sequential socialization) 전략에서 신임 경찰관은 경찰조직의 완전한 구성원이 되는 구분된 단계를 통과한다. 예를 들면, 신임 경찰관은 연속된 신임 경찰학교 훈련, 현장훈련, 시보임용 기간을 경험한다. 훈련이 비교적 구분된 단계로 나뉘어 질 때 단계 조정이 중요하다. 단계 조정의 부족은 학습 내용이 모순되거나 신임 경찰관이 한 단계에서 학습된 내용을 무시할 수 있다는 것을 의미한다. 그러한 것은 신임 경찰학교 훈련에서 현장훈련으로 전환될 때 종종 발생하는데, 이와 같이 계속성의 부족은 신임 경찰관 사이에서 냉소주의를 야기할 수 있다.

5. 연쇄적 사회화 전략

연쇄적 사회화(serial socialization) 전략은 경찰조직 내에서 신임 경찰관을 돌보기 위하여 경험 있는 베테랑 경찰관에게 의존한다. 경찰조직은 자주 연쇄적 사회화 전략에 의존하는데 예를 들면, 경험 있는 경찰관은 경찰학교 교관 및 현장훈련 경찰관(FTO) 직무를 부여받는다. 이러한 관행은 경찰조직이 천천히 변화하도록 만들어서 확립된 태도 및 관행이 전달되고 새로운 아이디어는 거의 지지를 받지 못한다. 그러한 안정성이 항상 유익한 것이 아니며, 구분된 단계가 변화를 도입하는 데 유용할 수도 있다.

참고문헌

Bennett, R. R. (1984). "Becoming Blue: A Longitudinal Study of Police Recruit Ocuupational Socialization". *Journal of Police Science and Administration*, 12: 47-58.

Bittner, E. (1979). *The functions of police in modern society*. Cambridge, MA: Oel-geschlager.

Brown, M. (1981). *Working in the Street*. New York: Russell Sage Foundation.

Garcia, V. (2005). "Constructing the other within the police culture: An analysis of the deviant unit within the police organization". *Police Practice and Research*, 6(1): 65-80.

Harris, R. N. (1973). *The Police Academy: An Inside View*. New York: John Wiley.

Hoult, T. F. (1969). *Dictionary of modern sociology*. Totowa. NJ: Littlefield, Adams.

Jacobs, J. B. & Retsky, H. C. (1975). "Prison Guard". *Urban Life*, 4: 5-29.

Katz, D., & Kahn, R. L. (1978). *The Social Psychology of Organization*. (2nd ed.). New York: John Wiley.

Lee, J. H. & Visano, L. H. (1981). "Official Deviance on the Legal System". in H. L. Ross (ed.). *Law and Deviance*. CA: Sage.

Moreland, R. L. & Levine, J. M. (1982). "Socialization in Small Groups: Temporal Changes in Individual-Group Relations". in L. Berkowitz. *Advances in Experimental Social Psychology*. New York: Academic.

Muir, W. (1977). *Police: Streetcorner Politicians*. Chicago, IL: University of Chicago Press.

Niederhoffer, A. (1969). *Behind the Shield: The Police in Urban Society*. New York: Doubleday.

Paoline, Ⅲ. Eugene A. (2001). *Rethinking police culture: officers' occupational attitudes*. New York: LFB Scholarly.

Paoline, Ⅲ. Eugene A. (2003, May/June). "Taking stock: toward a richer understanding of police culture". *Journal of Criminal Justice*, 31(3): 199-214.

Reiss, A. J. (1967). "Career Orientation, Job Satisfaction and the Assessment of Law Enforcement Problems by Police Officers". in *Studies in Crime and Law Enforcement, by the President's Commission on Law Enforcement and the Administration of Justice*. Washington, DC: U.S. Government Printing Office.

Sherman, L. W. (1974). "Becoming Bent: Moral Career Concepts of Corrupt Policeman".

in L. Sherman (ed.). *Police Corruption: A Sociological Perspective*. New York: Doubleday.

Schermerhorn, J. (2008). *Management*. New York: Wiley.

Shurnock, S. (1988). "An empirical examination of the relationship between police solidarity and community orientation". *Journal of Police Science and Administration*, 16(3): 182-198.

Sparrow, M., Moore, M., & Kennedy, D. (1990). *Beyond 911: A new era for policing*. New York: Basic Books.

Trojanowicz, R. C. (1980). *The environment of the first-line supervisor*. Englewood Cliffs, NJ: Prentice Hall.

Van Maanen, J. (1973). "Observations in the making of policemen". *Human Organizations*, 32(4): 407-418.

Van Maanen, J. (1982). "People Processing: Strategies of Organizational Socialization". in D. A. Nadler, M. L. Tushman, & N. G. Hatvany (eds). *Managing Organizations*. Boston: Little, Brown.

Westley, W. (1970). *Violence and the Police: A Sociological Study of Law, Custom and Morality*. Cambridge, MA: MIT Press.

CHAPTER

14

경찰 재량행위

학습목표

1. 경찰 재량행위의 개념 및 필요성을 설명할 수 있다.
2. 경찰 가동활동과 경찰 비가동활동의 개념을 설명할 수 있다.
3. 행정재량과 집행재량의 개념을 설명할 수 있다.
4. 경찰 재량행위에의 영향요인을 설명할 수 있다.
5. 경찰 재량행위의 통제방안을 설명할 수 있다.

제14장 경찰 재량행위

경찰활동이 주로 법집행을 한다는 것은 경찰활동에 대한 범죄진압 관점과 관련이 있다. 이러한 접근법은 주로 법률적 규범의 관점에서 경찰활동을 바라보고, 경찰관은 범죄와 무질서 문제에 법률을 적용하기 위한 훈련된 기술자로 인식한다. 재량행위는 경찰활동의 본질일 수 있으며, 형사사법과정의 피할 수 없는 부분이다. 재량행위의 행사는 오늘날 경찰에게 직면해 있는 주요 도전 중 하나이며 경찰에 의한 재량행위의 행사는 경찰의 다른 중요한 영역에도 영향을 미칠 것이다. 제13장에서는 경찰 재량행위의 성격과 경찰 재량행위에 미치는 영향요인 등에 관하여 학습하고자 한다.

제 1 절 경찰 재량행위의 개념 및 성격

Ⅰ. 경찰 재량행위의 개념 및 필요성

1. 경찰 재량행위의 개념

사회학자 및 법률학자는 1950년대에 경찰을 연구하기 시작했을 때 경찰업무는 단순한 집행이 아니라는 것을 발견하였다. 법률을 위반한 사람에 대해서 경찰이 체포 여부를 결정함에 있어서 상당한 재량을 행사한다는 것을 발견하였다. 경찰은 법률위반 상황을 다루기 위하여 법집행보다는 오히려 재량행위를 통해서 다른 방법을 활용하였다. 1950년대 이후의 많은 연구는 경찰관이 상당한 재량을 갖고 활동하며 단순히 법집행만 하는 것이 아니라고 하였다.

가장 중요한 의사결정은 거리에서 발생한다. 경찰관은 형사사법체계에서 일반적으로 최초의 의사결정자이며 종종 가장 중요한 역할을 수행한다. 윌슨(Wilson)(1968: 187)은 재량을 행사하는 경찰관의 역할에 대하여 "경찰관은 다른 직업과는 달리 격정되면서도 아마도 적대적인 환경 아래에서 가장 중요한 것(삶과 죽음, 명예와 불명예)과 관련하여 광범위한 재량을 행사한다."라고 설명하였다.

사실상 경찰은 어떤 법률을 집행할 것인지, 얼마나 많이 집행할 것인지, 누구에게, 그리고 어떤 경우에 집행할 것인지에 관한 정책을 수립한다. 경찰은 행정적인 방법으로 업무를 수행하면서도 광범위한 재량을 행사해야 하고, 일반적으로 의존하는 수단을 제공받지 못하더라도 재량적 결정에 있어서 높은 수준의 양과 질을 실현하도록 기대된다.

경찰 재량행위(discretion)는 긍정적인 함의와 부정적인 함의를 가질 수 있다. 경찰조직은 모든 서비스 요청에 대응하기 위한 충분한 자원을 갖고 있지 못하고 있으므로 서비스 요청의 우선순위를 정해야 하고 순찰방법을 선택할 때에도 재량을 행사해야 한다. 또한, 경찰조직이 범죄를 범한 모든 사람을 체포하는 것은 사실상 불가능하다. 그 결과, 경찰은 재량적인 미체포 결정으로 인해 혜택을 받은 사람에 의해서는 거의 비난을 받지 않지만, 범죄자에 대해 어떤 조치도 취하지 않은 것에 대해서는 피해자 또는 시민에 의해서 비난받을 수 있다.

재량은 또한 남용 가능성을 갖고 있다. 어떤 직무를 수행하는 결정 또는 조치를 거절하는 결정은 경찰관이 지닌 성, 나이, 인종, 종교, 신체적 외모, 정치적 선호, 또는 다른 편견과 같은 부적절한 기준에 기초를 둘 수 있다(Kappeler *et al.*, 1998). 이것은 부적절한 재량행위로서 경찰관은 법률적 해결이 분명하지 않은 상황에서는 윤리적 고려사항에 기초하여 결정하여야 한다.

2. 경찰 재량행위의 필요성

경찰관도 인간이며, 자신이 좋아하는 것과 싫어하는 것, 가치, 우선순위, 민감함을 갖고 있다. 그러므로 경찰관은 동정심으로 인해서 법위반자가 자유롭게 풀려나도록 허용할 수도 있다. 왜냐하면 경찰관이 그 대상자를 좋아하기 때문에, 또는 대가로 어떤 것을 받기 원하기 때문에, 또는 어떤 법률이 중요하지 않다고 생각하기 때문이다. 쉬한(Sheehan)과 코드너(Cordner)(1989: 52-53)는 경찰관은 다음과 같은 일곱 가지 이유 때문에 재량을 행사한다고 말한다.

(1) 경찰이 항상 모든 법률을 집행하고자 시도한다면 경찰서나 법원에 계속 머물러 있어야 하며, 거리에서 질서를 유지하거나 생명 및 재산을 보호하지 못할 것이다.
(2) 정치적 현실 때문에 입법자는 항상 엄격하게 집행하고자 하는 의도가 없는 법률을 통과시키기도 한다.
(3) 입법자는 모호하고 잘 정의되지 않은 법률을 통과시키기도 하며, 경찰이 이러한 법률을 해석하고 언제 적용할지를 결정하는 것이 필요하다.
(4) 대부분의 법률 위반은 사소하고 완전한 집행을 필요로 하지 않는다.
(5) 항상 모든 법률의 완전한 집행은 시민과 경찰 및 전체 형사사법기관의 관계를 멀어지게 할 것이다.
(6) 모든 법률의 완전한 집행은 법원, 구치소, 교도소를 무능력하게 만들 것이다.
(7) 경찰은 수행해야 할 너무 많은 의무와 제한된 자원을 갖고 있으므로 법률을 언제, 어디에서, 어떻게 집행할 것인지에 있어서 좋은 판단을 내려야 한다.

Ⅱ. 경찰 재량행위의 성격

1. 일상적인 재량행위

경찰활동과 관련하여 많은 잠재적 상황이 있기 때문에 일선 경찰관에게 모든 상황에 대한 지침을 제공하는 것은 불가능하다. 왜냐하면 모든 상황의 지침을 제공하기 위해서 경찰조직은 이해할 수 없을 정도로 많은 규칙을 제정해야 하기 때문이다. 경찰관은 좋은 판단에 기초하여 재량을 행사하기 위해서는 다른 경찰관에게 의존해야 한다.

사실상 경찰은 일상적으로 재량적 결정을 내린다. 경찰관은 어떤 사건이 수사되어야 하는지, 피의자가 체포되어야 하는지, 또는 특정 교통위반에 대한 범칙금 부과가 정당화될 수 있는지 여부를 결정해야 한다. 경찰조직이 훈련, 규칙, 그리고 감독을 통하여 몇몇 상황 지침을 제공할 수 있을지라도 경찰관이 충분한 공식적 지침을 받지 못하는 경우에는 필요한 절차를 진행하면서 재량을 행사해야 한다.

2. 폐지 대상으로서 재량행위

1950년대 이전에 일반적으로 재량은 미국 형사사법기관 내에 존재하지 않는다고 여겨졌다(Walker, 1993). 이 당시에 경찰관이 법률 위반을 목격할 때 범칙금을 부과하거나 체포를 행하였는데, 재량의 존재를 인정하지 않을지라도 대부분의 일선 경찰관은 재량을 행사하였다. 그렇지만 재량행위는 부적절하고, 심지어 어떤 경우에는 불법적인 것으로 보여졌다. 이 당시에 만연했던 경찰부패는 경찰조직이 준수했던 엄격한 표준에서 벗어나 재량행위를 남용한 경찰관 때문이었다. 그 결과, 재량행위의 존재를 인정하기보다는 오히려 경찰활동에서 재량행위의 폐지가 요청되기도 한다.

3. 필요악으로서 재량행위

1960년대 경에 재량은 필요악(necessary evil)으로 보여졌다. 재량은 경찰관이 입법부에 의해서 통과된 무분별하거나 효과 없는 몇몇 법률에 대응할 수 있는 한 방법이었다. 경찰관은 다양한 행위에 대하여 법률을 적용할 때 법률이 적용되는 다양한 상황을 고려해서 재량을 행사해야 한다. 어떤 경우에 경찰관은 법률을 엄격하게 적용할 수 있지만, 다른 경우에는 동일한 법률을 느슨하게 적용할 수도 있다.

제 2 절 경찰 재량행위의 행사

Ⅰ. 경찰 재량행위의 영역

본질적으로 경찰활동은 몇몇 선택사항 중에서 어떤 것이 문제에 대한 최선의 해결책인지를 선택하는 것과 관련이 있다. 법률 위반 사실이 확인될 때마다 경찰관이 법률을 집행해야 한다면 경찰관은 어떤 상식, 판단, 지혜도 필요로 하지 않으며, 거의 교육이나 훈련을 요구하지도 않을 것이다. 경찰관은 주로 다음과 같은 중대한 활동을 수행하기 위하여 재량을 행사한다.

(1) 체포

(2) 현장 검문 또는 소지품 검사

(3) 물리적 힘 사용
(4) 치명적 무기 사용
(5) 교통 범칙금 부과
(6) 집행 전술
(7) 범죄 보고서 작성
(8) 범죄 수사

Ⅱ. 경찰 가동활동과 경찰 비가동활동

1. 코드너의 연구

경찰관이 재량을 행사하는 방법을 살펴보기 전에 경찰 가동활동(police-committed)과 경찰 비가동활동(police-uncommitted)을 이해할 필요가 있다. 경찰은 종종 경찰지령관에 의해서 범죄, 긴급사건, 경찰 서비스 요청에 대응하도록 지시를 받는다. 감독경찰관은 경찰관으로 하여금 특정 시간 동안 특정 장소에서 임무를 수행하도록 하는데 이것이 '경찰 가동활동'의 예이다. 그러나 경찰순찰 시간의 대부분 동안에 경찰관은 원하는 것을 행할 수 있는데 이것이 '경찰 비가동활동'인 것이다.

코드너(Cordner)(1979: 50-60)는 그의 선구적인 저서인 「순찰활동 업무량 연구: 검토 및 비판」(Patrol Work Load Studies: A Review and Critique)에서 순찰경찰관은 비가동 시간 동안에 자신의 업무량이 어느 정도인지를 결정할 기회를 갖고 있고, 예방순찰활동의 효과는 명확하지 않고, 순찰경찰관에 의해서 자발적으로 시작된(self-initiated) 활동은 범죄와 관련되거나 관련되어 있지 않기 때문에 순찰활동 요소는 상당히 모호하다고 하였다.

2. 파메가 등의 연구

파메가(Famega) 등(2005)은 코드너(Cordner)의 초기 연구를 확증하였다. 그들의 연구는 볼티모어(Baltimore) 경찰서의 세 개 순찰지구(district)에 관한 것이었다. 그들은 순찰경찰관의 순찰근무 시간 중 3/4 이상은 임무를 부여받지 않는다는 것을 발견하였다. 이 시간 동안 경찰관은 자발적으로 일상 순찰을 하거나 출동 요청에 응하고 있는 다른 경찰관을 지원하였다. 또한, 2005년에 또 다른 연구에서 파메가(Famega)

(2005)는 1970년과 2001년 사이에 발간된 경찰 업무량에 관한 11개 연구 문헌을 검토한 결과 순찰경찰관이 분명히 많은 비가동 시간(downtime)을 갖고 있다고 하였다.

3. 카운티 및 소도시 경찰의 연구

경찰 업무량 연구의 대부분은 대규모 도시 경찰기관을 참여시켰는데, 한 연구는 카운티의 부(副)보안관(deputy sheriff)과 소도시 경찰관의 순찰시간 사용 비교에 집중하였다(Liederbach & Frank, 2006: 21-44). 이 연구는 오하이오(Ohio) 카운티에 위치한 부(副)보안관(deputy sheriff)과 다섯 개 소도시의 경찰기관에 대한 관찰을 포함하였다. 경찰활동 및 시민 상호작용을 조사했을 때 카운티의 부(副)보안관은 범죄 관련 문제를 공식적으로 다루는 데 그들의 시간 중 매우 많은 비율을 사용하였으나, 소도시의 경찰관은 훨씬 더 많은 시간 동안 비공식적인 시민 상호작용에 훨씬 더 많은 시간을 사용하였다.

4. 경찰 시작 상황과 시민 시작 상황 연구

1) 경찰에 의해 먼저 시작된 법집행 상황

윌슨(Wilson)(1968: 83-89)은 여덟 개 지역에 관한 연구에서 경찰관의 재량행위는 상황 유형에 따라서 다양하다는 것을 발견하였다. 그는 경찰은 교통 또는 마약 위반과 같이 경찰에 의해 먼저 시작된(self-initiated) 법집행 상황에서 많은 재량을 갖고 있었다. 이 경우에는 주로 어떤 종류의 행동이 취해져야 한다고 요구하는 피해자나 민원 제기자가 거의 없기 때문이다.

2) 시민에 의해 먼저 시작된 법집행 상황

시민에 의해 먼저 시작된(citizen-initiated) 법집행 상황에서 경찰은 더 적은 재량을 갖고 있다. 이 경우에 경찰은 주로 누가 범죄를 범했는지에 관하여 어떤 단서를 갖고 있지 않으며, 범죄자가 확인된다면 시민의 의견이 경찰관의 체포 결정에 종종 영향을 미칠 것이기 때문이다. 즉, 경찰관이 사건에 관련된 방법은 그들의 재량에 영향을 미치는데 경찰관이 시민에 의하여 출동요청을 받았을 때 사건 처리에 대해 보고해야 하기 때문에 더 적은 재량을 갖고 있다고 가정할 수 있다. 그러나 연구 결과는 그 반대를 보여준다. 경찰에 의해서 시작된 경찰활동은 시민 민원에 의해서 시작된 경찰활동보다도 공식적 보고 또는 체포를 더욱 야기할 것 같다(Black, 1971; Reiss,

1971).

3) 질서유지 상황

경찰관은 일반적으로 질서유지 문제를 다룸에 있어서 상당한 재량행위를 갖고 있다. 경찰관은 무질서한 상황을 발견할 때 여러 문제를 무시하는 것부터 무질서를 야기한 사람을 체포하는 것까지 다양한 방법으로 대응할 수 있다. 어떤 민원을 제기한 사람도 없고 어떤 목격자도 없으면서, 경찰에 의해서 먼저 시작된 상황에서 경찰관은 '낮은 가시도 결정'(low visibility decision)을 내리는 많은 재량을 갖고 있다.

제 3 절 행정재량과 집행재량

Ⅰ. 행정재량과 집행재량의 개념

행정가에 의해서 행사되는 재량과 일선 경찰관에 의해서 행사되는 재량은 개념적으로 구분할 수 있다. 행정재량은 경찰조직 내에 내재해 있다. 행정적 기능은 일선 경찰관의 행동을 안내하는 정책과 절차를 정하기 위하여 설계되는데, 경찰관리자는 기획, 조직화, 인력 배치, 지시, 조정, 예산과 같은 활동에 책임이 있다. 또한, 경찰관리자는 경찰활동을 집행함에 있어서 실질적인 재량을 갖고 있으며 최종적인 운용 결정 및 명령을 갖고 있다. 따라서, 경찰관리자가 여러 선택사항 중에서 특정 사항을 선택하더라도 일선경찰관은 일치된 행동을 할 수 있어야 한다(Chappell *et al.*, 2006).

Ⅱ. 행정재량

1. 경찰기관의 역할 방향 결정

행정재량(administrative discretion)은 경찰조직의 역할 방향을 결정하는 데 활용된다. 행정은 전체적으로 지역사회와 더 큰 지역사회 내에 존재하는 다양한 이웃의 욕구 및 기대에 관한 경찰관리자의 인식을 반영한다.

2. 지출의 계획 및 통제

모든 경찰조직은 재정적 제한 아래에서 운용되므로 요구되는 서비스에 대한 모든 욕구를 충족시키는 것은 불가능하다. 지출을 계획하고 통제하는 과정을 통하여 경찰관리자는 요구되는 서비스 유형을 우선순위화하고, 그렇게 함으로써 경찰조직의 주요 역할 및 중점을 설정하여야 한다.

3. 프로그램 및 지리적 관할구역에의 배치

프로그램 또는 지리적 관할구역에 대한 경찰관 배치는 행정적 재량 결정의 또 다른 사례이다. 경찰관리자가 경찰관을 배치할 때 본질적으로 우선순위에 의존하여 재량을 활용하고 있는 것이다. 가장 중요한 문제에 대해서는 더 큰 자원이 배정될 수 있다.

4. 집행방법의 통제

경찰관리자는 경찰관이 무엇을 행하는지뿐만 아니라 그것을 어떻게 행하는지를 통제하고자 시도한다. 앨퍼트(Alpert)와 던햄(Dunham)(1990)은 경찰추적 중 거의 1/3이 교통충돌을 야기하며 나머지 2/3는 사소한 교통위반을 일으킨다는 것을 발견하였는데, 특히 많은 교통충돌은 죄가 없는 제3자 또는 경찰관에게 피해를 야기하였다. 상대적인 위험성 및 민사소송의 가능성을 고려한 후 경찰관리자는 언제, 어떻게 추적하는지를 설명하는 규칙을 제정하였다. 일부 경찰조직은 생명 위험이 있는 중범죄(felony) 상황을 제외하고는 교통추적을 하지 못하도록 하였다. 이러한 규칙은 경찰추적과 관련된 교통충돌 사건 수를 감소시켰고 경찰관 재량행위 또한 감소시켰다.

Ⅲ. 집행재량

1. 집행재량의 행사

경찰관리자는 정책을 형성하고 명령·감독을 통해 지시를 제공함으로써 경찰관의 재량행위를 통제하고자 시도한다. 그렇더라도 경찰관은 여전히 법률을 집행하고, 서비스를 제공하고, 질서를 유지하는 방법과 관련하여 실질적인 집행 재량(enforcement discretion)을 갖고 있다. 경찰관은 특정 법률을 집행할지, 범죄를 수사할지, 사람을 정지시켜서 수색할지, 개인을 체포하거나 구금할지, 고소 제기를 위하여 사건을 검사에게 보낼지 등과 같은 다양한 결정을 함에 있어서 재량을 행사한다.

2. 집행재량의 일상화

많은 경우에 경찰관은 공식적 보고서를 제출하지 않기로 결정하거나 특정 범죄에 대한 수사를 행하지 않기로 결정할 수 있다. 경찰관의 재량은 시민을 멈추게 하여 조사하거나 수색 여부를 결정함에 있어서 일상적으로 행사된다. 몇몇 의심스러운 상황은 사후 대응적인 경찰관에 의해서 간과될 수 있지만 사전에 주도적인 경찰관에 의해서 수사될 수도 있다. 많은 환경이 체포를 허용하는 반면에 경찰관은 체포 대신에 선호하는 대안적인 조치를 결정할 수 있다.

3. 집행재량의 구조화

경찰 재량행위는 적절하게 구조화되면 매우 생산적일 수 있다. 경찰관이 지역사회 욕구에 대응하기 위해서 지역사회 경찰활동은 경찰관에게 재량을 부여한다. 지역사회 경찰활동은 경찰관이 문제에 대한 다양한 대응방안을 고려하여 활동할 것을 요구한다. 그러한 경찰관 행동의 핵심은 '결과'이며 성문화된 경찰절차 그 자체에 있는 것이 아니다. 오늘날 경찰 환경은 결정을 내리는 짧은 시간 동안에 좋은 판단을 할 수 있는 경찰관을 요구한다.

제4절 경찰 재량행위에의 영향요인 및 통제방안

Ⅰ. 경찰 재량행위에의 영향요인

다음과 같은 네 가지 주요 요소가 경찰 재량행위를 결정함에 있어서 경찰관에게 영향을 미친다(Jacob, 1973: 27).

1) 범죄의 특성

중대한 범죄는 경찰에게 그 범죄를 간과하지 못하거나 더 적은 재량을 행사할 수 있도록 한다.

2) 범죄자와 피해자 사이의 관계

일반적으로 경찰은 범죄자와 피해자가 친밀한 관계일 때 체포를 피하는 경향이 있다. 그러나 최근에 많은 경찰조직은 가정폭력사건에서 제한된 재량을 갖고 있으며 체포 정책을 채택하고 있다.

3) 경찰과 범죄자 또는 피해자 사이의 관계

일반적으로 예의를 갖춘 고소는 경찰에 의해서 더 진지하게 여겨지고 더 잘 다루어진다. 같은 방법으로 경찰관을 존중하는 범죄자는 경찰관을 적대시하는 범죄자보다 더 적게 체포될 것 같다.

4) 경찰관서의 정책

경찰서장 및 시 관리자가 선호하는 정책은 일반적으로 경찰관의 재량행위에 영향을 준다.

몇몇 연구는 범죄유형, 태도, 인종, 사회경제적 지위, 성, 경찰관 인종, 경찰관 동료집단의 압력을 포함하여 체포 여부에 관한 경찰 재량행위에 영향을 미칠 수 있는 다음과 같은 요소를 확인하였다.

1) 범죄의 심각성

경찰재량에 관한 연구에 따르면, 체포 결정에서 가장 중요한 요소는 범죄의 심각성이다. 이 요소는 범죄자의 현재 정신상태, 범죄자의 과거 범죄기록, 무기가 사용되었는지 여부, 고소의 가능성, 그리고 관련 경찰관에 대한 상대적 위험과 같은 정보에 의해서 보완된다(Siegel, Sullivan & Greene, 1974: 132-142).

2) 범죄자의 태도

범죄자의 태도는 경찰관의 체포 재량에 많은 영향을 미쳤다. 중대한 범죄를 범했거나 경찰에 의해서 지명수배된 범죄자는 예외로 하더라도 청소년 사건의 처분은 경찰에 의해서 청소년의 성격이 평가되는 방법에 주로 의존하였다(Pilavin & Briar, 1964: 206-214).

3) 동료집단의 태도

어떤 연구는 공격 순찰에 대한 동료집단 태도가 경찰의 무기사용에 영향을 미치지 않는다는 것을 발견하였는데, 연구자는 거의 1,500건의 경찰 피의자 접촉을 조사하였다(McCluskey *et al.*, 2005).

4) 인 종

많은 연구는 체포 재량이 인종과 관련 있는 것으로 보았다. 윌슨(Wilson)(1968)은 경찰 재량행위에 대한 인종의 영향은 관할구역마다 다양하며, 경찰 전문성의 한 기능일 수 있다고 하였다. 많은 연구는 인종적 편견이 피의자 체포 및 처리 결정에 영향을 미치지 않는다는 것을 보여주는 자료를 발표하였다(Willbanks, 1987). 지역의 인종 구성, 범죄자 인종, 피해자 인종, 경찰관 인종 등이 경찰 재량행위에 영향을 미칠 수 있다.

5) 성 별

경찰 재량행위와 범죄자의 성별에 관해서는 매우 갈등적인 증거가 있다. 경찰에 의해서 우연히 발견된 법위반에 대해서 남성과 여성이 똑같이 체포되고 공식적으로 처리될 것이라는 연구(Smith & Visher, 1981)가 있는 반면에, 그 자료의 재분석 결과는 남성보다는 여성의 체포 결정에 있어서 인구사회적 변수가 더 중요하다는 것을 보여주는 연구도 있다(Visher, 1983). 이 연구자는 경찰은 여성으로서의 태도와 행동에 있어서 적절하다고 여겨지는 범위에서 벗어난 여성을 더욱 체포할 것 같다는 것을 발견하였다. 2006년에 마이애미데이드(Miami-Dade) 카운티 경찰서의 66,000건 이상의 교통 검문에 대한 연구에서 경찰은 여성보다는 남성을 더욱 의심하는 것으로 발견되었다. 이러한 의심은 체포 결정과 매우 관련이 있었다(Smith, Makarios, & Alpert, 2006: 271-295).

Ⅱ. 경찰 재량행위의 통제방법

최근에 경찰관으로 하여금 재량행위의 적절한 행사에 대하여 준비시킬 필요성이 강조되고 있다. 실질적으로 문제가 되는 것은 통제되지 않으며 규제되지 않은 재량행위인 것이다. 경찰 재량행위는 폐지될 수 없고 폐지해서도 안되므로 경찰조직은 재량행위를 통제하고자 시도해야 한다.

1. 합리적 수준의 일치성 확보

대부분의 연구자는 같은 경찰조직 내에 있는 모든 경찰관이 유사한 이슈에 대하여 유사한 방법으로 다룰 수 있는 정도까지 재량행위가 좁혀져야 한다고 생각한다. 그들은 경찰조직의 목표, 우선순위, 운용 철학을 반영하는 재량행위에 제한이 있어야 한다고 느낀다. 경찰관이 광범위하고 다양한 상황에서 지역사회 내 유사한 사건을 다루는 데 있어서 합리적인 일치성을 확보하고 적절하고 편견에 치지 않는 방법으로 판단을 내릴 수 있도록 재량행위에 대한 제한이 충분히 특정되어야 한다(Goldstein, 1977: 21).

2. 공식적 지침 마련

경찰 재량행위를 관리하는 한 방법은 공식적인 정책이나 지침에 대한 준수를 요구하는 것이다. 많은 경찰조직은 1970년 초 경에 치명적 무기의 사용에 관하여 문서화된 정책을 확립하였다. 이러한 정책은 경찰에 의한 민간인 총격의 수를 감소시켰고, 민간인에 의하여 총격을 받은 경찰관의 수를 감소시켰다. 1980년대 이후 많은 경찰조직은 감정적으로 혼란스런 사람, 경찰 추격, 다른 중요한 이슈를 다루기 위한 공식적 절차를 확립하였다.

3. 조기 경보체계 확립

부적절한 재량행위를 다루는 한 방법은 경찰관 조기 경보체계(early warning system)를 확립하는 것이다. 이러한 자동화된 체계는 높은 건수의 무기사용 사건, 차량추격, 중요한 사건에의 관여, 낮은 건수의 체포 또는 시민 접촉 등과 같은 경찰관 통계에서 중요한 사건을 미리 탐지해 낸다. 이러한 조기 경보체계가 경찰관리자 및 감독경찰관에게 경고를 제공하면 감독경찰관은 불규칙적인 행동을 조사할 수 있다(Wilson, 1968: 33).

4. 올바른 재량행위를 위한 경찰관 특성의 확보

재량행위를 이해하는 좋은 방법 중 하나는 경찰관의 재량 행사 방법을 탐구하는 것이다. 구이옷(Guyot)(1991)은 경찰관의 재량 행사 방법을 조사한 후 재량을 올바르게 행사하기 위하여 경찰관이 어떤 특성을 갖고 있어야 하는지를 발견하였다. 경찰관이 다음과 같은 여섯 가지 특성을 갖고 있다면 정당하고 공정한 방법으로 재량을 행사할 것이다.

첫째, 경찰관은 호기심이 있어야 한다. 경찰관은 상황을, 특히 특별하거나 의심스런 상황을 조사하고자 하는 의지를 갖고 있어야 한다.

둘째, 경찰관은 위험을 인식할 수 있어야 한다. 위험성의 관점에서 상황을 평가하는 능력은 경찰관의 안전에 중요하지만 경찰관은 위험하지 않을 때에도 많은 상황을 위험한 것으로 보는 경향이 있다. 그것은 종종 경찰 입장에서 과잉 조치를 야기한다(Kappeler & Potter, 2005).

셋째, 구이옷(1991)은 뮤어(Muir)(1977)가 '안타까운 관점'(tragic perspective)이라고 지칭한 것을 경찰관이 갖고 있어야 한다고 주장한다. 본질적으로 경찰관은 공감적이어야 하고, 경찰활동 대상이 되는 사람 및 상황에 대한 동정적 이해를 갖고 있어야 한다. 경찰활동에 있어서 관료적 대응이 항상 정당한 결과를 가져오는 것은 아니다.

넷째, 경찰관은 경찰활동에 있어서 확고해야 하고, 어떤 상황에 직면할 때에도 실현 가능한 해결책을 확인해서 제시할 수 있어야 한다.

다섯째, 경찰관은 자기통제를 할 수 있어야 하고, 항상 자신의 역할, 책임, 의무를 인식해야 한다.

여섯째, 경찰관은 고유한 문제에 대하여 다양한 접근법을 사용하는 것을 배워야 한다. 문제해결 여부가 그날 하루의 성공 여부를 결정한다. 경찰관은 상황의 증상만을 다루기보다는 오히려 상황을 분석하고 실질적으로 해결할 수 있어야 한다.

5. 기타 경찰 재량행위 통제방법

경찰관리자는 다양한 도구를 사용하여 재량행위를 통제하고자 시도한다. 스트로샤인(Stroshine)과 그의 동료들(2008)은 경찰조직이 규칙을 통하여 재량행위를 통제하고자 시도한다는 것을 관찰했다. 마스트로프스키(Mastrofski) 등(2002)은 재량행위 통제는 종종 징계 과정을 통하여 행사된다고 제안하였다. 마스트로프스키(2004)는 경찰관 재량행위를 통제하는 방법으로 모집, 훈련, 직무 구조화를 확인하였다.

참고문헌

Alpert, G. P. & Dunham, R. G. (1990). *Police Pursuit Driving: Controlling Responses to Emergency Situations* (Contributions in Criminology & Penology). New York: Greenwood.

Alpert, G. P., Dunham, R. G., Stroshine, M., Bennett, K., & MacDonald, J. (2006). *Assessing Police Officers' Decision Making and Discretion in Making Traffic Stops in Savannah, Georgia*, 2002-Version 1. ICPSR-Interuniversity Consortium for Political and Social Research

Black, D. (1971). *The Social Organization of Arrest.* Stanford Law Review, 23: 1087-1111.

Chappell, A., MacDonald, J., & Manz, P. (2006). "The Organizational Determinants of Police Arrest Decisions". *Crime & Delinquency*, 52(2): 287-306.

Cordner, G. W. (1979). "Police Patrol Work Load Studies: A Review and Critique". *Police Studies*, 2(2): 50-60.

Davis, K. C. (1980). *Discretionary Justice: A Preliminary Inquiry.* Westport, CT: Greenwood Press.

Famega, C. N., Frank, J., & Mazerolle, L. (2005). "Managing Police Patrol Time: The Role of Supervisor Directives". *Justice Quarterly*, 22(4): 540-559.

Famega, Christine N. (2005). "Variation in Officer Downtime: A Review of the Research." *Policing: An International Journal of Police Strategies and Management*, 3: 388-414.

Goldstein, H. (1977). *Policing a Free Society.* Cambridge, MA: Ballinger Publishing.

Guyot, D. (1991). *Policing as Though People Matter.* PA: Temple University Press.

Jacob, H. (1973). *Urban Justice.* Boston: Little, Brown.

Kappeler, V. E. & Potter, G. W. (2005). *The Mythology of Crime and Criminal Justice* (4th ed.). Prospect Heights, IL: Waveland Press.

Kappeler, V. E., Sluder, R., & Alpert, G. P. (1998). *Forces of Deviance: Understanding the Dark Side of Policing* (2nd ed.). IL: Waveland Press.

Liederbach, J. & Frank, J. (2006). "Police the Big Beat: An Observational Study of County Level Patrol and Comparisons to Local Small Town and Rural Officers". *Journal of Crime and Justice*, 1: 21-44.

Mastrofsky, S. (2004). "Controlling Street-Level Police Discretion". *Annals of the American Academy of Political and Social Science*, 593: 100-133.

Mastrofsky, S., Reisig, M., & McCluskey, J. (2002). "Police Disrepect Toward the Public: An Encounter-Based Analysis". *Criminology*, 40: 101-133.

McCluskey, J. D., Terill, W., & Paoline, Ⅲ, E. (2005). "Peer Group Aggressiveness and the Use of Coercion in Police-Suspect Encounters". *Police Practice & Research: An International Journal*, 1: 19-37.

Muir, W. (1977). *Police: Streetcorner Politicians*. Chicago, IL: University of Chicago Press.

Pilavin, I. & Briar, S.. (1964). "Police Encounters with Juveniles". *American Journal of Sociology*, 70: 206-214.

Reiss, A. (1971). *The Police and the Public*. CT: Yale University Press.

Sheehan, R. & Cordner, G. W. (1989). *Introduction to Police Administration* (2nd ed.). Cincinnati: Anderson.

Siegel, L. J., Sullivan, D., & Greene, J. R. (1974). "Decision Games Applied to Police Decision Making". *Journal of Criminal Justice*, Summer: 132-142.

Smith, D. A. & Visher, C. A. (1981). "Street－Level Justice: Situational Determinants of Police Arrest Decisions". *Social Problem*, 29: 167-177.

Smith, M. R., Makarios, M., & Alpert, G. P. (2006). "Differential Suspicion: Theory Specification and Gender Effects in the Traffic Stop Context". *Justice Quarterly*, 2: 271-295.

Stroshine, M., Alpert, G., & Dunham, R. (2008). "The Influence of "Working Rules" on Police Suspicion and Discretionary Decision Making". *Police Quarterly*, 11(3): 315-339.

Walker, S. (1993). *Taming the System*. New York: Oxford.

Willbanks, W. (1987). *The Myth of a Racist Criminal Justice System*. Monterey, Calif. Brooks/Cole.

Wilson, James Q. (1968). *Varieties of Police Behavior: The Management of Law and Order in Eight Communities*. Cambridge, Mass.: Harvard University Press.

CHAPTER

15

경찰조직의 갈등관리

학습목표

1. 경찰조직 갈등관리의 개념 및 유형을 설명할 수 있다.
2. 경찰조직 갈등의 근원을 설명할 수 있다.
3. 경찰조직 갈등해결 전략 중 주요 전략을 설명할 수 있다.

제15장 경찰조직의 갈등관리

갈등을 해결하기 위한 경찰관리자 능력의 기초가 되는 것은 효과적으로 의사소통할 수 있는 능력이다. 갈등의 많은 부분은 형편 없는 의사소통의 결과이며, 갈등은 좋은 의사소통에 의해서 가장 잘 해결될 수 있다. 연구와 실질적인 경험은 갈등이 모든 경찰조직에 내재되어 있다는 것을 보여준다. 이것은 경찰조직과 같은 공공조직에서 특히 사실이다. 왜냐하면 경찰관 및 경찰관리자의 목표는 종종 서로 다르기 때문이다. 제15장에서는 경찰조직 갈등의 근원 및 갈등해결 전략에 대하여 살펴보고자 한다.

제 1 절 경찰조직 갈등관리의 개념 및 유형

Ⅰ. 경찰조직 갈등관리의 개념

갈등(conflict)이란 "두 명 이상의 사람 사이에 반대되는 욕구 또는 감정으로부터 발생하는 싸움"이라고 정의할 수 있다(Certo & Certon, 2009: 324). 예를 들면, 신임 경찰서장이 경찰조직의 손상된 이미지를 개선하기 위해서 임명되고, 그가 업무수행 방식에서 중요한 변화를 제안한다면 갈등이 발생할 것이다. 경찰관리자가 전통적인 정책 및 절차를 변경하고자 할 때 그들은 예외 없이 저항에 직면하게 된다. 이러한 상황에서 발생하는 갈등을 관리하는 능력은 경찰관리자의 필수적인 자산이며, 경찰관리자가 갈등을 관리하기 위한 최고의 도구 중 하나는 의사소통이다.

갈등의 어두운 측면에도 불구하고 갈등이 필연적으로 파괴적인 것은 아니다. 갈등의 원인과 갈등이 보여지는 방법은 궁극적으로 갈등이 유익하거나 파괴적인 것으로 보이는지 여부를 결정할 것이다. 갈등의 부정적 유형은 증오를 형성하고, 에너지를 고갈시키고, 개인 및 조직을 구분하는 것은 조직의 건강에 유해한 영향을 미친다. 그러나 긍정적 갈등은 관심을 자극하고, 침체를 예방하고, 창의성을 촉진하고, 집단 정체성을 제공하고, 단결심을 창조하고 유지할 수 있다(De Dreu & Van De Vliert, 1997: 23).

Ⅱ. 경찰조직 갈등의 유형

1. 경찰조직 갈등의 유형

경찰조직 내에 몇몇 갈등 유형이 존재한다. 퍼트넘(Putnam)과 풀(Poole)(1987: 549-599)은 다음과 같은 네 가지 유형의 갈등을 제시하였다.

1) 개인 간 갈등

개인 간 갈등(interpersonal conflict)은 갈등의 일반적인 유형 중 하나로서 개인 사이의 서로 다른 목표 및 가치 때문에 조직 구성원이 갈등을 일으킬 때 발생한다. 예를 들면, 경찰관리자가 지역사회 경찰활동에 내재하는 가치를 지지하지만, 그의 부하 직원 중 한 명이 지역사회 경찰활동의 가치를 지지하지 않을 때 개인 간 갈등이 발생할 수 있다.

2) 집단 내 갈등

집단 내 갈등(intragroup conflict)은 경찰조직 내에 있는 특정 집단 내에 긴장과 경쟁이 있을 때 발생한다. 순찰부서 내에 있는 경찰관의 의견이 자원 할당(allocation)에 대하여 나뉘어 질 때 그 결과는 주로 집단 내 갈등이 된다. 집단 내 갈등의 또 다른 예는 어떤 형사가 성공적 수사에 대한 순찰경찰관의 기여를 인정하지 않을 때 경찰관서에서 형사와 순찰경찰관 사이에 갈등이 발생할 수 있다.

3) 집단 간 갈등

집단 간 갈등(intergroup conflict)은 두 개 이상의 집단 사이에서 발생하는 갈등을 의미한다. 단체협상의 사례를 들면, 경찰 조합과 경찰관리자 사이에 불일치가 있을 때 집단 간 갈등이 발생하며, 특정 조직 내의 다양한 부서가 서로 불일치할 때 그 결과 집단 간 갈등이 발생한다.

4) 조직 간 갈등

조직 간 갈등(interorganizational conflict)은 여러 조직 사이에서 발생하는 갈등을 의미한다. 예를 들면, 사건관할과 관련하여 ○○경찰서장과 △△경찰서장 간의 의견이 불일치할 때 조직 간 갈등이 발생한다.

2. 경찰관리자 갈등의 유형

경찰조직의 경우 갈등의 많은 근원이 존재할 수 있다. 경찰조직이 기업 및 다른 정부조직과 많은 특성을 공유하고 있을지라도 고유한 실체를 갖고 있다. 경찰관리자가 경찰조직 내에서 발생하는 갈등의 유형 및 근원을 올바르게 인식할 수 있다면 갈등을 효과적으로 다룰 수 있게 될 것이다. 경찰관리자가 직면해 있는 공통된 갈등의 유형 및 근원을 간략하게 살펴보면 다음과 같다.

1) 직원 갈등

경찰관리자는 종종 직원 갈등을 다룬다. 특히, 불쾌한 방법으로 계속해서 행동하는 문제 직원은 사실상 모든 경찰조직에서 발견될 수 있다. 경찰관리자는 문제 직원을 면직시키는 것이 더 좋은지 또는 그의 행동을 개선시키려고 노력하는 것이 더 좋은지를 결정할 필요가 있다. 경찰관리자가 문제 직원에 대해 특정 조치를 취하지 않는다면 그 직원은 경찰조직의 효과성을 계속해서 감소시키며 경찰조직에 큰 피해를 줄 수 있다.

2) 경찰관서 간 갈등

갈등은 한 경찰관서와 또 다른 경찰관서 사이에 존재할 수 있다. 관할구역 권한과 누가 사건 현장의 책임을 맡는지와 같은 것에 관한 논쟁이 때때로 발생한다. 한 사례로서 어떤 자동차 사고가 두 개 시·도를 구분하는 고속도로의 진입 차선에서 발생한 경우 고속도로순찰대는 그 자동차 사고는 고속도로에서 발생한 것이 아니므로 자신의 수사 책임이 없다고 주장할 수 있다.

3) 시민과의 갈등

경찰조직과 시민 간의 갈등은 자주 발생하며 경찰활동의 특성으로 인해 피할 수 없다. 많은 경찰활동이 직면해 있는 성격 때문에, 그리고 때때로 비우호적인 관점에서 경찰을 표현하는 대중매체의 경향 때문에 경찰관리자는 종종 갈등 속에서 혼란스러워 하게 된다. 일부 시민은 일상적으로 경찰에게 민원을 제기하고 매우 공개적인 방법으로 그들의 불만을 표현하기도 한다.

Ⅲ. 경찰조직 갈등의 근원

경찰조직에 있어서 갈등은 많은 근원으로부터 발생하는데 다음과 같은 경찰조직 갈등의 근원이 확인될 수 있다(O'Rourke, 2010: 299).

1. 양립할 수 없는 목표

경찰조직은 매일 수행할 필요가 있는 많은 임무에 기초하여 여러 부서(division)로 구분되어 있다. 많은 경찰 부서는 양립할 수 없는 목표(incompatible goal)를 갖고 있으며, 특히 대규모 경찰조직에서 이것은 종종 조직 갈등을 야기한다. 교통과와 지역사회 경찰활동과 사이의 갈등을 예로 들면, 교통과의 목표는 교통법규를 집행하는 것이지만 이것은 시민을 불편하게 만들고 경찰-시민 관계에 어려움을 야기할 수 있다. 다른 한편으로, 지역사회 경찰활동과의 주요 목표는 경찰-지역사회 관계를 향상시키는 것이다. 그 결과, 각 과 내의 경찰관 사이에 갈등이 발생할 수 있고, 경찰활동 대상이 되는 시민과도 긴장, 갈등, 혼란이 발생할 수 있다.

2. 양립할 수 없는 시간 범위

경찰조직 내에서 시간 범위(time horizon)가 서로 다를 수 있다. 예를 들면, 신임 경찰서장이 부임하여 전통적 접근법에서 지역사회 접근법으로 경찰조직 철학을 변화시키도록 요청받을 수 있다. 그러한 변화는 시간이 지나고 성실한 경찰활동을 통해서만 효과가 있을 수 있다. 동시에, 경찰조직 내에서 가장 높은 계급의 경찰관인 경찰서장은 또한 범죄를 관리하고, 이 점과 관련하여 효과성을 증명해야 하는 단기간 책임이 있다. 따라서, 각각의 임무와 관련된 시간 범위는 상당히 다르며 그로 인해 자연적으로 갈등이 발생할 수 있다.

3. 중복되는 권한

양립할 수 없는 목표 및 시간 범위의 이면에는 중복되는 권한(overlapping authority)이 있다. 중복되는 권한은 동일한 임무에 대해서 두 개 이상의 부서장 또는 관서장이 권한을 주장할 때 발생한다. 분명한 권한 범위와 잘 정의된 직무 구분을 갖추고 있는 경찰조직은 중복되는 권한에서 발생할 수 있는 갈등에 더 적게 직면할 것이다. 그러나 경찰조직이 그러한 방법으로 조직되어 있지 않다면 그로 인해 갈등이 발생할 수 있는데 이러한 갈등은 운용부서(operational unit) 사이에서 종종 발생한다.

4. 임무의 상호의존성

경찰조직 갈등의 또 다른 근원은 임무 상호의존성(task interdependence)이다. 이것은 몇몇 집단, 팀, 또는 부서가 서로에게 의존할 때 발생한다. 한 명 이상의 사람이 같은 임무를 부여받을 때 갈등은 거의 필연적으로 발생한다. 임무의 상호의존성에는 두 가지 유형이 있다.

첫 번째 유형은 연속적인(sequential) 상호의존성이다. 한 개 이상의 부서가 또 다른 부서의 활동에 의존할 때 연속적인 상호의존성이 존재한다. 경찰조직 내에서 연속적인 상호의존성은 순찰경찰관과 형사 사이에 때때로 존재한다. 형사는 수사 보고서 및 예비수사를 마무리하기 위하여 순찰경찰관에게 의존한다. 형사는 순찰경찰관의 예비수사 중 일부가 기준 미달이어서 순찰경찰관이 형사에게 더 많은 업무를 떠넘긴다고 불평할 수 있다.

두 번째 유형은 호혜적인(reciprocal) 상호의존성이다. 개인이나 집단이 상호의존적일 때 호혜적인 상호의존성이 존재한다. 주로 몇몇 부서에서 온 경찰관으로 구성된 마약 특별팀(task force) 구성원은 호혜적인 상호의존성을 지니고 있고, 그들 모두는 주된 목표를 향해서 함께 활동하도록 요구된다.

5. 지위 불일치

경찰관의 특정 계급과 관련된 지위가 명확하지 않을 때 지위 불일치(status inconsistence)로 인한 갈등이 발생할 수 있다. 지역사회 경찰관은 순찰경찰관과 동일한 지위를 갖고 있는가? 만약 그렇지 않다면 지위 불일치와 관련된 갈등이 발생할 수 있다. 그러나 명확한 권한 구분 및 분명한 수평적·수직적 의사소통이 이루어지는 경찰조직에서 지위 불일치는 일반적인 것이 아니다.

6. 부족한 자원

자원 부족(resource shortage)은 다른 공공조직은 말할 필요도 없고 거의 모든 경찰조직이 직면해 있는 문제이다. 경찰관리자는 자원 부족에서 발생하는 갈등에 가장 직면할 것 같은데, 이것은 각각의 부서가 제한된 자금 및 장비공급 중에서 자신들의 몫을 받을 수 있도록 보장하는 것과 관련된다. 몇몇 부서가 다른 부서보다 더 많거나 더 적은 자금 및 장비를 받는 것은 조직적 갈등, 적개심, 증오, 좌절, 부적절성을 야기할 수 있다.

7. 의사소통 실패

의사소통 실패(communication failure)는 신체적 및 심리적 장벽 때문에 발생할 수 있다. 시기 적절성, 경험적 장벽, 또는 다른 문제는 효과적인 의사소통을 방해할 수 있다. 한 당사자가 다른 당사자를 싫어하고, 불신하고, 원망한다면 의사소통 실패는 특히 파괴적일 수 있다. 다른 한편으로, 일상적으로 함께 지내는 당사자 간의 의사소통 실패는 더 적은 갈등을 야기할 것이다.

8. 개인 간 차이점

모든 조직은 개인 간 차이점(individual difference)을 갖고 있다. 성격, 배경, 경험, 가치, 다른 요소의 차이점은 자주 갈등의 근원이 된다. 경찰관리자의 직무 중 하나는 개인 간 차이점과 관련된 부정적인 결과를 최소화하는 것이다. 다양성은 경찰조직에 이익이 될 수 있지만 다양성의 이면인 갈등은 최소화될 필요가 있다.

9. 양립할 수 없는 평가 절차

성과에 대하여 보상을 하고 징계를 하는 양립할 수 없는 평가 절차(evaluation procedure)는 갈등의 근원이 될 수 있다. 예를 들면, 협력을 요구하는 상황에서 보상경쟁은 갈등을 야기할 수 있다. 또한, 처벌 절차가 불일치하고 적절하지 않을 때 기대한 효과를 가져올 수 없다. 따라서, 경찰관리자의 임무는 성과가 일관되도록 하고 이에 대해서 책임 있게 보상하거나 처벌하는 것이다.

제 2 절 경찰조직의 갈등해결 전략

Ⅰ. 갈등 근원의 확인 및 필요한 조치 실행

경찰관리자는 경찰조직 내에 갈등의 근원을 확인할 필요가 있고, 갈등이 건설적으로 다루어지는 데 필요한 조치를 취할 필요가 있다. 갈등이 항상 파괴적인 것은 아니며 긍정적인 갈등도 있다. 그렇다면, 경찰관리자의 또 다른 임무는 긍정적 갈등과 부정적 갈등 사이를 구분하고, 부정적 갈등의 해로운 효과를 최소화하도록 노력하는 것이다(Gaines & Worrall, 2012: 226). 수많은 도구 및 전략이 갈등을 감소시키고 해결하기 위해 이용될 수 있다(Sun, 2003). 몇몇 전략은 최소의 반대에 처할 수 있고, 다른 몇몇 전략은 갈등의 당사자에게 더 많은 노력을 요구하며 비교적 극단적인 반대에 처하게 될 수 있다.

Ⅱ. 갈등해결의 구체적 전략

1. 갈등 근원의 변경

갈등의 수준을 줄이는 최선의 도구는 갈등의 근원을 변경하는 것이다. 앞에서 언급된 갈등의 여러 근원을 고려한다면, 이 전략은 목표가 양립 가능하며, 권한이 중복되지 않고, 상호의존성이 경찰조직에 손해가 되지 않는다는 조치를 취하는 것이다. 운이 없게도 이러한 해결책은 많은 시간이 걸리거나 많은 비용이 든다. 그럼에도 불구하고, 목표를 명확히 하고 부서 책임을 명료하게 하는 것은 때때로 갈등을 줄이는 데 도움이 된다.

2. 제3자에의 호소

제3자에의 호소 전략은 중재(mediation), 조정(arbitration), 소송(litigation)에서 나온다. 가능하다면 두 당사자 간의 논쟁은 두 당사자에 의해 해결되는 것이 바람직하다. 그러나 더 이상 건설적이고 효과적으로 의사소통할 수 없는 상황에서는 판사 또는 중재자와 같은 제3자에게 요청하는 것이 필요하다. 때때로 경찰관리자는 제3자로 행동할 수 있다. 예를 들면, 갈등이 두 개 이상의 부서 사이에서 발생한다면, 경찰관리자는 이러한 갈등을 해결하고자 시도하는 첫 번째 사람인 것이다.

3. 개인 간 갈등 관리 전략

개인 간 갈등 관리 전략은 경찰관리자를 제3의 당사자 역할을 부여한다. 경찰관리자는 다섯 개의 해결책 중에서 하나를 통해서 갈등을 완화시키고자 시도하고, 각각의 해결책은 대인 간 기술에 의존한다(Rahim & Magner, 1995). 위버(Weaver)와 파렐(Farrell)(1999)에 따르면, 개인 간 갈등 관리 전략은 다음과 같다.

1) 회피 접근법

회피(avoiding)는 바람직하지 않다. 왜냐하면, 그것은 갈등이 저절로 사라질 것을 희망하면서 갈등을 무시하거나 억압하는 것과 관련되어 있기 때문이다.

2) 조정 접근법

조정(accommodating)은 갈등을 지속하기보다는 오히려 경찰관리자가 반대자로 하여금 그의 뜻대로 하도록 허용하는 것이다.

3) 경쟁 접근법

경쟁(competing)은 갈등을 통제하면서도 해결하기 위해 노력하는 것이다.

4) 절충 접근법

절충(compromising)은 각 당사자가 상호 만족스러운 해결책이 성취될 수 있도록 양보를 하는 것이다.

5) 협력 접근법

협력(collaborating)은 양보를 하기보다는 함께 노력하도록 촉진하는 것이다.

4. 다양성 인식 및 기술 증진

경찰관리자는 다양성 인식 및 기술을 증진시키기 위한 조치를 취할 수 있다. 갈등이 사람으로 인해 생길 때 이 전략은 유용할 수 있다. 예를 들면, 더 나이 든 경찰관은 나이 어린 감독경찰관에게 보고해야 하는 것에 대하여 분노를 느낄 수 있다. 여성 경찰관의 어려움은 지난 수십 년 동안 상당히 개선되었지만 다양성으로 인한 또 다른 갈등의 원인이 되고 있다(Hale & Wyland, 1999: 450-458).

5. 직무순환 또는 임시직무

좀 더 공격적인 갈등해결 전략은 구성원을 다른 직무로 직무순환(job rotation)을 실시하는 것이다. 구성원들은 함께 지낼 수 없기 때문에 또는 그들에게 부여된 직무 활동 및 요구사항을 이해하지 못하기 때문에 때때로 갈등이 발생한다. 그러한 상황에서 경찰관리자는 갈등을 최소화하기 위하여 구성원을 임시적으로 다른 부서에 배치할 수 있다. 이러한 해결이 징계로 인식되어서는 안된다. 오히려 직무순환 및 임시직무는 경찰관의 기초 지식 및 다른 부서에 관한 인식을 확대시킬 수 있고, 경찰관이 원래 직무로 다시 전보될 때 많은 도움이 될 것이다.

6. 영구적인 전보 또는 해임

경찰갈등을 감소시키기 위한 가장 극단적인 수단은 문제 있는 경찰관을 영구적으로 전보시키고 정직(suspension)과 같은 징계조치를 취하거나 해임하는 것과 관련이 있다. 그러나 이러한 선택은 마지막 수단으로 여겨져야 한다. 종종 조기에 확인된 갈등은 어느 정도 쉽게 해결될 수 있으므로 경찰관리자는 영구적인 전보, 정직, 또는 해고에 의존하기 전에 다른 모든 수단을 먼저 활용해야 한다.

7. 조직구조 및 조직문화의 변화

경찰갈등 해결에 대한 어려운 접근법 중 하나는 경찰조직의 구조 및 문화를 변화시키는 것과 관련이 있다. 전문적 경찰활동 모델에서 지역사회 경찰활동 모델로 조직문화를 변경함에 있어서 경찰조직이 직면해 있는 어려움을 고려해 볼 필요가 있다(Trojanowicz, Kappeler, & Gaines, 2001). 특히, 지역사회 경찰활동 패러다임과 유사한 방법으로 경찰조직의 구조를 변화시키려는 시도는 여러 미국 경찰조직의 경우에 실패한 바 있다(Maguire, 1997).

참고문헌

Certo, S. C. & Certo, S. T. (2009). *Modern Management: Concepts and Skills* (11th ed.). Upper Saddle River, NJ: Prentice Hall.

Daft, R. L. (2010). *Management* (9th ed.). Mason, OH: South-Western Cengage Learning.

De D. C. & Van De V. E. (1997). *Using Conflict in Organizations*. Thousand Oaks, CA: Sage.

Gaines, L. K. & Worrall, J. L. (2012). *Police Administration* (3rd ed.). Clifton Park, NY: McGraw-Hill.

Hale, D. & Wyland, S. M. (1999). "Dragons and Dinosaurs: The Plight of Patrol Women". in L. Gaines & G. Gordner (eds.). *Policing Perspectives*. Los Angeles: Roxbury Press.

Litterer, J. A. (1966). "Conflict in Organizations: A Reexamination". *Academy of Management Journal*, 9: 178-186.

Maguire, E. R. (1997). "Structural Change in Large Municipal Organizations during the Community Policing Era". *Justice Quarterly*, 14(3): 547-576.

O'Rourke, J. S. (2010). *Management Communication: A Case-Analysis Approach*. Upper Saddle River, NJ: Prentice-Hall.

Putnam, L. L. & Poole, M. S. (1987). "Conflict and Negotiation." in F. M. Jablin, L. L. Putnam, K. H. Roberts, & L. W. Porter (eds.). *Handbook of Organizational Communication: An Interdisciplinary Perspective*. Newbury Park, CA: Sage.

Rahim, M. A. & Magner, N. R. (1995). "Confirmatory Factor Analysis of the Styles of Handling Interpersonal Conflict: First-Order Factor Model and Its Invariance across Groups". *Journal of Applied Psychology*, 80(1): 122-132.

Sun, I. Y. (2003). "A Comparison of Police Field Training Officers' and Nontraining Officers' Conflict Resolution Styles: Controlling versus Supportive Strategies". *Police Quarterly*, 6(1): 22-50.

Trojanowicz, R., Kappeler, V., & Gaines, L. K. (2001). *Community Policing: A Contemporary Perspective* (3rd ed.). Cincinnati: Anderson Publishing.

Weaver, R. G. & Farrell, J. D. (1999). *Managers as Facilitators: A Practical Guide to Getting Work Done in a Changing Workplace*. San Francisco, CA: Berrett-Koehler.

Wilkins, L. T. (1975). "A Typology of Decision-Makers?". in William E. Amos & Charles L. Newman (eds.). *Parole: Legal Issues/Decision-Making/Research*. New York: Federal Legal Publications.

CHAPTER

16

경찰조직의 성과평가 및 생산성 측정

학습목표

1. 경찰조직 성과평가의 이슈를 간략하게 설명할 수 있다.
2. 경찰조직 성과평가의 네 가지 측면을 설명할 수 있다.
3. 경찰조직 생산성의 전통적 측정을 설명할 수 있다.
4. 경찰조직 생산성의 현대적 측정을 설명할 수 있다.

경찰조직의 성과평가 및 생산성 측정

시민은 경찰조직이 업무를 얼마나 잘 수행하고 있는지를 알 필요가 있다. 시민이 자신의 경찰조직을 확인해 보고, 질문을 하고, 그 지역의 공공안전 욕구가 제대로 충족되고 있는지를 스스로 판단해 보는 것은 시민으로서의 권리이자 의무이다. 대부분의 시민이 성과측정 및 경찰활동에 있어서 전문가적 자질이 부족할지라도 경찰 서비스의 소비자이고 경찰성과에 관한 최종 판단자이다. 제16장에서는 경찰조직의 성과평가 및 생산성 측정의 주요 이슈 등에 관하여 학습하고자 한다.

제 1 절 경찰조직의 성과평가

Ⅰ. 경찰조직 성과평가의 개념

경찰감독자는 조직구성원의 1년간 또는 반년간 근무성적을 평정하기 위하여 정보를 필요로 하고, 경찰관리자는 어떤 경찰관을 승진시키고, 강등시키고, 특별부서로 배치하고, 근무계약을 종료할 것인지를 결정할 때 관련 정보를 필요로 한다. 경찰서장은 부서 책임자의 성과를 평가하고 전략·전술·프로그램을 평가하기 위하여 정보를 필요로 한다. 경찰조직의 내부 관리는 성과 수준에 관한 정보에 의존하며, 경찰관리자는 이러한 정보를 활용해서 더 현명하게 일함으로써 조직향상에 기여할 수 있다(Stewart, 1985: 371-382).

조직 효과성에 대한 평가는 사실상 개인 효과성에 의존하는데 이것은 특히 경찰조직에 대해서도 사실이다. 많은 경찰업무는 시민 및 개개의 경찰관과의 대면 접촉과 관련되어 있기 때문이다. 성과평가(performance appraisal)는 경찰감독자 등이 조직구성원에 대해서 체계적으로 평가하는 것이며 경찰조직이 선택한 표준화된 양식에 따라서 행해진다.

Ⅱ. 경찰 성과평가

1. 성과평가의 목표 및 기준

성과를 평가하는 것은 무엇을 측정할 것인지에 관한 결정을 필요로 한다. 개인활동이나 조직활동의 모든 측면을 측정하는 것은 사실상 불가능하다. 무엇을 측정할 것인지를 결정하는 것은 수행되는 많은 활동 중에서 가장 중요한 것에 관한 선택을 필요로 한다. 그렇지만 경찰활동의 다양한 측면의 상대적 중요성에 관하여 상당한 불일치가 있다. 몇몇 시민과 경찰관은 체포, 사건해결율, 범죄율과 같은 범죄통제 요소를 측정하는 데 만족해한다. 표면상으로 이것은 경찰활동의 더욱 중요한 측면을 대표하는 것처럼 보이기도 한다(Kelling, 1996: 23-36). 이러한 불일치 문제를 감소시키는 가장 좋은 방법은 다양한 측정수단을 사용하는 것이다.

2. 객관적 측정 및 주관적 측정

경찰 성과평가에 있어서 또 다른 이슈는 객관적(objective) 측정과 주관적(subjective) 측정의 상대적 유용성에 관한 것이다. 체포 건수나 범죄율과 같은 객관적 측정은 정확성을 갖고 있다. 경찰조직이나 경찰관에 대한 시민 만족도와 같은 주관적 측정은 일반적으로 실수하기 쉽고 의문시된다. 객관적 측정과 주관적 측정의 특성 때문에 몇몇 경찰관리자는 주관적 측정을 최소화하고 객관적 측정에 의존하는 경향이 있다. 경찰관리자는 적절한 측정지표를 선택하기 전에 경찰성과의 중요한 측면에 관하여 먼저 생각할 필요가 있다. 성과의 몇몇 측정은 객관적으로 측정하기에 용이하고, 다른 성과 측정은 주관적으로 더 잘 측정될 수 있다.

3. 양 대 질

양 대 질의 이슈는 객관적·주관적 측정과 측정하기 쉬운 것을 측정하는 경향과 밀접하게 관련되어 있다. 성과의 양은 성과의 질보다 일반적으로 측정하기 더 쉽고 객관적인 측정일 수 있다. 교통 범칙금 수는 쉽게 측정되고 제시될 수 있지만, 경찰관의 자질이나 경찰관서의 집단성과를 측정하고 표현하는 것은 훨씬 더 어렵다.

경찰 서비스의 질에 대한 '시민 평가'와 경찰관 보고서에 관한 '감독경찰관의 평가'는 성과측정의 질에 대한 좋은 주관적 측정 도구가 된다. 때때로 객관적인 측정 도구는 질을 반영할 수 있는데, 위험한 운전으로 발부된 범칙금 유죄율, 교통범칙금에 의해서 부과된 전체 액수 등은 단순히 발부된 교통 범칙금 수보다 교통단속(traffic enforcement)의 질을 측정하는 데 더 유익할 수 있다.

4. 신뢰성 및 타당성

1) 신뢰성

경찰 성과평가의 중요한 요소가 확인되고 측정 도구가 선정되면 자료를 수집하고 성과를 평가하는 업무가 시작된다. 이 경우에 자료의 신뢰성(reliability)과 타당성(validity) 이슈가 신중하게 분석될 필요가 있다. 측정 도구를 통해서 개인이나 조직이 어떤 점수를 획득했는지를 결정하기 위한 정확한 자료가 수집될 수 없다면, 경찰 성과평가를 위해 주의 깊게 만들어진 측정 도구는 가치가 없다. 경찰활동에 관한 성과자료는 반복된 측정을 통해 같은 점수가 나오게 하는 정도에서 신뢰될 수 있다.

2) 자료의 타당성

자료의 타당성은 사실상 성과를 정확하게 측정하는 정도를 의미하며, 타당성이 없는 자료는 신뢰할 수 없다. 경찰관서의 모든 형사가 다른 범죄로 이미 구금된 범죄자와 연결시켜서 사건을 해결한다면 그 사건해결율은 신뢰할 수 있다. 왜냐하면 각각의 형사의 결정은 같은 규칙에 의하여 내려질 것이기 때문이다. 그러나 그 사건해결율은 타당성이 없을 것이다. 왜냐하면 사건해결율은 해결되지 않았을 수도 있는 사건에 기초하는 것이기 때문이다.

5. 원인 및 결과

1) 범죄율의 문제점

경찰관서는 전통적으로 범죄율을 기초로 시민, 정치지도자, 경찰관리자에 의해서 평가되었다. 그러나 신고된 범죄 감소는 경찰 효과성의 증거로는 부정확하게 여겨졌고, 또한 신고된 범죄 증가는 경찰 효과성의 부족을 보여주는 것으로서 부적절한 것으로 인식되었다. 이러한 전통적 접근은 합리적이지 않다. 왜냐하면 경찰성과와 범죄 사이의 인과관계는 정확하게 알려져 있지 않기 때문이다.

우리는 범죄율이 다양한 사회적 · 경제적 · 조직적 요소에 의해 영향을 받을 수 있다는 것을 알고 있으며, 경찰성과는 그 많은 요소 중 하나이다. 악화되는 경제적 조건 때문에 범죄율이 증가한다면, 경찰을 비난하고 경찰에게 부정적인 평가를 하는 것은 공정하지 않을 것이다. 마찬가지로 범죄율이 인구 고령화 때문에 감소한다면, 범죄율의 하향 추세에 대해 경찰을 신뢰하고 긍정적인 평가를 하는 것은 합리적이지 않을 것이다.

2) 타당한 지식의 필요성

과학자는 원인과 결과를 연결시키기 위한 엄격한 규칙을 만들었다. 그러나 경찰관리자는 다른 조치의 효과에 관한 최선의 판단에 기초하여 배치 결정을 행하고, 정책을 형성하고, 전략을 수행해야 한다. 그러나 이러한 판단은 타당한 지식에 의해서 지지될 필요가 있고, 그러한 지식은 연구, 실험, 타당한 분석을 통해서 형성된다. 궁극적으로 우리가 경찰성과의 다양한 효과에 관하여 많은 것을 알면 알수록 경찰관이 보호하고 봉사하는 방법에 더 효과적인 영향을 미칠 수 있는 훌륭한 결정을 내릴 수 있다.

Ⅲ. 경찰 프로그램 및 전략 평가

1. 인풋, 과정, 아웃풋, 결과의 평가

1) 결과의 개념

경찰관리자는 정보에 기초한 경찰정책, 경찰관 배치, 전략적 · 전술적 결정을 내리기 위하여 프로그램 및 전략의 효과성에 관한 정보를 필요로 한다. 새로운 프로그램과 전략의 효과성을 판단하고, 그것이 계속되고, 수정되고, 폐지되어야 하는지 여부를 결정하기 위한 공식적 평가가 필요하다. 경찰 프로그램 및 전략은 일반적으로 지역사회 문제 및 조건에 영향을 미치는 것으로 여겨진다. 예를 들면, 공격적인 순찰은 거리 범죄를 감소시킬 것으로 의도되고, 거주지 목표대상 강화는 강도 및 절도를 줄일 것으로 의도되고, 위기 개입은 경찰이 정신적 질병 위기를 경험하고 있는 사람의 갈등과 폭력을 줄이고자 의도된다. 이러한 효과는 결과(outcome)이며, 프로그램이나 전략이 만족스런 결과를 가질 때 평가 부분은 그 만족스런 결과가 성취되었는지 여부에 대한 결정을 포함해야 한다.

2) 인풋, 과정, 아웃풋, 결과의 측정

원인과 결과의 관계를 형성하기 위하여 평가는 인풋, 과정, 아웃풋, 결과를 측정해야 한다. 예를 들어, 공격 순찰 평가는 그 전략에 투입되는 자원의 양, 그것을 성취하기 위하여 이용되는 방법, 즉각적인 아웃풋을 측정할 필요가 있다. 전략 실행이 의도된 효과를 갖고 있는지에 대한 정보가 중요하다. 전략 실행의 실패는 그 전략을 운용하는 데 필요한 자원을 투입함에 있어서 실패와 관련될 수 있고, 또는 자원을 의도한 대로 이용하는 데 있어서 실패와 관련될 수 있으며, 또는 기대된 즉각적인 아웃풋을 획득하는 데 있어서 실패와 관련될 수 있다. 평가가 실행 실패를 확인하고 전략이나 프로그램이 충분히 실행되지 않은 이유를 지적하기 위해서는 인풋, 과정, 아웃풋에 관한 정보가 수집되어야 한다.

2. 관 찰

무엇이 바람직한 결과를 야기하는지에 대해 정확하게 결정할 필요성 때문에 프로그램 및 전략 평가는 일반적으로 과학적 방법의 이용을 요구한다. 그러나 프로그램 및 전략을 분석하는 데 과학적이지 않지만 중요한 접근법이 존재하는데, 그것은 관찰(monitoring)이라고 불린다. 관찰은 경찰관리자로 하여금 프로그램 및 전략이 의도된 대로 실행되고 있는지 여부를 결정할 수 있도록 해준다. 관찰은 또한 범죄, 시민 만족, 다른 지표의 상태에 관한 정보를 제공할 수 있다. 이상적으로 관찰은 운용·관리 정보 체계의 이용을 통하여 성취될 수 있다. 그러나 몇몇 새로운 프로그램 및 전략의 관찰은 일상적으로 이용될 수 없는 정보를 필요로 할 수 있는데, 이러한 경우에 특별한 자료수집, 분석, 정보체계가 만들어져야 할 것이다.

3. 내부평가 대 외부평가

1) 외부평가의 필요성

경찰조직의 구성원에 의해서 행해지는 평가는 객관적일 수 있지만 평가에 영향을 미치려는 조직적 압력의 가능성이 존재한다. 게다가, 내부 평가는 외부 평가와 같은 신뢰성을 거의 지니지 못한다. 따라서, 특별한 논란이 되는 프로그램을 평가할 때 경찰조직 구성원이 아닌 전문가가 평가할 필요가 있다. 평가가 경찰조직 내부에서 이용될 수 없는 기술 및 전문가적 자질을 필요할 때 외부 평가가 필요하고, 중립적이고 편견에 치우치지 않는 평가가 중요할 때는 외부 평가가 권고된다.

2) 메타 평가

모든 평가가 분명하고 유용한 정보를 제공하지는 않을지라도 경찰 서비스에 대한 평가는 경찰기획 및 의사결정에서 이용할 만한 귀중한 정보를 제공한다. 최근에 프로그램의 효과성에 관하여 가능성이 있는 결론을 끌어내기 위하여 특정 경찰 프로그램(예 범죄다발지역 집행 또는 이웃 서로 돌봐주기)의 모든 개별적인 평가를 통계적으로 결합시키려는 메타 평가가 행해졌다. 이러한 메타 평가는 경찰 현장이 우연적이지 않고 더욱 증거에 기반한 실행 및 의사결정을 내릴 수 있도록 도울 수 있다.

4. 조직성과 평가

경찰관리자, 정치지도자, 시민은 모두 경찰조직이 어떻게 업무를 수행하고 있는지를 알 필요가 있다. 특히, 이들은 경찰조직이 다른 경찰조직과 어떻게 비교되는지를, 올해의 성과가 지난해의 성과와 어떻게 비교되는지를, 그들의 성과가 시민의 기대와 어떻게 비교되는지를 알 필요가 있다.

1) 공식범죄통계

미국 경찰조직은 FBI에 의해서 매년 발간되는 통일범죄보고서(UCR)의 일부로 수집된 통계자료에 기초해서 평가되었다. 이러한 통계자료가 가치를 지니고 있을지라도 경찰성과의 측정지표(indicator)로서의 적절성이 의문시되었다. 예를 들면, 보고된 범죄건수는 실제 범죄건수를 측정한 것이 아니며 그것은 경찰조직의 보고에 의해서 변경될 수도 있다.

미국에서 1960년대와 1970년대 동안 몇몇 국가위원회는 경찰활동의 다른 가치 있는 측면을 배제한 채 범죄자 추적과 범죄율에 매달리는 것은 잘못된 생각이며 역효과라고 하였다(Whitaker *et al.*, 1982: 4). 몇몇 국가위원회는 범죄통제를 강조하는 것 외에 서비스, 질서유지, 그리고 시민과의 좋은 관계에 관하여 경찰성과 측정의 중요성을 강조하였다.

2) 법집행기관 승인 프로그램

최근에 법집행기관 승인 표준을 세우고자 하는 노력은 '법집행기관 승인 프로그램'(Law Enforcement Agency Accreditation Program)이다(Standards for Law Enforcement Agencies, 2006). 이 프로그램은 승인을 받으려고 하는 경찰기관에 의해 충족되어야 하는 표준을 포함하고 있다. 승인 표준은 아웃풋 또는 결과보다는 오히려 인풋 및 과정에 초점을 두고 있으며, 경찰조직이 자유재량 활용에 관한 정책을 갖고 있도록 요구한다. 경찰관은 승인을 받기 위하여 범죄해결이나 시민 만족의 특정한 수준을 성취해서는 안된다. 따라서, 법집행기관 승인 표준이 경찰행정 실행의 철저함을 평가하기 위한 유용한 지침을 제공할지라도 경찰기관 성과를 평가하는 데 제한된 가치를 갖고 있다(Cordner & Williams, 1999: 372-379). 또한, 법집행기관 승인 프로그램은 결과와 성과 질의 측정을 더욱 더 통합시키고자 하는 노력에서 승인 표준 및 보고 조건을 계속해서 개정하고 있다.

3) 경찰조직 특성을 강조한 경찰조직 평가

범죄율이나 출동시간보다는 경찰조직 특성을 강조한 경찰조직 평가에 대한 접근법은 경찰서장이었던 쿠퍼(David C. Couper)에 의해서 제안되었다. 「지방경찰을 측정

표 16-1 경찰조직의 측정방법

- 경찰서장은 어떤 종류의 사람인가?
- 경찰서장은 경찰기관을 위해 어떤 말을 하는가?
- 경찰서장은 기관의 정책을 분명하게 그리고 이해하기 쉽게 말하는가?
- 경찰조직은 그 목적에 관하여 분명한 감각을 갖고 있는가?
- 모든 운용활동을 위하여 글로 쓰여진 정책이 있는가?
- 경찰조직은 가장 자질이 좋은 개인을 경찰관으로 선발하는가?
- 경찰조직은 경찰관에게 높은 품질의 훈련을 제공하는가?
- 경찰조직은 훌륭한 경찰관을 위한 최소한의 조건을 강화하는가?
- 경찰조직은 무기사용을 억제함에 있어서 경찰관에 지침을 내리고, 훈련시키고, 감독하는가?
- 경찰조직은 비행에 감당하는 경찰관을 기꺼이 수사하고 징계를 하는가?
- 경찰관은 개인의 권리는 존중하는가?
- 경찰조직은 모든 지역사회 자원을 사용함으로써 범죄와 질서문제를 분석하는가?
- 경찰조직은 인근 법집행기관 및 형사사법체계 내의 다른 기관과 협력하고 조정하는가?
- 경찰조직은 시민과 잘 소통하는가?
- 경찰조직은 대중매체에 어떻게 접근하는가?

자료: Couper, 1983.

하는 방법」(How to Rate Your Local Police)이라는 제목의 논문에서 쿠퍼는 〈표 16-1〉의 질문에 대한 대답은 경찰조직 성과의 양적 측정보다는 질적 평가에 관하여 더 많은 것을 말해준다고 주장하였다. 그는 시민에게 〈표 16-1〉에 있는 질문을 물어보도록 권고한다.

4) 국가생산성위원회

행정적 표준 및 질적 이슈에 기초한 성과평가 접근법은 경찰조직을 판단할 수 있는 많은 유용한 정보를 제공하지만 우리는 문제를 해결하고 목표를 성취함에 있어서 효과성 측정에도 관심을 가져야 한다. 경찰기관을 효과적으로 측정하고 평가하기 위한 체계(system)를 만들고자 시도했던 주요 프로젝트는 국가생산성위원회(National Commission on Productivity)와 관련이 있다. 이 위원회는 순찰 성과 및 범죄통제 측정에 중점을 두면서 의미 있고 실용적인 경찰조직 생산성을 측정하고자 노력했다. 그 결과 〈표 16-2〉와 같은 많은 흥미 있는 성과 측정이 개발되었다.

표 16-2 경찰조직 생산성 측면

성과측정 A	= 거리 순찰활동에 배정된 순찰 경찰관 / 전체 순찰 경찰관
성과측정 B	= ○분 내에 대응한 특정 유형의 신고건수 / 특정 유형의 전체 신고건수
성과측정 C	= 제1차 법적 검토에서 유의한 순찰 체포 건수 / 전체 연간 순찰관

자료: Hatry, 1979.

국가생산성위원회의 노력이 주로 범죄통제 측정에 중점을 두었고 쉽게 양적으로 표현될 수 있는 성과측정에 의존했다는 점에서 비판받을 수 있을지라도 개발된 측정은 체포 건수 및 신고된 범죄건수와 같은 전통적 지표보다 더욱 세련되고 섬세하다. 아웃풋 및 결과를 투입된 인풋과 비교하는 것 외에도 몇몇 중요한 양적 고려사항이 이 측정에 포함되었다. 이러한 것은 경찰조직 성과를 측정함에 있어서 몇몇 의미 있는 발전을 보여주었다.

5) 경찰활동 모델에 기초한 성공 여부 측정

그린(Greene)은 전통적 경찰활동 모델, 지역사회 경찰활동 모델, 문제 지향적 경찰활동 모델, 무관용 경찰활동 모델, 국가안보 경찰활동 모델 등을 포함하여 경찰기관이 채택한 경찰활동 모델에 기초하여 성공 여부의 측정을 제안하였다. 전통적 경찰활동을 위해서는 체포율 및 범죄율이 사용되고, 지역사회 경찰활동을 위해서는 서비스 요청, 두려움 감소, 공공장소 이용, 지역사회 연계 및 접촉, 더 안전한 이웃 등을 포함하여 다양한 측정이 사용된다. 문제 지향적 경찰활동은 해결되고, 최소화되고, 대체된 문제를 사용하고, 무관용 경찰활동은 목표대상 활동에서 체포, 현장검문, 단속 등을 사용한다. 국가안보 경찰활동을 위해서는 체포, 현장검문, 정보수집, 완화, 준비성을 사용한다. 이러한 경찰활동 각각은 경찰조직에 의해서 채택된 철학을 특징으로 한다(Greene, 2000).

6) 경찰 프로그램 성과 측정에 관한 국가 프로젝트

종합적인 성과 측정 도구는 미국 사법 연구소(American Justice Institute)의 '경찰 프로그램 성과 측정에 관한 국가 프로젝트'(National Project on Police Program Performance Measures: PPPM)에 의해서 개발되었다. PPPM 체계는 5개의 일반적 영역과 19개의 세부 하위영역에서 경찰성과에 관한 65개의 효과성 측정지표를 포함하였다. PPPM 체계는 이용 가능한 경찰기관 성과측정 및 평가에 대하여 가장 종합적인 접

표 16-3 경찰 프로그램 성과 측정에 관한 국가 프로젝트(PPPM) 체계

일반적 영역	세부 하위영역
범죄예방	• Part Ⅰ범죄(대인) • Part Ⅱ범죄(대물) • Part Ⅲ범죄(선택)
범죄통제	• 경찰에 대한 시민신고 • 사건 종결(해결) • 사건 준비 및 증언 • 도난 재산 회복 • 헌법상 타당성 • 범죄자들의 구금
갈등해결	• 개인 간 갈등 • 집단 간 갈등 • 개인 스트레스
일반적 서비스	• 교통 • (일반시민에 대한) 다양한 서비스 • 일반시민과의 의사소통 • (다른 기관에 대한) 보조 서비스
경찰행정	• 경찰 성실성 • 지역사회 리더십 • 다른 기관과의 조정

자료: O'Neill, Needle, & Galvin, 1980.

근법이었다. 그러나 이 접근법은 한계를 갖고 있는데 몇몇 측정지표는 쉽게 이용될 수 없거나 쉽게 획득될 수 없는 자료를 요구하였다.

7) 경찰간부연구포럼의 제안

경찰간부연구포럼(PERF)의 최근 보고서는 경찰조직의 전체 효과성을 측정하는 7개 성과 특성을 반영하는 21개 통계 지표를 사용할 것을 제안하였다. 이러한 특성 및 지표는 경찰조직의 여러 목표 및 목적에 관하여 광범위하고 깊이 있는 이해를 반영한다.

우리는 경찰기관 평가에 관한 몇몇 접근법을 토의하였다. 성과를 측정하고 평가할 때마다 다수의 측정을 활용해야 하므로 경찰기관 성과를 평가하고자 하는 시도에서 몇몇 접근법을 통합할 필요가 있다. 특히, 다음과 같이 세 가지 요소가 권고된다.

표 16-4 경찰조직성과의 통계적 측정

성과 특성	통계 지표
• 범죄피해 감소	• 신고된 범죄율 • 비해율
• 범죄자에게 책임 부과하기	• 해결율 • 유죄율
• 두려움 축소 및 개인안전 증진	• 두려움 수준에서 변화 • 자기방어 정책에서 변화
• 공공장소에서 안전 보장	• 교통 사망, 부상, 피해 • 공원 및 공공장소의 증가된 이용 • 증가된 재산가치
• 재정자원을 공정하고, 능률적이고 효과적으로 사용하기	• 시민 1인당 비용 • 배치 능률성/공정성 • 능률성을 계획하기 • 예산 순응 • 과도 지출 • 민간화
• 무기와 권한을 공정하고, 능률적이고, 효과적으로 사용하기	• 시민민원 • 책임소송에서의 해결 • 경찰 총기사용
• 고객욕구를 만족시키고, • 경찰활동 대상에 대하여 합법성을 성취	• 경찰 서비스에의 만족 • 출동시간 • 공정성에 대한 시민인식

자료: Moore, Thacher, Dodge, & Moore, 2002.

(1) 경찰관서의 행정활동은 법집행기관 승인 프로그램의 표준과 비교될 수 있다.
(2) 경찰관서의 운용 효과성은 성과 및 생산성의 양적 측정지표 활용을 통하여 평가될 수 있다.
(3) 질적 고려사항은 쿠퍼 경찰서장에 의해서 제시된 것과 유사한 질문에 대답함으로써 분석될 수 있다.

제 2 절 경찰조직의 생산성 측정

경찰 생산성 측정은 〈표 16-5〉에서 보는 것과 같이 전통적 측정방식과 현대적 측정방식이 있는데, 이 점에 대하여 구체적으로 설명하면 다음과 같다.

표 16-5 경찰 생산성 측정

경찰 생산성의 전통적 측정	경찰 생산성의 현대적 측정
• 경찰관 개인의 생산성 • 소속 부서의 생산성 • 다른 부서의 생산성 • 경찰조직의 생산성	• 지역사회 경찰활동과 생산성 • 삶의 질 향상 측정 • 경찰 서비스에 대한 시민만족 측정 • 시민 조사

Ⅰ. 경찰조직 생산성의 전통적 측정

경찰조직의 생산성을 측정하기 위해서 전통적으로는 모든 개인, 부서, 경찰조직의 활동이 측정될 필요가 있다. 측정지표는 모든 경찰활동을 위해서 개발되어 경찰관리자가 경찰조직의 운용 활동을 평가하고 조정할 수 있도록 해야 한다. 따라서 전통적인 경찰조직 내에서 생산성은 다음과 같이 몇몇 수준에서 측정될 수 있다.

1. 경찰관 개인의 생산성

감독경찰관은 경찰관리자와 부서(unit) 및 관서(department)의 목표를 성취하기 위하여 개개 경찰관의 생산성을 조사할 필요성을 갖고 있다. 월시(Walsh)(1985)는 순찰경찰관의 중범죄자 체포에 관한 연구에서 경찰관 중 대략 10%가 중범죄 체포 중 57%를 행했다는 것을 발견하였다. 명백히 개개 경찰관의 생산성 비율에 있어서는 많은 차이점이 있는데, 이러한 차이점은 업무상황의 특성(예 낮은 범죄지역에 반대되는 범죄다발지역에 배정된 경찰관)일 수 있고, 또는 경찰관의 성격 때문일 수 있다.

경찰관리자는 모든 경찰관의 평균적인 대응시간, 범칙금 발부건수, 응답된 경찰서비스 요청 건수, 중범죄 및 경범죄 체포건수 등을 조사해야 한다. 이것은 생산성에서 평균 미만의 경찰관에 대해서 징계조치를 내려야 한다는 것을 말하는 것이 아니다. 그러나 만약 매달 평균 범칙금 발부 건수가 15건이지만 특정한 경찰관이 계속해서 매달 2~3건을 작성한다면(즉, 평균 미만이라면) 몇몇 조치가 필요로 된다. 이러한 통계유형은 훈련 프로그램, 경력 개발 프로그램, 상담, 징계 조치를 결정함에 있어서 경찰관리자에게 유용하다.

1) 근무수행평정

경찰관의 근무수행을 평가하는 전통적인 방법은 근무수행평정(performance appraisal)이었다. 여기에서 신뢰성, 품행, 협력, 근무수행 능력과 같은 추상적인 특성이 측정되는데, 이것은 정확한 판단을 내리기 위한 충분한 정보를 갖고 있지 못할 수 있는 감독경찰관에 의해서 만들어진 주관적인 척도이다. 어떤 경찰관이 출근 점검(roll call) 시간에 수행하는 방법은 가정폭력 신고 때 수행하는 방법과는 다르다. 게다가, 이러한 척도는 일반적으로 실제 직무수행과는 관련이 없지만 경찰관이 어떻게 직무를 수행할 수 있는지를 보여주는 경찰관의 고유한 자질과 더욱 관련이 있다.

일반적으로 근무수행평정은 근무수행을 정확하게 측정해서 생산성을 향상시키는데 실패하였다. 에드워즈(Edwards)(1983)는 근무수행평정 과정은 법률적 제한 및 관료적 형식주의로 인해 매우 비효과적이라고 한다. 근무수행평정은 여전히 추상적이고 경찰관 또는 경찰기관의 성과에 거의 영향을 미치지 못한다. 경찰관리자는 경찰관 행태를 변화시키고 경찰관서 목표 달성을 위해서 노력하도록 하는 성과체계를 고안해야 한다.

2) 근무에 소비된 시간

경찰관리자가 경찰관 활동을 모니터하고자 한다면 더욱 정확한 생산성 지표가 사용되어야 한다. 다음의 척도는 이용될 수 있는 것 중 하나이다. 경찰관 생산성의 중요한 측정도구는 근무시간인데, 경찰관이 과도한 병가시간을 갖고 있다면 생산적이지 않다. 따라서, 경찰관 또는 경찰관 집단이 높은 병가시간을 보여준다면 경찰관리자는 그 원인을 조사해야 한다. 원인은 직무 불만족, 나쁜 업무조건, 알코올 남용 또는 가정 문제와 같은 개인적 문제를 주로 포함할 수 있는데, 그 원인에 관계 없이 경찰관리자는 교정적 조치를 취해야 한다.

3) 체포율 및 발부된 소환장 비율

순찰 책임자는 경찰관 생산성을 비교하기 위하여 이러한 비율을 자주 사용한다. 그러나 이러한 척도를 사용할 때 할당량을 배정하는 모습을 피하도록 주의해야 한다. 다양한 지역에서 근무하는 경찰관은 업무량 및 서비스 요청의 차이 때문에 다른 체포율을 갖고 있을 것이다. 또한, 서로 다른 시간에 근무하는 경찰관은 다양한 체포율을 보여줄 것이다. 개개 경찰관의 생산성 수준을 비교하는 것이 어려울지라도, 감독경찰관은 경찰관이 낮은 수준의 체포율 또는 소환장 발부비율을 갖고 있는 경우를 조사해야 한다.

4) 유죄인 체포율

중요한 척도는 유죄인 것으로 밝혀진 피의자의 체포율이다. 낮은 유죄인 체포율은 경찰관이 올바르지 않은 체포를 행하고 또는 그 경찰관이 수사나 법정 진술에서 기술 개발을 필요로 한다는 것을 보여준다. 감독경찰관은 몇몇 유형의 사건이 다른 사건보다 더욱 쉽게 수사되고, 재판 대상이 될 수 있다는 것을 깨달아야 한다.

5) 경찰관에 대한 시민 민원

경찰관에 대한 시민 민원 척도는 경찰 조치에 대해서 시민이 수용하는 정도를 평가한다. 민원이 접수될 때 감독경찰관은 그 타당성을 조사하기 위하여 즉각적인 조치를 취해야 한다. 시민은 경찰관이 잘못된 조치를 행하기 때문이 아니라 업무 수행방식 그 자체 때문에 경찰관에 대하여 자주 민원을 제기한다. 시민 민원을 다룰 때 경찰관의 방식은 퉁명스럽거나 둔감한 것처럼 보일 수 있으므로 이러한 문제를 극복하기 위하여 시민 대응에 대해서 경찰관은 상담을 받고 훈련을 받아야 한다. 게다가, 많은 건수의 소란이나 싸움 신고를 다루는 경찰관은 다른 경찰관보다 더 많은 민원을 받게 될 것이다.

앞에서 제시한 척도는 경찰관 생산성을 평가하기 위하여 자주 사용되는 것 중 하나이며, 감독경찰관은 해당 업무에 적합한 척도를 개발할 것이다. 무엇을 측정할 것인지에 관한 제한은 없다. 감독경찰관이 확실히 보장해야 하는 것은 측정 지표가 부하의 직무를 종합적으로 측정하도록 하는 것이다.

경찰관의 생산성 정보를 개발하고 유지하는 가장 효과적인 방법은 표준화된 보고 시스템(standardized reporting system)을 통해서인데, 이것은 경찰관 일일 또는 주간활동 보고서를 통해서 주로 이루어진다. 경찰관은 이러한 보고서에 활동을 기록하고, 그 보고서는 매달 및 매년 통계 요약서를 편집하기 위해서 사용된다.

2. 소속 부서의 생산성

부서 생산성은 경찰관의 일일 보고서를 활용하여 모니터되는데 경찰관리자는 보고 시스템을 통하여 부서의 주간, 월간, 연간 요약서를 편집할 수 있다. 보고서는 서비스 수요에 있어서 변화를 결정하기 위하여 이전 기간의 보고서와 비교될 수 있다. 이러한 비교는 부서 책임자에게 직무 경향 및 충원 필요에 관한 이해를 제공해 준다. 경찰관의 일일보고 시스템은 경찰조직에서 모든 부서를 위해 고안될 수 있다.

지역사회 관계 부서의 책임자는 간담회(speaking) 참여 건수, 재물표시제도(operation identification)에 등록된 상점 및 주민 수, 경찰시설 견학 건수, 상점 안전검사 건수 등에 관한 정보를 기록해야 한다. 각각의 책임자는 그 부서 활동을 종합적으로 모니터해야 한다. 경찰서장은 부서 운용의 책임을 그 책임자에게 위임하고 있으므로 부서 책임자는 모니터링 시스템의 발전에 기여해야 한다.

명령 모니터링 시스템은 경찰부서 및 경찰관서가 효과적으로 되도록 함에 있어서 중요하다. 부서 책임자는 부서 요약서를 작성해서 이전 기간의 요약서뿐만 아니라 부서 및 경찰조직 목표와 비교할 수 있다. 부서 책임자는 부서 활동 및 목표를 비교하면서 조직구성원 및 임무의 배정에 변화를 야기할 수 있다. 부서 책임자는 그 부서가 시민에게 필요로 되고 경찰조직의 책임에 적합한 서비스를 제공할 수 있도록 해야 한다.

3. 다른 부서의 생산성

경찰관리자 및 경찰서장은 다른 과(division) 내에 있는 특정 부서(unit)와의 생산성 비교를 원할 수 있다. 예를 들면, 운용부서를 책임지고 있는 부(副)서장(assistant chief)은 교대근무조(shift or watch)의 생산성을 몇몇 수사부서의 생산성과 비교하기를 원할 수 있는데 이것은 경찰관 배치 결정을 내릴 때 중요하다. 또한, 많은 부서가 같은 목표(수사 및 순찰경찰관은 범죄를 억제하거나 제거하는 데 관련된다)를 성취하는 데 관련되어 있으므로 부서 책임자는 새로운 프로그램을 운용부서 중 하나에 배정하기 전에 자신의 지휘를 받고 있는 여러 부서의 생산성 평가를 원할 수 있다.

다른 부서 사이의 목표 및 활동은 주로 다르기 때문에 생산성 평가 업무는 어렵다. 예를 들면, 수사부서를 위한 생산성 척도는 순찰부서의 생산성 척도와 다르고, 두 부서의 비교는 복잡한 과정이 된다. 1일 일지(log)는 순찰경찰관의 근무시간(예 서비스 요청 및 스스로 시작된 활동에 대응하는 시간)과 형사의 비가동시간(예 형사가 사건을 수사하고 있지 않는 시간)을 알려준다. 경찰관리자는 부서 임무에 관계 없이 모든 경찰관이 동일한 비율의 비가동시간을 가질 수 있도록 해야 한다.

4. 경찰조직의 생산성

경찰조직 내 부서를 위해서 수집된 생산성 측정의 합은 경찰조직이 얼마나 잘 업무를 수행하고 있는지에 관하여 알려준다. 경찰관리자는 경찰조직의 성공 및 실패를 항상 모니터해야 하며, 그 결과 경찰조직이 지역사회 욕구를 충족시킬 수 있기 위한 조정활동이 행해져야 한다. 모니터링의 결과로 획득된 정보는 전략적·전술적 기획에서 사용된다. 비교를 위한 어떤 표준도 없기 때문에 특정 경찰관서의 생산성을 측정하는 것은 어렵다. 두 개의 도시는 정확히 같지 않기 때문에, 그리고 도시 내의 인구구성, 경제적 조건, 다른 사회적 요소는 매년 달라지기 때문에 두 도시 간의 비교는 정확하지 않다. 따라서, 경찰조직의 생산성을 효과적으로 측정하기 위해서 자주 이용되는 측정 지표는 다음과 같다.

1) 인구 1,000명당 경찰관 수

경찰관리자는 경찰관 수 또는 예산 수준을 다른 도시나 전년도와 비교한다. 그러나 경찰관 수요는 인구에 기초할 수 없다. 250,000명의 인구를 갖고 있는 도시는 300명의 경찰력에 의해서 적절하게 서비스되는 것이 가능하다. 반면에, 같은 규모의 또 다른 도시는 400명의 경찰력에 의해서 부적절하게 서비스될 수 있다. 경찰관 수요는 필요성에 기초하고, 필요성은 주로 범죄, 사회경제적 요인, 인구적 요인에 의해서 결정된다.

2) 범죄율

경찰조직의 생산성을 측정하기 위한 노력에서 범죄율(crime rate)이 때때로 이용되고 여러 도시와 비교된다. 또한, 범죄는 사회경제적 조건에 의해서 유발되어 범죄율은 각각의 도시마다 다르므로 주의 깊게 이용되어야 한다. 또한, 경찰관리자는 범죄율을 매년 조사하는데, 인구는 매년 변화하므로 현재의 범죄통계와 전년도 범죄통계의 비교는 주의 깊게 이용되어야 한다.

3) 체포율

경찰서장이 모니터해야 하는 중요한 생산성은 체포율, 특히 중범죄사건에 대한 체포율이다. 중범죄 체포율의 갑작스런 변화는 주로 정책이나 절차를 재조사할 필요성을 보여준다. 이러한 척도는 정책변화를 평가하기 위하여 이용될 수 있다. 경찰조직이 범죄수사를 위하여 전문화된 형사의 활용으로부터 순찰팀의 활용으로 변경한다면, 경찰조직의 체포율은 과거 절차와 현재 절차의 효과성을 비교하기 위하여 이용될 수 있다.

4) 시민의 안전 및 경찰 만족도에 관한 인식

경찰생산성의 중요한 척도는 경찰조직이 긍정적인 이미지를 얼마나 잘 보여줄 수 있고, 시민으로 하여금 도시가 안전하게 느껴지도록 만들 수 있는지이다. 시민이 안전하지 못하다고 느끼고 시민의 이전의 자유가 제한된다면 경찰생산성은 범죄자 체포와 범죄 억제의 관점에서 향상되어야 한다.

5) 서비스 요청에 대한 평균 대응시간

몇몇 연구는 서비스 요청에 대한 대응시간은 체포율에 거의 영향을 미치지 못한다는 것을 보여줄 지라도(Spelman & Brown, 1996) 경찰관이 모든 신고에 신속하게 대응하는 것이 중요하다. 물론, 중범죄 및 부상자 신고에 대한 대응시간이 짧아야 하지만 일상적인 경찰 문제에 대한 대응은 지체 없이 이루어져야 한다. 시민은 경찰관이 현장에 도착하여 어떤 조치를 취하는 것보다는 오히려 그들이 얼마나 빨리 대응하는지에 기초해서 경찰을 자주 평가한다. 대응시간은 경찰관 배치(allocation) 및 분배(distribution)를 통해서 줄일 수 있다.

이러한 척도는 경찰조직의 생산성을 양적으로 표현하기 위한 노력을 보여준다. 그러나 이것은 경찰조직이 지역사회에 얼마나 잘 서비스를 제공하고 있는지를 효과적으로 측정하지 못하고, 제한된 수의 경찰활동을 조사하기 때문에 부적절하다. 예를 들면, 범칙금 부과가 사건 감소 등의 목적에 기여하지 못한다면 범칙금 부과는 경찰조직에 거의 소용이 없다. 그러므로 부서 책임자는 부서 목표를 조사하고, 업무상 우선순위를 설정하고, 경찰관 활동이 업무-지향적(work-directed)이 아니라 목표-

지향적(goal-directed)으로 되도록 해야 한다. 생산성 관리는 운용기획의 필수적인 부분인 것이다.

Ⅱ. 경찰조직 생산성의 현대적 측정

1. 전통적 경찰조직 생산성 측정의 문제점

생산성 척도는 경찰조직을 미시적(micro) 수준에서 전체를 구성하는 많은 부분을 조사함으로써 측정된다. 경찰조직 생산성의 전통적 측정은 많은 부분이 경찰조직의 정확한 모습을 구성하며, 경찰관 및 소속 부서가 생산적인 경찰조직은 능률적이고 효과적일 것이라고 가정한다. 앞에서 제시한 전통적 생산성 측정 척도가 유익하고 도움이 될지라도 그것이 경찰조직의 생산성에 관한 진정한 모습을 항상 제공하는 것은 아니다.

스펠만(Spelman)(1988)은 전통적인 경찰조직 생산성 측정 척도는 경찰활동을 평가하지만 경찰조직이 얼마나 생산적인지를 정확하게 알려주지 못한다고 하였다. 전통적인 경찰활동은 체포 및 유죄 건수와 압수한 마약 수량에 의해서 마약부서의 생산성을 측정하였다. 그러나 전략적으로 이러한 정책은 마약 문제에 거의 영향을 미치지 못할 것이다. 마약 범죄자 체포는 관할구역 전체에 흩어져 있으며, 다른 마약 판매상이 체포된 마약 범죄자의 자리를 항상 차지할 것이기 때문이다.

2. 지역사회 경찰활동의 생산성 측정

지역사회 경찰활동과 문제해결은 경찰조직으로 하여금 문제지역에 중점을 두고 그 지역의 문제 수준을 경감시키고자 노력하는데 이 경우의 생산성 측정은 전통적인 생산성 측정과는 반대이다. 예를 들면, 마약의 경우 경찰은 특정한 마약 사건에 중점을 두고 그 문제가 상당히 감소되거나 제거될 때까지 다양한 전술을 사용한다. 또한 특정 지역에 중점을 두는 것은 전통적 전략만큼이나 많은 체포를 야기하지 못할 수 있지만, 이것은 특정 지역으로 하여금 더 적은 마약 및 범죄 문제를 갖도록 만들 것이다. 경찰이 단순한 수치보다는 문제에 집중할 때 지역사회 내 범죄 및 무질서에 더 많은 영향을 미칠 것이다.

3. 삶의 질 향상 측정

경찰조직 생산성의 현대적 측정을 위한 또 다른 척도는 경찰이 지역사회 내의 특정 문제에 대하여 얼마나 잘 대응할 수 있는지이다. 경찰활동은 지역사회 내의 삶의 질을 향상시켰는가? 앨퍼트(Alpert)와 무어(Moore)(1998: 215-232)는 경찰조직은 지역사회에서 확인한 각각의 문제에 대하여 특정하고 종합적인 전략을 고안하고 실행해야 한다고 제시하였다. 문제의 성격에 관계 없이 문제를 해결하는 경찰조직의 능력은 경찰조직 생산성의 가장 효과적인 척도 중 하나일 것이다.

스펠만(Spelman)과 에크(Eck)(1987)는 경찰이 고려해야 하는 효과성의 다섯 가지 수준을 확인하였다.

(1) 전적으로 문제를 제거하는 것
(2) 문제의 결과로 발생하는 사건(예 범죄 및 무질서) 건수를 감소시키는 것
(3) 문제의 심각성을 감소시키는 것
(4) 문제를 더욱 효과적으로 다루는 경찰절차를 실행하는 것
(5) 문제를 다루는 데 가장 적합한 기관의 지원을 획득함으로써 협력하여 다루는 것

본질적으로 몇몇 문제는 해결될 수 없지만 경찰은 문제를 감소시킬 수 있는 조치를 취할 수 있다. 그러나 여기에서 핵심은 경찰조직이 각각의 문제에 대한 어떤 목표를 명확히 해야 하고, 그 목표는 만족스러운 성과 수준을 보여주어야 한다는 것이다.

4. 경찰 서비스에 대한 시민 만족도 측정

경찰에 대한 시민 만족도가 학자에 의해서 오랫 동안 연구되었을지라도 경찰의 인식에 실질적으로 영향을 미쳤던 것은 미시간(Michigan)주 플린트(Flint) 도보순찰 연구였다(Trojanowicz *et al.*, 2001). 플린트에서의 연구는 범죄 그 자체가 아니라 범죄 두려움과 경찰에 대한 시민 만족도가 시민의 삶에 중요한 영향을 미친다는 것을 밝혀냈다. 또한, 경찰이 범죄 두려움과 시민 만족도에 관심을 기울일 때 경찰은 범죄 문제를 더욱 효과적으로 다룰 수 있을 것이다(Wu, Sun, & Triplett, 2009).

베일리(Bayley)(1994)는 경찰은 범죄 그 자체보다는 범죄 두려움과 같은 주관적인 척도에 영향을 미칠 수 있는 더 많은 능력을 소유하고 있다고 가정하였다. 경찰 서비스에 대한 시민 만족도에 관심을 기울이는 것은 경찰활동의 '깨진 유리창' 관점과도 일치한다(Kelling & Coles, 1996). 사회구조는 무질서 및 범죄의 축적을 통하여

붕괴되고, 경찰은 범죄뿐만 아니라 무질서 및 범죄 효과(특히, 시민 인식)를 다루어야 한다. 이러한 이유 때문에 경찰이 경찰 및 범죄에 대한 시민 태도를 계속해서 모니터하는 것이 중요하다.

5. 다양한 시민 조사

오늘날 시민 조사(citizen survey)는 매우 확산되어 있다. 예를 들면, 시민 조사는 미국 가정에 배부되고 있는 국가범죄조사(national crime survey)의 한 부분이며, 많은 경찰조직이 시민 조사를 정규적으로 수행한다. 시민 조사는 경찰조직의 문제가 무엇인지를 알려줄 수 있다. 게다가, 경찰조직은 다양한 지역을 위하여 시민 조사를 맞춤식으로 조절할 수 있다. 대부분의 시민 조사는 범죄보다는 오히려 교통 및 무질서가 시민의 문제 인식을 지배하고 있다는 것을 보여준다. 시민은 경찰 서비스의 소비자이기 때문에 경찰은 시민의 관심 및 문제를 효과적으로 감소시키는 서비스를 제공하고자 노력해야 한다.

참고문헌

Alpert, G. & Moore, M. (1998). "Measuring Police Performance in the New Paradigm of Policing". in G. Alpert & A. Piquero (eds.). *Community Policing: Contemporary Reading*. Prospect Heights, IL: Waveland Press.

Cordner, G. W. & Williams, G. L. (1999). "Community Policing and Police Agency Accreditation". in L. K. Gaines & G. W. Cordner (eds.). *Policing Perspectives: An Anthology*. Los Angeles, CA: Roxbury.

Couper, D. C. (1983). *How to Rate Your Local Police*. Washington, DC: Police Executive Research Forum.

Covey, S. (1990). *Principle-Centered Leadership*. New York: Summit Books.

Edwards, M. R. (1983). "Productivity Improvement through Innovations in Performance Appraisal". *Public Personnel Management*, 12(1): 13-24.

Greene, J. R. (2000). "Community Policing in America: Changing the Nature, Structure, and Function of the Police". in J. Horney (ed.). *Criminal Justice 2000. Volume 3: Policies, Processes, and Decisions of the Criminal Justice System*. Washington, DC: U.S. Department of Justice.

Hatry, H. P. (1979). "Wrestling with Police Crime Control Productivity Measurement". in J. Wolfle & J. Heaphy (eds.). *Readings on Productivity in Policing*. Washington, D.C.: Police Foundations.

Hersey, P. & Blanchard, K. H. (1982). *Management of Organizational Behavior: Utilizing Human Resources* (4th ed). Englewood Cliffs, NJ: Prentice-Hall.

Hyde, A. C. (1985). "Productivity Management for Public Sector Organizations". *Public Personnel Management*, 14(4): 319-332.

Holzer, M. (1973). "Police Productivity: A Conceptual Framework for Measurement and Improvement". *Journal of Police Science and Administration*, 1(4): 459-467.

Kelling, G. & Coles, C. (1996). *Fixing Broken Windows: Restoring Order and Reducing Crime in Our Communities*. New York: Touchstone.

Kelling, G. L. (1996). "Defining the Bottom Line in Policing: Organizational Philosophy and Accountability". in L. T. Hoover (ed.). *Quantifying Quality in Policing*. Washington, DC: Police Executive Research Forum.

Moore, M., Thacher, D., Dodge, A., & Moore, T. (2002). *Recognizing Value in Policing: The Challenge of Measuring Police Performance*. Washington, DC: Police Executive Research Forum.

Morga, J. P. (1975). "Planning and implementing a productivity program". in J. Wolfe & J. Heaphy (eds.). *Readings on Productivity in Policing*. Washington: Police Foundation.

National Commission on Police Productivity. (1973). *Opportunities for improving productivity in Police Services*. Washington, D.C.: Government Printing Office.

O'Neill, M. W., Needle, J. A., & Galvin, R. T. (1980). "Appraising the Performance of Police Agencies: The PPPM System". *Journal of Police Science and Administration*, 8(3): 253-264.

Standards for Law Enforcement Agencies (5th ed). (2006). Fairfax, VA: Commission on Accreditation for Law Enforcement Agencies, Inc.

Spelman, W. (1988). *Beyond Bean Counting: New Approaches for Managing Crime Data*. Washington, D.C.: Police Executive Research Forum.

Spelman, W. & Brown, D. K. (1996). "Calling the Police". in G. W. Cordner, L. K. Gaines, & V. E. Kappeler (eds.). *Police Operations: Analysis and Evaluation*. Cincinnati, OH: Anderson.

Spelman, W. & Eck, J. (1987). "Newport News Tests Problem-Oriented Policing". *NIJ Reports*. Washington, D.C.: National Institute of Justice.

Stewart, J. K. (1985). "Research and the Police Administrator: Working Smarter, *Not Harder*". in W. A. Geller (ed.). *Police Leadership in America: Crisis and Opportunity*. New York, NY: Praeger.

Trojanowicz, R., Kappeler, V., & Gaines, L. (2001). *Community Policing: A Contemporary Perspectives* (3rd ed.). Cincinnati: Anderson Publishing.

Walsh, W. F. (1985). "Patrol Officer Arrest Rates: A Study of the Social Organization of Police Work". *Justice Quarterly*, 2(3): 273-290.

Weisburd, D., McElroy, J., & Hardyman, P. (1988). "Challenges to Supervision in Community Policing: Observations on a Pilot Project". *American Journal of Police*, 7(2): 29-50.

Whitaker, G. P., Mastrofski, S., Ostrom, E., & Percy, S. L. (1982). *Basic Issues in Police Performance*. Washington, DC: National Institute of Justice.

Wu, Y., Sun, I. Y., & Triplett, R. A. (2009). "Race, Class or Neighborhood Context: Which Matters More in Measuring Satisfaction with Police?". *Justice Quarterly*, 26: 125-156.

CHAPTER

17

경찰조직의 향후 과제

학습목표

1. 민주사회에서 경찰조직의 도전 상황을 간략하게 설명할 수 있다.
2. 경찰조직의 주요 현대적 이슈를 설명할 수 있다.
3. 경찰조직 변화의 촉진 요인을 설명할 수 있다.
4. 경찰조직 변화에의 저항을 설명할 수 있다.
5. 경찰조직 변화를 위한 효과적인 방안을 설명할 수 있다.

제17장 경찰조직의 향후 과제

세계는 빠르게 변화하고 있으며, 일반 시민은 경찰조직의 미래를 결정하는 데 중요한 영향을 미치고 있다. 앞으로 경찰조직은 지역사회 문제를 확인하고 다양한 지역사회 조직과 함께 문제를 해결하는 데 중점을 두어야 할 것이다. 또한, 경찰은 고립된 공적 조직이 아니라 정부의 다른 조직과 더욱 협력해야 할 것이다. 앞으로 경찰관은 더욱 교육을 받고, 더 많은 훈련을 받고, 다양화되어 가는 사회에서 경찰의 역할에 대해서도 철저하게 이해해야 할 것이다. 경찰조직의 목표는 사회적 병폐와 범죄 원인에 중점을 두는 것이며, 범죄통제는 경찰조직이 존재하는 주된 이유 중 하나일 것이다. 제17장에서는 민주사회에서 경찰조직이 직면해 있는 도전, 경찰조직의 현대적 이슈, 경찰조직의 변화 등에 관하여 학습하고자 한다.

제 1 절 민주사회에서 경찰조직의 도전

Ⅰ. 질서 있는 자유 추구

민주사회의 성격은 사회에서 경찰활동 방법, 경찰 역할, 경찰행정에 대해서 중요한 함의를 갖고 있다. 민주주의는 사회 구성원 사이의 합의에 기초하고 있고 그 합의가 깨질 때 경찰업무가 시작된다. 완벽한 민주주의는 완벽한 합의를 갖고 있으며, 경찰활동에 대한 필요성을 갖고 있지 않다. 시민에게 봉사하고, 시민의 요구사항을 따르고, 시민의 동의에 따라 운영하기 위하여 민주주의에 기초한 정부가 설립되는 것이다(Berkeley, 1969). 그러나 경찰활동의 많은 부분은 시민이 자신의 욕구에 반해서 행동하도록 하는 것 또는 시민이 좋아하는 것을 행하지 못하도록 금지하는 것과 관련된다. 이것과 관련된 민주주의의 기본 요소는 '자유'이며, 경찰업무 중 많은 부분은 시민의 자유를 제한하거나 자유를 박탈하는 것과 관련되어 있다.

민주주의의 또 다른 측면은 '평등'이다. 그러나 시민은 경찰에 대해서 평등하게 여기지 않는데, 경찰은 무장하고 있으며 시민의 협력을 요구할 권한을 갖고 있다. 그래서, 많은 면에서 경찰활동은 민주사회의 가치와 갈등 속에 있는데 이러한 갈등은 질서 있는 자유 추구를 반영한다. 사람은 사회에서 원하는 대로 자유롭게 행동해야 한다고 생각할 수 있지만, 한 사람의 완전한 자유는 다른 사람의 이용 가능한 자유를 제한한다는 것을 인식해야 한다. 기본적인 문제점은 개인의 자유에 대한 경계를 설정하는 것이다. 그렇지만 우리는 개인의 자유를 정확히 얼마나 많이 제한할 것인지를 결정하기 위한 공식을 발견하지 못했다.

Ⅱ. 경찰조직에 대한 낮은 신뢰

경찰은 개인의 자유를 제한하는 것에 관하여 매일 어려운 결정을 내려야 한다. 우리는 경찰활동이 수행될 필요성을 인정할지라도 기본적으로 경찰이 수행하는 것을 좋아하지 않는다. 그 결과, 경찰관 및 경찰관리자는 사회에서 자신들의 지위가 높지 않다는 것을 인식하게 된다. 많은 경찰관은 자신이 알고 있는 최선의 방법으로 직무를 수행하고자 하지만 시민이 자신들을 싫어한다는 것을 인식하고 좌절하게 된다. 경찰관은 또한 대중매체에 의해서 자주 보도되고, 대중매체가 자신의 행동을 불공정하게 묘사한다고 여긴다.

Ⅲ. 경찰관리자의 어려움

1. 이용 가능한 정책의 제한

경찰관리자는 특히 어려운 지위에 있는데, 시민은 경찰관리자가 범죄통제에 책임이 있는 것으로 여기지만 경찰조직에 의해서 수행되는 기능 때문에 경찰관리자를 불신하기 때문이다. 범죄를 통제하기 위하여 경찰이 이용 가능한 정책에 설정된 많은 제한은 경찰에 대한 이러한 시민 불신을 반영할 것이다. 경찰은 법원으로부터 체포 및 수색영장을 발부받도록 요구되며, 전자감시 사용은 엄격하게 제한된다. 이러한 제한에도 불구하고 시민은 여전히 경찰이 범죄를 통제할 것을 기대하며, 경찰관리자가 그 목표를 성취하는 데 책임이 있다고 주장한다.

2. 사회의 민주적 가치

사회는 범죄를 통제하기 위하여 경찰에게 이용 가능한 방법에 대하여 강한 제한을 가하지만 여전히 범죄가 통제되기를 기대한다. 경찰관리자는 이러한 갈등적 환경에서 살아남아야 한다. 경찰관리자는 자신이 민주사회에서 활동하고 있다는 것을 명심해야 하고, 사회의 민주적 가치를 이해하고 경찰직업 및 경찰조직의 함의를 인식해야 한다. 또한, 경찰관리자는 경찰이 시민의 자유를 제한할 수 있으며, 그 결과 모든 사람의 자유가 보호되고 극대화될 수 있다는 것을 인식해야 한다.

Ⅳ. 복잡한 문제의 해결

버클리(Berkeley)(1969: 19)가 지적한 바와 같이, "오늘날 경찰은 능률성을 향상시키는 문제에 직면해 있으면서 동시에 민주적 규범 및 가치를 유지해야 하는 문제에 직면해 있다." 이렇게 어렵고 복잡한 문제에 대한 해결책은 민주적이고, 도덕적이고, 합법적이며, 헌법적이어야 한다. 또한, 경찰관리자를 위한 또 다른 어려움은 경찰이 효과적이어야 한다는 것이다.

Ⅴ. 국토안보의 새로운 개념

2001년 9월 11일과 2005년 허리케인 카트리나(Hurricane Katrina)의 영향 이후에 미국 국토안보(Homeland Security)의 새로운 개념은 주 및 지방 법집행기관에게 추가 임무를 가져왔으며, 경찰행정 환경을 광범위하게 만들었다. 2004년에 보고한 바에 따르면, 모든 주 및 지방 법집행기관 중 50% 이상이 과거보다 더 많은 자원을 중요 기간시설 경비, 특별사건 및 중요요인 경비, 정보활동(정보의 수집, 분석, 공유), 테러 관련 조사, 항구 경비, 공항 경비에 배치하고 있었다(Foster & Cordner, 2005). 또한, 범죄, 무질서, 공공 서비스와 관련된 경찰의 전통적 역할은 안전 및 안보와 관련된 추가 책임을 맡고 있다. 이것은 경찰행정 환경을 확대시키고 있으며 경찰행정을 훨씬 더 도전적이고 복잡한 것으로 만든다.

제 2 절 경찰조직의 현대적 이슈 및 관점

Ⅰ. 경찰조직의 현대적 이슈

경찰조직의 현대적 이슈는 경찰조직이 현재 관심을 가져야 할 분야뿐만 아니라 앞으로 고려해야 할 분야는 (1) 지역사회 참여(community engagement), (2) 협력(collaboration), (3) 세계화(globalization), (4) 더 작고, 더 녹색인 경찰조직(leaner and greener police departments)이다. 이러한 현대적 이슈는 현대 경찰활동의 상호의존성을 더욱 강조하고 있다(Cordner & Scarborough, 2010).

그림 17-1 경찰조직의 현대적 이슈

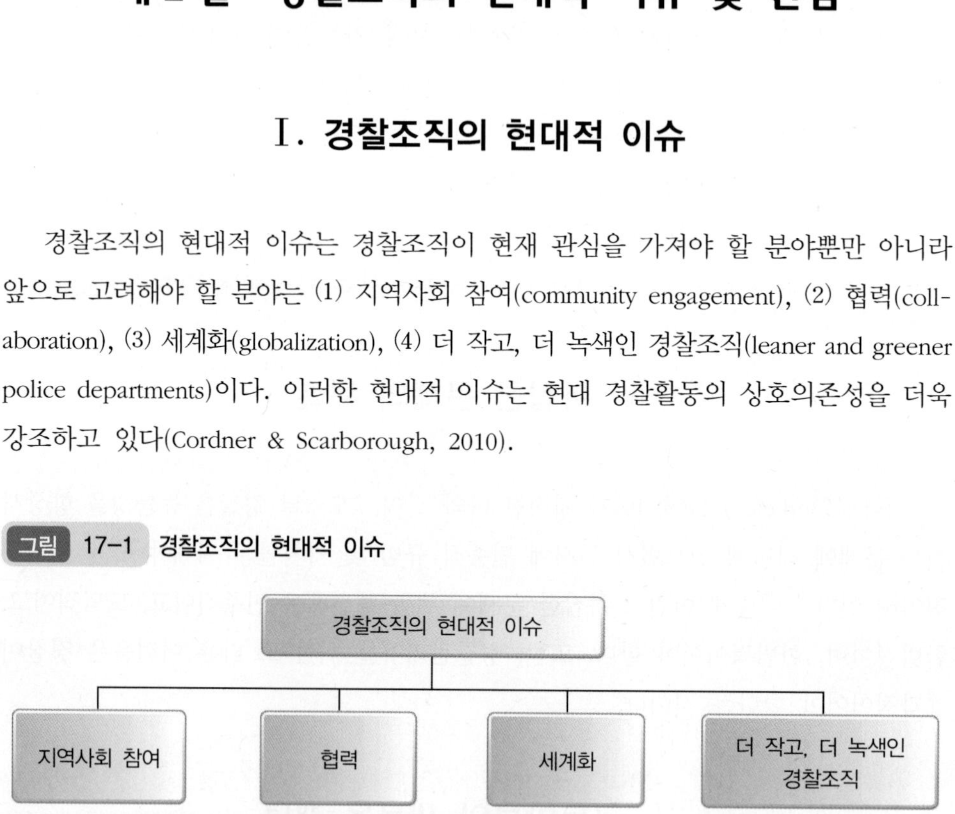

1. 지역사회 참여

1) 미국의 1960년대 및 1970년대 경찰활동

미국 경찰조직은 1960년대 및 1970년대에 지역사회와 너무 격리되어 있었다. 대부분의 경찰관은 순찰차로 순찰하였고 시민과 제한된 비공식적 접촉을 했으나 서비스 요청 및 범죄 신고는 신속하게 다루어졌다. 경찰조직은 범죄척결 역할을 강조하였고, 시민으로 하여금 범죄통제를 경찰에게 맡길 것을 요청하였다. 경찰은 (1) 예방순찰, (2) 신속 대응, (3) 추행 수사라는 3단계 전략으로 범죄를 통제하고자 기대하였다. 경찰-시민 접촉을 제한하는 것은 경찰부패 및 다른 권한 남용을 줄일 것으로 기대되었다. 전문화된 경찰 모델은 또한 지역사회 전체에 걸쳐 동일한 품질의 경찰활동을 제공하기 위한 방법이었지만 많은 인기를 받지 못했다.

2) 1980년대 경찰활동

미국 경찰조직은 1980년대 지역사회 참여의 가치를 재발견하고자 시도하였다. 지역사회 참여 형태는 광범위하게 변화했으며, 이웃 돌봐주기 활동(neighborhood watch)에의 소극적 참여에서부터 마약 판매상에게 맞서는 공격적인 조치까지, 그리고 개인 수준의 노력에서부터 시민순찰과 같은 조직적 활동에까지 이르렀다. 그 결과, 지역사회 범죄예방(community crime prevention) 프로그램은 지역사회 경찰활동처럼 흔한 것이 되었다. 미국에서 행해진 조사연구는 다음의 12가지 활동이 조사에 참여한 경찰기관 중 적어도 75%에 의해서 실행되었다는 것을 발견하였다(Fridell & Wycoff, 2003).

- 시민이 경찰-지역사회 모임에 참여한다.
- 시민이 이웃 돌봐주기 활동에 참여한다.
- 시민은 경찰이 문제를 확인하고 해결하도록 돕는다.
- 시들은 경찰기관 내에서 자원봉사자로 봉사한다.
- 시민은 시민경찰학교에 참여한다.
- 경찰은 지역사회 집단과 함께 정규적인 모임을 개최한다.
- 경찰은 청소년 프로그램을 갖고 있다.
- 경찰은 피해자 지원 프로그램을 갖고 있다.
- 경찰기관은 특정 순찰구역에 대하여 고정된 배치를 활용한다.
- 경찰기관은 좋은 지역사회 경찰활동에 대하여 특별한 인식을 제공한다.
- 경찰기관은 지리적으로 기반한 범죄분석을 행한다.
- 경찰기관은 영구적인 이웃-기반 출장소를 활용한다.

3) 지역사회 참여 프로그램

경찰활동 철학 및 전략의 근본적 변화는 어떤 특정 프로그램보다 더 중요하다. 경찰조직은 도보순찰, 시민순찰, 시민감사위원회(citizen review board)를 지지하거나 지지하지 않을 수 있다. 그러나 경찰과 시민은 성공하기 위해서 함께 활동할 필요가 있다. 경찰활동 및 범죄통제에서 지역사회 참여는 몇몇 다양한 수준에서 많은 형태를 띨 수 있다.

오늘날 경찰조직은 경찰에 대한 시민 민원에 대해서 시민감사를 이용한다(Finn, 2001). 시민감사를 위해 임명된 시민은 경찰조직의 내부 조사 및 결정을 검토할 수 있고, 민원심의기관(appeals body)으로 기여할 수 있으며, 경찰관에게 징계를 부여하는 데 있어서 사실상 의사결정자로 기여할 수 있다. 많은 경찰조직은 또한 경찰관 채용 및 승진과정 중 면접위원회에서 지역사회 대표자를 활용한다. 이러한 것은 경찰행정에 있어서 지역사회 참여의 몇몇 사례이다.

오늘날 범죄예방활동에 있어서 시민참여는 일반적인데 이러한 측면에서 강력한 경향은 '지역사회에 기초한 문제해결'(community-based problem solving)을 위한 활동이다. 경찰관 및 시민이 지속적인 범죄 및 무질서 문제를 확인하고, 분석하고, 해결하기 위하여 함께 활동할 때 발전이 가능하다(Sampson & Scott, 2000). 시민은 자신의 삶에 영향을 미치는 만성적인 문제를 확인할 수 있는 좋은 위치에 있다. 경찰은 주거침입 및 절도보다 버려진 차와 난폭한 아이가 시민에게 더 큰 관심사라는 점에 종종 놀란다. 문제 확인을 넘어서서 문제해결 단계에까지 시민을 참여시키는 것은 더 도전적이며 보상적이다(Skogan & Hartnett, 1997). 이것은 지역사회 참여의 궁극적인 형태인 것이다.

2. 협 력

1) 협력의 필요성

협력(collaboration)의 중요성과 필요성은 점차 명백해지고 있다. 경찰조직이 지역사회와 친밀하게 활동할 때 더 효과적인 것처럼 다른 공적 및 사적 조직과 협력할 때에도 더욱 효과적이다. 협력은 자원, 전문가, 권한을 공유하는 것과도 관련된다. 협력의 증거는 일상적 수사 및 문제해결에서, 여러 기관의 구성원으로 구성된 특별팀(task force) 형태에서, 그리고 합동훈련에서 종종 발견될 수 있다.

2) 협력의 사례

경찰조직은 공공안전 및 형사사법기관 사이의 협력뿐만 아니라 범죄 및 무질서 문제를 다루기 위하여 다른 공적 및 사적 기관과 협력할 필요가 있다. 경찰조직은 지금까지 학교, 사회서비스, 정신건강기관, 민간 경비, 그리고 다양한 다른 활동과 협력의 가치를 증명하였다.

미국 샌디에고(San Diego)에서 순찰경찰관에 의한 문제해결에 관한 연구는 경찰관이 특정 문제에 대응할 때 경찰조직 외부로부터 자원을 끌어오는 것이 일반적이라는 것을 발견하였다. 또한, 개발된 협력의 유형은 한 문제에서 또 다른 문제로 실질적으로 변화하였다. 왜냐하면 문제 지향적 경찰활동은 각각의 특정 문제에 대하여 맞춤식 대응을 하는 것을 목표로 하기 때문이다.

경찰조직이 다른 공적 및 사적 조직과 광범위한 협력에 참여하는 것은 매우 좋은 의미가 있다. 협력은 경찰이 범죄 및 무질서 문제를 다룸에 있어서 더욱 효과적이도록 도울 수 있으며, 또한 노력의 조화와 과잉 및 중복의 제거를 통하여 능률성에 기여할 수 있다.

3. 세계화

현대 경찰조직의 주요 이슈 중 세 번째 주제는 세계화(globalization)이다. 상업, 재무, 무역, 여행, 통신, 그리고 컴퓨터에서의 경향은 지난 10~20년에 걸쳐 세계를 축소시켜 왔다. 오늘날 지방의 범죄수사가 국제적 거래 및 외국인 개인과 관련이 있을 가능성이 높은데, 외국인은 목격자, 피해자, 또는 피의자로서의 역할을 수행할 수 있다.

마약 판매 및 절도와 같은 많은 전통적인 범죄는 오늘날 국제적 특성을 지니고 있다. 사기, 절도, 파괴, 해킹을 포함해서 컴퓨터와 함께 행해지는 각종 범죄는 경계가 없는 경향이 있다. 여성 및 어린이 인신매매, 무기, 핵물질의 불법 거래와 같은 새로운 범죄가 있다. 국가 간 범죄라는 용어는 범죄의 국제적인 특성을 설명하기 위하여 만들어졌다. 국제적인 테러리즘은 2001년 11월 사건 이후로 미국 경찰조직에 있어서 큰 관심사항이 되어왔다.

4. 더 작고, 더 녹색인 경찰조직

1) 더 작은 경찰조직

"더 작은 것을 갖고 더 많은 것을 행한다."는 격언은 새로운 것이 아니다. 미국의 경우 2008년에 시작되었던 경기후퇴는 경찰조직을 포함하여 많은 주 및 지방 정부기관에서 추가적인 서비스 감소, 고용동결, 일시 해고 등을 야기하였다. 이러한 재정조건은 확실히 경찰관리자에게 도전을 가져왔다. 경찰서장은 시장 및 시위원회 앞에서 매년 예산을 요청하는 데 더 힘든 시간을 가졌다. 경찰조직 예산을 보충하기 위한 연방 기부금의 필요성은 점점 더 커지지만 동일한 어려운 상황에 처해 있는 다른 경찰조직과 기부금 경쟁 또한 치열해졌다.

맥그루프(McGruff)와 약물남용 저항교육 프로그램(DARE)과 같은 인기 있는 프로그램은 몇몇 경찰조직에서 축소되거나 제거되었다. 몇몇 경찰조직은 소규모 경찰관서, 상가 앞 출장소, 그리고 지역사회 경찰활동 전략의 다른 요소를 폐지하였다(Greenblatt, 2009).

2) 더 녹색인 경찰조직

경찰에게 재정적 영향을 미쳤던 2008년에 발생했던 또 다른 경제적 이슈는 가솔린 가격의 갑작스런 인상이었다. 몇몇 경찰조직은 차량에 두 명의 경찰관을 탑승시키고, 도보순찰 및 자전거 순찰의 활용을 증대시켜서 더 높은 가솔린 비용에 적응하였다. 가솔린 가격, 외국산 석유에 대한 의존도, 그리고 전세계 온난화에 관한 걱정으로 인해서 지방정부는 점차 더 녹색인 운용방식을 채택하는 데 몰입하게 되었다.

경찰조직은 자동차 능률성 향상보다는 에너지 소비를 줄일 수 있는 다양한 방법을 현재 찾고 있는데 에너지-능률적 경찰 건물, 차량 및 건물 냉・난방을 위한 대안연료 이용, 증가된 재활용, 전화 및 인터넷을 통한 더 많은 경찰 서비스 기회 증가 등을 포함할 수 있다(Cordner & Scarborough, 2010: 451).

Ⅱ. 경찰조직관리의 현대적 관점

오늘날 경찰조직은 경찰행정에 관한 전통적 관심이 지배하고 있었던 1950년대의 경찰조직과 매우 다르다. 경찰조직이 개방체계라는 사실은 경찰조직이 변화하는 환경에 의해서 영향을 받는 것을 의미한다. 경찰조직이 변화하는 사회적 수요에 대응하고자 한다면 필연적으로 변화해야 한다. 이러한 상황에서 일반적으로 경찰조직관리의 현대적 관점은 (1) 전략적 관리, (2) 명령 책임, (3) 감성지능, (4) 학습조직이라고 여겨진다(Cordner & Scarborough, 2010).

그림 17-2 경찰조직관리의 현대적 관점

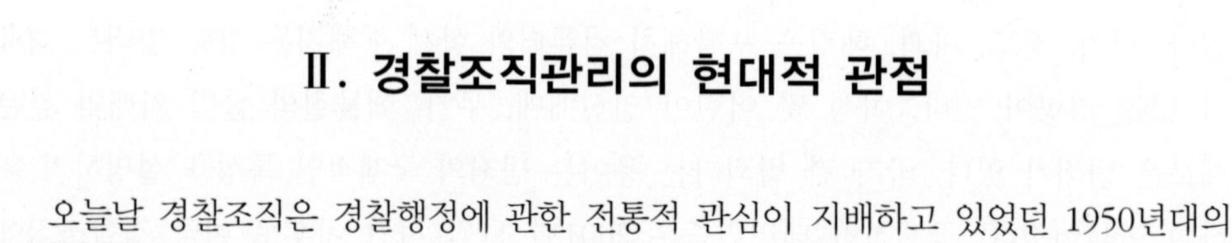

1. 전략적 관리

오늘날 경찰조직은 목표 및 목적을 성취하고, 지역사회에 봉사하고, 능률성 및 효과성을 향상시킬 수 있는 가장 좋은 방법을 결정함에 있어서 몇 가지 기본적 선택사항을 갖고 있다. 이것은 또한 경찰관리자의 주된 책임인 경찰조직의 기본적 전략을 선택하고 실행하는 것을 보여준다. 무어(Moore)와 트로야노비치(Trojanowicz)(1988)는 경찰활동에 관한 현대적인 전략인 (1) 전문적 범죄척결 접근법, (2) 전략적 범죄척결 접근법, (3) 문제해결 접근법, (4) 지역사회 경찰활동 접근법을 제시하였다.

1) 전문적 범죄척결 접근법

전문적 범죄척결(professional crime-fighting) 접근법은 경찰활동의 범죄통제 기능, 합법성의 근원으로서 법률 및 전문적 표준, 자동차 순찰의 전통적 전술, 신속한 대응, 추행 수사를 강조한다. 이러한 전문적 범죄척결 접근법 아래에서 경찰은 범죄통제를 위한 주요 책임을 찾고 수용하고, 경찰관은 훈련 및 기술에 의존하는 전문가로 여겨지고, 경찰관리자는 경찰조직을 운영함에 있어서 독립성을 추구한다.

2) 전략적 범죄척결 접근법

전략적 범죄척결(strategic crime-fighting) 접근법은 전문적 범죄척결 접근법의 전술 중 대부분을 수용하나 두 가지 점에서 차이가 있다. 전략적 범죄척결 접근법은 전문적 범죄척결 접근법의 효과성에 대해 의구심을 갖고 일반적인 거리 범죄보다는 조직범죄, 화이트칼라 범죄, 마약 거래, 그리고 다른 전문적 유형의 범죄에 더 많은 관심을 갖고 있다. 또한 전략적 범죄척결 접근법은 통제 순찰(directed patrol), 사건심사(case screening), 차별적 대응(differential response), 상습 범죄자 프로그램(repeat offender program)과 같은 목표설정 기술을 강조한다.

3) 문제해결 접근법

문제해결(problem-solving) 접근법은 몇몇 측면에서 앞에서 설명한 전문적 범죄척결 접근법 및 전략적 범죄척결 접근법과 다르다. 문제해결 접근법은 범죄통제 기능의 중요성을 인식하지만 두려움 감소, 분쟁 해결, 무질서 통제와 같은 경찰의 다른 주요 기능을 강조한다. 그것은 범죄, 두려움, 무질서를 통제하기 위해서 경찰에게 이용 가능한 방법으로서 법집행을 강조하기도 한다. 그리고 다른 몇 가지 방법은 예방, 중재, 교육, 전문가 자문(referral) 등을 포함한다. 문제해결 접근법은 경찰로 하여금 업무수행을 재개념화하도록 하여 사후적인 사건처리 및 법집행에서 벗어나 사전적인 문제해결 및 예방으로 나아가도록 한다. 문제해결 접근법은 문제를 확인하고 해결하기 위한 기초로 정보를 수집·분석하는 것을 강조한다.

4) 지역사회 경찰활동 접근법

지역사회 경찰활동(community policing) 접근법은 경찰활동 및 경찰행정에 있어서 시민에게 더 큰 역할을 부여해야 한다고 주장한다. 경찰은 범죄통제를 위해서 주요 책임을 더 맡기보다는 문제를 확인하고, 우선순위를 설정하고, 문제를 해결하는데 시민 및 지역사회와 협력해야 하며 고객 지향적이어야 한다. 지역사회 경찰활동 모델은 경찰조직이 경찰관 및 경찰관리자를 관할 구역에 더 오랫동안 고정적으로 배치해야 한다고 주장하며, 그 결과 지역사회를 더 안전하게 만들고, 경찰조직에 더 효과적으로 영향을 미칠 수 있을 것이다. 긍정적인 경찰-지역사회 관계를 형성하는 것은 경찰활동의 타당하고 중요한 목적으로 여겨진다.

5) 정보 기반 경찰활동 접근법

위에서 제시된 네 가지 경찰전략 이외에 다섯 번째 전략으로 정보 기반 경찰활동(intelligence-led policing) 접근법을 추가할 수 있다(Ratcliffe, 2008). 이 전략의 기본 전제는 경찰자원 및 전술은 체계적이며 계속적인 첩보 및 정보분석에 기초해서 배치되어야 한다는 것이다. '정보'라는 용어의 사용은 테러리즘, 조직범죄, 갱, 마약을 목표로 한 전략이라는 점을 보여주는 경향이 있지만, 사실상 정보의 범위는 더 광범위하다. 순찰, 교통, 수사를 포함한 모든 경찰자원은 범죄, 무질서, 피해 당하기 쉬움, 위협, 지역사회에 직면해 있는 다른 문제에 관한 최신 정보에 기초해서 원칙적으로 그 목표 대상이 설정되고 배분된다.

2. 명령 책임

감독경찰관이 경찰관으로 하여금 스스로 책임지도록 하는 것을 어려운 것으로 인식하는 것처럼 경찰서장은 부서 책임자(commander)로 하여금 스스로 책임지도록 하기 위해 노력하고 있다. 뉴욕(New York) 경찰국에서 개발된 컴스탯(Compstat) 체계로 인해 명령 책임(command accountability)은 다시 새로운 관심을 받았다(Anderson, 1997: 47-62).

컴스탯 과정은 (1) 정확하고 적절한 정보, (2) 효과적인 전술, (3) 직원 및 자원의 신속한 배치, (4) 철저한 추적 및 평가라는 네 가지 원칙에 기초한다(Shane, 2007: 196-205). 컴스탯 과정에서 지역 책임자(예 순찰지구대의 경감)는 정규적으로 자신의 책임 지역에서 나온 범죄분석 정보를 제공받고, 진행되고 있는 문제를 잘 파악하고, 그 문제를 해결하기 위한 해결책을 제시하도록 기대된다.

컴스탯 체계가 때때로 실행에 있어서 가혹한 것처럼 보이고, 사실상의 지역사회 조건보다는 단순한 수치에 관한 것일지라도 경찰행정의 실질적인 문제를 다룬다. 컴스탯의 가장 큰 잠재적인 기여는 명령 책임의 중점을 단순한 내부적 행정 이슈(예 예산, 직원 등)에서 가장 중요한 것(예 지역사회 내의 실질적인 문제)으로 이동시킨 것이다. 즉, 컴스탯은 경찰관리자의 관심 및 책임을 재방향 설정함으로써 내부적 관심에서 지역사회 문제로 성공적으로 이동시킨 것이다(Goldstein, 1990).

3. 감성지능

1) 감성지능과 성과

골먼(Goleman)(1995)은 기술적 유능함과 높은 IQ가 리더에게 중요한 자질일지라도 감성지능(emotional quotient: EQ)은 우수한 리더십(quality leadership)을 위해 절대적으로 필요하다고 주장한다. 골먼의 연구는 가장 효과적인 리더는 높은 수준의 감성지능을 갖고 있다는 것을 보여주었으며(Goleman, 1998: 93-102), 맥클렐런드(McClelland)는 감성지능과 높은 성과 사이에 상호 관련성이 존재한다는 것을 발견하였다. 즉, 높은 수준의 감성지능을 갖고 있는 리더는 비슷한 상황에 처해 있는 다른 리더보다 더 우수한 성과를 냈다.

2) 감성지능의 다섯 가지 요소

감성지능은 감정이 생길 때 자신의 감정을 의식하는 것이며, 감성지능을 구성하고 있는 다섯 가지 요소는 (1) 자기인식, (2) 자기규율, (3) 동기부여, (4) 공감, (5) 사회적 기술이다(Goleman, 1998: 101).

(1) 자기인식(self-awareness)은 자신의 감정, 장점, 약점, 욕구, 충동에 대한 중요한 인식인데, 이러한 자기인식은 자신의 지각, 다른 사람의 지각, 자신의 직무수행에 영향을 미치는 방법에 관한 정확한 인식과 함께 한다.

(2) 자기규율(self-regulation)은 자신의 감정 및 충동을 통제하고 있는 것, 즉 자신이 감정의 주인이 되는 것을 의미한다.

(3) 동기부여(motivation)는 성취의 만족 등 외부적 보상을 성취하기 위한 소망 및

욕구이다.

(4) 공감(empathy)은 의사결정에 있어서 다른 사람의 감정에 대한 사려 깊은 고려를 의미한다.

(5) 사회적 기술(social skill)은 리더가 사람이 원하는 방법으로 그들에게 지시할 수 있는 어떤 목적을 가진 우정이다.

3) 감성지능의 개발

골먼은 감성지능에 대해 어느 정도 유전적 요소가 있을지라도 양육이 중요한 역할을 할 수 있다고 지적한다. 그는 또한 감성지능은 나이와 성장에 따라 증가하고, 감성지능을 향상시키는 전통적인 방법은 충분하지 않으며, 개인의 진지한 욕구와 협력적인 노력이 더 중요하다고 주장한다. 감성지능이 현재까지 경찰 리더십의 중요한 요소로 고려되지 않았을지라도 그것은 경찰관리자의 자기 향상을 위해서뿐만 아니라 부하 직원의 리더십 기술을 개발하기 위해서도 고려할 가치가 있다(Cordner & Scarborough, 2010: 463).

4. 학습조직

1) 학습조직의 개념

학습조직(learning organization) 접근법은 센게(Senge)에 의해서 「다섯 번째 규율」(The Fifth Discipline)이란 책에서 대중화되었다. 학습조직은 사람이 진정으로 바라는 결과를 창조하는 역량을 계속해서 확산시키는 조직이고, 새롭고 광범위한 사고 패턴이 향상되는 조직이고, 집단적인 갈망이 자유롭게 놓여지는 조직이며, 사람이 함께 학습하는 방법을 계속해서 배우고 있는 조직인 것이다(Senge, 1990: 3).

학습조직의 형성을 위해서 필요로 하는 다섯 번째 규율은 체계 사고(systems thinking)이다. 체계 사고는 (1) 공유된 비전 형성, (2) 마음의 모델, (3) 팀 학습, (4) 개인적 능숙함과 병행될 때 학습조직을 형성하는 것이 효과적으로 될 것이다. 조직의 단일화된 목표 및 목적을 향해서 일할 때 체계 사고는 조직의 다양한 부분 사이의 상호 관련성을 강조한다. 따라서, 체계 사고는 학습조직의 뼈대인 것이다.

(1) 공유된 비전(shared vision)은 사람이 행하는 것을 학습하고 능숙해지는 동안에 공통 목표 및 목적을 위해서 필요하다.

(2) 마음의 모델(mental models)은 깊이 뿌리 박힌 가정 및 일반화이며, 개인은 이러한 가정 및 일반화를 통해서 자신의 관점을 개발하며 세계를 바라본다.

(3) 팀은 조직 내에서 기초적인 학습 단위이기 때문에 팀 학습(team learning)이 필요하다. 팀 학습이 없다면 어떤 것도 성취될 수 없다.
(4) 개인적 능숙함(personal mastery)은 학습조직의 토대이다. 이것은 현실을 객관적으로 바라보기 위하여 인내를 유지하고 그의 에너지를 집중하여 개인적 비전을 계속해서 명료화하는 과정이다.

2) 학습조직의 13가지 원칙

겔러(Geller)(1997)는 학습조직 모델을 경찰활동에 적용하는 것은 쉬운 일이 아니라고 제안하였다. 그가 확인한 여러 장애물 중에는 연구에 관한 부정적인 인식, 조직의 모든 구성원 사이에 비판적 사고를 촉진하려 하지 않음, 너무 많은 사고는 행동을 방해한다는 신념 등이 있다. 그러나 그는 장애물이 있더라도 학습조직 모델의 채택에서 나오는 이익은 그 비용보다 더 중요할 수 있다고 주장하였다. 겔러는 학습하는 경찰조직을 육성하기 위해서 다음과 같은 13가지를 제안하였다.

(1) 잘 지원되고, 사실상 연구를 행하고, 경찰활동을 이해하고 있는 사람에 의해서 운영되는 연구 및 개발부서(research and development unit)를 창설한다.
(2) 업무부서에 대해서 지리적 범죄분석(geographical crime analysis)을 활용한다.
(3) 영역 다툼을 벌이지 않도록 그 과정에 상급 경찰관리자를 참여시키고 협력을 촉진한다.
(4) 모든 경찰관 및 일반직의 풍부한 재능을 목록화한다.
(5) 지역사회 내에 있는 시민 및 집단의 풍부한 재능을 목록화한다.
(6) 문제해결을 위해 SARA 모델을 사용한다.
(7) 비판적 사고를 촉진하고 집단사고를 억제한다.
(8) 비판적 사고를 촉진하기 위하여 중간관리자를 사용한다.
(9) 부서가 법집행기관인증위원회(CALEA) 표준에 대해 책임을 지고 측정을 유지한다.
(10) 조직성과에 대한 기초적인 평가를 제도화한다.
(11) 과거 경찰연구의 실질적인 결과를 증명한다.
(12) 경찰-연구원 간의 협력관계를 확대한다.
(13) 조직이 더 좋은 연구 이용자가 될 수 있도록 연구 중재자(research broker)를 고용한다.

물론 이러한 제안 모두가 모든 경찰조직에서 실용적인 것은 아니며, 이용 가능한 자원은 경찰관리자가 위의 제안 중 활용할 수 있는 범위를 정할 수 있다. 특히, 조직 규모는 여러 제안의 활용 가능성에 영향을 미칠 수 있는데 예를 들면, 작은 경찰조직에서 연구 및 개발부서를 창설할 필요성이나 지원할 수 있는 자원이 거의 없다.

3) 학습조직과 지역사회 경찰활동

아지리스(Argyris)의 연구를 검토한 후 알라리드(Alarid)(1999)는 지역사회 지향적 경찰활동을 실행함에 있어서 학습조직의 응용 가능성을 조사하였다. 그녀는 지역사회 경찰활동의 필수적인 요소는 조직적 변화이기 때문에 학습조직의 기본 틀은 지역사회 경찰활동의 실행 관련 변화를 지지할 수 있다고 주장하였다. 전통적인 법집행 조직구조에서 분권화 및 개인적 임파워먼트를 구체화하는 조직구조로 변화하는 것은 경찰관리자에게는 압박감을 주는 것일 수 있다. 특히, 우리나라 경찰조직이 학습조직의 원칙을 도입하도록 하는 것은 매우 어렵고 오랜 시간이 걸릴 수 있지만, 공유된 비전 및 개인적 능숙함 같은 학습조직의 원칙 중 일부를 먼저 활용한다면 경찰관리자는 조직적 변화를 좀더 쉽게 이룰 수 있게 될 것이다.

제 3 절 경찰조직의 변화

Ⅰ. 경찰조직 변화의 개념

변화(change)란 본질상 변화무쌍하고 사회체계의 필연적인 결과이며 경찰조직의 역동적인 요소에 대한 반응이다. 우리 삶의 모든 측면은 변화에 의해서 영향을 받으며, 경찰조직도 예외가 아니다. 우리의 지식 체계, 사회적 경향, 경찰관 기대, 시민에 의한 적극적 참여, 인구사회적 통계는 경찰조직에 광범위한 영향을 미친다(Community Policing Consortium, 1998; More, 2008).

변화는 경찰활동이 발생하고 있는 직무환경에 있어서 엄연한 현실이며, 조직 내에서 직무관계를 극적으로 변화시킬 수 있다. 특히, 경찰조직문화에 영향을 미칠 수 있는 정책이나 절차에 있어서 주된 변화가 있을 때 조직구성원에게 변화 노력을 전달하는 것은 필수적이다.

Ⅱ. 경찰조직 변화의 촉진 요인

변화는 시너지적이고 축적되는 것이며, 어떤 영역에서 발생하면 다른 영역에서도 종종 요구된다. 변화는 감독경찰관에게 많은 요구를 하는데, 업무 가치를 변화시키는 것부터 기술적 변화, 계속 변화하는 법률체계를 포함하고 있다. 경찰조직 변화를 촉진하는 주요 요소를 살펴보면 다음과 같다.

1. 법률적 체계

변화는 감독경찰관이 다루도록 기대되는 합리적 측면 및 감정적 측면을 갖고 있으며, 이것은 법률적 체계를 다룰 때 명확해진다(Leban, 2007). 법률은 경찰에 의해서 수행되는 기능을 결정하고 재결정하기도 한다. 그러나 몇몇 법률 용어는 너무 불분명해서 법원이 그것을 재해석해야 하고, 이것은 주로 사건이 발생하기 전이 아니라 사건이 발생한 후에 행해진다. 실무상 경찰관은 모든 법률을 집행하도록 기대되지만 많은 법률은 집행되지 않고 주로 무시되기도 하며, 때때로 어떤 법률을 집행하지 않기 때문에 비판을 받는다. 이러한 법률적 체계는 경찰조직 변화에 영향을 미칠 수 있게 된다.

2. 업무 가치

사회적 · 정치적 · 경제적 환경에서 계속된 변화가 발생하고 있는데, 이러한 변화는 직업적 상황에서 개인에게 지침을 제공하는 업무 가치에 영향을 미친다. 확인 가능한 업무 가치는 자율, 경쟁, 헌신, 윤리, 충성, 전문성, 정확성, 유리한 가치, 팀 플레이어를 포함하고 있다. 업무 가치는 감독경찰관이 감독받는 사람에게 대응해야 하는 상황을 제공하고, 경찰조직 변화에 영향을 미칠 수 있게 된다.

3. 기술적 변화

경찰조직은 기술적 변화에 의해서 강한 영향을 받는다. 새로운 기술 및 장비는 풍부해 지고, 지식은 폭발적이며, 국가를 안전하게 하기 위해서 활동하는 전문가가 증가하고 있다. 산업혁명 이후로 정보기술은 가장 중요한 글로벌 변화가 될 수 있는 잠재능력을 갖고 있다(Youngs, 2003). 기술적 혁신은 컴퓨터 기록, 관리 소프트웨어, 자동화된 지문 확인, DNA, 순찰차 비디오 시스템, 생체측정 인식, 로봇, 음성 메일, 탄도 확인, 손에 들 수 있는 컴퓨터, 전 세계적인 위치 확인, 무선 장치, 컴스탯, 정보경찰활동, 치명적이지 않은 기술, 자동 구류 시스템, 범죄자료 분석과 같은 것을 포함한다(National Law Enforcement and Corrections Technology Center, 1995). 이러한 기술적 변화는 경찰조직 변화에 영향을 미칠 수 있게 된다.

Ⅲ. 경찰조직 변화의 수용

경찰관이 변화를 수용하는 이유는 아래에서 보는 것과 같이 다양하다.

1) 대안의 제시

변화의 중요한 특성은 대안을 제시한다는 점이다. 경찰관이 변화의 결과에 대하여 이미 알고 있다면 변화에 대한 수용 결정은 더욱 쉽다. 의사결정 과정에 구성원을 참여시키는 것은 대안 선택에 더욱 긍정적인 반응을 촉진할 수 있다.

2) 직무 조건의 향상

변화를 수용하는 또 다른 이유는 변화가 직무 조건의 향상을 야기할 수 있다는 것이다. 변화가 직무 조건을 향상시킨다면 대부분의 경찰관에게 즉시 수용될 수 있게 된다.

3) 변화에 관한 지식

경찰관이 변화에 관한 지식을 갖추고 있는 경우에는 변화에 더 동의하기 쉽다. 변화의 시작에서부터 변화에 대해 모든 타당한 사실을 알고 있는 것은 경찰관으로 하여금 안심하도록 해준다. 오늘날 경찰관리자는 다양한 의사소통 수단을 활용해서 구성원으로 하여금 변화에 대해 충분히 알도록 해야 한다.

4) 욕구 충족

기본적인 욕구가 충족될 때 변화는 영향을 받는 모든 구성원에게 쉽게 수용될 수 있다. 어떤 경찰관이 변화에 의해서 만족되는 욕구를 갖고 있다면 그러한 변화에 저항할 이유는 더 적을 것이다. 개인은 자신의 직무를 수행하고자 하는 욕구를 갖고 있는데 이것은 더 큰 자부심을 제공하는 것부터 향상된 직무만족에 이르기까지 다양할 수 있다.

5) 변화에 관한 사전 계획

정책 또는 절차의 변화는 긍정적이거나 부정적인 영향을 미칠 수 있다. 예를 들면, 컴퓨터가 순찰차 내부에 도입될 때 그것은 기록, 지령, 직원 배치를 포함해서 경찰관뿐만 아니라 전체 경찰조직에 영향을 미친다. 따라서, 변화가 필요하게 될 때 사후적으로 반응하는 것보다는 사전에 변화를 계획하는 것이 중요하다.

Ⅳ. 경찰조직 변화에의 저항

1. 저항의 발생 원인

변화는 우발적인 사건 때문에 발생할 수 있고 혼란 또는 부정과 같은 것 때문에 발생할 수도 있다. 변화가 위협적인 것으로서 보여질 때 대부분의 경찰관은 변화에 저항하지만, 변화가 지지적이거나 유용한 것으로 증명된다면 모든 경찰관은 변화를 환영할 것이다. 사실 저항은 알려지지 않은 것에 관한 두려움 때문에 발생하는데, 새로운 절차는 현재 절차보다 활용하기에 더 어려울 수 있다고 여겨지기 때문이다.

저항은 많은 형태를 가질 수 있고, 어떤 것을 무시하는 것부터 개방된 저항까지 있을 수 있는데, 사람이 변화에 저항하는 이유에 관하여 '항상성'에서 '분별없음'에 이르기까지 최소한 33가지 이유가 있을 수 있다(O'Toole, 1996). 저항의 여러 원인 중 주요 원인을 설명하면 다음과 같다.

1) 모호함

변화의 영향이 알려져 있지 않아서 변화의 가능한 결과에 대해서 의심을 하게 될 때 경찰관은 변화에 반대하기 쉽다. 변화에 대한 모호함이 클수록 경찰관의 저항 가능성이 더 크다. 그렇지만 대부분의 경찰관은 수많은 규칙 및 규정의 긍정적인 가치가 안정성을 높이고 불확실성을 감소하는 경향이 있다는 것을 배운다.

2) 문화적 이유

경찰 하위문화는 경찰조직 내에 고유하고 깊이 뿌리 박혀 있으며 강력한 경향이 있다. 여러 해에 걸쳐서 가치, 태도, 기대, 규범, 행위 패턴이 어느 한 경찰관으로부

표 17-1 경찰 하위문화의 특성

1. 침묵	8. 조직 규범
2. 응집력	9. 방어자
3. 공통의 가치	10. 비밀
4. 일치성	11. 공유된 태도
5. 집단관습	12. 사회적 경향
6. 고립성	13. 고독
7. 충성	14. 금기

터 다른 경찰관으로 전해지고, 그 결과 경찰활동에 있어서 주요 현실이 되었다. 〈표 17-1〉은 경찰 하위문화의 여러 특성을 제시해 주는데, 이러한 경찰 하위문화의 특성으로 인해 경찰관은 변화에 저항하게 된다.

3) 재량이 제한되거나 제거됨

많은 경우에 계선 경찰관의 권한을 제한하려는 노력에서 경찰관리자는 계선 경찰관의 권한과 책임을 명백히 하려는 조치를 취한다. 대부분의 경우에 계선 경찰관의 재량은 모든 경우에 불가피한 것이지만 통제하려고 하기 때문에 계선 경찰관의 저항이 발생하게 된다.

4) 경제적 이유

급여 및 부가이익은 대부분의 경찰관에게 핵심 이슈가 된다. 이것은 경찰관의 수입 및 부가이익이 다른 형사사법기관 구성원의 수입보다 적을 때 특히 중요한 이슈가 된다. 경찰관은 다른 형사사법기관 구성원이 자신보다 더 높은 급여 수준을 받는다는 것을 안다면 경찰조직에 역행하는 활동에 참여할 가능성이 더 많을 것이다(Young, 2006).

5) 습관의 변화

변화에 대한 개인의 저항은 습관과 같은 단순한 것에서 나올 수 있다(Tichy & Devanna, 1990). 경찰관은 어떤 직무를 어떤 방식으로 하는 데 더 편안하게 되고, 직무를 현재 그대로 유지하는 것을 더 좋아하게 되면 변화해야 할 이유를 인식하지 못한다. 경찰관이 확고하게 형성된 습관으로부터 만족감을 얻고 있다면, 이것은 특히 사실이다.

6) 사회적 관계의 제한

오늘날 경찰관 사이의 사회적 관계는 매우 중요한 것으로 되었다. 일반적으로 경찰관은 함께 식사하고, 모이는 장소에서 함께 휴식을 취하고, 순찰 교대근무조 후에 함께 모이고, 비번 중의 활동에도 함께 참여함으로써 동료 경찰관과 함께 사회화하기 위해 많은 노력을 기울인다. 따라서, 경찰관리자가 이러한 사회적 관계를 제한하고자 한다면 대부분의 경찰관은 저항할 것이다.

7) 인기 없는 결정

어떤 경우에 경찰관리자는 인기 없는 결정을 내려야 한다. 어떤 결정은 다른 결정보다 더 많은 관심을 받으므로 어떤 관리상 결정이 일선 경찰관의 분노를 야기할 수 있는지를 아는 것이 중요하다. 그리고 어떤 결정이 인기가 없는 경우에는 동의를 얻기 위해서 어떻게 할 수 있는지를 아는 것이 중요하다(Charrier, 2004).

2. 저항의 성격

1) 합리적 저항과 감정적 저항의 구별

감독경찰관은 합리적 저항에 대한 실질적 원인이 있는지 여부를 확인하기 위해서 변화를 주의 깊게 분석해야 한다. 합리적 저항인 것으로 확인될 때 그 갈등은 변화를 개선하기 위해서 이용될 수 있다. 그러나 변화에 대한 감정적 저항은 감독경찰관에게 다른 문제를 제공한다. 몇몇 경우에 제안된 변화에 대해 감독경찰관은 관련된 사람에게 유익한 것으로서 여기지만 일선 경찰관은 다르게 볼 수 있다(Gray, 1984). 조직 변화를 성취하고자 한다면 감독경찰관은 합리적 저항과 감정적 저항 사이를 구분해야 하는데, 감독경찰관이 두 개 유형의 저항 사이를 구별하고자 진지한 노력을 한다면, 그것은 관련된 모든 사람의 이익을 위해서 다루어질 수 있다.

2) 합리적인 조정기간

변화에 대해서는 합리적인 조정기간이 있어야 하는데, 이 기간 동안 경찰관은 제안된 변화를 평가할 수 있고, 변화과정에서 도와줄 추가적인 정보를 획득할 수 있기 때문이다. 일반적으로 경찰관은 상황을 충분히 조사하기를 원하고 변화가 일상적인 직무생활에 영향을 미치는 방법 및 정도에 대해서 이해하기를 원한다.

3) 기초적인 이슈에의 중점

감독경찰관이 어떤 변화과정에서든 기초적인 이슈에 중점을 두는 것은 필수적이다. 감독경찰관은 저항에 대해서 개인적인 조치를 취해서는 안되고, 모든 이슈가 공개적으로 토의되어야 한다. 어떤 갈등은 조직 내의 경쟁적인 상황과 인간의 경쟁적인 성격 때문이므로 잠재적으로 손해를 가할 수 있는 갈등의 대부분은 예방될 수 있다. 사실상 갈등을 관리하는 것은 문제점을 드러내고, 명료하게 하고, 문제해결을 향상시키고, 성장을 증진시킬 수 있다.

Ⅴ. 경찰조직의 변화 노력

경찰조직 변화에 대한 저항은 적절하게 다루어지기 전에 먼저 구체적으로 확인되어야 한다. 경찰조직 변화에 대한 저항의 해결책은 반대 입장에 있는 조직구성원에게 더 많은 정보를 제공하는 것일 수 있고, 또 다른 방법으로는 조직구성원을 의사결정 과정에 참여시키는 것일 수 있다. 성공적으로 변화를 촉진할 수 있는 증명된 방법은 거의 없으나 몇몇 방법은 다른 방법보다 더 성공적인 것으로 증명되었다.

1. 지 식

경찰조직 변화를 위한 첫 번째 노력은 관련 지식을 갖추는 것이다. 사람은 변화가 발생해야 한다는 것을 확신하기 전에 어떤 변화 제안에 관해서 모든 이용 가능한 사실을 수집하는 것이 필요하다. 무엇보다도 경찰관은 현재의 변화에 관하여 알고 있어야 하고 많은 정보를 수집해야 한다. 더 적게 알고 있는 것은 경찰조직 내에 불신의 분위기를 만들 수 있고, 그러한 상황에서는 근거 없는 소문이 만연하게 될 것이다. 감독경찰관은 의사소통 채널을 개방적으로 유지하고, 소문을 직접적으로 다루기 위해서 부지런하게 활동해야 한다. 소문이 정확한 정보를 통해서 다루어지지 않을 때 그것은 변화과정에서 돌이킬 수 없는 손해를 야기할 수 있다(White & Chapman, 1996).

2. 의사소통

의사소통이 없다면 새로운 정책이나 어떤 다른 유형의 변화를 실행하고자 하는 것은 거의 성공하지 못할 것이다. 변화를 실행할 때 의사소통 채널을 개방적으로 유지하는 것은 감독경찰관에게 이용 가능한 정보를 제공할 것이다(Farias & Johnson,

2000). 감독경찰관은 모든 경찰관의 말을 적극적으로 듣고, 그것에 적절하게 반응해야 한다. 감독경찰관은 의사소통의 자유로운 흐름을 촉진해야 하는데, 일선 경찰관이 감독경찰관에게 자신의 생각을 솔직하게 말하도록 하는 것이 가장 좋다.

이러한 점에서 주의 깊게 듣는 것은 필수적이며, 말해지는 내용에 실질적 관심을 보여줄 필요가 있다. 감독경찰관은 개방형 질문을 해야 하고, 실질적인 대화를 나누기 위해서는 일선 경찰관이 단순한 예스 또는 노로 대답할 수 없는 질문을 해야 한다.

3. 참 여

제안된 변화를 더욱 수용할 수 있는 긍정적 환경은 그것에 의해 가장 많은 영향을 받는 사람을 참여시킴으로써 향상될 수 있다. 변화과정에 참여하는 사람은 소문 및 거짓 정보와 싸우기 위해 정확한 사실을 활용할 필요가 있다. 영향을 받는 경찰관은 변화과정에 참여함으로써 변화에 대한 저항을 줄일 수 있게 되고, 특정한 변화가 필요로 되는 이유에 관하여 알게 되고, 변화의 장점을 인식하게 된다.

따라서, 변화과정에 조직구성원을 참여시키고자 하는 결정이 행해질 때 경찰관리자는 참여 프로그램의 실행을 전적으로 지지하는 것이 필요하다. 개방된 의사소통과 일선 경찰관 참여는 경찰관리자로 하여금 변화가 실행될 때 발생 가능한 잠재적인 문제점을 미리 알 수 있도록 해준다.

4. 비공식적 리더의 영향력

집단은 일반적으로 비공식적 리더(informal leader)를 형성하게 되는데, 이러한 비공식적 리더의 역할을 수행하는 경찰관은 주로 쉽게 확인될 수 있다. 감독경찰관이 비공식적 리더에 관하여 관심사, 목적, 개인적 스타일을 많이 알면 알수록 비공식적 리더에게 더 많은 영향력을 미치게 될 것이다. 영향력 있는 비공식적 리더는 변화과정에 필수적인 자원이므로 경찰조직의 변화과정에 참여해야 한다. 변화에 헌신하는 비공식적 리더는 대부분의 경우에 일선 경찰관의 저항을 줄이고 변화 실행을 더욱 촉진할 수 있다.

5. 필수적인 변화 이유에 대한 설명

감독경찰관은 변화과정에 일선 경찰관을 참여시키기 위한 모든 노력을 하더라도 성공적이지 못한 상황을 만날 수 있다. 특히, 변화를 준비하기 위한 시간 부족 때문에 변화는 일선 경찰관의 참여 없이 행해질 수 있다. 그러나 감독경찰관은 일선 경찰관에게 개방적이고 솔직해야 하며, 주의 깊게 변화 이유를 설명하는 것이 필요하다. 이와 같은 정직한 접근법은 일선 경찰관의 저항을 합리적으로 다룰 수 있게 된다.

감독경찰관은 변화의 긍정적인 측면을 강조하기 위해 모든 노력을 다해야 하고, 일선 경찰관을 도와줄 수 있는 방법을 설명해 주어야 한다. 감독경찰관은 일선 경찰관을 변화에 대한 걱정으로부터 보호하고, 경찰관의 복지에 대해서도 순수한 관심을 보여줄 필요가 있다. 즉, 감독경찰관은 일선 경찰관에 대해서 '돌봐주는 태도'(caring attitude)를 갖고 있어야 한다.

참고문헌

Alarid, L. (1999). "Law Enforcement Departments as Learning Organizations: Argyris's Theory as a Framework for Implementing Community-Oriented Policing". *Police Quarterly*, 2(3): 321-337.

Anderson, D. (1997). "Why Crime Is Down". *New York Times Magazine*. February.

Barnes, C., Sheley, J., Logsdon, V., & Sutherland, S. (2003). *Stress and Job Satisfaction in an Urban Sheriff's Department: Contributions of Work and Family History, Community Oriented Policing and Job Assignment*. Institute for Social Research Sacramento: California State University, Sacramento.

Berkeley. G. E. (1969). *The Democratic Policeman*. Boston, MA: Beacon Press.

Charrier, Kim. (2004). "Strategic Management in Policing: The Role of the Strategic Manager". *The Police Chief*, 71(6).

Cohen, A. R. & Bradford, D. L. (2005). *Influence without Authority* (2nd ed). New York: John Wiley & Sons.

Community Policing Consortium(1998). *Module Four: Managing Organizational Change*. Washington, DC: Community Policing Consortium.

Cordner, G. & Scarborough, K. E. (2002). "Operationalizing Community Policing in Rural America: Sense and Nonsense". in Q. C. Thurman & E. F. McGarrell (eds.). *Community Policing in a Rural Setting* (2nd ed.). Cincinnati, OH: Anderson.

Cordner, G. W. & Scarborough, K. E. (2010). *Police Administration* (7th ed.). New Providence, NJ: Matthew Bender & Company, Inc.

Farias, G. & Johnson, H. (2000). "Organizational Development and Change Management: Setting the Record Straight". *Journal of Applied Behavioral Science*, 36(3): 376-379.

Finn, P. (2001). *Citizen Review of Police: Approaches and Implementation*. Washington, D.C.: National Institute of Justice.

Foster, C. & Cordner, G. (2005). *The Impact of Terrorism on State Law Enforcement: Adjusting to New Roles and Changing Conditions*. Lexington, KY: Council of State Governments.

Fridell, L. & Wycoff, M. A. (2003). *The Future of Community Policing*. Washington, D.C.: Police Executive Research Forum.

Gaines, L. K. & Worrall, J. L. (2012). *Police Administration*. Clifton Park, NY: McGraw-Hill Companies.

Geller, W. A. (1997). "Suppose We Were Really Serious about Police Department

Becoming Learning Organizations?". *National Institute of Justice Journal*. Washington, D.C.

Gray, J. L. (1984). *Supervision*. Belmont, CA: Wadsworth.

Goldstein, H. (1990). *Problem-Oriented Policing*. New York, NY: McGraw-Hill.

Goleman, D. (1995). *Emotional Intelligence*. New York, NY: Bantam.

Goleman, D. (1998). "What Makes a Leader?". *Harvard Business Review*. November-December: 93-102.

Gorenak, I. (2004). "Influence of Communication with the Society on the Job Satisfaction of Police Officers from Policing in Central and Eastern Europe". *Dilemmas of Contemporary Criminal Justice*. Ljubljana, Slovenia: University of Maribor.

Greenblatt, A. (2009). "Squeezing the Cops: You Thought Police Were Safe From Budge Cuts? So Did They". *Governing*, June.

Harigopal, K. (2006). *Management of Organizational Change: Leveraging Transformation* (2nd ed.). Thousand Oaks, CA: Sage.

Leban, B. (2007). *Managing Organizational Change* (2nd ed.). New York: Wiley.

Moore, M. H. & Trojanowicz, R. C. (1988). *Corporate Strategies for Policing. Perspectives on Policing, No. 6*. Washington, D.C.: National Institute of Justice.

More, H. W. (1998). *Special Topics in Policing* (2nd ed). Cincinnati: Anderson.

National Law Enforcement and Corrections Technology Center. (2005). *New Technologies Demonstrated for Law Enforcement*. Rockville, MN: National Institute of Justice.

O'Toole, J. (1996). *Leading Change-Overcoming the Ideology of Comfort and the Tyranny of Custom*. San Francisco: Jossey-Bass.

Pennings, J. M. (1997). "Innovation and Change". in A. Sorge & M. Warner (eds.). *The IEBM Handbook of Organizational Behavior*. London: International Thomas Business Press.

Ratcliffe, J. H. (2008). *Intelligence-Led Policing*. Devon, UK: Willan Publishing.

Sampson, R. & Scott, M. (2000). *Tackling Crime and Other Public-Safety Problems: Case Studies in Problem-Solving*. Washington, D.C.: Office of Community Oriented Policing Services.

Senge, P. M. (1990). *The Fifth Discipline: The Art and Practice of The Learning Organization*. New York: Doubleday.

Shane, J. M. (2007). *What Every Chief Executive Should Know: Using Data to Measure Police Performance*. Flushing, NY: Looseleaf Publishing.

Skogan, W. G. & Hartnett, S. M. (1997). *Community Policing, Chicago Style*. New York: Oxford University Press.

Skolnick, J. H. & Fyfe, J. J. (1995). "Community-Oriented Policing Would Prevent Police Brutality". in Paul A. Winters (ed.). *At Issue: Policing the Police*. San Diego: Greenhaven.

Tichy, N. M. & Devanna, M. A. (1997). *The Transformational Leader* (2nd ed.). New York: John Wiley & Sons.

White, K. W. & Chapman, E. N. (1996), *Organizational Communication-An Introduction to Communication and Human Relations Strategies*. Needham Heights, MA: Simon & Schuster.

Youngs, A. C. (2003). *Law Enforcement in 2003 and Behond. Law and Order*, 51(4).

Young, W. (2006). "Effecting Change-Avoiding the Pitfalls". *The Police Chief*, Vol. LXIII, No. 7.

찾아보기

[사항 색인]

ㅅ

ㅇ

ㅈ

[인명 색인]

▌저자소개

임창호

동국대학교 경찰행정학과 및 동대학원 졸업(경찰학박사)

전) 경남대학교 경찰행정학과 교수
대전대학교 입학사정관 실장
日本 北海商科大學 交換敎授
한국공안행정학회 회장
5급, 7급, 9급 국가공무원 채용시험 출제 및 선정위원

현) 법무부 보호관찰위원
대전광역시 안전브랜드 활성화사업 자문위원회 위원
대전광역시 인구정책위원회 위원
대전광역시경찰청 민원조정위원회 위원
대전광역시경찰청 청렴정책협의체 위원
대전동부경찰서 청소년선도심사위원회 위원
서울영등포경찰서 경미범죄심사위원회 위원
도시안전디자인센터 방범분과장
대전경제정의실천시민연합 집행위원
대전대학교 경찰학과 교수

경찰조직관리론

2023년 9월 15일 초판 인쇄
2023년 9월 20일 초판 1쇄 발행

저 자 임 창 호
발행인 배 효 선
발행처 도서출판 法 文 社

주 소 10881 경기도 파주시 회동길 37-29
등 록 1957년 12월 12일 제 2-76호(윤)
전화 031-955-6500~6, 팩스 031-955-6525
e-mail(영업) : bms@bobmunsa.co.kr
(편집) : edit66@bobmunsa.co.kr
홈페이지 http : //www.bobmunsa.co.kr

조 판 광 진 사

정가 32,000 원 ISBN 978-89-18-91442-8